천하보다 귀한
내 영혼

저자 박인국

창조와 지식

천하보다 귀한 내 영혼

초판 1쇄 발행_ 2022년 6월 20일

지은이_ 박인국
펴낸이_ 김동명
펴낸곳_ 도서출판 창조와 지식
인쇄처_ (주)북모아

출판등록번호_ 제2018-000027호
주소_ 서울특별시 강북구 덕릉로 144
전화_ 1644-1814
팩스_ 02-2275-8577

ISBN_ 979-11-6003-465-3(03900)

정가_ 30,000원

천하보다 귀한

내 영혼

창조와 지식

머리말

천하보다 귀한 내 영혼은 책 (물과 성령으로 난 성도)를 이어서 초 신자를 위한 것이며 사람 난 근본과 인생 목적과 남녀의 비밀인 육정을 밝힌다.

안 믿는 사람들은 사람 난 목적과 인생살이의 결국을 모르기 때문에 내 인생은 내 것이라고 자기를 살지만 온 세상 역사를 알고 보면 내 인생이 아니라 우리를 영멸에서 구원한 구주의 생명을 다시 사는 것이니 이것을 알리는 것이다.

초 신자가 처음의 믿음에서부터 분명히 알아야 할 것은 마지막 제사의 마지막 제물이 드려진 장소와 마지막 제물의 씻음은 피로 씻을 세상 죄를 단번으로 영원히 씻은 것이다.

어린양예수를 마지막 제물로 드린 제단은 로마의 사형 틀이 아닌 하늘 성소의 참 제단이며 예수십자가는 피로 씻을 세상 죄를 씻는 마지막의 제물을 준비한 곳이다.

어린양예수를 하늘성소의 제단에 드리는 제사장은 아바아버지의 제사장 멜기세덱이다. 하늘성막의 제사장 멜기세덱은 땅의 성막 제사를 이어서 하늘성막에서 마지막 제사를 드리고 피로 씻는 세상 죄의 제사를 영원히 마친 것이다.

어린양제물이 땅에서 들린 것은 하늘성소에 들어감을 뜻하며 예수십자가의 피와 물이 하늘성막에 드려진 것이니 멜기세덱이 제사장 직분을 행하지 아니한 십자가의 피로는 절대 죄를 씻지 못한다.

어린양예수는 물과 피로 왔으며 예수십자가에서 물과 피를 함께 쏟았으며 물은 하늘성막의 물두멍에 채우고 피는 성소의 제단에 드려진 것이다.

어린양예수의 피가 하늘성소의 제단에 드려지므로 피로 씻을 세상 죄가 한 번에 씻어졌고 단번에 피의 씻음을 폐한 것이니 어린양제물의 피는 아담에서 새로운 피조물까지를 이룬 것이다.

그러므로 예수의 피는 죄 사함과 거듭남의 구원을 담은 내력의 증거가 되었고 피의 짝인 물은 사람이 물과 성령으로 나는 것을 이루어 빛의 자녀로 세우는 내력을 담은 증거다.

그동안은 이것이 비밀이라 예수십자가에서 다 이루신 예수의 증거를 받지 않고 그냥 주여 믿습니다. 로 믿은 것이니 이는 흑암의 나라에서 아들의 나라로 옮긴

구원 후로도 이 세상을 사단이 먼저 속이고 미혹함인 것을 모른 까닭이며 이 또한 비밀이다.

하늘 성막의 그림자인 땅의 성막에 제사장이 있고 모든 죄 씻는 피는 제사장을 통하여 제단에 드려지듯이 하늘 성소에서 세상 죄를 단번에 영속하는 마지막 제사에도 제사장이 있는 것이다.

어린양예수의 제물이 스스로 제단에 드려지는 것이 아니라 하늘 성소의 제사장 멜기세덱으로 드려지는 것이며 예수십자가에서 준비된 피는 성소의 제단에 물은 성막의 물두멍에 채운다.

죄를 씻는 성막은 하늘성막과 땅의 성막이 동일하고 하늘성막은 실상이며 땅의 성막은 그림자이니 하늘성막에는 참 제물인 어린양예수를 드리며 그의 피는 제단에 그의 물은 물두멍에 채우는 것이라 예수는 세상 끝에서 물과 피로 임하신 것이다.

그러므로 예수님 생전에 내가 땅에서 들려야 하리라 하심은 예수십자가 못 박힘을 넘어 하늘 참 성막의 온전한 제물로 드려짐을 알리신 것이다.

예수님이 어린양인 것은 땅의 성막에서 양과 짐승으로 제물을 삼기 때문에 땅의 제사를 이어서 마지막 제물인 예수를 어린양으로 비유한 것이지 예수제물은 양이 아니며 양으로는 세상 죄를 영속하지 못한다.

악한 사단이 거짓광명의 부족한 복음의 선교에서 멜기세덱이 하늘 성소의 제사를 마친 보혈의 능력을 감추고 속이는 것이니 세상교인들이 단번에 이룬 영원한 속죄의 죄 사함이 아닌 씻어가는 죄 사함을 받아가는 것이다.

어린양예수가 단번의 피로 세상 죄를 씻었으면 예수 따라 단번에 죽은바가 된 우리도 죄 씻는 일을 마쳐야 하며 예수십자가의 날로부터 그리스도가 부활하심으로 거듭난 새사람은 피로 씻는 세상 죄와는 영원히 상관이 없어야 한다.

저자 박인국

목차

1장

육정과
인생

여기의 육정은 오직 사람에게만 있는 것이다. 사람과 짐승을 포함하여 모든 육체는 피가 생명으로 동일한 육체이나 다 같은 육체는 아니며 사람의 육체 새의 육체 땅의 모든 동물의 육체처럼 다양한 육체가 있으나 이중에 사람의 육체만 육정이 동한다.

여기의 육정은 육체로 느끼는 욕정이나 성욕이전의 것이며 남자와 여자가 하나 되려는 그리움의 근본이다. 모든 동물은 암수가 따로 생긴 것이고 사람은 남자를 나눈 여자라서 나뉜 것이 본 대로 하나 되려는 육정이며 하나 되려는 그리움으로 혼사를 이루는 것이다.

한 몸을 둘로 나눌 때에 생긴 육정을 말하는 것이며 육정은 오직 생육하고 번성하여 온 지면에 충만한 인류를 위한 목적을 가지는 것이며 육정의 동침을 위한 혼인을 이루고 혼인의 결국은 만은 영혼을 위한 것이다.

세상이 표현한 육정은 육체의 원하는 성욕을 말하지만 남자 한 사람을 남녀로 나눌 때에 생긴 육정은 둘로 나뉜 몸이 기어코 하나 되려는 그리움이고 남녀의 혼인으로 육정을 이룬다.

사람은 육정이고 동물은 발정이니 무슨 동물이 진화한 사람일 수가 없다. 발정의 동물은 암수를 따로 만든 것이라 하나 되려는 육정이 없으며 동물이 사람으로 진화하여도 발정은 육정으로 바뀌지 못하니 이 육정은 오직 남자를 나누어 여자를 만들 때에만 그리움의 근본으로 생기는 것이다.

발정에는 그리움이 없으며 주기적인 성욕을 따른다. 주기적인 성욕의 발정은 번성하고 충만하지 못하니 이는 모든 동물은 신께서 육정의 번성을 위한 식물로 주셨기 때문이며 육정의 출산처럼 한 혈통이 아니라 다양한 것이니 다양한 채소와 같은 것이다.

사람은 한 혈통이니 얼굴과 손발이나 형상이 같고 피를 나누며 동일한 선악 간에 살며 범죄에 대한 양심의 가책이 동일하다. 동물의 육체는 가지각색이며 사람의 씨와 피가 전혀 다른 육체라 모양이 얼마간 진화를 해도 사람이 되지는 못한다.

그러므로 수많은 세월이 흐르며 미생물이나 원숭이 같은 동물이 진화하여 사람이 되었다면 씨와 피는 같아야 하고 그렇게 진화한 것이면 지금도 후에도 계속 진화를 이루어야 하나 어찌 남녀의 사람으로 딱 한번 진화하고 사람되는 진화가 없는 것인지 이것을 분명히 밝혀야 진화가 인정될 것이다.

정말 진화라면 지금도 아직은 완전한 사람에 이르지 못한 진화의 상태가 있을 것이며 분명히 있어야 하고 사람이 육정의 동침한 잉태의 출산이 없이도 온 지면에 진화하는 사람으로 충만할 것이다.

무엇이 원숭이로 진화를 했으며 공중의 새들과 땅의 모든 동물의 육체가 어디로부터인지 근본을 밝혀야 진화다. 미생물인지 무엇인지가 수억 년의 세월이 흐르면서 진화한 것이면 지금도 그 진화의 과정이 있어야 하니 원숭이가 점차로 사람이 되는 모양을 보여주듯이 그렇게 진화되는 실상이 이 세상에 가득해야 한다.

첫 사람으로부터 이어진 피와 핏줄이며 동일한 영과 양심과 심법이니 심법으로 인한 양심과 죄악을 인한 양심의 가책이 온 인류에게 동일하며 행하는 선과 악이 동일함은 변하지 않는다.

이런 일은 발정의 동물은 이루지 못할 것이며 혹 사람으로 진화한 동물이 있다 해도 겉모양은 같을지라도 육정의 사람처럼 그리움이 없으며 동일한 영과 심법과 양심의 가책이 없는 것이니 이는 신께서 직접 사람 안에만 넣은 것이기 때문이다.

육정의 동침한 잉태의 출산에는 영이 들고 발정의 잉태한 새끼에는 영이 들지 못한다. 이는 신께서 육신사람의 강건한 보전을 위하여 모든 짐승을 식물로 주신 까닭이다.

육정의 결국은 오직 온 세상 지면을 채우는 번성과 충만의 목적을 가진 것이며 목적의 결국은 충만한 인류의 인생을 통한 많은 영혼이 영생을 얻으려

함이니 육정의 동침한 잉태에는 영혼이 드는 것이다.

육정은 세상 첫 사람 아담이 혼자라서 신은 아담의 돕는 배필로 여자를 만들 때에 아담의 살과 뼈를 취하는 피 흘림으로부터며 나뉜 것이 하나 되려는 기운의 그리움인 것이다.

그러므로 남녀는 서로가 자기 반쪽이라 그 심령으로부터 서로에게 이끌리고 서로를 사모하는 것이니 이것이 곧 육정의 근본이며 혼인으로 이루지만 육체로만 느끼는 그 육정과 성욕은 발정의 동물도 같지만 동물은 발정기가 따로 있다.

육정의 근본은 선에 속하나 세상이 오래되고 늙어서 말세가 되니 탐심의 욕정으로만 행하며 혼사를 폐하고 이혼하며 육신적 욕정의 잉태를 미워한 사망이 성하며 자기 몸만 사랑하는 욕심으로 이웃을 폐하니 이것이 다 절로 나는 것이 아니라 미혹하는 비밀이 있다.

미혹함이 없이는 사람의 근본을 모르고 지금처럼 이상한 악이 성할 수는 없다. 형상의 돈을 좇아 이루는 모든 것이 다 악인 것이니 돈 때문에 혼사가 막히며 돈 때문에 부모의 사랑과 자식의 도리가 폐하고 돈 때문에 심판의 저울이 기우는 것은 다 돈에 형상이 들어간 비밀이 있고 악한 영의 미혹이 있는 것이다.

그러므로 육정의 잉태한 출산은 기쁨과 축복이지만 남녀의 혼인이 없는 탐욕적 욕정의 잉태한 출산은 슬픔과 고통이 생기니 이는 탐욕의 맺히는 열매고 미혹하는 기운에 정신없는 일인 것이다.

인류의 번성을 위한 육정은 혼인한 부부의 동침으로 출산하는 것이니 혼인 없는 출산과 동침 없이 여자 혼자서 잉태한 출산은 육정의 근본을 빗나간 것이다.

사람의 출산은 남자의 씨에 여자의 살과 뼈를 보태어 입히는 잉태로 난다. 사람의 씨가 난자 안으로 들어가 하나 되며 자궁의 양수에 잠겨서 발육하는 것이니 이는 이 세상의 땅이 근본 물속에 잠겨서 뭍으로 나타난 것이고 땅으로부터 생령이 된 사람이라 근본의 땅을 좇아 자궁의 양수에 잠겨서 태어나는 것이다.

사람은 다 부모와 부모의 양가 윗대까지를 닮아서 나고 인류의 조상까지를 닮아서 나지만 결국은 첫 사람의 형상과 모양에 이른다. 전혀 다른 사람으로 태어나는 것이 아니라 처음의 형상으로부터 돌고 도는 잉태의 출산이라 자기들 세대에서는 같은 모양이 없는 것이다.

처음 남자는 피조물이며 처음 여자는 처음 남자를 나눈 것이고 이 둘이 육정의 동침으로 잉태한 출산으로부터 사람이 씨로 나는 것이며 사람의 씨는 오직 사람으로만 생기며 변할 수가 없다.

모든 씨는 스스로 변하지 않는다. 동물이나 다른 무엇이 진화한 사람이라면 어찌 스스로 사람의 씨를 가지며 남자의 씨 곧 정자에 여자의 난자로 뼈와 살을 입는 잉태의 출산을 이루는 것일까?

동물도 수컷과 암컷으로 잉태한 새끼를 낳지만 사람처럼 그리움의 육정과 영과 선악이나 양심의 법이 들지 못하고 암수가 각각 따로 만들어진 그대로 발정의 동물일 뿐임은 다 씨를 좇는 것이다.

사람의 잉태한 출산은 한 사람이 둘로 나누어진 것이 다시 합하여 하나 된 사람이지만 동물의 잉태한 출산은 나뉜 것이 합하여 하나 된 출산이 아니라 수컷은 수컷일 뿐이고 암컷은 암컷일 뿐이다.

온 인류의 조상인 남자 한 사람을 둘로 나눠서 남녀가 된 사람은 남녀 간의 육정뿐만 아니라 씨도 남성과 여성이 합하여 한 몸을 이룬 잉태의 출산인 것이며 잉태한 근본대로 남자 안에 여자와 여자 안에 남성이 드는 것이다.

처음부터 다른 피조물이란 동물이 진화하여 사람이 된다 해도 육정이나 영과 선악의 심법과 양심의 가책이 절로 들지 못하는 것이며 오직 처음의 씨대로만 나는 것이니 무엇이 진화한 사람이라면 그 무엇의 씨대로만 행할 뿐 진화한 육체의 모양만으로는 사람을 살지 못함인 것이다.

육정의 사람이 발정의 짐승보다 우수하며 육정의 잉태한 출산만 온 지면에 번성하고 충만한 인류를 이루는 것이니 발정에서는 겨우 씨를 유지하며 사람의 식물로 정해진 것이라 영이 없는 것이다.

동물도 영이 있고 선악 간에 법적인 양심으로 발정이 아니고 육정이면 사람처럼 온 지면에 번성하고 충만할 것이며 사람은 그 모든 짐승을 감당하지 못하고 혼돈한 세상으로 벌써 망하여 없을 것이며 지금의 세상처럼 동물을 부모형제처럼 인격 대 인격으로 세운다면 짐승세상으로 끝날 것이다.

그러므로 천지창조로부터 육정과 발정으로 구분된 것이며 발정의 동물은 일체 사람의 번성을 위한 식물로 삼은 것이니 인류초기로부터 육신사람의 보존과 보전에 쓰인 것이다.

세상이 늙고 병들고 이상하여 형상의 돈을 위한 욕심의 사육과 지나친 살생의 섭취로 변한 것일 뿐 동물 근본은 사람의 육신 보전을 위한 식물인 것이다.

사람은 일체 영이 있고 동물은 일체 영이 없는 이것을 분명히 구별하지 않는 문제가 생기는 것이다. 영이 있는 육정의 사람이 영이 없는 발정의 동물을 인격으로 높이는 것은 사람들이 스스로 자기 영혼을 비하함이다.

가축을 귀엽게 여기고 키우는 것은 인류초기로부터 있어온 일이며 하늘에서 신이신 예수도 어린양으로 비유한 인자로 왔으나 실상의 동물을 형제자매와 부모자식으로 부르며 인격 대 인격으로 대하는 것은 창조주의 뜻에 어긋난 것이며 미혹에 빠진 자기 비하인 것이다.

모든 육체는 그 생명이 다 피에 있고 동물도 육체의 생명은 피에 있으니 동물에게 영이 있다면 짐승을 죽이는 것은 곧 살인일 것이나 영이 없는 동물은 오직 사람의 강건한 번성을 위할 뿐이다.

사람들이 특정 동물을 세우는 것은 다 비밀이 있다. 온 세상을 미혹하는 악한 영의 기운을 좇아 만들어지는 그런 동물 로봇을 위한 것이며 장차 오는 로봇 세상을 위한 친근감을 위한 것이다.

사람 형상이든 짐승 형상이든 모든 로봇의 로봇 세상은 육신만 아는 육신 세상의 종말을 위한 것일 뿐 자랑스러운 인류 문명이 되지 못하며 사람 난 끝이 이르는 것이다.

사람 난 근본은 영혼에 있다. 영혼이 없는 사람은 죽은 것이다. 영혼은 피가 생명이 아니다. 사람과 동물이 다 육체는 피가 생명이지만 사람은 영혼이 있어 영혼의 다른 생명을 가진 것이다.

피가 생명인 육체에 영이 없는 동물은 절대로 인격에 이르지 못한다. 사람이 동물을 사랑하는 것과 인격은 구분을 해야 하고 육정의 출산과 발정의 출산도 분명히 구별을 해야만 한다.

사람은 육정과 영이 없는 동물과는 다르며 영이 없는 동물이 사람의 자식이나 형제자매일 수가 없는 것이다. 반려동물이니 절로 짐승이 사람 되는 것이 아니며 사람이 짐승으로 변하지도 않으니 사람이 짐승을 자식으로 부름은 사람을 포기한 것이다.

사람의 영혼은 위로 오르고 동물의 혼은 아래 땅으로 내려가니 사람과 짐승의 형편은 처음부터 다른 것이다. 동물은 사람의 식물이든 아니든 일체 흙이 되며 사람의 육신도 흙이 되지만 사람의 영혼은 흙을 떠나는 것이다.

피가 생명인 육체는 사람이든 동물이든 일체 영계의 다스림에 들지 못한다. 오직 사람의 영혼이 육체와 이별하면 영계의 다스림에 임하고 영생과 영멸로 갈리는 것이니 참 사람은 영혼이고 육신은 갈아입는 겉옷일 뿐이다.

사람의 육체는 영혼을 담은 그릇이며 동물은 사람의 식물이니 영이 들지 못하나 만약에 동물도 영이 있으면 사람이 잡아서 식물로 먹지 못하니 동물에게 사람과 같은 영이 있고 말하며 동일하게 육체의 생명이 피에 있는 것이면 형상이 다른 사람일 것이기 때문이다.

사람이 육신으로만 살고 육신으로만 끝이라면 모든 동물과 다를 바가 없어서 육과 육으로 대하며 서로 육 격으로 행하여도 될 것이나 사람은 영혼 없이는 죽은 것이니 영혼을 세운 인격이어야 한다.

그릇을 만드는 곳에서 동일한 가마에서 나온 그릇이라도 어디에서 무엇을 담는 그릇이 되느냐에 따라 처지가 다른 것이니 개밥그릇을 사람의 밥상에 올릴 수가 없듯이 동물은 영을 담지 못하였고 처음부터 사람을 위한 식물인 것이다.

사람의 언어와 짐승의 울음이며 범사의 차원이 달라서 언제나 사람과 동물로 구분되니 만약에 개 짖고 소우는 소리가 아니고 동물도 사람처럼 말하며 서로 교통한다면 아무 동물도 사람의 식물로 삼을 수가 없을 것이다.

지금의 동물사랑에서 개가 특별함도 영적인 비밀이 있다. 모든 형상과 로봇세상이 시작되면서 다른 많은 로봇 중에서 개 로봇이 특별히 악한 기운을 좇을 것이라 미리서 개를 인격화하는 것이며 미혹하는 악한 영이 자기 뜻을 이루기 위한 것이다.

육체가 난 근본을 모를지라도 영을 가진 사람이 어찌 영을 세우지 않고 동물을 사람의 반열에 세우며 사람의 처소에서 함께 핏줄이라 부르니 이는 선조로부터의 피와 씨를 부정하고 스스로 영혼 없는 육신사람만 살려는 것이다.

동물은 인간의 반열에 이를 수가 없는 것이나 육체의 사람은 영물의 악한 기운을 알지 못하므로 속이는 미혹에 빠져들 뿐이고 사람 대 사람의 비하는 싫어하면서 동물 앞에는 스스로 낮아지는 것이다.

태초의 세상이 이 세상 끝까지 이어지고 있으나 두 세상 끝이 있는 두 세상으로 나뉜 것이다. 세상은 동일하지만 왕권이 다른 것이니 대통령은 바뀌어도 세상은 여전하나 정권이 다름과 같다.

세상이 옛 세상과 새로운 세상으로 나뉘고 바뀌었으나 사람들은 자기 세대만 이해하고 살기 때문에 이를 알지 못하므로 이어서 한 세상으로만 사는 것이며 옛 세상일 때의 형편과 새로운 세상일 때의 형편을 알지 못하므로 악한 영이 속이고 미혹을 하여도 이를 깨 닫지를 못하는 것이다.

영적인 세상 주관자가 바뀌는 이천년 전의 옛 세상 끝이 있었고 그때 주권이 바뀌는 종말에서 당시로 영적주권자의 한 일군이 짐승이름으로 행하며 많은 사람을 죽이고 굶기고 큰 환란의 고통을 주었다.

그때로부터 영적인 새 왕권을 행하는 이 세상도 끝이 다가오면서 옛 세상에서처럼 속이고 미혹하는 영물의 기운이 뻗히며 거짓 짐승을 세우니 온 세상에 동물사랑과 동물의 형상으로 가득한 것이며 사람처럼 행하는 피 없는 인간이 세상에 번지는 것이다.

□옛 사람부터 부부싸움은 칼로 물 베기가 되어 도로 한 몸인 것이며 칼로 물 베기가 됨은 근본의 육정이 있음이다. 육정이 없다면 짐승처럼 서로가 멀뚱거릴 뿐이다.

부부싸움은 육정의 동침으로부터 항상 회복하며 칼로 물 베기가 되어 새 정이 이는 것이고 육정의 잉태와 출산으로만 화목한 계보를 이루며 온 인류의 온전한 번성과 충만을 이룬다.

남녀의 절로 나는 육정의 그리움은 오직 혼인으로만 완성이고 육정으로만 칼로 물 베기의 부부싸움인 것이다. 사람의 사랑도 나중이며 육정이 먼저다.

그러므로 서로 사랑해서 혼인하고 하나 되는 것이 아니라 육정의 그리움으로 남녀가 혼인을 하고 육정을 행한 그리움이 익은 열매가 사랑이라 이제 익어져 가는 사랑인 것이다.

남녀는 육정으로부터의 하나 되려는 그리움이 나기 때문에 모르는 사이라도 혼인하는 것이며 육정으로부터의 사랑이 싹트며 힘든 인생길에서도 익어진 사랑을 하게 된다.

사람은 부모가 한 몸을 이루고 나누어진 아기의 씨가 합하여 하나로 잉태한 출산이라 남녀 간에 높고 낮음이 없으며 또 남자든 여자든 한 몸을 이룰 짝을 만나야 온전한 것이니 혼자는 반쪽일 뿐이다.

남녀가 혼인하여 육정을 행하면 탐욕의 색정으로 세상을 어지럽힐 일은 없으나 남녀의 혼사를 훼방하는 악한 기운을 받기 때문에 탐욕의 색정을 이기지 못한 악이 인격을 뚫고 나간다.

타고난 육정대로 이끌리는 남녀 간을 훼방하는 것은 첫째가 형상의 돈이다 형상이 들어간 돈에는 비밀이 있어 악기가 돌며 형상의 돈은 남녀사이를 더욱 멀어지게 하고 지금은 혼인과 출산까지도 막는다.

돈에 사람의 형상이 들어감은 우연이 아니며 돈의 형상은 온 인류를 미혹하는 큰 우상이고 온 세상 만국의 형상을 담은 돈이 하나가 되면 그때는 피 없는 사람으로 세상을 마치는 말세가 이른다.

형상의 돈은 사람의 영혼만 망치는 것이 아니라 자기 짝을 좇아 이끌리는 이것을 강제로 막기 때문에 악에 빠지는 자들이 있으나 이런 악한 세상을 이룸은 처음 여자 하와가 미혹에 빠진 대로 여자의 세워짐이 남자를 넘어지게 하는 것이다.

처음 여자로 이어지는 욕심 부림과 육정을 덮는 탐욕이 도망치는 행복을 좇아 악을 이루니 남자를 나눈 반쪽을 회복하여 일심으로 자기 뼈와 살을 아끼고 사랑할 수가 있어야 평등이고 평안을 누린다.

만약에 한 사람으로 둘을 만들지 않고 남자 따로 여자 따로 만든 사람이면 발정기 외에는 서로 아끼고 사랑할 그리움은 없을 것이니 여자거나 말거나 남자거나 말거나 지나치고 경계할 뿐이다.

그러므로 온 세상을 훼방하는 악한 영의 미혹은 동물 사랑을 권하며 사람의 육정을 폐하는 것이니 발정의 동물처럼 여자거나 말거나 남자거나 말거나 무심히 살라 하며 동물 같은 육체의 성욕을 좇는 포악으로 가득하게 하는 것이다.

육정의 근본을 좇는 혼사가 막히면 육체의 성욕은 악을 좇지만 성욕을 막는 세상 강제도 더 큰 악인 것이다. 이런 일은 사람들 스스로의 일이 아니며 악한 기운을 받는 것이다.

세상 시작으로부터 사람은 남녀가 혼인하며 서로 사랑한 것이니 동물처럼 서로 경계하며 육정의 근본을 폐한 적이 없기 때문에 지금의 세상에서 악한 영의 뜻대로 육정의 혼사가 막히고 세상 법이 육정과 욕정을 막으면 악한 성욕으로만 나타날 뿐이다.

남녀의 문제로 세상이 혼란하고 어그러진 것은 혼인하지 않는 탐욕의 욕정을 행하기 때문이다. 핵가족과 미혼과 독신의 삶에서 가정교양을 제한 세상지식의 교육으로만 인생을 행하며 이웃 없는 인격을 가지기 때문에 어그러진 자유를 행하는 것이다.

사람은 육신이고 악한 영은 강한 기운을 뿜는 것이니 약한 인생이 훼방을 받는 것이며 사람은 영적인 미혹을 깨 닫지 못하고 이기지도 못한다. 영적인 훼방과 미혹은 종교적인 일이지만 오히려 많은 종교가 먼저 미혹을 받아 거짓 선을 행하니 살펴야 한다.

영적인 선악간의 싸움에서 악은 육정을 덮은 탐욕으로 혼란한 세상을 이루기 때문에 세상은 스스로 남녀의 혼인을 도와야 한다. 타고난 육정을 행하지 못하는 형편에서 탐욕의 욕정은 더욱 성하기 때문이다.

세상의 법으로 탐욕의 욕정만 벌할 것이 아니라 남녀 간에 항상 짝을 찾아 혼인할 수가 있는 세상 형편을 만들어야 한다. 돈에다가 형상을 넣어서 행복을 권하는 비밀을 깨달아 육정의 근본을 살려야 한다.

돈을 쌓아가는 세상이 아닌 이웃과 더불어 일하고 평안을 나누는 세상이어야 하니 형상의 돈에 종이 되는 이유를 찾아 폐하고 돈을 벌어 도 돈에 매여 돈의 종이 되지 않고 돈 위에서의 인생을 행할 수가 있어야 한다.

형상의 돈에 혼사와 육정이 막히고 혼인 없는 탐욕의 성욕으로 잉태와 출산에 화가 미치며 어린 생명이 사망에 이르고 혼인한 부부가 육정과 탐욕의 성욕을 구별하지 못하여 파탄에 이른다.

아내가 남편의 선한 요구에 거절하며 남녀평등으로 사람 난 근본을 업신여기고 남편이 아내의 요구를 거절하여 자기 반쪽을 무시함은 화목의 평안을 깨는 것이니 아내가 무슨 사정이 있으면 이쁜 거절로 하고 남편도 아내를 사랑하는 지혜가 필요한 것이다.

사람의 씨가 남자에게 있음은 남자에게서 여자가 난 것이고 여자는 남자를 돕는 배필이라 남편의 씨에 뼈와 살을 입히는 난자를 가진 것이다.

남자를 나눈 남녀가 아니고 남자 따로 여자 따로 만든 것이며 서로 씨와 살을 보태는 잉태의 출산이 아니라면 너는 너대로 나는 나대로 평등함이 옳지만 그런 평등에는 남편을 돕는 배필의 아름다운 아내는 없을 것이다.

남편이 높아지면 아내도 높아지니 여자가 높아져도 남편을 세우지 못하면 결코 성공한 것이 아닌 것이다. 교만은 패망의 선봉인 것이니 서로가 자기 반쪽을 무시한 결국은 잘 참고 익어진 노부부들의 승리를 부러워할 뿐이다.

부부가 타고난 육정대로 그리운 마음을 따르면 조물주의 바람대로 평안하고 화목할 것이다. 돈에 형상이 들기 전에는 오늘날과 같은 악은 없었으니 그때는 세상이 고장 나기 전이고 지금은 세상이 고장 나서 건망증이 아주 심한 것이다.

세상과 인생의 고장 난 원인은 선악간의 전쟁이니 영계의 영적인 일이며 그 영향이 세상에 미친다. 이 세상은 악의 대적에 선의 승리가 이루어진 세상이 아니라 세상 끝에서나 선이 이기고 악을 심판하는 세상이기 때문에 이때 곧 지금은 어그러진 세상이다.

세상 범사는 시작이 있으면 끝이 있고 이 세상도 세상 시작이 있었다면 끝이 있는 것이니 세상을 마치는 종말의 징조가 나타나는 것이며 이 세상 마지막은 피가 생명이 아닌 형상의 로봇으로 마친다.

육신사람이 사는 세상동안은 악이 있고 악이 있는 한 선이 홀로 서지 못하며 악을 이긴 심판 후라야 선한 삶이 되지만 그때는 이 세상이 아닌 신령한 영혼의 삶이기 때문에 인생 안에서는 누구도 선이 승리하지 못하니 오늘 선한 자는 내일 악할 수가 있기 때문이다.

사람이 형상의 돈에 매이면 욕심을 잉태한 악을 이루며 선한 양심이 숨는다. 형상의 돈으로 행복을 권하기 전의 세상은 도덕적이고 서로 정을 이루면서 앵두나무우물가에서 만난 것이 물방앗간에서 결실하여도 혼인으로 탈이 없었다.

그때는 남녀가 육정을 좇는 그리움을 좇았으나 형상의 돈을 따라 행복이란 것이 나타나고 운수소관 적인 행복을 좇아 욕심 부리는 세상으로 어그러지니 거짓 사랑의 탐욕의 욕정으로 남녀 간에 무시하는 악이 성한 것이다.

형상의 돈에는 세상의 법도 기울고 세상 법은 새로운 죄를 따라가기 때문에 법으로는 앞서가는 죄를 다스리지를 못한다. 사람은 다 동일한 욕심을 행하고 행한 죄를 들키지 않으면 심판이 없기 때문에 죄를 멈추지 않는다.

사람 안에는 심법의 선한 양심이 있어서 양심의 가책을 지킨다면 모든 법 중에 최고의 법이지만 많은 사람이 양심의 법을 지키지 못하며 이 법을 법으로 알지도 못한다.

사람 안에 법이 없으면 양심의 가책은 일지 않는다. 온 인류는 동일하게 심법이 있어서 동일한 양심의 가책이 있으나 심법을 알지 못할 뿐이고 사람의 심법은 두 법이라 마음에 다툼이 이는 것이다.

두 법은 선한 법대 악한 법이며 악법을 죄의 법이라 한다. 죄의 법은 항상 죄를 권하기 때문에 이를 말리는 선한 법에 양심의 가책이 이는 것이니 이를 선악간의 삶이라 한다.

이것을 증거 적으로 분명히 알려면 사람마다 자기 인생을 들여다보면 능히 아는 것이니 사람은 다 선악 간에 행하기 때문이다. 오전에는 악을 행하고도 오후에는 선을 행하는 인생인 것이다.

사람마다의 자기 형편을 좇아 인격대로 악한 영의 기운을 많이 받는 사람이 있고 적게 받는 사람도 있으나 사람은 일체 악기를 받는 것이니 인생이 선악간의 싸움인 것이다.

행한 죄가 드러나지 않고 숨은 것과 이미 마음에서부터 동한 죄가 자기 인격에 막혀서 되돌아가기도 하지만 인격에 두께가 얇은 사람은 그만큼 범죄를 더 하는 것이며 두꺼운 인격은 그만큼 죄를 막는 것이다.

주머니의 송곳도 주머니의 천이 여러 겹이면 뚫고 나오기가 어렵 듯이 사람의 인격도 갖춘 것이 많으면 형편 적으로 범죄를 참아야 하지만 인격 아닌 선으로 범죄 하지 않는 사람과 인격 아닌 악으로 범죄 하는 사람이 있는 것이다.

인격이 아닌 선악간의 대립은 영계의 영적인 싸움에 속하고 영적인 대립에 사람이 개입됨은 사람의 영혼이 생사에 달린 일이기 때문이고 육체에 사는 인생동안에 이뤄야 일인 것이다.

인생에 악한 미혹이 있기 때문에 많은 사람이 악에 빠지는 것이며 남녀 간에 육정을 등진 탐욕의 욕정을 좇아 혼인을 폐하며 욕망의 색정을 권하는 악령을 좇는 것이다.

육정이 어긋난 욕정의 탐욕이지만 세상 법은 원천적으로 발동하는 성욕을 금할 뿐 혼사의 통로를 넓히지 못하므로 정상적인 육정의 소욕이 탐욕의 색정으로 행하는 범죄가 더욱 성한 것이다.

□인생의 황혼인 저녁 여섯시쯤에는 아내의 수고를 마치고 자기를 사랑하는 남편 곁에서 자녀들의 공경을 누릴 수가 있어야만 돕는 배필의 역할을 다한 것이고 함께 승리한 인생인 것이니 인생황혼의 분리와 이혼은 슬픔중의 슬픔이다.

인생 너머의 영생을 모르기 때문에 인생살이만 잘하려고 많은 사람들이 중

도에서 결혼을 분리하며 무슨 졸 혼이라고 외치며 속은 인생을 자랑하지만 잠시잠간의 세상살이 자유 한 것은 영혼의 영생을 잃은 후회의 싹일 뿐이다.

남편은 아내가 있는 한 육정을 인하여 반드시 자기 뼈와 살을 찾아 드는 것이며 하나 된 결국으로 마치는 것이다. 가지에 달린 열매가 벌레 먹었거나 말라 죽고 꼭지가 물러서 떨어지지 않는 한 반드시 익는 것이니 부부가 헤어지지 않는 한 결국이 화평인 것이다.

사람의 익어짐에는 희 노 애락이 종합영향제와 같이 하나로 맛있게 여무는 것이고 기쁘고 좋은 것만 아니라 용서하고 이해하며 참는 것들이 연합한 결실인 것이니 여문 결국에 이르지 못한 이별은 다 실패인 것이다.

잉태한 욕심대로 세상적인 주장만하기 때문에 그동안의 육정과 행한 사랑을 버리지만 반쪽씩의 근본을 깨닫고 세상 속에서 자기 때를 따라 추억을 새롭게 하며 좀 더 장성한 현재에서 방법을 논하고 찾으면 섬기고 사랑하고 다스리는 것이 가능한 것이다.

젊으나 늙으나 해로하지 못하고 이혼하는 것은 부부가 각기 자기소임을 버린 것이며 그 결국은 이겨먹고 돈만 알고 이기적인 어리석음을 후회할 뿐 결코 아름다운 인생으로 마칠 수가 없다.

부부간이나 인생에서 화내고 싸우며 미워함은 인생이 잘 익어지는 과정인 것이다. 젊은 혈기로 화내고 싸우며 미워함은 인생 열매의 쓴 맛을 내어보내고 단 맛으로 채우는 것이기 때문이다.

더러는 제2의 인생을 승리 한다 하지만 그 더러는 처음부터 제짝이 아닌 까닭에 나뉜 것이고 긍휼과 인내와 양보와 사명과 도리와 사랑을 버린 것이지 책임을 다한 결국이 아닌 것이니 혹 두 번째는 서로가 사모할지라도 그 속내는 다 고통을 지불하는 것이다.

이 세상에 자기 아내를 버리는 남자는 못난 인생을 통곡할 것이니 가정과 아내를 이끌지 못한 결국이며 행하는 마음이 밴댕이 속이라서 참지 못하고 성질대로 행한 후회의 삶을 정말 뜨거운 눈물로 치를 것이 자명한 것이다.

아내는 남편의 후회와 뜨거운 눈물까지도 막아주는 배필일 때에 익은 인생의 남편사랑을 맛볼 것이니 부부가 합력한 결국이 하나로 한 몸을 이룬 무성한 나무같이 될 때에 둘이는 황혼을 밝히며 애쓰고 공들인 열매를 거두면서 영양이 풍부하고 맛난 인생을 속 깊이 누리며 참 평안할 것이다.

그러므로 농부가 결실을 위하여 수고하고 애쓰듯이 인생살이의 병충해와 풍파를 물리치고 남편을 세우면 서로가 귀한 부부가 되고 인생황혼의 아름다움을 밝힐 때에는 보는 이마다 칭송하며 자기들의 인생도 다듬는 것이다.

왜 아내만 남편을 도우라는 것인가? 이는 온 세상 역사에서 아내는 남편을 돕는 배필이기 때문이다. 첫 사람으로부터 남편이 먼저 있었고 아내는 남편을 나눈 뼈와 살이기 때문에 육정의 동침한 잉태로부터 뼈와 살을 보태듯이 그렇게 남편을 돕는 것이다.

남편을 나눈 뼈와 살이 아니면 육정을 행하는 부부의 사랑과 혼인과 가정을 이루지 못한다. 발정의 동물에 불과할 것이며 번성과 충 만에 흠이 생겨 지금의 인류에 이르기도 어려울 것이다.

아내가 자기를 알고 남편을 도운 결국은 남편의 모든 것이 다 아내의 것이다. 철이든 남편의 귀하고 사랑스런 여자로 더욱 아끼고 지킬 것이기 때문이다.

신이 괜히 남자를 나누어 돕는 배필로 여자를 만든 것이 아님을 알아야 하고 신이 짝으로 준 부부는 이혼하지 못함을 깨달아야 한다. 이혼은 자유지만 그 결국은 고통이 분명하다.

사람은 누구나 처음 길의 인생을 가기 때문에 경험한 인생의 익어진 때를 알지 못하므로 젊고 철없을 때에는 어그러진 생각이지만 내일을 않고 어제를 후회하는 마음이 부부 중에서 한쪽에만 있어도 어렵고 힘든 길을 능히 해쳐나갈 것이다.

지금은 부모의 사랑까지도 변하여가고 조건적인 사랑과 탐욕의 사랑이 성한 세상에서 앞날도 모르는 고난과 희생의 순종을 행하기가 참으로 어려운 것이니 반쪽이 나는 부부를 참으로만 할 수는 없으나 연분을 깨뜨린 결국의 화가 분명히 있다는 것이다.

아내가 돕는 배필의 의무를 다하면 남편의 잘 못은 푸른 과실일 뿐 때가 되면 익어지는 것이니 고난을 헤치며 수고한 아내가 맛난 과실을 따는 것이고 비바람을 견디고 이긴 보람이 무성한 가지로 담을 넘는 것이다.

사람이 살다가 서로가 다 늙어서 혼인한다 해도 처음부터 잘 익은 남편일 수는 없는 것이다. 처음부터 한 나무의 가지와 열매로 비바람을 견디고 익어진 과실처럼 부부도 젊으나 늙으나 꽃피고 맺혀서 익어지는 과정이 있어야 하고 그 통로가 동일하기 때문이다.

□황혼의 이혼은 안타까운 일이다. 석양의 노을처럼 아름다운 인생을 즐겨보자고 살 섞고 맘 섞은 배필을 서로가 버리는 것이니 잠시 뒤에 저무는 인생은 온전한 열매를 맺지 못하며 악한 기운이 찔러버린 나쁜 열매를 맺는 것이다.

이혼은 신의 명과 사람의 근본을 벗어난 것이니 이는 악령이 속삭인 결실이며 또 사람들은 말하기를 질기기가 쇠심줄 같다고 하나 부모의 사랑같이 질긴 것이 없을 것인데 정 나누어 피 흘린 자식을 물건 버리듯 하고 부모 알기를 동물보다 못하게 여기니 정말 사람이 제정신이 아닌 것이다.

어두움을 넘어서 흑암과 같은 악이 성한 이런 세상이 절로 되는 것이라 생각한다면 참으로 빗나간 것이다. 사람은 다 타고한 심성의 본체가 같은 것이니 갖춘 인격차로만 생각하기에는 너무나 빗나간 죄악을 행하기 때문이다.

현재로 악한 기운의 미혹을 받는 이 세상은 돈으로 사는 지식만 가득하기 때문에 본래의 인성을 덮는 악하고 정 없는 세상을 이루며 부모의 은혜를 모르고 자식을 버리는 악을 행하는 것이다.

젊은 이혼이나 늙은 이혼이나 이혼이 많은 때는 세상을 미혹하는 악한 영의 기운이 강하기 때문이다. 영적인 선악의 대립에서 악이 성한 때이니 인생도 어그러지고 세상도 어그러진다.

쉽게 이혼하며 젊은 때의 인생 비바람을 견디지 못한 결국은 인생 황혼의 아름다움을 갖지 못한다. 노부부가 손잡고 평안한 것은 젊은 부부 때의 역경을 참고 인내한 결국인 것이지 싸우지 않고 욕심 부리지 않았기 때문이 아니다.

푸른 열매같이 젊은 부부가 싸우지 않으면 떫은맛 신맛이 달고 새큼달큼한 맛으로 변하여 익지를 못한다. 오히려 부부가 싸우고 세상풍파를 견디면서 인생이 맛나게 익어지는 것이니 서로 싸우고 힘들게 견디는 과정에서 풋내가 사라지고 영양분이 가득한 알곡의 익어진 인생에 이른다.

감정을 따라 변하는 사람의 사랑에서 혼인한 부부가 사랑을 유지하며 가정을 지켜내는 것은 육정도 있지만 인생에 철이 들어 익어지기 때문이다. 둘이서 한 몸을 이룬 혼인을 무시하고 이혼한 결국은 결코 안녕이 없으며 인생 황혼의 평안을 잃는 것이다.

부부가 원수처럼 싸울 때도 있겠지만 봄에 씨 뿌린 농사가 넉 달 후에 익은 열매로 거두듯이 인생의 푸른 날도 비바람을 견디면서 때가 이르면 잘 익어진 인생이 되어 노부부의 사랑도 나누고 자녀도 훈계할 수가 있는 것이다.

그러므로 젊은 부부들의 다툼에는 양가 부모들이 합심하여 버팀목이 되어야 하니 남편의 부모는 아들을 달래고 며느리를 사랑하며 아내의 부모는 딸을 훈계하여 사위를 세워서 돕는 배필의 의무를 다하게 도와야 한다.

혼인한 부부가 이혼함은 덜 익고 떫은 과일 같고 푸른 혈기 때문도 있지만 가을 같은 인생에서도 이혼함은 육신의 감정만 행하기 때문이고 여기에도 형상이 들어간 돈이 악기를 발한 것이다.

시고 떫은 풋과일도 벌레 먹지 않고 비바람에 떨어지지만 않으면 때를 따라 익어지면서 영양 많고 맛나게 변하는 것이고 사람의 감정도 조석으로 변하는 것이니 어른답게 생각을 다스려야 하고 참을 줄도 알면 익어진 인격의 참 사랑으로 남은 인생을 잘 살수가 있다.

세상에 누가 젊은 시절의 푸른 혈기 없이 바로 익어진 인생을 행하겠는가? 사람이 겉으로는 악을 발하지 않더라도 속으로는 다 눈을 부릅뜨는 것이다.

사람은 다 한 시절도 철없이는 살아보지 않았다고 말 할 수가 없기 때문에 사람이면 다 거쳐야 하는 푸른 풋과일의 시절이 있는 것이며 젊은 부부생활에는 언제고 다툼이 나기 때문에 부모는 먼저 된 자로서 지혜로운 도움이 되어야 한다.

젊은 부부의 다툼은 오히려 노년의 화평과 평안을 위한 것으로 여겨도 좋을 것이니 많이많이 싸워도 많이많이 참아서 견디고 가정을 지키면 제철에 익어서 색깔도 이쁜 과일처럼 변해버린 서로의 모습을 보면서 참으로 맛난 인생을 살아갈 수 있는 것이며 황혼의 인생이 둘이서 한 몸처럼 아름다움이 있을 것이다.

부부가 함께 철이 들면서 배필로 정해진바 자기 남편 자기 아내를 발견해야만 욕심을 버린 참 사랑을 하며 젊은 날의 경험자로 세상살이가 내려다보이고 한 계단 오른 인생일 때라야 육정과 상관없이 익어진 사람만으로도 아내를 지키고 아내는 남편을 세우는 것이다.

아내는 돕는 배필이니 남편으로 범사에 승리하게 도와주고 남자도 자기 뼈와 살을 아끼고 지키는 것을 소홀히 하여서는 안 될 것이며 부부는 한 몸이니 상대를 무시함은 곧 자기를 무시함인 줄을 분명히 알아야 한다.

선조들이 옛 세상에서 문명적 무식 때문에 그렇게 참고 산 것이 아니다. 그때는 이웃과 더불어 사는 좋은 환경도 있었지만 주어진 도리와 의무를 다한 것이고 지금은 세상형편대로 자기를 살 뿐이며 여기에는 다 돈에 형상을 넣은 미혹이 있는 것이다.

노년에도 이혼하면 실패한 인생이다. 백발의 노부부가 티격태격 말싸움을 하면서도 끝까지 함께하는 것은 서로가 자기 짝인 것을 잘 알기 때문이고 외롭지 않게 위로가 되기 때문이다.

밤하늘의 뭇별같이 많은 사람 중에서 자기 짝을 만난 결혼이며 둘이 한 몸을 이룬 잉태와 출산의 자녀인데 어떻게 가정을 떠나 이혼하며 자기만을 따로 살 수가 있겠는가? 오직 세상흐름이 그렇고 어두움의 세력이 강하기 때문이다.

일생을 아끼고 사랑만 하다가 죽을지라도 이별은 아쉽고 서러울 것인데 악하고 악독한 악령의 기운이 형상의 돈을 타고 세상을 훼방하여 정신없이 행하는 이혼이라면 얼마나 슬픈 일일까?

정을 나눈 사랑은 추억일 뿐 세월 흐른 뒤에는 현실감이 없기 때문에 육신의 형편과 감정대로 마음이 변하지만 씨 뿌린 결실의 자녀가 그 추억을 증명하는 것이니 누구도 그 아들딸의 아버지나 어머니를 폐하지를 못하나 형상의 돈 아래서는 그렇게 되는 것이다.

세상 말은 사람이 나이 들면 정으로 산다지만 그 정이란 것이 곧 육정에 속한 것이며 육신으로 행하는 것이니 영혼의 영생을 얻어야 하고 육신살이 부부해로는 사랑했던 추억들이 희미하여도 폐하지 말고 부러 돌이켜서 간직하고 서로가 용서하고 아껴야 한다.

대개의 사람은 자기 영을 감지하지 못하고 살며 죽으면 흙이 되고 마는 육신사람을 영원히 영생하는 영혼보다도 더 귀하게 여기며 육신의 요구대로만 사는 것은 인생과 목숨의 근본 된 목적을 알지 못함인 것이다.

□세상을 살아본 부모는 자식들의 언덕인 것이니 며느리나 사위를 훈계할지라도 사돈 간에 뿔을 맞대거나 자기자식만 편들고 사위나 며느리를 서로가 흉본다면 수습하지 못할 불행이 닥칠 때에 경솔하고 교만했던 결실의 열

매를 분명히 받을 것이다.

서로의 사돈은 서로의 새 가족인 것이니 아들의 부모며 딸의 부모다. 새로운 가족인 손자 손녀가 태어나면 양가의 사돈과 그 위의 조상까지를 다 닮는 것이니 참으로 귀한 가족인 것이다.

사위나 며느리가 범죄 하여 법적인 이혼 사유가 있다면 몰라도 세상살이로 사위나 며느리를 미워하는 부모는 현재로 자신들이 화목하지 못한 가정이며 잘 익어진 인생이 되지를 못한 결국이다.

자기를 진실로 공경하는 사위나 며느리를 미워하는 부모는 없겠으나 자기가 낳은 자식만 사랑하는 것은 어긋난 사랑으로 자식의 앞길을 막는 것이니 이는 덜 익은 홍시처럼 떫은맛을 내는 미숙한 부모가 되었기 때문이다.

둘이 한 몸인 부부가 둘로 나뉘면 모든 것이 부족하고 버티기에 힘든 것이니 한 몸을 이룬 사위와 며느리 중에서 자기가 낳은 자만 사랑함은 참 사랑이 아니라 시기 질투하는 훼방의 사랑이다.

혼사에서 아들을 주고 며느리를 받으며 또는 딸을 주고 사위를 받은 것이니 며느리를 사랑하면 아들이 평안을 얻고 사위를 사랑하면 딸이 평안하고 결국은 화평한 가정으로 돕는 것이 된다.

젊은 남편은 익어지기 위한 교만과 자랑을 쌓으며 혈기대로 이성을 좇지만 항상 그 자리에서 기다리는 아내를 인하여서 결국은 속이 찬 알곡 같은 남편이 되고 아내의 눈에 머무는 인생으로 평안한 것이니 이때에 아내는 갑절의 사랑과 존경을 받으며 눈물 뿌린 인내의 결실이 달고 맛난 것이다.

그러나 함께 젊은 아내가 이를 어찌 다 알며 익어가는 청춘으로 같은 혈기가 동하는 것인데 그 자리에 기다림이 쉬운 일이 아닐 것이라 먼저 된 부모들이 붙드는 것이며 마음에 못을 박아 단단히 지키는 것이다.

그러나 세상 형편은 악한 기운을 좇아 어른이라도 어긋나는 것이며 세상을 좇기 때문에 도덕과 도리가 풀려 자유가 도를 넘는다. 알지도 못한 악을 영상으로 배워가며 행하고 선악의 구분이 없으나 그래도 많은 사람이 선을 세우니 아직은 임박한 말세가 아니다.

세상 형편대로 돕는 배필의 아내도 남편을 돕는 힘이 돈을 좇아 가므로 스스로 지키며 지탱할 의무를 놓고 세상을 따라 쉽게 쉽게 이혼하는 것이니 예로부터 부부싸움은 칼로 물 베기란 말은 숨어버리고 부부싸움은 곧 헤어지는 통로가 되고 말았다.

그러므로 세상의 흐름과 형편대로 욕심 부리며 편리를 위한 분리를 주장하며 사람 된 목적과 남녀가 혼인하여 한 몸을 이룬 의무를 다하지 않는 다면 세상의 잠간은 자기 뜻을 이룰지라도 영혼은 영원히 망치는 것이다.

남편은 돕는 배필을 인하여 세상을 이기지만 인생의 참 승리는 물질적인 부가 아니라 천하보다 귀한 영혼의 영생인 것이며 아내는 남편과 부합한 하나이기 때문에 남편의 승리와 성공은 곧 아내의 결실인 것이다.

남자가 아내를 얻지 못함은 돕는 배필이 없는 반쪽인생인 것이며 여자가 자식을 낳지 않음은 외로운 인생길을 병마가 괴롭힐 것이니 젊은 남녀뿐만 아니라 사람은 다 혼인하여 잉태하고 출산하며 생육하고 번성해야만 사람 난 목적을 이룬 것이다.

남편과 아내가 합하여 한 몸이란, 남편이 없어 약하고 불편함과 아내가 없어 약하고 불편한 것이니 근본이 하나라서 남녀는 혼인하여 하나일 때에 힘을 내고 평안한 것이며 백지장이라도 함께 드는 화평을 누리는 것이다.

지혜로운 자녀들은 부모를 공경하며 남편은 아내를 위하고 아내는 남편을 세울 것이나 부모 앞에 다투지만 안 해도 잘 사는 것이니 봄에 씨 뿌린 농사는 넉 달이 지나야 익어서 추수하듯이 인생 푸른 것도 갑자기 익을 수가 없는 것이니 때가 되어야 하며 먼저 된 자들의 훈계에 귀를 기울여야 하지만 지금은 세상이 찬바람 겨울밤이다.

인생의 계절을 따라 인격이 여 물고 맛이 들면 육정이 어그러진 탐욕의 욕정을 행할 수가 없다. 아직은 여물지 못한 인생이기에 이웃을 탐하는 색정을 행하는 것이다.

인생이 여 물고 맞나게 익어져야만 가정을 위하고 남편은 아내와 자녀를 지키며 아내는 남편으로 자녀들의 아버지를 행하게 돕는 것이니 나이 많으면서도 서로를 무시하는 부부는 스스로의 됨됨이를 살펴야 한다.

아내는 남편을 도와 자기 열매로 거두는 기쁨을 예비하는 것이니 젊은 감정대로만 행하는 아내는 수확이 적은 것이며 봄에 꽃 피운 열매를 지키지 못하고 한때의 감정대로 이혼한다면 감 떨어진 꼭지로 수확하기까지 보기가 흉할 뿐이다.

아내가 돕는 배필의 의무를 다하기만 하면 철없는 남편도 어느새 익어진 인격으로 아내의 마음을 채우며 아내로 수확의 기쁨을 맛보게 하는 것이니 감정대로 살 것이 아니라 인생 가을을 바라보면 철이든 남편이 아내에게 인생 면류관을 씌울 것이다.

땅의 농사에서 봄에 씨 뿌리고 가을에 거두는 결실을 기다리며 땀 흘려 가꾸고 애쓰듯이 젊은 부부는 푸른 인생이 길지 않음을 생각하고 노년을 위한 참음과 애쓰고 힘쓰는 것이 있어야 한다.

항상 욕심 부리고 맘에 들고 편한 것 좋은 것만 원하다가 인생단풍이 들면 노년의 후회거리가 너무나 많고 아쉽고 한이 될 것이 너무나 분명한 것이다.

인생의 절기를 잘 넘기지 못하여서 병들고 벌레 먹고 떨어져버린 과일과 같은 사람도 많은 것이니 이혼하지 않고 사노라면 나무의 열매가 철을 따라 익어지듯이 보기도 좋고 아름답고 영양가 풍부한 과실처럼 이웃과 젊은이들에게도 힘이 되고 본이 되는 참 아름다운 삶이 나타나는 것이다.

농부가 참고 기다리기만 하면 가을은 반드시 오고 혼인한 부부가 선악 간에 젊음을 행한 것은 인생황혼에 이르지만 비바람이 불면 가지와 열매가 하나 되어 안전하듯이 혼인한 부부는 서로 돕는 배필로 평강의 안녕을 위한 노력이 필요하다.

젊음의 혈기가 결코 나쁜 것이 아니며 싸우고 욕심 부림도 불필요한 것이 아니라 이는 다 맛난 요리의 재료와 같으니 아직 냄비를 끓이지 않았을 뿐 끓이면 맛난 것이다.

인생이 안 익었을 뿐 익히면 피가 되고 살이 되는 요리가 되듯이 인생을 끓이는 세상살이가 아프고 힘들 지라도 세월 따라 범사에 유익한 인격을 가지는 것이며 온유와 용서와 이해심이 깊어져서 모두에게 이로운 사람이 된다.

부부가 젊은 시절을 참고 어린 자녀를 키우며 세상 풍파에 끓여지면 그때 인생가을이 되고서야 나름대로 익어진 인생인 것이며 이제 부부가 함께 그 동안의 행한 열매를 거둘 것이며 참고 눈물뿌린 수고가 달고 맛날 것이다.

남편이 아내를 지키지 않고 사랑하지 않으며 아내가 남편을 세우지 않고 훗날의 좋은 결실만 거두려는 것은 참으로 어리석은 교만이지만 젊은 때는 그럴 수도 있는 것이다.

푸른 때는 잘 사는 인생이 되어가는 과정이고 곡식이 농부의 돌봄으로 익어가듯이 그렇게 인생이 부모 앞에 여무는 것이니 젊은 부부들은 부모를 공경해야 하고 늙은 아이가 되어가는 부모를 힘껏 끝까지 돌봐야 한다.

구세대는 선진들을 좇아 살았고 신세대는 이 세상 형편대로 자식의 도리를 다하는 것이다. 늙은 부모도 현재의 세상 형편을 알고 사랑한대로 거두지 못함을 원망하지 말아야 한다.

이 세상은 미혹하고 훼방하는 악한 영의 기운이 성한 때며 시작한 세상의 끝 쪽에 가까운 세상이니 말세의 징조가 나타나는 것이다. 사람마다 본마음이 악해서가 아니라 현실적인 세상 형편에 눌리고 자기도 모르는 영적인 기운에 사로잡히기 때문에 빗나가는 것이다.

지금은 부모공경에도 형상의 돈은 훼방꾼이고 형상의 돈은 영혼의 영생을 막는 방패며 선과 의와 공평을 막지만 악은 잘도 통하는 돈이다. 형상의 돈은 이루어지지 않는 행복을 권하기 때문에 돈을 벌어 쌓을지라도 선행하지 못한다.

돈이 많을수록 베풀며 선하게 쓰는 돈은 더욱 가난한 것이니 돈이 많으면 행복할 것 같아서 돈 버는 돈생을 행하나 돈에 매인 결국은 마지막 인생길이 후회로 가득할 뿐이다.

사람이 돈만 사랑하다가 한번 뿐인 인생에서 자녀를 사랑하지 않고 부모를 섬기지 않음은 영원히 회복하지 못할 후회다. 사람은 모두가 천하보다 귀하나 부모는 자식을 사랑하고 자식은 부모를 섬겨야만 천하보다 귀한 사람인 것이다.

모든 사람은 낳으시고 기르신 부모를 통한 존재인 것이며 부모 앞에서부터 시작한 인생이니 내 인생만 행하며 부모의 은혜를 모르는 것은 천하보다 귀한 사람일 수가 없다.

부모 공경은 형제를 넘어 이웃까지도 사랑하는 것이니 사람이면 부모 섬김이 첫째며 낳으시고 기르신 그 은혜를 잊지 말아야 하고 부모도 어그러진 인생으로는 자녀의 섬김을 받을 수가 없음을 분명히 알아야 한다.

부모는 자식을 사랑하고 자식은 부모를 섬기니 자녀를 사랑한 결국이 그 자녀의 봉양으로 늙은 마지막을 평안히 마치는 것인데 늙은 부모는 날로 아이가 되기 때문에 장성한 자녀가 돌보는 것이며 그런 세상이었으나 형상의 돈으로 행복을 사는 세상부터는 부모를 죽이고 자식도 죽이는 악한 세상을 이룬다.

늙은 부모는 늙은 어린이며 자녀는 어른이 되었다. 부모를 섬김은 받은 사랑과 은혜에 보답하는 것이니 짐일 수가 없으며 반드시 행할 의무다.

자식은 최선을 다할지라도 받은 사랑에는 부족한 것이니 늙은 부모가 자식을 인하여 평안하고 화평한 노년을 이룸이 마땅하니 세상은 악해도 자녀는 은혜를 깨달아야 한다.

지금은 구세대와 신세대가 서로 겹쳐서 지나치는 세상이라 아직은 자식사랑과 부모 섬김을 말하지만 신세대만의 세상에서는 이런 말은 지나간 역사일 뿐 동물의 세계처럼 낳고 기르는 것으로 끝이고 헤어지면 자기만의 삶일수도 있을 것이나 육정의 혈통과 발정의 출산은 다른 것이니 사람의 세상으로 여전히 이어질 것이다.

세상은 영계의 영향을 받는다. 영계의 형편은 악이 선을 대적하여 서로 대립하였고 지금은 악이 먼저 행하는 때라 먼저 온 악이 자기 때를 만나서 온세상을 미혹하는 것이니 선보다 악이 성한 세상은 당연한 것이다.

□온 동네가 다 같이 아이들을 키우던 때가 있었고 지금은 이웃과 가정교훈과 교양이 폐하여 오직 돈으로만 사는 지식의 인격이라 자기만 아는 세상으로 변하는 것이며 위로만 크는 나무 같아서 눈앞에 보이는 것이 없을 것이나 선악 간에 훈계하는 부모들이 있어서 선악 간에 조화를 이룬다.

낮과 밤으로 돌아가는 세상은 선과 악을 이룸이다. 본래는 밤이 지나고 해가 뜰 때로부터 하루의 시작인데 악한 기운을 인하여 한 밤에 시작한 하루가 한 밤에 마치고 다시 밤으로부터이니 선보다 악이 성한 이 세상을 이루는 것이다.

어린 자녀들이 억지를 부려도 달래기만 하고 아무데나 쓰레기를 버려도 바라만 보며 동네 선배와 어른이 없이 자라면서 부모 앞에 마음을 꺾어 본 기억이 없고 그럴 일도 없는 세상 형편이라서 가정 교양이 없는 성장에는 이웃이나 자기 위가 없음은 당연하다.

먼저 된 자들이나 모든 부모들은 젊은이와 자녀들을 가르치고 싶으나 결국은 자기들 스스로의 행한 대로 여무는 인생인 것이며 선진들의 잘 익은 인생을 전수하지 못하니 누구나 자기 때를 살아보며 알고 깨닫는 인생이기 때문이다.

그러므로 세상 모든 기술은 다 전수하여도 부모의 잘 익어진 인생은 자녀들에게 전수하지 못한다. 혹 부모 말을 잘 듣고 익어진 인생이 있다면 이는 색깔 좋고 먹음직한 과일 일뿐 맛이 안든 과일과 같은 것이니 때를 따라야 한다.

벌레 먹은 과일이 먼저 익고 일찍 따서 강제로 익힌 과일도 있지만 본 나무의 열매로 잘 익어야 맛이 나고 익음에는 다 때가 있는 것이니 떫은맛을 뺄고 단맛을 채우는 세월이 필요한 것이다.

모든 부모는 모든 후손의 머리된 줄기다. 줄기의 새순으로 계속하여 후손이 이어지는 것이고 흐르는 세월을 따라 앞쪽의 줄기는 사라지며 뒤쪽의 줄기가 따라가는 것이니 앞서가는 부모들이 없다면 후손도 없기 때문에 자기를 낳은 부모를 후손들은 섬기기를 다 해야 하나 지금 세상이 많이 아프다.

모든 부모는 모든 자녀의 뿌리다. 뿌리의 가지는 새순으로 이어지며 새 열매를 맺듯이 사람의 계보가 그러한 것이니 젊은 부부는 모든 일을 잘 해야 하는 것이 아니라 머리를 따르면 부모의 익어짐에 이르는 것이다.

젊은 때는 부모의 눈에 아름답지 못한 때와 마음에 상처를 주는 잘 못이 많은 것이며 우리부모들도 다 그런 과정을 거쳐서 장성한 것이고 그렇게 때와 과정을 거쳐서 어른인 것이다.

젊은 부부가 싸우면서 사고도 치는 것은 장차 잘 익어진 인생이 되려는 길목의 일일 뿐 젊은 부부를 갈라놓아야 할 이유와 조건들이 아닌 것이다.

그러므로 청년 부부는 푸른 인생이니 떫을지라도 징계와 훈계로 사랑하여 그들도 훗날에 자기들의 자녀들을 훈계하여 세우는 좋은 부모가 되도록 도와야 하며 이런 마음이 선진들의 익어진 마음인 것이니 세상대로 내 인생만 행할 것이 아니다.

안타깝지만 먼저 된 부모의 좋은 인생을 전수하지 못하나 훈계하여 결국은 알곡이 되게끔 도울 수가 있기 때문에 젊은 부부를 훈계하되 이혼하지 않고 인생의 가을날에는 꼭 여문 알곡이 되도록 힘껏 도와야 한다.

현재로부터 장래의 세상 형편이 어떠하든 피가 생명인 육신의 사람은 여전히 사람을 사는 것이니 자기 부모의 인생이 거름이 되어 인격에 영양을 받은 사람은 또 자기 후손에게 영양을 끼치기 때문이다.

이 말은 현재의 장래에는 피가 생명이 아닌 형체의 사람이 피가 생명인 육체의 사람과 더불어 살고 육정의 동침을 간과한 여자만의 잉태한 출산으로 혼돈한 세상을 이룰 것이기 때문이다.

부모로부터의 시작한 가정에서 자기 인생이 성장한 사람은 세상 형편이 어떠하든 여전히 사람을 살 것이며 남녀가 혼인한 육정의 동침으로부터 잉태한 출산으로 구별될 것이나 피가 생명이 아닌 사람들은 악령을 좇아 세상 종말을 부를 것이다.

만약 사람이 자기 인생을 후세에 전수하여 계승한 인생이 이루어진다면 아마 지금쯤은 사람도 거의 신처럼 지혜와 지식이 풍성한 고등 인간으로서 모든 에너지를 스스로 발하는 빛과 같이도 되었을 것이다.

그러나 세상에서 사람이 하지 못하는 것은 후손에게 자기 인생을 전수하지 못하고 가는 것이니 이는 모든 열매가 같은 나무에서 해마다 열리지만 스스로는 더 좋은 품종으로 진화하지 못함과 같다.

낳고 낳은 후손으로 이어지며 자기만의 익어진 인생으로 마치는 것이라 세상에서의 인생은 오직 영혼의 구원을 얻는 것일 뿐 다른 목적이 없기 때문에 신께서 모든 인생을 공평하게 하심이다.

그러므로 자녀들이 부모들의 교훈을 듣지 않는 것은 이상한 일이 아니다. 공평 적으로도 자기 때를 좇아 본인 스스로 겪는 인격을 갖추는 것이라 부모는 부모고 자식은 자식이니 과실마다 자기를 익는 것과 같은 것이다.

세상살이의 형편과 사람에 따라 좀 더 일찍 익어지거나 늦는 사람도 있으며 각색의 인생이 있으니 과일처럼 잘 익어서 그 색과 맛과 향과 크기가 알맞게 보기 좋고 먹기도 좋게 잘 된 인생이 있으며 흠 있고 덜 익고 벌레 먹은 과일 같은 인생도 있다.

그러나 누구든지 인생을 마치는 마지막에 영생을 가진 자라야 성공한 인생길을 달린 것이니 눈에 보기 좋게 잘 살고 범사에 부요한들 그 결국에 영생을 얻지 못하면 참 자기인 영혼은 망한 것이다.

인생 황혼에 이를 즈음은 다 맛과 향과 색과 영양이 풍부한 좋은 인생이 되어야 하나 자기 인생에서 중한 것은 육신을 옷 입고 산 영혼은 영생하는 목적을 가졌다는 것이다.

명품을 구하며 부할지라도 천하보다 귀한 영혼이 영멸이면 사람 된 목적을 이루지 못한 것이며 영혼을 모르고 육신사람의 욕심대로만 살아온 인생으로 영원히 애통하는 것이니 영계의 저승은 사후에나 알기 때문에 인생동안의 기회를 놓친 후회인 것이다.

□부모를 공경하는 남편은 아내를 사랑하고 부모를 공경하는 아내가 남편을 도와 성공하게 하니 이런 부부는 돈은 발아래며 사람이 먼저기에 남편 앞에 아내는 존귀하고 아내의 눈에는 남편이 가득 한 것이다.

남편이나 아내의 영혼을 진심으로 사랑하지 못하고 돈을 좇아 탐욕으로만 사는 것은 조석으로 변하는 육신의 소욕대로 흔들리는 것이며 말로만 검은 머리가 파뿌리 되도록 변함없이 잘 살자는 것일 뿐 육체의 감정을 따라 변할 수밖에 없다.

화목한 가정은 돕는 배필의 인내와 순종이 있고 고마운 아내를 사랑하는 남편이 용기를 내는 것이니 둘이는 하나로 인생을 마치기에 부족함이 없을 것이다.

부부가 싸우지만 희생 없고 노력 없이 화평의 평안은 없다. 머물지 않는 행복을 욕심내며 좇아가지 말고 화목한 평안을 얻어야 한다. 당한 형편으로는 힘들어도 참고 사랑하고 용서하기를 쉬지 않으면 평안이 찾아드는 것이다.

부부싸움에서 칼로 물 베기는 육정이 근본인데 남자를 남녀로 나눌 때의 육정이 아니면 부부야말로 큰 원수를 질것이며 회복하지 못하는 일상이 참으로 많을 것이다. 그러므로 부부싸움에서 육정이 서로를 묶어주는 사랑 끈이며 나뉜 것이 하나로 회복하는 평안의 통로다.

육정은 밝힌바와 같이 서로가 그리워하며 이끌리는 것이라 육정을 인한 혼인으로 한 몸을 이룬 잉태와 출산을 하면서 사랑이 생기고 사랑이 익어지는 것이니 남녀가 사랑하기 때문에 혼인하는 것이 아니라 육정의 끌림으로 만나서 혼인하여 생기는 사랑인 것을 분명히 알아야 한다.

부부의 사랑은 육정이 없이는 유지할 수 없으며 또 육정으로 난 사람의 사랑은 형편대로 오락가락하는 것이니 사람이 영혼의 영생을 받아 영혼의 영격을 갖추며 인생의 계단을 오르는 자라야 변함없는 참 사랑을 시작할 것이나 부부가 육정의 사랑을 거절함은 사랑만 아니라 혼인까지도 깨어지는 것이다.

사람이 살면서 혼인을 유지하는 것과 부부가 싸우고 싸워도 여전히 부부인 것은 다 육정의 동침으로 새 사랑이 이는 까닭이다. 남녀가 혼인하여 알곡 같은 인생으로 잘 익어 지면서 아내는 힘쓰고 애써서 남편을 돕고 남편은 어제의 부족함을 깨달아 회개하며 인생의 계단을 오르면 돕는 배필인 아내도 따라서 나란히 되어야 정상이다.

아내가 뒤떨어지면 한 계단 올라선 남편을 온전히 보지 못하고 여전히 옛날의 부족한 남편으로만 보이기 때문에 예전의 남편을 향한 마음이 변하지를 못하는 것이며 만약 남녀평등만 외치는 것이면 이는 자기 몸인 남편을 무시하는 것이며 스스로를 괄시함이다.

□사람들은 자기 욕심을 채우기에도 세월이 부족한 것이며 황혼의 인생이라도 한번은 내 맘대로 살아보자며 정한 복을 걷어차는 못난 인생들이 너무

나 많다. 젊은 부부든 늙은 부부든 남편이나 아내를 버리는 것은 자기를 버리는 것이다.

애당초 만나지를 말든지 만났으면 한 몸을 이룬 혼인을 지켜야 한다. 성경에도 예수님을 만난 여인이 자기 신세를 말하여 남편을 다섯이나 바꿨으나 여전히 만족하지 못한 이야기가 있다.

남자든 여자든 부부간으로 세월을 보내다 보면 맘에 안 들고 단점도 보이지만 서로 돕는 배필이라 사랑하는 것인데 세상 형편이 서로 의지하고 지탱할 필요를 자꾸 없애는 것이다.

남편이나 아내나 다섯을 바꾸어도 변할 것이 없으니 사람은 다 첫 사람아담과 이브의 씨로 난 후예이기 때문에 동일한 것이다. 그러므로 그만큼 살았으니 그만큼 서로가 도우며 배필의 의무와 혼인서약을 지켜서 노인의 면류관인 백발이 되도록 지탱하며 용서하는 사랑으로 마지막의 그날까지 정을 주어야만 인생 끝에서의 후회를 면할 것이다.

자기 남편의 인생이 익어지지 못했다면 아내의 인생이 성공하지 못한 것이다. 남자는 돕는 배필인 아내가 없이는 범사에 성공하지 못하고 잘 익은 인생일 수가 없으며 늙었을 뿐이다.

남편과 아내가 서로 반쪽을 담당 할 때에 하나로 익어진 결실을 보기 때문에 남녀 모두가 혼인하지 않으면 그저 세월을 먹음은 철없고 늙은 인생일 뿐 아무 맛이 들지 못한 것이다.

부부가 아웅다웅 다투고 기뻐하고 슬퍼하며 인생 별거 아니라며 술 한 잔 나눔이 정말 부질없는 것이 아니라 그 모든 것이 다 알곡을 채우는 양분인 것이니 혼인하지 않고 세월만 먹은 인생은 이런 맛이 들지를 못한다.

만약에 인생 황혼에서 남편의 사랑을 버린 여자는 자기 수고를 내던지고 인생을 헛되게 함이니 근본을 떠난 반쪽의 마지막이 서러운 길을 가는 것이다. 많은 이혼에는 악한 기운의 세상 형편적일 뿐 온전한 정신의 일이 아니기 때문이다.

　남편을 돕는 아내의 아픔과 수고를 깨닫는 시기가 되면 남편은 정말 감사하며 익어진 인격의 맛을 내는 것이고 아내는 그동안에 수고한 보상을 위하여 투정하지만 남편에게 고맙고 사랑스런 여자인 것이다. 그러나 서로가 다 교만은 패망의 선봉이다.

　영혼을 모르고 육신으로만 이 세상을 마치려하기 때문에 세상 형편에 매이는 것일 뿐 내 영혼의 본향을 안다면 나그네의 세상살이는 참고 견딜 수가 있다. 나그네 인생이 만족하지 못 했다하여 행한 결국의 결실을 거두지도 않고 가정을 파탄 냄은 후회를 만날 뿐이다.

　남편과 아내가 젊은 시절은 서로가 스승이다. 남편은 아내로 익어진 인생이 되고 아내도 남편을 용서하고 도우면서 함께 익어지는 것이니 악한 미움도 사라지고 시기질투 없어지면 고스란히 사랑만 남아 이제 잘 용서하고 이해도 잘하니 이때쯤 되어야만 익어진 인생이다.

　돕는 배필의 아내는 때때로 남편을 세우는 회초리도 되며 아내의 잔소리는 남편을 장성케도 하니 아내의 내조는 인생에 참 좋은 종합영양제와 같다.

　세상이 푸르고 은은하게 젊었던 인류초기에는 오직 번성하고 충만하여 온 지면을 채우는 요구에 충실하였고 남녀평등 말하지 않아도 사랑과 이웃이 가득하였으나 세상이 늙고 탐욕이 성하므로 육정의 잉태와 출산이 감하는 것이며 자기 욕심을 위한 남녀평등이 요구되는 것이다.

　사람은 근본의 육정으로 남녀가 서로를 그리워하며 하나 되기를 원하는 것이니 근본대로 행하면 서로 돕고 사랑하며 잘살 것인데 이것을 훼방하는 악한 영이 있어서 서로 무시하는 불편한 감정을 주는 것이지 세상이 절로 악해지는 것이 아닌 것이니 모두가 아니라 일부 악기를 강하게 받는 자들의 일이다.

　남녀 간에 육정의 그리움은 혼인으로 완성인데 혼인이 어려운 세상이 되며 세상 법은 근본의 육정을 다스리고 막으려 하므로 남녀 사이에 더욱 담이 되어 그 담을 넘으려는 악이 이는 것이며 육정을 이루지 못하는 탐욕을 좇는 것이니 이것이 다 미혹이 있는 것이다.

신이 한 사람을 나눠서 남녀로 만든 목적은 오직 육정을 행한 잉태의 출산으로 온 세상에 번성하고 충만케 하여 알곡의 성도를 영생의 자녀로 많이 거두려는 것이니 여기에 대적하는 악한 영이 있어 미혹하는 것이며 세상이 속은 것이다.

처음 시작한 세상이 말세로 늙은 세상이듯이 처음 시작한 사람의 욕심 부림도 세상을 좇아 장성하여 지금에 이른 것이며 욕심만 아니라 악이 성한 미혹이 합력한 것이라 엉뚱한 어긋남에 이르는 것이다.

남녀를 잘 알게 하는 성경을 보면 땅에서는 남녀의 구분이 있으나 영혼의 영생에서는 남녀가 구분이 없으며 시집가고 장가가는 것도 없다. 땅에서의 남녀 구분은 신을 깨닫게 함이다. 그러므로 여자의 머리는 남자며 남자의 머리는 신이다.

세상살이의 근본도 다 머리를 붙든다. 자식이 부모를 섬기고 부모도 그 부모를 섬긴다. 머리를 좇아 섬김은 불평등이 아니다. 아내가 남편을 섬기면 남편은 아내를 더욱 사랑하여 지키는 것이다.

혼인하지 못하여 돕는 배필이 없는 남자는 성공하지 못하나 아내가 남편을 도와 성공하여도 아내가 높은 것이 아니고 낮아진 남편이 아닌 것이다.

더불어서 잘 살아오던 세상이 지금은 늙어서 세상모든 것이 어그러지고 있으나 많은 선행자로 인하여 그런대로 세상이 유지되는 것이며 악한 기운은 날로 성하여도 또 선한 기운의 때도 있는 것이니 세상이 쓰러지지 않는다.

여자의 머리는 남자요 남자의 머리는 신이심은 예수를 믿는 교회에서 섬김의 도를 교육하는 것이다. 머리를 붙드는 순종이 있어야 땅에서의 믿음을 유지하기 때문이다.

그러므로 예수교회에서 여자는 교회에서 잠잠하고 집에 가서 남편에게 들으라 함은 불평등해서가 아니라 성도는 신을 가르칠 수가 없음을 깨닫게 함인 것이다.

그러므로 신이 먼저 있고 사람은 나중이듯 세상살이에서 남녀도 남자가 먼저 있고 남자를 나눈 여자라서 나중인 여자가 낮은 것만 같아도 반쪽씩 합하는 한 몸인 것이며 오직 신을 섬기는 교육적인 형편일 뿐이다.

남편이 아내를 무시하면 스스로 자기를 무시함이고 아내도 같으니 남편을 업신여기면 자기를 밟는 것이다. 육정을 행하는 부부는 기분대로 성질대로 대하는 것이 아니며 남편의 요구나 아내의 요구에 서로 거절하지 못하는 것이고 처음부터 한 몸이니 하나 될 뿐이다.

세상 처음은 인구가 충만하지 않았고 피임을 생각지 아니한 옛 세상 때에는 돈과 상관없이 혼인하며 잉태하고 출산하여 사람 근본을 행하였으나 악이 성한 세상 형편을 좇아 피임하고 형상의 돈 때문에 혼사와 출산이 막히고 있다.

악이 성한 세상은 육정이 아닌 탐욕의 성욕만 부리게 되고 사람 난 근본의 성욕을 인한 불상사가 늘어나는 것이니 사람은 남녀 간에 다 성욕이 일면 사람 근본의 감정과 인격이 변하는 것이다.

평상시의 세상살이를 행하는 감정의 인격이 마치 컴퓨터의 현재모드가 다른 모드로 바뀌듯이 변하여서 근본의 성욕만 좇기 때문에 동한 성욕이 훼방을 받거나 무시를 당하면 큰 다툼의 불행과 살상까지도 일어나고 만다.

인격 모드에서 색정모드로 돌변한 성욕을 진정시키는 수단이 있다면 좋을 것이나 그러지 못할 때에는 목숨이 우선이다. 발동한 성욕은 무조건 쾌락으로 향하기 때문에 제정신이 아니다.

남녀 간의 성욕에는 인격이 없기 때문에 이미 발동한 성욕을 무시하면 살인도 가능한 것이며 색정이 상한 상태로는 동침할지라도 상처 난 대가를 행하기 때문에 참으로 지혜가 필요하다.

부부의 육정에는 정과 사랑이 있으나 부정한 색정의 탐욕이 발동하면 오직 쾌락만을 위한 원초적 인격으로 변하기 때문에 상대의 불응에 대한 악을 행할 수가 있다.

선악이 함께 있는 선악 간의 세상에서는 각인의 많은 생각을 좇아 선악으로 나타나는 것이며 이것을 선으로만 인도할 자도 없고 악으로만 이끌 자도 없는 것이다.

인류시작으로부터 항상 선악으로 혼돈하지만 새로운 평등을 외치는 대로 이루어지지도 아니하고 또 근본의 평등이 없거나 없어지는 것이 아니다.

□지금의 세상살이가 형상의 돈 때문에 혼인하지 못하고 출산하지 못하며 돈 때문에 생명을 잃는 것은 다 형상의 돈을 타고 행하는 악한 기운이 욕심부림을 더욱 돕기 때문이다.

사람이 욕심을 놓고 남녀가 혼인하여 출산하고 번성하면 자연 형편을 따라 화평한 것이니 필요이상의 욕심을 버려야 하고 인류초기로부터 이어지는 남녀의 혼인과 잉태와 출산으로 번성하고 충만해야 한다.

사람 난 근본의 영생하는 것과 남녀가 혼인하고 육정을 행한 잉태와 출산이 번성하고 충만 하는 이것을 대적하여 훼방하는 기운이 형상의 돈을 타고 행하니 이는 돈에든 형상은 근본 사람의 뜻이 아니다.

머물지 않는 운수소관적인 행복을 권하는 악한 영이 자기 소망을 좇아 돈에다 형상을 넣은 것이니 돈과 금의 재물 목적은 근본이 육신사람을 보존하고 보전하는 것이라 악한 영이 돈에다 형상을 넣어 자기 뜻대로 사람을 망치려는 것이다.

악한 영이 사람을 망치려는 훼방은 태초로부터의 일이며 선악간의 싸움이다. 사람은 처음부터 선에 속하고 영혼이 영생할 자격을 가지니 어두움과 악에 속한 영의 기운이 사람을 향하여 뻗친 것이다.

사람들이 괜히 형상의 돈에 매이고 세상 법과 심판의 저울이 기 울며 황금 방패에 눈이 멀고 마음이 굳은 악한 양심을 행함이 아니라 육신사람은 이기지 못할 악령의 기운이 온 세상을 운행하기 때문이다.

온 세상 역사적으로 인류의 시작에서는 가장 가까운 친족에게 먼저 딸을 주어 혼인하며 민족을 이루었고 옛 사람들은 근친상간이 아니면 남자로 동침한 여자를 책임지게 하며 모든 출산으로 세상 충만을 이루었다.

그러므로 세상지면이 많이 비었던 옛 세상에서는 자기들의 귀한 딸을 남에게 주지 않고 친족에게 먼저 시집보냈으니 정말 초기에는 한 부모의 자매라도 혼인하였고 오늘날의 인류를 이룬 것이니 탐욕의 색정은 금했으나 혼인한 육정의 출산은 축복의 씨앗이었다.

지금도 중동국가들은 일부다처제의 출산으로 옛 세상 때의 흐름을 증명하고 있다. 세상 법의 먼저는 근본의 본능을 막을 것이 아니라 육정의 출산을 강건하고 장성케 하여 인류번영의 뜻대로 충만한 수를 세워야 하며 육정을 넘어선 탐욕의 색정을 다스려야 어린 생명의 슬픈 고통과 사망을 막는 것이다.

그러므로 혼인한 부부가 성욕을 따라 육정을 나눈 잉태의 출산을 온전히 양육하는 일이 없이는 세상에 악을 더할 뿐이고 욕망의 성욕을 벌하는 법으로는 간음을 막지 못한다.

돈 때문에 혼인하지 못하고 돈 때문에 피임하는 세상 형편을 정리하고 인생에 필요이상의 지식을 사는 형상의 돈 때문에 어긋난 인생이 되지 않게 하며 타고난 재능은 도우며 어그러진 돈 법을 인 법으로 바꿔야 한다.

혼인 없는 성욕도 사람이면 당연한 것이고 사람근본의 육정으로 나는 것이니 원초적인 본능을 세상 법으로는 막지 못하니 악을 행하는 간음이 되지 않는 장치를 해야 하고 옛날 옛날의 만고로부터 이어져온 남녀가 하나인 세상을 회복하여 잉태와 출산이 가득하게 만들어 도와야 한다.

세상 법의 근원인 심법을 좇지 않고 사람생각을 좇아 법을 세우기 때문에 욕심이 잉태한 사람의 세상 법은 결국 욕심을 좇아 돈 세상의 돈 법이 되고 마는 것이다.

돈 세상의 돈 법 안에서 돈 없는 자들은 행복을 위한 돈을 좇고 부자는 더 큰 부를 위하여 욕심을 부리다가 인생이 저물고 천하보다 귀한 영혼이 영멸에 이른다.

그러므로 부자들은 돈을 쌓아놓고도 가난한 것이며 가난한 자들은 쌓아둘 돈이 없어서 가난한 것이니 이는 다 돈을 좇아 육신사람의 인생만 행할 뿐이다.

사람이 자기 영혼을 알고 귀하게 여기면 잉태하고 출산하며 부모 공경함에 안녕이 화답할 것이고 필요이상 욕심 부려서 가질 것도 누릴 것도 없는 것이니 필요이상의 지식을 사는 것도 욕심이다.

쌓아놓아도 가져가지 못하는 돈을 필요이상으로 벌려는 것도 욕심인데 지금의 세상은 욕심이 넘쳐서 인생을 잃었고 돈의 종으로 목숨까지도 형상의 돈에 매인 것이다.

남녀가 혼인하고 사랑하면 사람보다 집이 더 귀할 수는 없다. 오늘날처럼 돈이 없으면 죽고 살지 못하는 형편은 다 욕심 부린 결국이고 형상의 돈아래서 돈을 섬기며 돈법을 행한 삶인 것이다.

돈이 사람 위에 있고 돈이 사람의 큰 우상인 것은 돈에 사람의 형상이 들고 부터며 돈의 형상으로부터 행복이라는 말이 태어난다. 사람은 근본 행복 같은 운수소관 적으로 산 것이 아니라 화평의 평안과 안녕을 소망하였고 육신적 고뇌와 고통은 영혼의 징신적인 평안으로 치유되었다.

행복은 인생을 낚는 낚시 밥이며 낚이면 형상의 돈에 종이 되는 것이다. 그러므로 사람들이 행복을 위한 돈을 벌 지만 행복을 누리지는 못하니 돈을 쌓아두고도 화평의 평안이 없고 가정의 화목에서는 더욱 멀어지는 것이다.

행복은 유혹하는 것이며 항상 앞서가고 멀리서 부른다. 빨리 오라는 행복의 손짓을 좇아 가지만 이정도면 행복할까 생각할 때에 행복은 벌써 떠나가서 또 이리오라고 부르는 것이다.

세상은 행복을 위한 돈을 좇고 돈은 형상의 우상이며 형상의 돈은 사단의 강한 무기다. 형상의 돈이 없으면 행복은 신기루와 같다. 돈이 있어도 행복은 머무는 것이 아니다.

그러므로 행복은 항상 앞서가서 손짓하는 것이고 좇아가면 낚시 밥을 문 고기와 같이 사단의 기쁨이 될 뿐 가지고 누리는 행복은 이 세상에 없으니 성경에 돈을 사랑함은 일만 악의 뿌리라 말한 것이다.

돈을 사랑함은 이 세대에서 분명하게 나타난다. 돈 벌기에 힘쓰고 돈 때문에 악한 것이 많으나 형상의 돈으로 일만 악의 뿌리를 심는 이 세상의 형편은 어린이에게 선물이 아닌 형상의 돈을 주는 것이며 부모를 공경하여 섬기지 않고 돈으로 의무를 마치는 것이다.

형상의 돈은 심판의 저울도 기울게 하며 굽은 것도 곧다고 말하게 만든다. 사람은 범사를 형상의 돈으로 해결하며 형상의 돈으로 자기를 나타내고 상대를 돈으로 평가하니 이는 사람 근본의 행사가 아니며 이때의 세상을 미혹하는 영적인 기운에 이끌림인 것이다.

돈으로 기쁨을 세워가는 것이며 결국은 형상의 뜻대로 돈 앞에는 부모형제도 없는 것이니 사람이 나빠서가 아니라 형상의 돈은 사단이 즐겨 쓰는 낚시 밥이라 그런 것이다.

사람은 자기 꿈을 이루고 자기 뜻을 행하며 행복을 위한 선과 좋은 일을 하지만 사람 위에서 속이는 기운이 강하다. 선과 평안과 화평을 대적하는 악령의 지혜와 속이는 거짓은 사람이 감당하지 못하고 사람이 선을 행하나 세상 결국은 희망한 열매가 아닌 악한 열매를 맺는다.

성경은 "아이를 때리라 그리하면 그 영혼을 내가 받으리라" 하였으니 이는 죄 없는 아이를 때리라는 뜻이 아니며 자녀의 일생을 위한 훈계의 회초리를 말하는 것이다.

어린 자녀가 부모 앞에 마음을 꺾는 일과 옳은 순종을 겸비한 양육의 교양과 교육을 말하는 것이니 귀여운 자식이지만 부모 앞에 마음을 꺾는 일이 없이 자기 맘대로 행한 것이면 이게 바로 자기만 아는 사람을 부모들이 만든 것이다.

세상은 돈에 사람의 형상이 없을 때와 모든 돈에 사람의 형상이 있을 때로 나뉘며 돈에 사람의 형상이 있고부터 악이 점차로 성한 것이다.

형상의 돈으로부터 악이 더욱 장성하며 지식도 변하고 가족 간에서 자연스럽게 이루어졌던 가정교양이 폐하고 훈계와 회초리가 없는 세상지식만 하늘 높이 올라가며 눈 아래 보이는 것이 없게 되었다.

세계일류의 재벌이라도 평안과 화목에서 멀리 있고 그저 돈버는 돈생으로 돈을 지키는 돈의 종인 것이니 이것이 근본의 인생 목적이 아닌 것이다. 사람 난 세상살이의 목적은 영혼을 깨달아 영혼이 잘된 영격을 채워 영혼의 본향으로 돌아가는 것이다.

육신은 땅에서 왔고 영혼은 하늘에서 왔으니 사망의 이별이 닥치면 각기 본향으로 돌아가는 것이며 흙의 육신은 흙으로 영혼은 영계로 나뉘는 것이며 영혼만 영계를 다시 살고 땅에서 육신을 옷으로 입고 살면서 영혼의 영격을 갖춘 대로 영계를 행하는 것이다.

그러므로 육신에든 처음의 영혼은 갓난아기 같으며 정해진 인생살이 동안에 영혼의 목적을 이루어 잘된 영혼으로 자라나고 장성하여 익어진 영혼의 인생일 때에 인격이 거듭난 영격으로 가득한 하늘의 알곡으로 거두어지는 것이며 영혼의 영생을 누리는 것이다.

사람이 늙고 죽는 것을 두려워함도 인생 목적을 알지 못하고 그 목적을 이루지 못함의 결국이다. 인생의 목적대로 익어진 열매가 없는 사람이 두렵게 떠나는 것이다.

인생 황혼이 질 때 행복한 죽음은 없으나 평안히 죽는 사람이 있고 이는 영혼의 소망을 이루어 저승길이 분명하여 영혼이 평안 함이다.

사람 난 목적을 이루지 못한 사람은 인생목적을 모르고 살았을 지라도 자기 영혼으로 감지한 두려움이 일고 늙음이 서러운 것이며 죽음에도 평안과 기쁨이 없으나 사람 난 목적을 이룬 자들은 죽지 않는 영혼을 좇아 평안과 기쁨으로 육신을 떠날 수가 있는 것이다.

2 장

사람 난
목적

사람은 영혼과 육체로 되었으며 육체는 영혼의 집이다. 자동차로 말하면 차 주인이 타고 행하는 것과 같지만 영혼을 깨닫지 못한 사람은 육체의 소욕대로 사는 것이다.

사람의 육체에 영혼이 들었으나 육체의 요구대만 행하는 삶일 때에는 그 심령이 육체에 속하며 영은 육신에 잠든 것이고 육체의 마음대로 사는 삶이다.

영은 창조주 신에게 속하며 심령의 혼은 영의 소욕을 육체로 표현하지만 육체의 사람으로 살 때에는 육체뿐인 사람을 행할 뿐이다. 사람이 인생동안에 자기 영을 깨닫고 영을 세우면 영의 소욕대로 행하는 심령이지만 영을 세우지 못하면 육신에 속한다.

사람 난 목적대로는 영의 소욕대로 육신과 심령이 쓰임을 받아야 하나 영을 모르고 육신과 심령으로만 살기 때문에 산악간의 삶에서 악을 다스리는 선을 세우지 못하는 것이다.

육체는 첫 사람 아담의 범죄로부터 영이 죽은바가 되어 육체뿐인 사람으로 살아왔으며 육체는 욕심을 잉태한 심령으로 행한 것이라 영을 살려서 영을 세우지 못하면 욕심을 잉태한 악이 절로 나온다.

그러므로 사람을 지은 신께서는 새 영을 주시고 굳은 마음을 제한 부드러운 마음과 더러운 양심이 아닌 선한 양심을 새로 주신 것이며 이것이 온 인류에게 동일한 것이다.

(겔 36:26,) 『또 새 영을 너희 속에 두고 새 마음을 너희에게 주되 너희 육신에서 굳은 마음을 제하고 부드러운 마음을 줄 것이며』

영이 없을 때의 굳은 마음은 더러운 양심이라 죄를 지어도 죄가 죄인지를 깨닫지 못하고 살았으니 이것이 육체뿐인 사람을 산 것이고 심령이 육체의 욕구대로 행한 때다.

그러므로 영이 살아서 새 영이 있을 때에는 이에 맞게 새 마음이고 선한 양심으로 행하는 것이니 이제 사람이 죄를 지으면 죄를 죄로 깨달아서 선한 양심으로 가책을 받고 새 마음에 죄를 생각만 해도 범죄를 말리는 양심의 가책이 이는 것이다.

(벧전 3:16,) 『선한 양심을 가지라 이는 그리스도 안에 있는 너희의 선행을 욕하는 자들로 그 비방하는 일에 부끄러움을 당하게 하려 함이라』

육체뿐인 사람에서 새 영을 받아 새 마음의 선한 양심을 쓰는 새 사람이 되었으나 이 비밀을 세상이 알지 못하므로 새사람이면서도 새것을 살지 못하고 영을 세우지 않기 때문에 여전히 육신의 소욕에 이끌릴 뿐이다.

(딛 1:15,) 『깨끗한 자들에게는 모든 것이 깨끗하나 더럽고 믿지 아니하는 자들에게는 아무 것도 깨끗한 것이 없고 오직 저희 마음과 양심이 더러운 지라』

옛 사람을 새사람으로 다시 살게 한 구원을 믿지 아니하는 자들은 여전히 영이 없는 육체뿐인 사람을 살기 때문에 새 마음과 선한 양심을 쓰지 못하고 새 영은 육신에 묻어둔 것이다.

(엡 4:24,) 『하나님을 따라 의와 진리의 거룩함으로 지으심을 받은 새 사람을 입으라』

신을 따라 의와 진리의 거룩함으로 지으심을 받은 새사람이 곧 새 영과 새 마음과 선한 양심을 가진 사람이며 이것을 세상 사람들이 알지 못하고 육체 뿐이던 옛 사람을 살기 때문에 새사람을 입으라는 것이다.

새사람을 입는 것은 덧입는 것이며 새사람을 입을 때에 옛 사람이 묻히고 받은 새 영과 새 마음과 선한 양심을 쓰는 새사람으로 나타나는 것이다.

현재로 신을 믿는 사람도 옛 사람과 새사람의 구분이 없이 육체뿐인 사람으로 살기 때문에 심령이 가난하지 못하고 육체의 욕심을 부리며 신께서 싫어하시는 형상의 돈에 매이는 것이다.

□사람 난 목적의 첫째는 육신에 사는 내 영혼이 영생의 구원에 이르는 것이다. 영생의 구원은 사람을 지은 신의 세계에 이르는 자격조건을 얻는 것이다.

자격증이 있는 지의 여부를 살피는 심판을 거쳐서 자격자는 그때 신으로부터 임하는 다른 신령한 몸을 받아서 거룩한 지체에 이르니 사람이 신과 더불어 영생하기까지를 이루어가는 구원이다.

벼농사에서 모를 이종한 열매를 얻듯이 사람도 만든 것에서 낳은 것으로 옮기는 구원을 거쳐서 사람마다의 자기 소망대로 선택한 결국에 이르는 것이다.

처음의 만든 사람은 첫 사람 아담 안에서의 혈통이고 아담의 혈통은 신께서 흙으로 만든 형상에 영혼을 넣어서 생령의 사람으로 세운 것이며 낳은 사람은 예수가 피 흘린 새 혈통이다.

예수는 신의 아들이니 예수도 하늘에서 신이시나 아담의 범죄로부터 모든 사람이 욕심을 잉태하여 악을 행하는 죄와 사망으로 흑암에 빠지니 육체뿐인 사람을 구원하시려고 사람처럼 육신을 입고 이 땅에 오신 것이다.

예수의 피 흘린 혈통이란 우리가 아담 안에서 일체 범죄 한 죄인으로 영멸의 사망에 처하여 죽어 없어질 것인데 신께서 사람 안에 지으신 심령과 영을 인하여 예수를 내어주고 우리를 사서 다른 새사람으로 다시 살게 한 것이며 예수가 피 흘리고 죽어준 것이니 예수의 부활로부터는 온 인류가 예수의 피 흘린 새 혈통인 것이다.

하늘에서 신이신 예수가 피 흘려 죽어준 구원 후로는 온 인류가 죄와 사망에서 해방되고 자유 한 것이며 죽은 예수가 부활하심으로 온 인류는 새 생명으로 다시 사는 새사람이니 이제 나를 감춘 예수의 혈통이다.

하늘에서 신의 아들 예수가 육체로 와서 로마의 사형 틀에 높이 들려서 못 박힘은 하늘 성소에 들어가심이고 피 흘리고 죽어주심은 하늘의 제단에 제물이 되어주심이니 하늘에 계시는 아버지 앞에 자기를 제물로 드리고 우리 인류를 죄와 사망에서 사들인 것이다.

이런 일이 다 온 세상의 역사인 성경에 기록되었으나 이것을 숨기며 훼방하는 악령의 세력이 있어서 세상에게 감춰진 것이고 예수를 열심히 믿는 자들도 속아서 새 영을 세우지 못하는 것이다.

우리가 아담의 혈통일 때에 아담이 에덴동산에서 신이 금한 법을 범하여 범죄 한 삯으로 아담의 영이 죽은바가 되었고 거기서 육체뿐인 사람으로 쫓겨 나와서 세상살이를 행한 것이다.

영이 죽은바가 된 사람이니 그의 출산도 다 영이 죽은바가 된 육체뿐인 사람이라 온 인류가 예수십자가의 대속일 까지는 일체 영을 묻은 육신무덤과 같은 사람을 살아온 것이다.

육체뿐인 사람을 살아온 세월이 아담으로부터 사천년이며 지금으로부터 이천년 전에 로마의 사형을 받아 예수십자가에서 죽은 예수가 다시 사는 부활로부터 육체뿐인 사람이 새 영이 들은 새사람으로 바뀌었다.

아담이 에덴동산에서 쫓겨나온 세상은 악한 영이 임금인 흑암의 나라인 것이니 이는 아담의 범죄로 신께서 나라를 잃었고 아담은 흑암의 나라에 죄의 종으로 팔린 것이다.

악한 영은 지금의 사단이며 근본은 하늘의 천사장인데 자기 지혜와 지식을 좇아 스스로 타락하여 신을 대적한 것이며 신께서 우리 사람을 영생의 자녀로 세우는 일에 훼방자인 것이다.

아담이 에덴동산에서 신의 법을 받았으나 이를 사단이 훼방하여 아담으로 법을 범하게 만든 것이니 신의 사람 아담을 이긴 사단에게 신은 정말 공평하게 아담과 나라를 내어주신 것이다.

그때 첫 사람 아담은 신의 사람으로 처음 장수와 같고 예수는 두 번째의 장수와 같은 것인데 처음 장수로 세운 아담이 악한 사단의 미혹에 넘어지고 신의 법을 지키지 못하고 패한 것이다.

아담은 자기 아내 하와가 함께 하였으나 신의 법을 모르는 하와가 먼저 사단의 꾐에 빠져서 욕심을 잉태하고 죄를 낳아 신이 금한 열매를 따서 먹고 남편에게도 권하여 범죄 하게 만든 것이다.

에덴동산의 대결은 신의 창조한 나라를 놓고 행한 것이라 신의 장수 아담을 이긴 사단이 나라를 넘겨받고 아담 부부를 죄의 종으로 삼으니 아담의 후손은 절로 죄의 종으로 영멸에 처한 것이다.

신은 빛이고 대적 자 사단은 어두움이니 사단이 신의 사람 아담을 이긴 대가로 차지한 나라는 이제 흑암의 나라며 사단은 어두움의 임금을 행한 것이고 그 기간이 사천년의 세월이다.

사천년의 세상 끝에서 예수가 구원하러 오신 것이며 우리를 위하여 죽어주시고 죽은 후 사흘 만에 무덤에서 능력으로 부활하시어 우리를 구원하신 것이니 우리의 죄 값으로 죽어주시고 다시 사셨으니 우리는 값없이 새사람을 다시 살게 되었다.

로마의 심판과 예수십자가의 사망과 죽은 자에서 다시 산 부활은 실제의 역사며 많은 나라의 많은 사람이 이를 믿지만 이것을 숨기고 훼방하는 미혹도 강하여 지금의 우리는 시 공간 적으로 그 일에 참여하지 못하고 알지 못하니 불신도 많은 것이다.

흑암의 나라 사천년을 마치고 그 후로 이천년을 살아왔으니 천지창조로부터 지금까지의 인생은 총 육천년인데 세상은 수십억 년 이라한다. 만약에 인류가 몇 억년만 살아왔어도 벌써 도통하여 신선세계를 살아갈 것이다.

세상 땅도 처음은 물속에 있었으니 그 세월이 얼마인지는 알 수가 없으나 사람 사는 땅으로 드러난 것은 신의 천지창조 때이니 사람 난 세월과 같으며 물에서 나온 땅의 흙으로 만든 사람이다.

인명재천은 괜히 있는 말이 아니며 사람 생명을 정한 한계를 넘지 못하니 육신 세상의 종말은 육체와 기계의 결합으로부터며 피가 생명이 아닌 형상의 로봇사람으로 마치는 것이다.

사람 난 목적을 좇아 영혼을 세우기까지의 구원으로 세상을 마치는 것이며 영을 폐하는 육신의 변질과 생명 없는 물질 물체의 형상을 사람 위에 세울 때에 종말을 당한다.

그 종말은 칠천년의 세상 끝이며 지금 육천년이 지났으니 얼마 부족한 일천년의 세월이 남은 세상인 것이다. 그러므로 세상 종교에서는 이천년 전에부터 말세라며 자기 배를 불린 것이다.

그러므로 속이는 종말에 떨지 말고 진리 안에서의 때와 세대를 분명히 구분하여 자기 때를 알아야 한다. 먼저는 모든 사람은 첫 사람 아담의 혈통일 때가 있었고 지금은 예수가 죽어준 안에서 다시 사는 예수의 피 흘린 새 혈통인 것을 온전히 알아야 한다.

하늘의 신이 사람처럼 육체로 임한 예수가 땅에서 들려 죽어준 예수십자가 후로의 사람은 아담의 혈통 안에서 저들과 같은 죄인으로 예수십자가의 사망에 연합된 것이다.

예수십자가의 사망에 연합되었으면 또 예수의 부활에도 연합되는 것이니 예수부활로부터는 온 인류가 일시에 예수의 혈통으로 다시 사는 새것이며 신의 씨로 자녀 될 자격을 가진 것이다.

이제 모든 사람은 예수십자가의 도를 기쁜 소식으로 받아들이고 예수를 구주로 믿으면 자기 영혼이 성령이 난 영으로 영생의 구원을 받는 것이니 성령이 난 출산은 성령세례며 영혼의 구원을 받아도 흙으로 된 육신 사람은 다 죽어서 흙으로 돌아가는 것이다.

성령세례란, 성령의 씻기심이고 사람을 신의 자녀로 세우는 예식이다. 성령세례는 예수가 십자가에서 피와 함께 쏟은 그 물로 씻기시는 것이니 예수는 특별히 물과 피를 동시에 쏟았으며 그 때 한 군병이 옆구리를 창으로 찌를 때에 피와 물이 쏟아진 것이다.

예수의 피는 우리를 죄와 사망에서 구원하여 예수의 혈통으로 다시 살게 한 것이며 그 피의 짝인 물은 우리가 성령의 씻기심을 받는 것이고 하늘 참 성막의 물두멍에 담긴 것이며 신의 어린 자녀로부터 신령한 양식을 얻는 내력의 증거다.

□만든 사람은 아담의 혈통이니 첫 사람 아담으로부터 신의 아들이 못 박힌 예수십자가까지의 사람이고 예수가 십자가의 사망에서 부활하고부터는 아담에서 이 세상 끝까지의 사람이 새사람으로 다시 사는 예수의 혈통이다.

예수의 혈통은 죄의 삯은 사망에 처한 우리를 대신하여 죽어준 예수가 피 흘려 낳은 것이니 이는 예수의 피를 인류의 죄 값으로 지불한 것이며 예수의 부활로부터는 온 인류가 일시에 예수의 생명을 사는 새로운 피조물이기 때문이다.

이 소식을 알지 못하는 사람들은 예수 죽은 것과 상관없이 육신사람만 살아지지만 예수부활로부터의 새사람은 새 영을 받았고 새 마음과 새 마음에 새긴 새 법과 선한 양심을 받았기 때문에 사람이 성령이 난 영으로 신의 자녀도 되며 선악을 깨닫는 것이다.

아담의 혈통은 신이 흙으로 만든 사람이고 신의 형상과 그의 아들의 형상대로 만든 표상이니 표상의 사람은 처음부터 영생할 수가 없는 사람이다.

만든 사람은 예수십자가까지로 폐하였으나 우리가 직접 죽어서 폐한 것이 아니라 예수가 우리를 대신하여 죽어준 것이라 육체는 처음대로 이어지지만 외모만 같을 뿐 다시 사는 새사람이며 속사람이 바뀐 것이니 예수를 믿을 때에는 믿음으로 옛 사람을 벗는 것이다.

옛 사람은 표상이고 새사람은 실상이다. 표상은 예수의 모양대로 만든 것이고 실상은 표상에서 예수 안으로 옮긴 것이니 예수가 죽어준 대가로 다시 사는 사람이며 이를 새로운 피조물이라 한다.

피조물은 신께서 처음 만든 사람이며 피조물을 죄의 삯은 사망으로 폐하고 새롭게 다시 살게 한 사람은 새로운 피조물이다. 피조물이 죽을 것을 예수가 대신 죽고 새사람으로 살게 한 사람부터 새로운 피조물이며 예수의 부활로부터 거듭난 것이다.

역사적으로 예수는 로마의 사형 틀에 못 박히고 죽을죄가 없었고 오히려 로마당국자는 죄 없는 예수라고 놓아주려 했으나 신의 선민이스라엘 백성들이 예수를 못 박아야 한다고 고집한 것이다.

(마 27:15-17,) **명절을 당하면 총독이 무리의 소원대로 죄수 하나를 놓아 주는 전례가 있더니 그 때에 바라바라하는 유명한 죄수가 있는데 저희가 모였을 때에 빌라도가 물어 가로되 너희는 내가 누구를 너희에게 놓아 주기를 원하느냐 바라바냐 그리스도라 하는 예수냐 하니**

명절의 특별 사면으로 유명한 죄수 바라바와 죄 없는 예수 중에서 누구를 놓아주랴 총독이 이스라엘 백성들에게 묻는 것이며 이때 이스라엘은 로마의 다스림을 받았다.

(마 27:18-19,) **[18] 이는 저가 그들의 시기로 예수를 넘겨준 줄 앎이러라 [19] 총독이 재판 자리에 앉았을 때에 그 아내가 사람을 보내어 가로되 저 옳은 사람에게 아무 상관도 하지 마옵소서 오늘 꿈에 내가 그사람을 인하**

여 애를 많이 썼나이다 하더라

그때 총독이 재판관으로서 예수는 죄가 없으나 백성이 시기하여 예수를 죄인으로 넘긴 것을 알기 때문에 둘 중에 한 사람을 택하라는 것이며 이때 총독의 아내도 예수는 옳은 사람이라 말한다.

(마 27:20-26,) [20] 대제사장들과 장로들이 무리를 권하여 바라바를 달라 하게 하고 예수를 멸하자 하게 하였더니 [21] 총독이 대답하여 가로되 둘 중에 누구를 너희에게 놓아 주기를 원하느냐 가로되 바라바로소이다 [22] 빌라도가 가로되 그러면 그리스도라하는 예수를 내가 어떻게 하랴 저희가 다 가로되 십자가에 못 박혀야 하겠나이다 [23] 빌라도가 가로되 어찜이뇨 무슨 악한 일을 하였느냐 저희가 더욱 소리질러 가로되 십자가에 못 박혀야 하겠나이다 하는지라 [24] 빌라도가 아무 효험도 없이 도리어 민란이 나려는 것을 보고 물을 가져다가 무리 앞에서 손을 씻으며 가로되 이 사람의 피에 대하여 나는 무죄하니 너희가 당하라 [25] 백성이 다 대답하여 가로되 그 피를 우리와 우리 자손에게 돌릴지어다 하거늘 [26] 이에 바라바는 저희에게 놓아주고 예수는 채찍질하고 십자가에 못 박히게 넘겨 주니라

그때 재판장은 죄 없는 예수를 못 박는 피에 대하여 나는 무죄하니 너희가 그 피 값을 당하라 하니 예수를 시기하는 백성들이 그 피를 우리와 우리 자손에게 돌리라 하며 죄인 바라바는 살리고 의인 예수는 십자가에 못 박아 죽인 것이다.

그러므로 당시의 이스라엘 백성이 소원한 대로 그들과 후대에서 피를 지불한 것이니 죄 없는 예수를 피 흘리고 죽인 피 값이며 그 피를 자기와 자손에게 돌리라고 말한 대로 그들과 그 후손들이 큰 학살을 당한 것이다.

예수는 그 이름과 구원할 자로서 사명을 감당하는 것이지만 죄 없는 예수를 못 박으라 외친 이스라엘 백성들은 자기들의 소원하고 언약한 그대로 화를 당한 것이다.

그때 백성들은 스스로의 판단이 아닌 위에서 선동하는 꾐에 빠진 것이니 대제사장들과 장로들이 권하여 바라바를 달라 하게하고 예수를 멸하자 하는 대로 따랐으나 결국은 엄청난 희생을 치른 것이다.

□예수십자가의 실상은 예수가 괜히 죽은 것이 아니라 아담 안에서 죄인된 우리를 담당하여 우리가 피 흘리고 죽어야 할 것을 대신 죽어준 것이며 표상에서 실상 안으로 옮기는 구원을 위한 것이다.

그러므로 온 인류는 표상 안에서 동일한 죄인으로 예수십자가에 함께 죽은바가 된 것이며 예수부활에서 일시에 거듭난 새사람이 되었으나 이것이 실존의 역사라도 외국역사로 무시할 뿐이다.

온 세상 역사로는 이스라엘이 대표나라며 이스라엘 백성이 온 인류의 대표 백성이다. 신께서 이스라엘 백성만 사랑하신 것이 아니라 살아계시는 신이심과 죄의 종이 된 인류를 일시에 구원하심을 알게 하시는 방법의 대표 제도인 것이다.

대적하는 자 사단이 임금인 흑암의 나라에서 건지고 아들의 나라로 옮기는 구원을 온 인류로 쉽게 깨닫게 하려고 대표제로 죄 사함과 거듭남의 구원을 이룬 것이며 사단의 대적 앞에서 이스라엘을 사랑하심은 곧 인류를 사랑하심인 것이며 이를 예수십자가의 대속으로 분명히 확증을 하신 것이다.

죽은 자 가운데서 다시 사지는 예수부활을 분기점으로 옛 세상과 되찾은 새로운 세상으로 나뉜 것이며 옛 세상 때는 지금의 우리가 다 옛 사람 안에서 죄의 종이었고 옛 사람 안에서 죄의 삯은 사망으로 예수십자가에 죽은 것이다.

옛 세상은 어두운 밤에 속하고 새로운 세상은 밝은 낮에 속하여 광명을 밝힌 것이다. 옛 세상일 때의 옛 사람은 악을 행하여도 스스로는 악을 악으로 깨 닫지를 못하였고 새로운 세상의 새사람은 악이 마음에서 동하기만 하여도 죄를 깨닫는 것이니 이것이 거듭난 새사람의 표징이다.

옛 사람은 법이 사람 밖에 있는 율법이라 살면서 행한 것을 가끔씩 율법 책에 비춰봐야 그때 무엇이 범죄였는지는 아는 형편이었고 새사람은 법이 사람 안에든 심법이라 속에서 죄를 생각만 해도 법에 부딪치는 양심의 가책으로 아는 것이다.

흙으로 만든 사람이 예수의 피 흘린 출산이 되려면 만든 사람을 없애야 하고 없애는 것은 죄의 삯은 사망으로 폐하는 것이며 죄는 그때 스스로는 죄를 죄로 깨 닫지를 못하는 세상살이의 세상 죄며 죄 없는 사람은 한 사람도 없으니 만든 사람은 일체 죽어야 했다.

만든 표상을 폐하지 않고 신의 아들이 와서 대신 죽어주고 거듭난 새사람으로 다시 살게 한 구원은 사람의 영혼을 위한 것이니 흙으로 만든 사람 안에 신의 자녀를 얻는 종자의 영을 심었기 때문이다.

흙으로 만든 육체를 자녀농사의 밭으로 삼아 영생할 종자의 영을 심은 것이며 밭에 심은 종자는 썩어야 새 싹을 내므로 종자의 영은 에덴동산에서 첫 사람 아담의 범죄 한 삯으로 죽은 것이며 죽은바가 된 것은 곧 심긴 종자가 새싹을 위한 썩음을 당한 것이다.

에덴동산에서 사람 밭에 종자의 영을 심고 새싹을 위한 썩음을 당하니 이제 아담을 영이 죽은 육체뿐인 사람으로 에덴동산에서 내어 쫓아 세상에서 자녀농사에 합당한 인생살이를 시작케 하신 것이다.

세상으로 쫓겨나온 아담과 하와의 처음 육정을 행한 동침으로부터 지면에 사람이 퍼지고 세상살이에서 행하는 범죄가 나타나며 세상 죄는 그 삯이 피 흘림이 없은즉 사함이 없는 것이라 모든 사람은 피 흘리고 죽어야 했던 것이다.

법은 신이 정한 법이며 사람도 법을 만들어 사는 것이니 사람을 만든 신은 더욱 법적인 인도를 하시니 법을 행한 결국은 일체 종자의 영을 위한 것이다.

씨 뿌린 종자가 만든 사람 밭에서 새싹을 내면 역시 만든 것에 속하므로 만든 사람을 신의 아들예수 안으로 옮기는 구원을 하여 새사람 밭을 만들고 새 밭에 이종한 새싹으로 돋아나게 한 것이다.

그러므로 하늘에서 신이신 예수가 실상의 육체로 와서 로마의 사형 틀인 십자가에 피 흘리고 죽으심은 다 영적인 비밀이 있고 영적인 내력을 담은 증거를 기록하여 성경에 담은 것이니 신이 권하는 기쁜 소식이며 이 소식을 알림을 복음전파라 한다.

복음전파에는 이것을 훼방하는 사단의 거짓 복음이 있고 거짓 복음은 기쁜 소식을 조금씩 부족하게 전하는 선교로 한다. 그러므로 온 세상의 많은 교회들이 동일한 성경으로 예수를 믿지만 각색의 교리를 가진 것이며 완전한 복음에서 빗나간 것이다.

악한 사단은 영의 존재며 육신사람은 사단의 미혹을 이기지 못하므로 사단이 속이는 때에는 다 미혹에 빠진다. 조금씩 부족하게 속이는 거짓 복음은 천지창조의 순서대로 어두움이 먼저인 것을 좇아 어두움에 속한 악의 일군들이 먼저 부족한 복음 선교를 하고 속아서 믿는 무리가 바다모래같이 될 때에 완전한 복음전파가 세움을 받기 때문에 말세가 시작되기 전에는 일체 속아서 믿는 것이다.

이 세상 말세가 시작이 되면서 완전한 복음이 세움을 받고 그동안에 속아서 믿은 자들도 완전한 복음전파를 받아 선택하게 하는 것이니 이는 이 세상을 마치는 신의 마지막 심판을 공평한 심판으로 마치려는 것이다.

한쪽의 일방적인 전파는 공평하지 못하고 속이고 미혹한 것이라 양쪽이 함께 세운 복음에서 사람들이 양단간에 선택해야 공평하므로 부족한 복음과 완전한 복음이 나란히 되는 것이며 처음부터 함께 있으면 순서를 좇는 공평이 아니므로 어두움에 속한 미혹의 복음이 먼저인 것이다.

완전한 복음과 속이는 부족한 복음은 반드시 법과 증거로 구분하는 것이며 완전한 복음으로 믿을 때에는 새 법을 지키고 예수의 증거를 받으며 육신 사람의 믿음이 아닌 믿음의 법적인 믿음을 행하는 것이니 믿는 자들은 이것을 분명히 가려야 한다.

비슷하게 속이는 부족한 복음과 완전한 복음은 법과 증거 적으로 확연히 다르다. 부족한 복음은 예수의 증거를 받지 않고 그냥 믿으며 예수부활 후로의 새 법도 지키지를 않는다.

완전한 복음은 부족한 복음이 먼저 온 세상에 선교를 이룬 후에 말세가 되면서 세움을 받으며 신의 공평을 좇아 일체 법과 증거 적으로 믿으니 이는 믿음까지도 자기 믿음이 아닌 법적인 믿음이다.

완전한 복음전파는 예수부활의 광명에 속하고 부족한 복음 선교는 예수광명을 빙자한 거짓광명에 속한다. 예수광명은 빛 가운데서의 자녀를 세우는 새 언약이며 사단의 거짓광명은 이를 훼방함이다.

그러므로 사단이 먼저 속이는 때에는 예수의 부활을 기념하되 달걀을 삶아서 부활을 부인하는 것이며 예수 부활로부터의 새 언약을 세우지 않는 것이니 이는 예수부활은 곧 사람들의 빛으로 생명의 광명이 떠오른 것이라 이를 악한 사단이 숨기는 것이다.

속이는 복음이 먼저인 것은 오히려 잘 여문 알곡으로 거두는 것이니 이는 속은 것에서 돌이켜야 미혹한 악을 아는 것이며 선악 간에 분별하는 것이고 악을 체험했기에 돌이킨 믿음을 지키는 것이다.

처음부터 선악이 함께하면 양단간에 선택은 하지만 선을 선택하면 악을 알지 못하고 악을 먼저 선택하면 선을 모른다. 처음부터 참과 거짓이 나타남은 신의 공평이 아니다. 하나는 선이고 하나는 악이니 누가 알고도 악을 선택하겠는가?

악이 먼저 속인 후에 선을 좇아 돌이킬 자는 회개하고 남을 자는 남아야 악이 속인 열매도 있는 것이며 공평한 대결인 것이다. 본래 흑암의 깊음 위에서 빛을 밝힌 것이니 그 순서대로 흑암의 세상을 먼저 이루고 빛을 밝혀야 한다.

그러므로 아담의 혈통인 옛 세상은 사단이 어두움의 임금을 행한 흑암의 나라인 것이며 되찾은 나라로부터 빛을 밝힌 아들의 나라이니 예수의 부활 전과 후의 세상이 뒤바뀐 것이다.

빛과 흑암이 동시에 있으면 어두움은 사라지는 것이니 지금 빛과 어두움의 대결에서 빛과 어두움이 동시에 있음은 공평이 아니며 어두움에 속한 악이 먼저 대적한 것이니 대적한 공간이 있어야 하고 먼저 대적한 악에 대립한 싸움이 있어야 한다.

그러므로 옛 세상은 거짓의 아비요 어두움의 왕인 사단이 먼저 세상 임금을 행하고 표상인 사람들의 세상 죄를 고소하며 죄인들을 속히 죽이라고 하니 사단의 고소를 받아 죄의 삯은 사망인 신의 법대로 공평하게 심판하여 표상의 사람을 일시에 폐한 것이 예수십자가의 사망이다.

표상을 그대로 폐하면 씨 뿌린 종자의 영도 함께 멸하므로 신은 천하보다 귀한 우리 영혼을 위하여 독생자 친아들을 내어주시고 우리를 위하여 대신 피 흘려 죽게 하신 것이니 예수십자가의 도가 나타난 것이다.

이제 이 기쁜 소식을 듣고 법적인 증거대로 연합하여 죄 사함과 거듭남의 구원을 받은 믿음의 사람이 되면 거룩한 지체로 구별이 되어 인생동안에 영생의 구원을 이루어가는 것이니 예수가 죽어준 구원과 새사람이 성령이 난 영으로 영생에 이르는 구원을 분명히 구분을 해야 한다.

이 소식을 속여서 부족한 소식으로 전하는 선교가 먼저 온 것이며 완전한 소식은 말세의 시작으로부터 세워지기 때문에 아직까지는 법적인 증거를 좇는 예수교회가 이 세상에 없다.

이제 말세를 맞아 완전한 복음전파의 일군들이 세움을 받는 것이며 신의 영이 때를 따라 직접 완전한 복음을 알게 하는 처음의 일군들이 세움을 받고 성령이 친히 복음의 아비가 되어주시니 성령 학으로 난 추수 군들이 한 뜻을 이룰 것이고 먼저 온 선교에 대립하는 것이다.

□옛 세상에서 모든 왕정과 용상의 때에도 다 정사가 기록이 되어 후대를 위한 역사를 이루듯이 성경도 그렇게 처음부터 기록된 세상 역사인 것이며 우리가 세종대왕과 이순신장군을 보지 못하고도 확실히 믿듯이 온 세상 역사인 성경도 그렇게 믿어야할 실상인 것이다.

성경은 창조의 과정과 운행과 끝을 분명하게 밝힌 것이다. 성경이 거짓이라면 과학의 진화론에서 원숭이가 사람 된 증거를 밝히고 그 원숭이는 어디로부터인지의 근본도 밝혀야 한다. 원숭이 난 것도 없이 사람 난 것을 말함은 그 진화는 근본이 없는 것이다.

신의 창조는 흙을 뭉친 사람이고 세상지식의 과학은 원숭이가 진화한 사람인 것이니 사람만의 생각과 형편 적으로는 누가 봐도 원숭이가 사람 될 확률이 크고 더욱 가능하지만 흙을 뭉친 형상이 생령이 됨은 고개를 가로 저를 수밖에 없을 것이다.

신은 사람이나 짐승이나 동일한 흙으로 만들었으나 사람은 신의 예비한 선악과나무의 열매를 먹고 선악을 알고 짐승은 처음부터 사람의 식료일 뿐이니 선악을 모르며 외형이 사람같이 진화를 한들 선악을 아는 선악 간의 사람이 절로 되지는 못한다.

짐승은 사람에게 있는 마음의 법적인 양심도 없으니 짐승은 범사에 부끄럼이 없으나 사람은 양심상으로 부끄러운 행위는 남이 보지 못하는 밤이나 자기만의 공간에서 하고 짐승은 때와 장소와 밤낮이 없는 것이니 진화를 해도 사람을 살지 못한다.

동물이나 무슨 미생물이 진화한 사람을 말하는 진화는 세월 따라 외모가 변한 것을 말함이 아니며 사람이 없는 상태에서 동물이나 미생물이 사람으로 진화한 것이니 동물이 사람으로 진화하며 동물의 씨가 어떻게 변하여 사람의 씨가 되었으며 미생물이 사람의 씨를 가진 진화를 말해야 한다.

그러므로 짐승이 진화한 사람이면 어찌 선악을 아는 것과 양심의 가책이 절로 생겼는지를 밝혀야 하고 짐승이 진화하는 것이면 왜 한 번만 남녀로 진화하고 멈춘 것인지를 밝혀야 한다.

성경은 이 모든 것을 처음부터 밝히고 있다. 흙을 뭉친 형상으로부터 생령이 됨과 표상을 폐하고 실상 안으로 옮긴 구원과 표상의 범죄로 죽은 영을 새 영으로 주시고 새 마음과 새 법과 선한 양심을 주신 내력을 완전히 기록하고 있다.

온 세상의 짐승은 여전히 짐승인 것이고 씨대로 나는 것이며 온 인류는 동일한 심법의 양심을 가진 것이니 처음부터 온전한 사람이며 사람의 씨로 번성한 것이 분명하고 증거 없는 발표만 하는 과학은 밤에도 희미한 달이 뜨는 달밤의 비밀을 모르는 것이다.

밤에 달이 떠서 낮도 아니고 밤도 아닌 것이면 태양이 뜨는 낮에도 밤이 있어서 낮도 아니고 밤도 아닐 수가 있을 것이나 밤에만 작은 광명을 비추는 것은 사단이 임금인 흑암의 나라동안만 신의 인도가 희미하게 흠이 있다는 것이다.

신이 흠 있는 언약의 인도를 증명하는 꿈을 사람들에게 주신 것은 사단의 어두움인 밤에도 죽은 듯이 잠만 자는 것이 아니라 육신의 속사람인 영혼은 항상 신 앞에 살아 있음을 나타내는 것이다.

아담의 범죄로 사람이 사단에게 팔렸으나 어두움의 왕인 사단에게 소유권이 넘겨진 사람이 아닌 것임을 말하는 것이며 사람이 밤에는 잠들 지라도 꿈을 꾸듯이 신의 것으로 살아있음을 나타냄이다.

그러므로 신이 주신 꿈은 사단이 어두움의 임금을 행하는 흑암의 나라에서도 사람은 낮이나 밤이나 다 신의 주관아래 있음을 말하는 것이니 임금인 사단도 고소만 할뿐 생명을 주관하지 못한 것이다.

아들의 나라에서도 사단은 어두움을 숨기고 거짓광명으로 속이며 온 세상을 미혹하기 때문에 여전히 꿈을 꾸며 신의 인도하심을 밝히는 것이다.

이제 사단은 꿈이 없는 사람을 만드니 이는 육체의 생명의 피가 아닌 사람이다. 피가 생명이 아닌 형상의 사람은 이 세상 종말을 이루는 것이며 또 육정의 동침한 잉태의 출산이 아닌 사람을 세우는 것이니 꿈이 없는 사람은 로봇이다.

사단 안에서 로봇만 아니라 육정으로 나지 아니한 사람도 말세의 징조로 나타나는 것이니 이는 여자 혼자의 잉태와 유전자 조작의 인공 출산인 것이다.

로봇과 유전자를 조작하는 인공출산은 다 이 세상 종말을 예비함이니 사단은 로봇과 육정의 출산이 아닌 사람으로 세상을 채우며 신이 만든 사람을 감하며 우주정거장과 하늘의 세상을 로봇으로 시작하지만 세상 끝이 이르고 신의 마지막 심판으로 영멸하는 것이다.

신은 항상 의롭고 공평하시니 신이 세운 아담이 패하므로 이긴 사단에게 공평하게 나라를 내어준 것이 곧 옛 세상 흑암의 나라며 옛 세상은 아담으로부터 예수부활까지며 사천년인데 이 사천년은 사람 농사기간 넉 달과 같은 것이다.

사천년간의 하늘 농사인 것이니 자녀를 세울 농사며 사천년의 세월 동안에 낳고 낳은 출산이 온 지면에 번성하고 충만하여 육신에 잠든 영혼이 신의 수에 이른 것이고 예수부활로 새싹의 영으로 돋아난 것이다.

사단이 임금인 흑암의 나라에서 사단의 고소를 받는 사천년의 세월에 만든 사람을 잃지 않고 지키신 것은 신의 공평한 법이 있기 때문이고 법적인 대립으로 사단의 고소에 응답한 것이니 이는 사람과 같이 육체의 생명이 피에 있는 짐승으로 대속한 것이다.

그때는 사람이 아담의 죄로 영이 죽은바가 되어 육체뿐인 사람이었고 짐승도 사람처럼 피가 육체의 생명이니 동일한 육체의 생명인 짐승의 피로 대신한 것이며 이는 결코 사단의 고소에 하자가 없는 것이다.

그러나 육체의 생명이 같은 짐승의 피로는 겨우 행하는 범죄만을 씻을 뿐 죄를 영속하지 못하고 표상의 사람을 실상으로 옮기지는 못하므로 아들인 예수를 내어보내신 것이다.

예수십자가의 대속은 사단의 고소와 사단의 임금 직과 사단의 나라인 흑암의 나라를 폐하여 되찾은 아들의 나라로 우리를 옮긴 내력이니 이를 기쁜 소식이라 부른다.

사람이 이것을 모르기 때문에 믿을 이유가 없이 안 믿는 것이며 새사람이 없는 동일한 사람으로만 알고 옛 세상을 폐한 되찾은 이 세상인 것을 모르는 것이다.

옛 사람의 굳은 마음은 철필로 죄를 새길 수가 있는 마음이며 그때는 악한 양심이라 죄를 죄로 깨닫지 못하고 행한 것이며 영이 죽은바가 되었기에 육체대로의 악을 행한 것이다.

예수십자가의 대속은 온 인류가 연합된 사망이라 예수만 장사지낸 것이 아니라 우리도 일체 장사되었고 여기까지로 만든 아담의 혈통이 일시에 폐한 것이다.

(겔 11:19-20.) 『[19] 내가 그들에게 일치한 마음을 주고 그 속에 새 신을 주며 그 몸에서 굳은 마음을 제하고 부드러운 마음을 주어서 [20] 내 율례를 좇으며 내 규례를 지켜 행하게 하리니 그들은 내 백성이 되고 나는 그들의 하나님이 되리라』

예수부활로부터 새사람일 때에 온 인류는 일치한 마음을 받아 동일한 양심을 쓰는 것이다. 어느 나라 어디에 살든 색이 다르고 모양이 변했어도 속사람은 하나인 것이며 새 양심이니 무엇의 진화로는 이루지 못할 것이다.

예수부활 전에는 누구도 영생하는 자녀가 되지 못하였고 예수부활로부터의 거듭난 새사람이 나타날 때에 옛 사람이든 새사람이든 일체 동일한 자격으로 믿고 영생의 구원을 자기 선택으로 받게 된 것이다.

이 모든 것을 이룬 예수십자가의 도는 대적하는 사단 앞에서 법과 증거 적으로 명확한 것이며 또 구주를 믿는 자들도 다 법을 좇아 증거를 들고 법적인 믿음을 행하는 것이니 믿음의 법적인 믿음으로 믿는 이것을 온전히 알아야 한다.

□세상의 밤과 낮은 영적인 밤과 낮을 깨닫게 하는 표상이다. 영적인 밤은 죄와 악이며 낮은 선이며 진리다. 그러므로 하루 동안에 밤과 낮이 함께 있고 사람 안에 밤과 낮이 들어있어서 사람은 항시 선악간의 두마음을 행한다.

선한 법과 죄의 법이 동시에 있는 선악간의 사람을 사는 것이니 이것이 정말 절로 된 것이며 신이 만들지 아니한 진화적인 것이라 말할 수가 있겠는가?

두 마음이란, 신의 법과 죄의 법이 한 마음에 있고 선과 악으로 행하는 것이다. 죄를 행하게 만드는 죄의 법에는 죄를 말리는 선한 양심이 있으나 양심을 무시한 범죄는 인격대로 행하는 자기 선택이다.

죄의 법대로 범죄를 생각하기도 하고 이를 말리는 양심의 가책도 있는 이런 새사람은 예수부활로부터며 그전은 법이 사람 밖에 있는 율법이라 법전을 보기 전에는 자기 죄를 죄로 깨 닫지를 못한 것이다.

이렇게 동일한 심법과 양심이 온 세상 모든 사람에게 일체 동일하게 있다는 것은 전지전능의 신이 만든 사람이란 확증이라 빅뱅을 폐하는 것이며 만든 첫 사람이 선악과를 먹은 선과 악인 것이지 절대로 절로 생긴 선악이 아

닌 것이니 진화는 신의 창조에 하루의 지식만도 못한 것이다

(롬7:22-24.) 『내 속 사람으로는 하나님의 법을 즐거워하되 내 지체 속에서 한 다른 법이 내 마음의 법과 싸워 내 지체 속에 있는 죄의 법 아래로 나를 사로잡아 오는 것을 보는도다 오호라 나는 곤고한 사람이로다 이 사망의 몸에서 누가 나를 건져내랴』

말씀과 같이 온 세상 모든 사람이 동일하게 신의 새 법과 옛 죄의 법을 함께 가지고 있으며 두 법이 싸우나 죄의 법이 승하는 것은 영이 아닌 육신사람으로만 행하기 때문이다.

육신의 소욕을 누르며 성령의 소욕으로 살 수가 있는 영으로의 삶은 신의 영으로 나의 영이 새롭게 되어야 하니 이는 성령이 난 영이며 사람이 자기를 돌이켜 예수의 생명을 사는 믿음으로의 삶이 되어야 한다.

옛 사람 안에서 죄인이던 나는 예수와 함께 예수십자가에서 죽었다. 예수 십자가 전의 옛 사람 안에 씨로 들었던 내가 옛 사람과 함께 옛 죄의 죄인으로 죽었다는 새 심령의 외침이 있어야 함이다.

그러므로 현재의 나는 낳고 낳고를 통한 후손인 것이며 흑암의 나라에서 임금인 사단이 우리 죄를 고소한 대로 심판을 받아서 죄의 삯은 사망으로 죽은 것임을 양심상으로 깨닫고 심령에 두어야 한다.

예수의 부활에 붙어서 다시 사는 우리는 이제 나의 생명이 아닌 예수의 생명을 사는 믿음으로의 삶이라 예수십자가의 도를 깨달아야 새사람을 사는 것이고 새사람으로부터 이제 영생의 구원을 받는 것이다.

받은 새 영이 성령이 난 영혼의 성도가 될 때에 받은 은사와 장성하는 믿음을 따라 성령 학으로 깨닫는 말씀을 받고 말씀으로 인도하는 영혼의 소망대로 육체의 요구와 죄의 법을 덮어가게 된다.

사람이 예수십자가의 도를 깨달아 물과 성령으로 나서 신의 나라에 들어갈 수가 있는 친자녀가 되기 전에는 사람들이 자기 마음에 있는 죄의 법을 이길 수가 없다.

거룩한 성도라도 믿음의 장성함에 이르기 전에는 하늘에 계시는 신이 정말 있는 지의 의문이 이는 것이니 어린믿음일 때의 의문은 악이 아니며 아바아버지를 더욱 알게 하는 발판이 된다.

성도의 배도가 아닌 의문은 성령 학으로 덮이는 것이며 날로 장성하는 믿음대로 확신을 가지니 영혼이 잘 됨을 따라 영적인 사귐이 명확하기 때문이다.

신의 아들 예수가 죽은 자 가운데서 다시 사심은 그는 본래 신이시기 때문에 가능한 것이다. 그가 생전에 많은 능력을 행함도 다 근본이 신이며 신의 영이 사람 모양의 육신을 입었기에 가능한 것이다.

죽은 자를 불러내어 살리고 다섯 개의 떡과 물고기 두 마리로 수천 명을 먹이며 못 보는 자의 눈을 고치고 귀신을 쫓아내며 물로 포도주를 만든 것은 다 그가 하늘에서 신이시라는 증거인 것이다.

표상의 실상으로 오신 하늘의 신을 우리와 같은 표상의 육신사람으로 잘못 알기에 사람이 물위를 걷는 것의 모든 능력은 다 사람이 지어낸 것이며 다른 신화에서 비슷하게 옮긴 것이라 외칠 뿐이다.

예수는 사람의 실상으로 와서 대신 죽어주시고 그 실상의 모양대로 신령한 몸을 입어 하늘의 영원한 본체로 삼으신 것이니 이는 모양이 같은 우리 사람과 영원한 형제로 함께 아바아버지의 자녀가 되려는 것이다.

성도뿐 아니라 사람은 반드시 영혼의 영생을 얻어서 인생길을 다간 마지막에는 예수님과 동일한 그 신령한 몸을 예복으로 받아 입고 영원한 영생의 나라로 들어가야 사람 난 목적을 이룬 것이다.

□인류는 세상지식의 외침과는 달리 처음부터 양을 치고 농사 지었으며

흙을 벽돌로 굽고 역청으로 성을 쌓았고 신부의 집에서 혼인잔치로 밤을 새우며 사람을 살았지 짐승과 같은 사람을 행한 것이 아니며 당시의 형편과 시대적으로 낮은 문명일 뿐 어제나 오늘이나 동일한 사람이었고 동일한 혈통인 것이다.

원숭이나 다른 미생물로의 진화한 사람이면 영혼과 사랑과 법적인 양심과 선악이 온 인류에게 동일할 수가 없고 진화하며 다른 동물로도 진화하고 사람도 더러는 다른 것으로 진화할 수도 있을 것이나 사람은 첫 사람 아담으로부터 동일한 것이다.

사람의 진화로부터 온 세상의 악한 속임과 미혹은 다 사단이 사람의 영혼을 훼방하는 것이며 영이신 하늘의 신과 사람의 영으로 교통하며 사귀지 못하게 속이는 것이라 진화한 증거가 없다.

갈수록 일인 일가구가 증가함은 절대 우연이 아니며 악한 사단이 신의 뜻을 훼방함이니 신은 남녀의 하나 된 혼인으로 화목한 가정을 이루며 충만한 생산으로 번성하기를 원하신다.

많은 영혼으로 영생의 자녀를 거두는 하늘농사를 원하시기 때문에 악한 사단은 이것을 막으려는 혼인과 출산을 어렵게 하고 불필요한 지식을 더욱 권하면서 신의 풍성한 추수를 훼방하는 것이다.

사람이 신의 창조에 속할 때에 지음을 받은 목적대로 순종하는 것이며 사람 되고 부부된 의무를 다 할 수가 있고 아내의 수고에 감사하는 남편의 참사랑이 가득한 가정을 이룬다.

아내의 수고로 남편이 철들 때로부터 참으로 아름다운 한 몸으로 기쁘게 손잡고 가는 것이며 어느 한쪽이 먼저 죽으면 안타까운 마음이 그리움으로 가득하다가 자기 때를 만나는 것이다.

사랑하고 도우며 화목한 부부가 그의 형제자매를 또한 위하고 사랑하는 것이고 친척 간에 이웃 간에 우애하며 합력하는 것이니 이는 다 자식을 사랑하고 부모를 공경함으로 이루어지는 결국인 것이며 그 집안의 여자들이 함께 지혜롭게 행한 결실인데 이것을 신이 소원하시고 악한 사단은 훼방하는 것이다.

(마 19:19,) 『네 부모를 공경하라, 네 이웃을 네 몸과 같이 사랑하라 하신 것이니라』 / (마 15:4-6,) 『[4] 하나님이 이르셨으되 네 부모를 공경하라 하시고 또 아비나 어미를 훼방하는 자는 반드시 죽으리라 하셨거늘 [5] 너희는 가로되 누구든지 아비에게나 어미에게 말하기를 내가 드려 유익하게 할 것이 하나님께 드림이 되었다고 하기만 하면 [6] 그 부모를 공경할 것이 없다 하여 너희 유전으로 하나님의 말씀을 폐하는도다』

사단은 신 앞에 대적하며 하늘에서 대립하였으나 하늘에서 지고 지금은 땅으로 쫓겨난 것이며 온 세상을 운행하며 속이고 미혹하여 영혼 없는 사람처럼 육신살이만 행하게 만드니 이웃을 폐하는 악이 성한 것이다.

성경은 황당한 이야기가 아니라 인생길을 비추는 등불인 것이며 영혼의 영생하는 천국의 통로를 그린 지도인 것이다. 부모를 공경하고 이웃을 사랑하는 삶이 실제로 선조들의 삶에 있었다.

전해지는 대로는 형제는 위급한 때를 위하여있는 것이라 하고 정말 그렇게 살아왔다. 그러나 여자를 인하여서 부모형제와 이웃까지도 불화가 생기니 이는 처음 여자 하와의 성정을 좇기 때문이다.

세상 시작에서 한 사람 여자로 세상을 잃고 사단아래 죄의 종이 되었으나 또 한 사람 여자로 예수그리스도가 이 땅에 임하고 잃었던 나라를 되찾은 것이다.

범사에 여자가 있고 남자는 아내의 도움으로 성공하니 아내는 돕는 배필인 것이다. 그러므로 이런 모든 증거를 좇아 진화론을 벗어야 하고 창조의 머리는 신이고 진화의 머리는 사단임을 알아야 한다.

사단의 속임은 여자들이 남자들의 다스림에서 벗어나는 세상을 만들고 평등해야 되는 것처럼 미혹하지만 서로가 자기 위치를 벗어나지 못할 것이다.

세상살이 돈 버는 일은 남녀가 구분이 없을지라도 남편이 아내 되고 아내가 남편 되지 못하므로 근본의 머리를 붙들어 어그러진 삶을 돌이켜서 회복해야만 화평과 평안이 들어온다.

사람은 하늘에 계시는 신이 살아계심을 분명히 나타낸 것이다. 사람의 형상은 하늘의 신과 모양이 같고 예수가 육체로 오실 때에 우리 사람의 모양대로 오셨으니 사람은 하늘에 계시는 신들의 형상과 모양대로 만든 형상이 분명하기 때문이다.

짐승이 진화해서 사람이 될 수는 없다. 흙에서 와서 흙으로 가는 육신사람일지라도 신들의 모양과 그 형상대로 만든 것이니 만물 중에 우수한 것이고 이 세상이 끝날 때까지도 짐승은 여전히 짐승이고 사람은 여전히 사람이니 영이 있는 사람이고 영이 없는 짐승이다.

세상 사람들이 열심히 믿어온 신들 중에서 세상의 시작과 사람의 근본과 인생의 목적을 알리고 이 세상마지막의 심판과 영혼의 영생까지를 예언한 신은 오직 하늘에 계신님 한분뿐이시니 여인에게서 난 자나 사람의 손으로 만들어진 신은 스스로 있는 신이 아닌 것에 대한 이해가 있어야한다.

사람 난 목적을 분명히 알고 사단이 천지창조를 대적한 형편과 로마의 사형 틀에 죽은 예수를 왜 믿어야 하는 지의 이유를 분명히 알아야 자기 선택을 하며 인생 결국이 허망하지 않을 것이다.

인류초기로부터 노아의 홍수후로 노아까지 수 백 년과 일천년에 가까운 나이로 살면서 출산한 것은 당시로 사람이 온 세상 지면에 충만하기 위한 처음의 때에 합당한 신의 인도가 있었기 때문이다.

그때 이미 노아의 홍수전에 수금과 퉁소의 악기를 연주하였고 동철을 쓰고 벽돌을 구어 사용한 것이니 온 세상의 역사를 모르고 석기시대와 진화만 외치는 과학은 부분적인 것이며 신의 발등상인 사람의 생각일 뿐임을 증거적으로 알아야 한다.

온 세상 역사인 성경에서 첫 사람부터 대화를 하였고 아담과 하와가 처음 난 가인과 아벨이 농사짓고 양을 쳤으며 노아의 홍수전에 이미 장막을 짓고 철을 다루며 악기를 만들었다.

노아의 홍수 후로도 사람들이 한곳에 모여 살면서 구음이 하나인 말을 하였고 힘을 합하여 흙벽돌을 구어 하늘까지 이르려는 바벨탑을 쌓았으니 당시로는 문명의 초기였으나 진화론에서처럼 짐승에 가까운 그런 사람이 아니라 진화론에서는 그렇게 하고 싶은 것일 뿐이다.

당시로 사람들이 함께 살면서 시날평지라는 곳에서 신이 계시는 하늘까지 대를 쌓아 사람의 이름을 날리고 사람의 뜻대로 행하려기 때문에 이를 내려다본 신께서 사람들의 어리석음을 안타까워하시며 온 세상 사방으로 흩으시고 언어를 혼잡케 하여 서로 힘을 합하지 못하게 만든 것이다.

그때로부터 가족과 족속을 이루는 사람들이 온 지면에 널리 퍼지며 오늘날에 이른 것이며 세상살이 형편대로 변하였으나 영혼과 선악이 동일하며 행하는 죄악과 양심의 가책이 동일한 것이다.

진화는 영물의 사단에게 속은 것일 뿐 진화로는 사람에 이르지를 못하며 근본의 피와 씨를 진화하는 힘은 어디에도 없으며 그럴만한 지식도 이 세상에는 없으니 결국은 피 없고 씨 없는 사람을 세우며 스스로가 진화는 거짓임을 밝히는 것이다.

그때 흩어진 후로는 가족끼리의 계보와 부족을 이루고 개척하면서 당시의 형편대로 미약했으나 세상지식의 표현처럼 그렇게 짐승 같은 사람이 아니라 용모와 의복 등을 지금처럼 갖추지를 못했을 뿐 여전히 동일한 사람이었고 시대적인 문명을 따랐을 뿐이다.

자기 나라의 역사를 믿는 사람들이 세상 처음으로부터의 온 세상 역사인 성경을 무시하는 세상지식에서는 사람이 생겨난 것과 사람 난 목적을 알지 못하므로 진화론에 합당하게 표현하는 것일 뿐 신이 만든 사람은 처음부터 온전한 것이다.

오히려 현재의 사람들이 신의 뜻에서 더욱 멀어지고 신을 대적한 사단이 속이는 세상에서 돈의 열매로 맺히는 세상지식의 과학으로 시날 평지 때의 못다 한 바벨탑을 다시 세우는 것이니 악한 미혹을 깨닫지 못하는 지금의 우매가 더욱 더 크다.

지금 하늘에다 우주정거장을 만들면서 신 바벨탑을 세우지만 이미 이천년 전의 옛 세상에서 기록한 성경에는 오늘날의 비행체를 앞선 것이 이미 있었고 이를 당시의 표현으로 밝혔으니 당시의 기록자가 눈으로 본 것을 그 시대적으로 표현하여 밝힌 것이다.

(겔 1:15-18,) [15] 내가 그 생물을 본즉 그 생물 곁 땅 위에 바퀴가 있는데 그 네 얼굴을 따라 하나씩 있고 [16] 그 바퀴의 형상과 그 구조는 넷이 한 결 같은데 황옥 같고 그 형상과 구조는 바퀴 안에 바퀴가 있는 것 같으며 [17] 행할 때에는 사방으로 향한 대로 돌이키지 않고 행하며 [18] 그 둘레는 높고 무서우며 그 네 둘레로 돌아가면서 눈이 가득하며

그때 비행기를 모르는 세상에서 움직이는 비행기라 생물이라 말한 것이며 생물의 바퀴가 네 얼굴을 따라 하나씩 있으니 이는 생물의 사면에 있는 네 개의 바퀴를 말함이고 바퀴 안에 바퀴는 현재의 자동차나 비행기의 바퀴와 같고 사면에 눈이 가득함도 현재의 비행기 모양과 같은 것이다.

(겔 1:19-21,)[19] 생물이 행할 때에 바퀴도 그 곁에서 행하고 생물이 땅에

서 들릴 때에 바퀴도 들려서 [20] 어디든지 신이 가려하면 생물도 신의 가려하는 곳으로 가고 바퀴도 그 곁에서 들리니 이는 생물의 신이 그 바퀴 가운데 있음이라 [21] 저들이 행하면 이들도 행하고 저들이 그치면 이들도 그치고 저들이 땅에서 들릴 때에는 이들도 그 곁에서 들리니 이는 생물의 신이 그 바퀴 가운데 있음이더라

몇 천 년 전의 표현으로 생물은 지금의 비행기니 비행기가 뜰 때는 바퀴도 들림이고 비행기가 신이 가려는 곳으로 감은 비행기 안에 있는 사람 형상의 신을 말함이다. 바퀴가 구르며 움직이고 떠오르니 그 시대의 생각으로 신이 바퀴 안에 있다고 생각한 것이다.

(겔 1:22-25,)[22] 그 생물의 머리 위에는 수정 같은 궁창의 형상이 펴 있어 보기에 심히 두려우며 [23] 그 궁창 밑에 생물들의 날개가 서로 향하여 펴 있는데 이 생물은 두 날개로 몸을 가리웠고 저 생물도 두 날개로 몸을 가리웠으며 [24] 생물들이 행할 때에 내가 그 날개 소리를 들은즉 많은 물 소리와도 같으며 전능자의 음성과도 같으며 떠드는 소리 곧 군대의 소리와도 같더니 그 생물이 설 때에 그 날개를 드리우더라 [25] 그 머리 위에 있는 궁창 위에서부터 음성이 나더라 그 생물이 설 때에 그 날개를 드리우더라」

지금의 유리창으로 들여다보이는 비행기 조종실이 수정 같고 그 아래 날개가 펴있으며 총 네 개의 날개며 비행기가 뜰 때의 날개 소리는 많은 물소리 같고 군대의 소리와도 같으며 비행기가 설 때는 날개를 접고 비행기 안에서 음성이 들린다.

몇 천 년 전의 사람이 비행기를 보고 생물로 표현한 내용이며 역사적 실사가 분명하다. 생물로 표현한 그 비행기의 네 날개 아래는 네 형상이 있으며 비행기 앞쪽은 사람의 얼굴이고 우편은 사자며 좌편은 소의 얼굴이고 뒤쪽

은 독수리 모양이 있는 비행체다.

성경에는 비행기뿐만 아니라 세상시작으로부터 세상 끝까지를 설명하였고 오늘날의 발전된 교통수단과 주택형편과 사람의 뜻대로 만드는 피 없는 인조인간과 육정의 동침으로 잉태한 출산이 아닌 탐욕의 잉태한 출산과 남자 없는 출산까지도 다 예언하였다.

성경의 남자 없이 여자만의 출산을 혈통과 육정이 아닌 사람의 뜻대로 난 것이라 하며 결국은 한 사람의 씨가 아닌 많은 사람의 유전자 중에서 우수한 것으로만 선택한 혼돈의 출산까지를 말한 것이다.

혼인 없는 탐욕의 잉태와 출산이 사망에 이르고 고난에 빠지지만 아비 없이 어미만의 출산도 아이와 어미에게 다 고난이 일고 화평의 평안이 이르지를 못할 것이다.

혈통과 육정이 아닌 사람의 뜻대로 난 출산에서도 아비 없는 인생과 남편 없는 어미의 인생은 서럽고 슬픈 세상을 행한 결국이 영멸의 고통에 이를 것이다.

사단의 미혹은 사람들로 육정의 쾌락이 아닌 탐욕의 쾌락만 즐기게 하는 것이니 혼인하지 않고 성욕을 이루는 쾌락만 좇게 하며 탐욕이든 간음이든 오직 쾌락을 권한다.

그러나 성도가 아니고는 성경을 모르기 때문에 쾌락의 결실은 잉태의 출산이어야 하고 혼인한 육정이어야 함을 알지 못함으로 사단의 속임에 빠지는 것이다.

신께서 남자를 나누어 여자를 만들 때로부터 육정의 쾌락을 선물로 주심은 온 세상에 충만한 인류의 번성을 위한 잉태의 출산을 위하심이다.

한 사람을 둘로 나눈 그리움의 혼인으로 근본의 육정을 행하게 하여 세상 밭에 사람 씨를 뿌리며 익어진 알곡의 성도를 하늘 백성으로 거두려는 것이니.

(창 2:23-24,) 『[23] 아담이 가로되 이는 내 뼈 중의 뼈요 살 중의 살이라 이것을 남자에게서 취하였은즉 여자라 칭하리라 하니라 [24] 이러므로 남자가 부모를 떠나 그 아내와 연합하여 둘이 한 몸을 이룰지로다』

남자가 여자에게 난 것이 아니라 여자가 남자에게서 났고 남녀가 혼인하여 둘이 한 몸을 이루니 남자에게 씨를 받아 여자가 잉태한 출산으로 사람이 난다.

그러므로 남녀의 후손은 다 남자가 낳은 자녀인 것이며 아내가 남편과 한 몸을 이루어 낳은 것이니 여자는 근본 남자의 몸이라 결국은 남자의 출산인 것이다.

□세상에서 사람들이 많은 형상을 만들지만 천지창조에서 신이 손으로 만든 형상의 사람을 넘지 못하고 각종의 새와 짐승을 다 형상으로 만들어 생명을 주신 것이니 세상에서 사람이 만드는 형상은 생명이 없기 때문에 신은 그런 생명 없는 형상을 만들지 말라는 것이다.

오직 신께서만 할 수 있는 것을 사람은 흉내 내지 말라 함이고 신이 만든 사람은 자기를 만든 신을 섬겨야 하니 말 못하는 형상을 만들어 섬기지 못하게 하심이다.

형상을 만든 사람이 형상보다 더 나은 것이니 사람이 만든 형상은 사람을 신으로 섬겨야 할 것이나 그것들은 생명이 없어서 자기를 만든 사람을 모르는 것이다.

이름만 신일 뿐 생명 없는 형상을 만들어 섬김은 사람 근본을 알지 못함이다. 사람이 만든 것을 섬기며 엎드림은 천지만물의 창조주를 심히 업신여김일 뿐이다.

그러므로 먼저 된 성도는 나중 될 사람들을 향한 온전한 복음전파를 이루어야 하니 사단이 속이는 형편을 분명히 말하고 사람의 것이 아닌 신의 것을 법과 증거 적으로 전해야 한다.

이제 사람은 형상에서 우수한 로봇 사람을 만들지만 이것도 창조주를 대적함일 뿐 피가 생명인 사람이 아니고 영혼을 주지 못하니 사람에 속한 아무 생명이 없는 것이다.

인류 문명의 끝자락에서 첨단의 과학으로 첨단의 형상물을 만들어 내지만 이는 사단의 소망일 뿐 완성이 없는 것이며 대적한 결국의 영멸이 있을 뿐이다.

신이 만든 사람이라도 만든 것은 자녀가 아니기 때문에 신의 씨로 다시 나라는 것이며 예수의 피에 속한 거듭남으로부터 성령이 난 영으로 친자녀가 되는 것이고 자녀 되는 이 길을 예수십자가의 복음으로 이루신 것이다.

사람같이 우수한 형상도 만든 것이라 신의 자녀일 수 없는데 사람이 만든 형상의 신이 무엇을 하겠는가? 신이라면 자기를 구하는 사람과 교통하고 사귀며 응답하는 것이 있어야 한다. 사람이 형상의 신을 만드는 것은 처음부터 어그러진 일이며 사단의 속임일 뿐이다.

사람이 만든 형상을 섬기는 세상 종교만 속은 것이 아니라 예수를 열심히 믿는 세상교회도 사단의 미혹에 빠져서 섬기는 대상만 바꾼 세상 종교를 행하는 것이다.

성경을 성령 학으로 믿지 못하고 돈을 준 공부로 인쇄된 글씨 그대로만 믿으니 예수십자가 전의 옛 사람과 예수님이 부활하신 후로의 새사람이 구분이 없으며 예수십자가 전후의 형편이 바뀌지를 못하고 있다.

사단의 훼방은 육신사람 안에 영을 묻어두고 오직 육신사람으로만 교인을 행하며 욕심을 부리다가 인생을 마치라는 것이니 탐욕으로 타락한 마귀답게 형상의 돈을 부려 인생을 망치게 한다.

형상의 돈으로부터 인류사회가 돈에 묶이고 결국은 돈의 힘이 인류사회를 삼킨다. 돈의 기운이 커짐을 따라 돈을 좇는 사람의 욕심도 커지는 것이다.

쓰고 남는 돈이 일백만원만 있으면 참 좋겠다며 열심히 모아 정말 일백만원을 저축하면 일백만원을 소망하던 욕심은 이미 앞서가서 일천만원을 요구하며 일억 십억 백억을 가진다 해도 욕심은 그만큼 앞장서는 것이니 결국은 세상을 다 가져도 사람의 욕심을 채우지 못하고 인생의 목적인 영혼의 영생을 잃는 것이니 사단의 뜻이 여기에 있다.

사단으로부터인 욕심은 많고 적고 간에 다 가난한 것이니 온 인류가 다 백억을 가진다 해도 욕심 앞에서 다 가난한 것이다. 사단이 행한 탐욕의 지혜로 첫 사람 첫 여자 이브에게 넣은 욕심이 아담으로부터 온 인류에게 전가된 것이니 거룩한 씨의 성도가 아니고는 다 욕심을 이기지 못하는 것이다.

타향살이 세상에서 인생길을 잃지 않고 사람 난 목적을 이루어서 성공한 영혼으로 본향에 이르는 자는 천국 문을 힘껏 두드릴 것이나 본향을 잃은 영혼은 이제 영혼의 영원한 타향살이를 위한 고통의 문이 절로 열리니 서러운 것이다.

인생 결국의 서러움을 알지 못하는 자손들은 망자의 육신을 불사르며 영원한 불 못의 고통을 예비하는 것이니 사람을 불태움은 화형이며 훼손인 것이다.

흙에서 난 육신이 임무를 마치고 영혼을 떠날 때에 흙으로 가지 못하고 재가 되어서 어두움의 단지에 갇히는 것은 육신이 본향으로 돌아가지 못함이다. 그러므로 영혼의 영생을 얻은 자는 입었던 육신도 자기 곳 땅으로 돌아가야만 비로소 돌아간 것이다.

육신을 불살라 재로 만드는 것도 다 사단의 일이며 형상의 돈이 맺는 열매다. 악한 사단이 신의 창조에 대적함이고 씨와 근본을 훼방함이니 사단은 사람의 육신뿐만 아니라 씨의 근본을 훼방하며 식물과 열매를 변형하고 결국은 만들어진 사람이 돈의 결실로 나타나게 된다.

육신은 영혼이 거하는 처소며 처소의 안주인은 영혼이다. 몸의 주인인 영혼의 소욕을 따르지 않고 처소인 육체의 소욕대로만 행하는 것은 다 사단의 소망을 위할 뿐이고 이 세상에 사람으로 온 축복을 걷어찬 것이다.

하늘로 가는 것은 사람의 영혼일 뿐 사람의 육신은 땅이 본향이고 짐승도 다 땅에서 났으니 짐승의 혼이라도 땅 아래로 내려가는 것이니 육신사람과 짐승은 땅의 흙으로 만들었으나 영혼은 만든 것이 아니고 신께로 왔으며 어린영혼이 육신에서 장성하고 영생의 구원을 받아 천국본향으로 가야하기 때문이다.

하늘에 계시는 신께로부터 온 영혼이 왜 영생하는 구원을 받아야 하는 가는 첫 사람의 처음 영이 에덴동산에서 범한 죄의 삯으로 영이 죽은바가 되었기 때문에 다시 사는 구원을 받아야 한다.

구원은 흙으로 만든 육체에 속한 영이므로 하늘에 속한 예수 안으로 옮기려는 것이고 성령의 잉태로 오신 예수의 육체에 속한 새사람일 때에 다시 물과 성령으로 나서 영생의 자녀가 되게 하려는 것이다.

사람이 물과 성령으로 나는 것은 사람 난 근본이 물속에 잉태한 땅에서 났기 때문이다. 물에 잠긴 땅이 드러난 그 흙을 물로 뭉친 형상의 사람이고 사람의 출산이 여자의 태에서 양수에 잠긴 태아로 나는 것이니 물로 나는 것이다.

영생의 자녀가 성령으로 물을 지나는 것도 예수의 육체가 흘린 물에 잠기고 정결하게 나타나는 것이니 이는 예수 안에 잉태되어 예수 안에서의 자녀가 되는 영적인 출산인 것이다.

땅에서의 사람이 이런 일을 이룸은 믿음으로 하고 법과 증거 적으로 이루는 것이라 이 모든 것을 구주예수님이 예수십자가에서 다 이루어 주신 것이다.

다 이루신 것을 법적인 증거와 법적인 믿음으로 값없이 얻어라 해도 굳이 뿌리치고 스스로가 정죄하며 씻어가는 것이 지금까지의 세상교회라 완전한 복음이 감춰진 것이다.

신이 사람을 만든 목적이 있고 사람은 신의 뜻대로 자기 세상살이 동안에 인생의 목적을 알고 영혼이 영생하는 구원을 받아야 한다. 사람이 세상살이만 하고 죽을 것이면 처음부터 만들지도 않았고 육신사람 안에 영을 심지도 않았을 것이다.

사람이 세상만 살기에는 아깝다. 세상살이만은 영이 필요 없이 육신이면 될 것이다. 세상살이 인생별거 없다며 죽어갈 것이면 사람 산 결국이 무엇인가?

돈 벌고 죽는 것 정치하고 죽는 것 사랑하다가 죽는 것 이런 것도 영이 없이 육체뿐인 사람이면 그럴 것이나 영이 있는 사람이라면 본향에 이르는 목적을 이루어야 한다.

영이 없는 사람이면 주인 없는 빈집과 같다. 농부가 씨 뿌리지 않는 밭이라면 잡초뿐인 들과 다를 것이 없다. 하늘의 신께서 이렇게 훌륭한 형상의 사람을 만든 것은 씨 뿌린 영혼을 위하심이고 영이 없는 동물을 만들어 사람의 식료로 주신 것도 다 우리 사람을 보전하심이니 그 결국이 영혼의 구원을 받음이어야 한다.

사람이 인생 결국의 심판을 받는 것은 인생의 목적을 이룬 것과 못 이룬 것에 대한 것이다. 사람 난 이유와 인생의 목적을 온 세상에 전하고 이 소식을 받아들인 자와 거절한 자로 나누기 때문이다.

죄의 종으로 흑암의 나라에 팔린 것을 구원한 기쁜 소식은 사단의 고소를 심판한 구원과 영멸에서 건진 것이니 누구라도 한번은 복음전하는 자 아비를 만나야 하고 그 다음의 선택은 자기 맘이다.

온 세상의 역사인 성경과 세상을 지어서 운행하시는 신이심을 선진국들은 분명히 깨달아 먼저 믿고 행한 것이나 저들 보다 후진국인 나라들은 다 우물 안의 개구리마냥 자기 나라 신들만 섬기다가 죽어간 것이며 우리나라는 겨우 백여 년 전에야 정식 선교를 받아 오늘날에 이른 것이다.

사단의 악은 신의 모든 것을 대적하는 것이니 온 세상 범사를 어그러뜨리고 빗나가게 하여 세상과 인생과 영혼으로 망하게 한다. 사람들의 악은 근본 선악과의 악인데 오늘날의 세상 형편은 사단이 부리는 악을 좇아 영향을 받으니 도를 넘는 범죄가 이를 말하고 있다.

선악과의 악은 옛 세상에서는 선악과의 선을 죽이고 악만 살아서 무성했으나 예수십자가까지로 그 악은 죽임을 당하고 예수의 부활로부터는 반대로 선악과의 선이 살았으니 지금은 선한 세상이지만 이것을 훼방하는 악한 사단의 기운으로 막히고 있다.

선악과의 악과 선악과의 선이란, 태초에 에덴동산에서 첫 사람 아담이 자기 여자가 주는 선악과를 받아먹고 선과 악이 있는 선악간의 사람으로 되어진 것이며 신의 동산에서 세상으로 쫓겨나온 후로 동침하여 하와로 선악과의 악인 가인을 낳았고 다음은 그 동생 아벨을 선악과의 선으로 낳은 것이다.

그때 선악과의 악에 속한 가인이 선악과의 선에 속한 동생 아벨을 쳐 죽인 것은 곧 선악과의 악이 선악과의 선을 죽인 것이며 그때는 선악과의 악으로만 행한 세상이라 결국이 예수십자가에 죽은 것이다.

그러므로 아담의 계보에 가인과 아벨은 들지 못하고 신이 세상의 대표 선악으로 쓰신 것이며 일백년 후에 신이 아담에게 다른 씨를 주셔서 셋이라 이름 한 첫 아들을 낳아 아담계보의 장자가 되었다.

이것이 비밀이라 지금까지도 세상교회들은 아담의 나이 백삼십 살이 되기까지의 잉태한 출산을 모르는 것이며 두 세상의 악과 선의 대표인 가인과 아벨을 몰라 지금까지도 가인이 아담의 장자인 것이며 예수십자가 후로는 선악과의 악이 죽은 것을 모르는 것이다.

※ 영은 육체와 함께 죽지 않는다. 범죄 한 영이 죽는 다는 것은 아담이 행한 에덴동산 죄의 삯으로 영이 죽고 육체뿐인 사람들이 예수십자가에 이른 것이며 예수십자가에서 육체도 죽은 것이니 여기까지로 아담의 혈통인 만든 사람이 일체 폐한 것이며 그리스도의 부활로부터 거듭나서 다시 사는 새사람은 새 영을 받아 새로운 피조물인 것이며 새사람부터는 범죄 한 영으로는 죽지 않고 오직 구주를 불신한 죄의 삯으로 영원한 지옥의 고통을 당한다.

대표자 한 사람으로 모든 영이 죽는 다는 것은 아담 안에서 뿐이며 예수 안으로 옮겨진 구원후로는 각인의 범죄로만 자기 영혼이 죽은 것이다. 자기의 범한 죄로 영혼이 죽는 것은 육신의 죄가 아닌 영혼의 범죄로 죽는 것이다.

성령이 난 영혼이 예수의 영과 한 영을 이루고 하늘아기로부터의 신령한 젖을 먹는 성령 학을 받아 장성하며 성령의 소욕으로 육체의 소욕을 덮는 자로서의 범죄가 영혼의 범죄며 성령이 난 자녀의 영혼은 새 육신의 처소에서 행하는 주인이 되기 때문이다.

성령이 난 영혼의 정죄는 회개하지 못하며 죄의 삯은 영원한 지옥의 고통일 뿐이다. 육체는 새것이라도 썩는 것이니 자녀의 영을 좇아 신령한 몸을 받아야만 거룩한 영의 처소로 영생하는 것이다.

사람의 영은 흙을 뭉친 형상의 사람 안에 신께서 불어넣은 생기가 영으로 살아난 것이며 심혼과 함께 영혼이다. 육체의 요구나 육체와는 구별된 영혼이며 육체를 따라 죽지 않으니 죽은 자의 영혼은 떠나기 때문에 죽은 육체가 다시 살려 면 영혼이 돌아와야 한다.

죽은 자의 영혼이 땅 아래에 있던지 다른 영계에 있던지 간에 신의 다스림이 있고 세상과 사람이 그들의 생사에 참여하지 못한다. 어디든지 육신의 눈으로 보지 못하고 이생에서 참여하지 못하는 영계에서 기다리는 것이며 죽은 육신은 근본의 흙으로 돌아간 것이다.

죽은 육체는 흙이 되지만 육체에 살던 나는 죽지 않고 자는 것이니 육체는 땅에서의 처소일 뿐이며 나는 속사람 영혼이다. 육신에서 행한 모든 것을 않고 부활의 몸을 기다린다.

□하느님이나 하나님은 하늘에 계시는 신의 이름이 아니며 신의 이름은 알 수 없으나 성경에서 그 신이 말씀한 이름은 스스로 있는 자 이시니 스스로 계신님이다.

성경에 신은 하나라는 말씀이 있으나 신의 이름을 하나님이라 부르라는 것의 하나가 아니며 사람들이 많은 신을 믿기 때문에 많은 신들 중에서 살아 계시는 신은 하나뿐이라는 것이며 하늘에 계시는 신은 아버지와 아들이 함께 계시나 아버지는 하나라는 한 분뿐임을 말하는 것이다.

만약에 신의 이름이 하나님이면 온 세상 모든 나라가 다 신을 하나님이라 불어야 한다. 시내 산에서 모세가 신에게 그 이름을 물었을 때에 하나님이라 했다면 하나님이 맞다.

그러나 온 세상이 다 하나님이라 부르지 않고 우리나라만 부르는 것이니 하나님은 스스로 계시는 신이 아니며 오직 우리나라에서 믿어오던 많은 신 중의 하나일 뿐이며 처음 선교가 들어올 때에 사람들이 지어준 하느님을 다시 하나님으로 바꾼 이름이다.

성경에 예수는 세상 끝에서 왔으며 옛 세상 끝에서 왔고 옛 세상은 아담의 범죄로 잃은 나라며 창조한 세상을 사용하기도 전에 내어준 것으로 사단이 어두움의 임금을 행한 흑암의 나라다.

흑암의 나라와 달밤 같은 옛 세상을 폐하고 되찾은 예수광명의 나라에서도 여전히 달밤의 세상으로 속이는 것이 곧 사단의 부족한 복음이니 구원받은 죄인의 믿음이 생긴 것이다.

그때 사단이 임금이던 흑암의 때에 죄악을 이루었듯이 거짓광명으로 속이는 세상이라 밤이면 악이 더욱 성한 것처럼 온 세상에 범죄가 성한 것이다.

사람이 농산물의 종자를 개량하여 다른 우수한 품종을 내지만 사람의 씨는 창조주신께로 난 것이니 사람이 바꾸지 못하나 사람의 뜻으로 인종개량을 시도할 때에는 곧 세상 말세인 것이며 신의 마지막 심판이 닥치는 것이다.

이 세상의 인생만 있는 자들과 천국의 영생을 가진 자들은 행하는 마음까지도 구분이 되며 인격으로만 사는 사람과 인격과 영격으로 더욱 장성하는 두 부류로 나뉘는 것이니 천국을 얻은 자라야 하늘의 시민권자로서 땅에서도 영생을 누린다.

세상도 늙고 병 들어 때가 없고 어그러진 인생도 공평이 기울어진다. 무딘 양심이 심법의 가책을 무시하고 세상 법은 뒤에서 죄를 따른다. 형상의 돈과 동물은 사랑하나 부모공경 함과 이웃사랑은 성경의 글씨일 뿐이다.

이런 세상을 참으로 기뻐하는 사단이 춤을 추지만 세상은 그의 악함을 깨닫지 못한다. 사람들은 말세라고 하지만 오히려 세상종말에는 선한 때가 있는 것이니 선한 열매를 거두면 육신의 세상을 마친다.

세상 종말의 선한 때는 말세 때의 세움을 받는 영원한 복음의 완전한 복음 전파를 통하여 성도의 진이 늘어나고 성도의 혼인과 잉태의 출산이 번성하며 예수교회로 이루어지는 때의 선이다.

□신을 모르는 세상살이는 다 절로 난 인생을 육신의 소욕대로 살기 때문에 인생 별것 없다며 욕심 부리지만 인생황혼이 지면서 영혼의 생사를 알 때면 이미 때가 늦어서 원통하고 절통할 뿐이다.

피가 생명인 육신의 죽음은 끝이 아니다. 육신동안에 영혼의 영생과 영멸을 선택하는 것이니 육신이 죽은 후로는 신의 심판을 기다리는 것이며 이 세상을 마치는 심판장에서 자기 선택을 가려야 한다.

사람의 영혼은 육신으로 타국을 살며 영생의 자격을 갖추는 것이니 아담으로부터 죄의 삶은 사망의 세상이며 악한 사단이 인생의 죄악을 고소하여 영멸의 사망 앞에 소망이 끊어졌으나 예수십자가의 대속으로 다시 사는 소망을 가진 것이다.

이제 예수 대속의 기쁜 소식을 믿고 자기 선택을 이루어 예수 안에 있으면 악한 사단의 속임과 미혹을 밟고 구원받은 새사람을 사는 것이니 영생의 영혼을 위한 육신사람의 인생 동안에 이를 이루어야 하고 육신을 순종한 대가는 영혼이 영생에 이를 때에 육신의 모양대로 신령한 몸을 받는 것이다.

이 세상은 말세로부터 신의 복음전파와 사단의 속이는 다른 복음 선교가 나란히 되며 각기 자기 열매를 거두는 것이니 한쪽만 무조건으로 믿을 것이 아니라 양단간에서 선택하는 것이 있어야 한다.

종말은 사단의 훼방이 더욱 성한 때며 미혹이 강하므로 시간을 들여 양단간에 들어보고 자기 선택을 마쳐야 하며 신은 공평하게 대립하시어 오직 사람들이 정한 대로 영멸과 영생으로 보내시니 정말 신의 공정한 심판대를 통과할 믿음과 구원받은 확증이 있어야 한다.

그러므로 온 세상 모든 인류가 동일한 복음전파를 받아서 자기만의 선택을 해야 하므로 온 세상의 모든 공산권이 무너지는 것이며 세상의 모든 종교에 자유가 이르는 것이니 지금 그런 세상을 위한 역사가 이어지는 것이다.

3 장

천하보다
귀한
내 영혼

(사 55:3,) 『너희는 귀를 기울이고 내게 나아와 들으라 그리하면 너희 영혼이 살리라 내가 너희에게 영원한 언약을 세우리니 곧 다윗에게 허락한 확실한 은혜니라』

자기 영혼을 깨닫고 모든 영의 아버지가 되시는 신을 사모 하는 영혼에게 만족함을 주시며 주린 영혼에게 좋은 것으로 주시는 신께서 세운 언약은 주신 영혼을 구원하심이다.

사람스스로는 자기 영혼을 구원하지 못한다. 영혼을 주시고 사랑하시며 멸망에서 건지시는 신을 알고 그의 말씀을 들어야 영생하니 신의 훈계를 싫어하는 자는 자기 영혼을 경홀히 여기는 것이다.

사람 안에 심령을 지으신 자를 만나고 내 영혼의 생명인 신의 지혜를 기름진 양식으로 받아야 천국에서 영생하는 구원을 받는 것이니 사람의 영혼은 신의 등불이기 때문이다.

하늘보좌에 계시며 사람에게 호흡과 생명을 주시는 신에게 내 영혼을 맡겨야 한다. 온 인류의 구주시며 하늘에서 신이신 예수님도 십자가에서 다 이루시고 하늘의 아버지께 영혼을 부탁하셨다.

육신 사람은 영혼의 처소며 옷처럼 갈아입는 것이다. 이 땅에서의 처소와 영생하는 천국에서의 처소가 다르기 때문이다. 모든 육체는 물로 흙을 뭉친 것이며 피가 생명이다.

물 없는 흙은 먼지로 날릴 뿐이며 흙을 뭉친 사람도 물이 없으면 말라 죽는다. 사람의 육체는 피가 생명이지만 물은 흙을 뭉친 형상을 유지하는 생명이고 피는 육체가 활동하는 생명이다.

그러므로 사람은 흙을 뭉친 형상의 사람이 분명하고 과학도 흙에 속한 증거를 말한다. 사람의 육체는 짐승의 육체와 달리 영혼을 담고 있으며 영혼은 하늘에 속한 것이다.

신께서 흙을 뭉친 형상에 생기를 불어넣은 것이며 생기가 들어간 형상이 살아나며 영혼을 담은 사람이 되었으니 산영이다. 신께서 사람 안에 심령을 만드니 형상이 깨어나 의식과 마음을 가지며 생각하고 기억하는 사람으로 산영이다.

(고전 2:12,) 『우리가 세상의 영을 받지 아니하고 오직 하나님께로 온 영을 받았으니 이는 우리로 하여금 하나님께서 우리에게 은혜로 주신 것들을 알 게 하려 하심이라』

흙으로 만든 형상만의 산영이 아니라 신께로 임하는 영과 의식과 심령의 성정을 다 갖춘 사람으로 산영이며 형상에 불어넣은 신의 생기가 육신을 몸으로 입은 영혼의 사람이 된 것이다.

흙을 뭉친 형상이 생기를 받을 때 흙의 형상이 영이 된 것이 아니라 육체로 산 것이고 형상이 육체로 살 때에 신께서 육신사람 안에 속사람을 지은 것이니 육체를 옷 입은 영혼으로 산영이다.

(슥 12:1,) 『이스라엘에 관한 여호와의 말씀의 경고라 여호와 곧 하늘을 펴시며 땅의 터를 세우시며 사람 안에 심령을 지으신 자가 가라사대』

육체의 사람 안에 지은 심령이니 육신과 혼으로 나뉘는 것이며 아담의 범죄로 우리의 영이 죽은바가 되었을 때는 육체와 심령으로 하나 된 사람이며 예수십자가까지의 사람이다.

(겔 36:26,) 『또 새 영을 너희 속에 두고 새 마음을 너희에게 주되 너희 육신에서 굳은 마음을 제하고 부드러운 마음을 줄 것이며』

육체와 심령으로만 살던 육체뿐이던 사람이 예수십자가에서 일체 못 박히고 죽은바가 되었으며 예수부활로부터 새 영을 받아 이제 영혼의 새사람을 다시 사는 것이다.

　예수십자가 전의 사람은 육신주관에 심령이 따르는 삶이라 돌 같이 굳은 마음이었고 법이 없는 악한 양심이니 그때는 가인으로 선이 죽었기 때문이다.

　예수부활로부터의 사람은 예수가 죽어준 대가로 영이 살아나서 영혼의 새사람이고 이제는 마음이 살같이 부드럽고 법대로 선한 양심이니 가인으로 죽은 선이 살아난 것이다.

　영이 죽은바가 된 아담 안에서 사단이 임금인 흑암의 나라를 육체뿐인 사람으로 살았던 때와 예수부활로 영이 살아서 새 영혼의 새로운 피조물로 예수님께 왕권이 있는 새로운 나라를 다시 살게 된 구원을 모르기 때문에 사람들이 예수십자가의 도를 불신하는 것이다.

　예수부활 후로의 사람은 죄로 죽은 것에서 거듭난 새사람이며 새 영이 들어왔고 굳은 마음을 제한 새 마음이며 악한 양심을 제한 선한 양심이고 이제 법이 직접 새 마음에 새겨진 사람이다.

　이러한 새사람과 옛 사람의 차이를 거룩한 성도가 아니면 알지 못한다. 그러므로 복음전파는 교회가자고 인도만 할 것이 아니라 아담으로부터 예수가 죽어주고 이룬 구원의 도를 자세히 알려야 한다.

　성도가 아니면 세상 사람은 자기 영을 세우지 않는다. 영이 있거나 말거나 오직 육신의 소욕대로만 사는 것이며 육신의 감정대로 행복을 좇아 형상의 돈에 매이는 것이니 결국이 허무할 뿐이다.

　사람이 육신의 소욕대로만 산다는 것은 새 영이 있음을 모르고 육신과 심령이 하나로 욕심 부리는 것이며 육신은 이 세상 살 동안 자기 영을 영생의 천국으로 보내는 목적이 있음을 모르는 것이다.

　사람의 육체는 영혼을 거스르며 싸우는 것인데 이는 사람이 자기 영을 깨닫고 영을 세워 영혼이 잘 된 사람이 되어야 그때 비로소 영혼의 소욕과 육체의 소욕이 대립하는 것이다.

영혼이 잘 되려면 혼의 심령이 영을 좇아 일체한 영혼으로 육신을 주관하는 삶이 되어야 한다. 영혼이 잘 되지 못하는 사람은 심령으로 영을 깨닫지 못하고 육신을 좇아 사는 것이다.

예수를 열심히 믿는 교인일지라도 심령으로 영을 알지 못하여 자기 영을 세우지 못하고 육신과 심령으로만 믿는 것은 영혼이 잘 될 수가 없고 모든 영의 아버지가 원하시는 믿음일 수도 없다.

(요 6:63,) 『살리는 것은 영이니 육은 무익하니라 내가 너희에게 이른 말이
영이요 생명이라』

영혼은 주인이고 육체는 집이다. 처소를 위한 인생이 아니라 주인의 영생을 위한 인생인 것이며 자기 인생 동안에 예수의 죽음을 깨달아 영혼의 영생을 받으려는 세상살이다.

육체는 심령으로 자기 욕심만 부릴 것이 아니라 만들어진 목적과 주신 사명을 이루어야 한다. 복음전파를 받지 못한 때는 육체대로 살지라도 복음을 받고 부터는 구주의 것으로 살아야하기 때문이다.

사람들은 죽은 자를 말하여 하늘나라에 갔다 하고 또는 저 하늘의 별이 되었다고 하지만 육신사람과 영혼사람을 구분하지 않는다. 망자를 땅에 묻고도 별나라에 갔다는 것은 분명히 그 영혼을 말함이지만 영혼을 구분하지 못함은 영혼을 살아보지 않았기 때문이다.

□신께서 첫 사람 아담을 만들 때에 물로 흙을 뭉쳐 형상을 만들고 그 코에 생기를 불어 넣으니 사람이 생령이 되었다고 하므로 육체가 생령이 되었

다는 믿음이 있으나 생령은 산영인 것이다.

생령은 산영이니 육체가 산영이라는 말은 아니다. 육체와 영은 다르기 때문에 살리는 것은 영이니 육은 무익하다 하였다. 흙을 뭉친 형상이 영이 있는 사람이 되었다는 것이지 육체가 산영이라는 생령이 아니며 만든 사람 안에 불어넣은 생기가 산영이 된 것이다.

영이신 아버지께서 만든 사람 안에 불어넣은 생기가 산영이기 때문에 모든 영의 아버지시며 종자의 영을 씨 뿌린 육체 밭에서 알곡의 영혼으로 익어진 열매의 자녀로 거두시는 것이다.

만약에 생기를 불어넣은 흙의 형상이 산영이면 에덴동산 죄로 육체가 죽어야 한다. 육신에 영을 받아 산영이라 죄의 삯은 사망으로 영이 죽은 것이며 육신사람으로는 세상을 행한 것이다.

그러므로 사람은 육신과 영혼이 하나로 살지만 죽을 때에는 물질과 비물질로 구분되어 살덩이 육신은 본래의 흙으로 돌아가고 몸을 벗은 영혼은 영계의 다스림에 있다가 자기 선택의 심판을 받는다.

자기 선택에서 혼의 심령이 육체로 선택하는 것이며 복음전파를 받아 자기 영이 있음을 깨닫고 영으로 영생하게 하는 선택을 하는 것이며 선택 후는 육체에게는 내 영혼인 것이다.

영계는 그곳이 어디든지 사람의 눈으로 보지 못하는 곳이며 이생에서 복음전파를 받아 예수를 믿고 영생의 구원을 얻은 자와 복음을 듣고도 불신한 자와 복음전파를 듣지 못하고 죽은 자로 구분되어 다스림에 있다가 일체 복음을 들은 자로 심판대에 나아가는 것이다.

생전에 영생의 구원을 받은 성도는 죽어서 잠자되 꿈꾸는 잠과 같은 것이니 꿈에서 깨어나면 그때가 이 세상을 마치는 때며 복음전파를 불신하고 죽은 자들은 꿈이 없이 흑암에 잠든 것이고 생전에 복음전파를 받아보지 못하고 죽은 자들은 영계의 복음전파를 받는 것이니 이들은 영혼으로 깨어있는 것이다.

이 세상을 폐하는 마지막 심판장은 복음을 듣지 못하고 죽은 자들을 그냥 지옥에 보내고 누구는 천국에도 보내는 것이 아니라 정말 공평하게 모두가 복음전파를 받아 자기 선택을 마친 자들로 불러서 각자의 원하는 곳으로 보내는 심판인 것이다.

영계의 복음전파는 산자들이 일체 참여하지 못한다. 구원받기를 소원할 수는 있으나 기도하여 돕지 못하며 무엇으로도 도울 수가 없고 오직 저들의 자기 선택으로만 영생과 영멸에 이른다.

사람이 영과 심령에 속한 것이 따로 없이 육신이 산영이면 육신이 죽어 썩음으로 끝이며 성도의 잠자는 것도 영계의 복음전파도 없을 것이며 신의 마지막 심판도 공평하지 못할 것이다.

신께서는 마지막 심판뿐만 아니라 범사에 정말 공평하시다. 사람이 신의 씨를 받아서 거룩한 성도가 되기 전에는 이 세상에 신이 있는지 없는지도 알지 못한다.

거룩한 씨로 나지 못한 종교인은 신이 있다고 하니 그리 믿을지라도 살아 계시는 신에 대하여 항상 의문인 것이니 이는 거룩한 교통의 사귐이 없는 까닭이다.

거룩한 씨의 성도는 하늘 아기 때로부터의 신령한 젖을 받는 성령 학이 임하기 때문에 의문을 제하며 자기 은사와 크는 믿음대로 거룩한 지체를 행하는 것이다.

신께서는 인생들의 범사를 지켜보시나 아무 때나 관여하지는 않으신다. 억울한 죽음이나 슬픔과 고통과 서러운 눈물을 모른 척 하심이 아니라 당신의 때를 기다리고 계신다.

영계에는 신뿐 아니라 악한 영의 사단도 있고 사단이 신을 대적하여 대립한 것이니 전지전능하신 신이시라도 악한 사단의 대적을 받아 공평한 싸움을 하시는 것이다.

공평한 대립에서 지금은 악한 사단이 먼저 온 세상을 미혹하고 속이는 때며 세상종교와 함께 인생을 훼방하고 육체의 삶으로 영혼을 잠재우며 육정의 혼인과 출산과 지식까지도 미혹하며 인생에 결코 머물지 않는 행복을 형상의 돈으로 사게 하는 것이다.

신께서 바라심은 모든 영혼이 영생의 구원을 얻는 것이니 하나뿐인 아들을 내어주시고 모든 사람을 위하여 예수십자가에 못 박은 것이다.

이제 아들을 내어준 예수십자가의 도를 기쁜 소식으로 전파할 때에 받아들이고 아들을 구주로 믿기만 하면 성령이 난 영으로 아들의 영과 한 영을 이루어 영생하는 영혼의 친자녀가 되게 하신다.

신께서는 사람이 믿고 천국의 자녀가 되는 이것을 소원하시며 기다리시며 믿는 사람은 성령으로 인도하시니 아들을 소개하여도 불신하며 대적하는 자들의 잠간동안 인생에 고통이나 슬픈 눈물을 닦아주는 것보다 이생이나 음부에 그 영혼을 버려두지 않으신다.

□사람은 처음부터 영생할 자로 만든 것이 아니다. 만든 것이 영생하면 예수 안에서 낳은 자녀는 얻지 못한다. 그러므로 아담은 산영이지만 죽을 것이라 둘째 아담이 살려주는 영으로 오신 것이니 예수님은 아담 안에서 죽은 우리의 영을 새 영으로 살리신 것이다.

그러므로 육은 육이고 영은 영이니 육신은 자기 영혼이 영생을 얻어야 새 몸을 받아서 영생에 참여하지만 육신이 그대로 있는 신령한 몸이 아니라 육신이 폐한 새 몸이다.

영생의 구원에 참여한 육신이 신령한 몸을 덧입을 때에 육신이 폐함은 신령한 몸에는 육체가 없음이다. 신령한 몸을 덧입을 때에 성화되어 흡수된 육신이며 육신에서 영혼의 소망대로 행한 마음과 기억들이 다 성화된 영격으로 스민 새 몸인 것이다.

처음 영혼은 육체를 입고 생령이지만 아무 영격도 없고 인격도 없이 갓난이의 영혼으로 사람이 된 것이며 땅에 속한 혈통이라서 육체로 갖춘 인격은 영격으로 거듭나야 한다.

땅에 속한 것과 혈통은 천국에 가지 못하며 영생의 자녀로 되어 질 수가 없는 사람이다. 첫 사람 아담은 만든 것이며 땅에 속한 혈통이고 살려주는 영을 기다리는 산영일 뿐이다.

아담은 만들었고 하와는 아담을 나누었으나 아담과 하와의 동침한 잉태로부터는 사람의 씨로 나는 것이니 남편의 씨에 아내의 뼈와 살을 보태는 출산이다.

사람의 씨이니 씨에는 사람이 담긴 것이며 완성된 생령이 다 있고 첫 사람 아담이 나뉘어 둘로 남녀가 되었으니 씨도 나뉘어 있고 남편의 씨에 아내의 뼈와 살을 보태야 하나의 생령이 잉태하여 태어나는 것이다.

팥 심으면 팥 나고 콩 심으면 콩 나듯이 사람도 씨대로 잉태한 출산이며 사람은 남자의 씨와 여자의 살을 정자와 난자로 받는 것이니 부모를 닮고 그 윗대까지도 다 닮는 것이다.

산영은 육신의 집에서 인생동안에 구원을 받아 하늘 본향에 돌아가는 목적을 가진다. 모든 영의 아버지인 신의 영과 교통하는 자격을 받아서 신을 찾아가야 하며 새 영이 성령이 난 영이 되어야 한다.

신을 향하여 찾아가는 증거의 표는 세례며 세례는 구원하는 표이니 표를 받아 신에게 나아가서 거룩한 씨의 친자녀가 되기까지를 이루는 것이며 거룩한 지체인지의 확증을 받아야 한다.

새 영이 성령이 난 영을 위하여 구원하는 표를 들고 신을 향하여 찾아감은 자기 영을 깨달은 심령이 육체로 나아가는 것이고 사람이 물과 성령으로 나서 성령이 난 영이 되면 영혼으로 하나 된 자녀인 것이며 육체는 자녀의 몸이고 땅에서의 몸이며 육체에게 내 영혼이고 영혼에게는 내 육체인 것이다.

처음의 산영이 장성하면 신의 자녀로 행할 것인데 왜 구원을 받고 세례를 받고 거룩한 씨로 다시 나야 하는 지의 의문에는 처음의 산영이 몸은 살고 영은 죽었기 때문이다.

신이 만든 에덴동산에서 산영이 된 첫 사람 아담이 신의 법을 범하여 죄의 삯은 사망으로 영이 죽은바가 되고 심령으로 육체뿐인 사람이 되어 세상에 쫓겨 나와 육체도 세상살이 범죄로 피 흘림이 없은즉 사함이 없는 정죄를 받았다.

그러므로 에덴동산 죄로는 영이 죽고 이제 육체도 세상 죄로 사망에 처하니 죽은 영을 살리려는 신의 큰 은혜를 좇아 그의 아들예수가 육체로 오시어 세상 죄를 대신에 짊어지고 죽어주시니 그때 죄인인 우리도 함께 죽은 것이라 사망으로부터 살려내는 구원이 있고 육체도 다시 사는 새사람이 된 것이다.

죄인으로 죽은 우리의 구원은 예수님의 부활이다. 죄인이 예수와 함께 죽었으니 죽은 예수가 다시 살 때에는 죽은 우리도 사망에서 구원을 받아 거듭난 새사람을 다시 사는 것이다.

거듭난 새사람은 죽은 죄인과는 다른 새로운 피조물로 사는 것이며 아담 안에서 죽은 영이 구주의 부활로 살아난 새 영을 받은 새 육신으로 구주의 생명을 사는 것이라 새로운 피조물이다.

새 영은 신을 찾아가며 신의 거룩한 자녀가 될 자격을 가졌을 뿐 아직은 영생의 자녀는 아니며 새 나라의 새 백성일 뿐이라 거룩한 성령이 씻기시고 행구시는 세례를 받아 정결한 영으로 구주의 영과 한 영을 이루어야 신의 아들예수 안에서 함께 아들이다.

그러므로 아담의 출산으로부터 예수십자가까지는 영이 죽고 심령으로 육신사람만 행하는 잉태의 출산을 하였고 예수부활로부터 새 영이 있는 영혼의 사람을 잉태한 출산으로 이어진 것이다.

신께서 첫 사람 아담을 만들어 법을 주시니 이는 에덴동산의 모든 실과는 임으로 먹되 동산 중앙에 있는 선악과나무의 열매를 먹지 말라하시고 먹는 날에는 정녕 죽으리라 명하신다.

아담은 신께 법을 받았고 모든 짐승의 이름도 지어주었으나 신께서 보시기에 아담의 독처함이 좋지 못하므로 아담을 위하여 돕는 배필을 지으리라 하시고 아담을 나눠서 여자를 만드니 이는 사람으로 생육하고 번성하게 하신 것이다.

그러므로 남자가 부모를 떠나 그 아내와 연합하여 둘이 한 몸을 이루는 것이니 이것을 위한 육정을 주신 것이며 세상 가득히 사람으로 번성케 하시고 영혼의 영생하는 구원을 받게 하신 것이다.

남자가 부모를 떠나 그 아내와 합하여 한 몸을 이루는 혼인이 신의 뜻대로 옳은 것이며 신식결혼이 없을 때는 온 세상이 다 여자의 집에서 혼인하여 왔고 우리나라도 그렇게 하였다.

신식 혼사는 신의 뜻에 대적함이고 부모의 축복을 폐함이다. 아내의 집에서 치르는 혼사에서 그 부모의 축복을 받는 것이며 밤이 새도록 이웃과 춤추고 즐기며 축복을 받는다.

아내의 집에서 혼인하고 남편의 집에 와서도 그 부모의 축복을 받으니 부모의 축복보다 더한 축복은 없다. 신식혼사의 주례사는 부모의 축복에 비할 것이 못되고 축복권도 없다. 그러므로 신식 결혼은 신 앞에서의 법적이고 공식적인 부모의 축복이 없는 것이다.

□에덴동산에서 아담 부부가 아직 세상으로 나오지 아니한 때에 신을 대적한 천사 사단이 아담 부부를 범죄로 넘어지게 하려고 신의 법을 받은 아담으로 법을 범하게 미혹을 한다.

사단은 아담의 옆에 있는 여자 이브를 꾀어 신이 먹으면 죽으리라 명한 선악과를 따서 먹어도 죽지를 않고 오히려 눈이 밝아져서 신과 같이 선악을 안다 하니 여자가 사단의 꾐에 빠진 것이다.

여자가 그 실과를 쳐다보니 정말 보암직하고 먹음직하여 그 실과를 따서 먹고 옆의 남편에게도 권하니 아담이 여자의 권유로 실과를 받아먹었고 사단의 승리로 에덴동산의 대결은 끝난 것이다.

이제 아담은 신이 명한 법을 범하고 그 범죄 한 삯으로 아담의 영이 죽어 육체뿐인 사람이 되었고 영이신 신과는 영적인 교통이 끊어진 것이라 세상살이 육신살이로 쫓겨나는 것이니 에덴동산은 세상이 아니라 신이 따로 창설한 동산이다.

타락한 천사 사단도 영이라 뱀의 몸에 들어가 뱀의 육체를 빌려 뱀의 입으로 말하며 아담의 여자를 꾀었고 여자는 사단의 뜻대로 미혹에 빠지니 여자는 신에게 법을 받지 않았음이다.

사단은 뱀의 몸을 빌려 법 없는 여자를 꾀어 법 있는 남자를 쓰러뜨린 것이며 아담의 범죄로 온 인류의 영이 죽은바가 되어 예수십자가까지는 육체뿐인 사람으로 출산 된 것이다.

아담이 흙에서 났으므로 아담의 범죄로 온 땅이 저주를 받았고 그때 동산에서는 네발로 걸었던 뱀이 저주를 받아 저주받은 땅에 기며 평생토록 흙을 먹는 것이니 뱀에게는 흙냄새가 난다.

뱀의 미혹에 빠진 여자는 자기 남편까지 넘어지게 하였으니 여자도 벌을 받아 출산의 고통을 더욱 크게 받은 것이며 남편에게 순종함으로 복을 받게 하신 것이다.

그러므로 남편에게 순종하는 여자마다 남편을 성공하게 만들며 아내가 돕는 배필로서 사명을 다하여 남편이 성공할 때는 남편의 모든 것을 누리며 평안한 것이다.

이제 사단은 에덴동산의 싸움에서 이긴 자로 신에게 세상을 넘겨받아 흑암의 나라를 이루고 어두움의 임금을 행하는 것이며 예수십자가의 옛 세상 끝까지 우리를 고소하였다.

범죄 한 삯으로 영이 죽은 아담 부부가 육체뿐인 사람으로 에덴동산을 쫓겨나와 사단이 임금인 세상에 죄의 종으로 임하니 이제 처음 동침으로 출산하며 이어지는 남녀의 혼인으로 사람이 번성하여 온 지면을 채우는 것이다.

세상 처음 출산 가인은 아담의 계보에 들지 못하니 가인은 다른 씨의 사람들 중에서 아내를 맞이한 것이며 아담도 가인과 다른 씨를 받아 아담의 첫 계보를 이루니 장자인 셋은 같은 계보 중에서 아내를 들인다.

아담의 계보에 들지 못한 사람들은 하와가 가인과 아벨을 낳은 후로 계속 낳은 사람들이 낳고 낳고를 이룬 것이며 아담의 나이 일백 삼십 세가 되어서야 신에게 다른 씨를 받아 저들과 다른 계보를 이룬 것이다.

그러므로 그때 동생 아벨을 죽인 가인이 신에게 정죄를 당한 처음의 세상 죄인이 되어서 자기의 농사 짓던 지경을 쫓겨날 적에 널리 지면에 퍼져서 사는 자들을 보고 자기를 살인자로 죽일까봐 두려워한 것이니 이들이 다 하와로 이어진 출산이며 가인이 범죄 하기까지 일백년이 넘는 낳고 낳고의 출산인 것이다.

그러므로 가인은 훗날 이들에게서 아내를 취한 것이며 이들과는 다른 씨인 셋은 아담 계보의 장자이니 아담의 계보 중에서 아내를 맞이한 것이라 셋의 후손은 가인이 들어간 이방백성과는 혼인을 못하게 말리신 것이다.

언제나 공평하신 신께서는 아담으로부터 예수십자가까지의 옛 세상 끝까지 참으로 공평하게 인류를 인도하시니 사단의 임금 직을 마치는 기한이 차기까지 보존하고 보전하시려고 흠 있는 언약을 세워 흑암의 나라동안에 희미한 달빛처럼 부족한 언약으로 지키셨다.

부족한 언약으로 사람들을 지키신 것은 옛 세상의 육체뿐인 사람 안에는 하늘의 종자인 영이 씨 뿌림을 받아 묻혀있기 때문에 영을 위한 육신사람을 보전하신 것이다.

육신사람은 하늘 종자를 씨 뿌린 밭이며 영혼의 타향살이 동안의 처소다. 아담 안에서 처음 영의 종자가 죽음으로 묻혀서 씨 뿌림이 되었기 때문에 모든 사람은 영이 죽은 육체뿐인 사람이었다.

밭과 같은 육체는 종자의 영이 썩은 것에서 새싹을 내는 새 밭이 되는 구원을 받는 것이니 이는 흑암의 나라에서 빛의 나라로 옮겨지는 것이며 신이 보낸 아들의 생명으로 다시 사는 것이다.

이제 새 영이 있는 새사람은 새 밭인 것이며 새 밭의 새 싹은 선하고 하늘에 속한 열매를 맺는 것이며 새 열매는 결국 천국의 영생인 것이고 영생의 열매로 천국에 갈지 말지는 오직 자기만의 선택이니 이것이 온전한 참 자유인 것이다.

그러므로 예수십자가 전의 옛 사람과 예수부활 후로의 새사람은 같은 사람이 아니며 이제 새 영을 받은 새사람이지만 사람들은 이것을 알지 못하므로 신을 믿지 않는 것이며 믿을 만한 이유를 가지는 복음전파를 받지 못하기에 자기 선택을 분명히 하지 못한다.

천하는 신께서 있어라 해서 만든 것이고 육신사람은 흙을 뭉친 것이나 영혼은 만든 것이 아니라 신의 생기로 보냄을 받아 산영이라 천하보다 귀한 영혼인 것이다.

한 영혼이 천하보다 귀한 영혼일지라도 심령으로 행하는 육신사람의 선택으로 새 영이 영생의 구원을 받아야만 영혼이 하늘 본향에 돌아가기 때문에 이 기쁜 소식을 전하게 하시는 것이다.

□흙은 씨앗을 받아 새 싹을 내듯이 사람의 육신은 영혼을 심은 밭으로서 영혼의 새싹 난 열매를 맺는 것이다. 육신사람의 근본 목적은 내 영혼을 도와 영생하는 영혼으로 본향에 보내는 것이다.

농사지은 밭이 곡식을 농부의 집으로 보냄과 같은 것이니 육신은 죽어 흙으로 가지만 내 영혼은 천국에 가는 것이며 육신이 심령의 혼으로 행하는 인생에서 복음을 받아 영생을 선택한 것이다.

육신과 심령의 인생에서 영과 심령의 영혼으로 영생하는 것이며 육신으로 행한 모든 것은 영격으로 동반하고 내 육신이 있었기에 영생의 신령한 몸을 받아 입는 것이다.

그러므로 육신사람이 심령으로 욕심 부리며 육신의 소욕으로만 살다가 마치면 받은 씨를 싹 내지 못하고 결실하지 못한 것이니 자기 영혼과 함께 영멸의 지옥에 이르는 것이다.

불신의 결국은 후회뿐이며 영원한 고통이 있으니 사람이 죽는 것으로 끝이 아니라 심판을 받아서 자기 선택의 결국을 감당하기 때문이다.

영혼과 육신이 다 보내심을 받았고 땅에서의 목적을 이루는 육신의 선택으로 영혼의 생사가 갈리는 것이며 육신과 심령의 인생만은 땅과 육신에 속한 삶이되지만 복음전파를 받고부터는 영혼에 속한 육신이 되어야 한다.

육신과 심령의 삶에서 복음을 받아 불신하면 새 영이 육신 밭에 묻힌 것이고 믿으면 새 영의 싹이 돋아나는 것이다. 복음을 불신한   결국은 죽은 육체가 부활하여 죽지 못하는 몸으로 자기가 망친 자기 영혼과 함께 영원한 불못의 지옥에 이른다.

육신 동안에 믿고 영혼이 영생에 이르면 육신이 있은즉 받는 신령한 몸이 생전의 모양을 가지는 것이며 땅에서 육신과 인생을 행한 심령이 자기 육신을 잊지 않는 것이다.

그러므로 살과 뼈의 육신을 벗고 육신 모양의 신령한 몸으로 갈아입었을 뿐이고 속사람 영혼은 육신의 인격에서 영혼의 영격으로 거듭난 하늘 사람으로 영생하는 것이다.

성도는 천국의 예복으로 신령한 몸을 받고 불신자는 지옥에서 불타는 불멸의 몸으로 받는 것이니 육체는 죽고 썩었어도 육체로 행한 심령의 인격이 불타는 몸에서 불신의 고통을 받는 것이다.

먼저 된 성도들의 복음전파는 너무나 소중하며 모든 영혼을 위한 기쁜 소식인 것이니 듣는 자는 믿어야 복이고 전하는 자는 상급이 임하는 것이다.

그러므로 하늘 아래의 모든 성도들이 하나로 합력하여 완전한 복음전파를 이루어 자기 아들에 관하여 밝히시는 아버지의 증거를 세상 만방에 전하며 영원한 복음을 완전한 복음으로 세워야 하고 듣는 이는 믿어야 한다.

□하늘이나 땅이나 바다의 모든 신과 모든 종교에서 사람난 시작과 인생 목적을 위한 세상살이를 분명하게 밝힌 것은 온 세상 역사인 성경뿐이며 성경을 주신 하늘의 신께서만 살아계시고 사람의 영혼으로 교통하며 사귀시니 새 영혼이 성령이 난 영이어야 한다.

흙으로 된 육신과 그 흙에 속한 영으로는 하늘에 계시는 신의 자녀가 되지 못하므로 아담의 혈통을 일체 폐한 것이며 다시 사는 새사람부터는 예수가 피 흘린 출산으로 자녀 될 자격을 주신다.

자녀 되는 자격이 누구나 동일지만 자녀로 나타나는 것은 다 자기 선택이며 육신도 새로 살지만 다시 받은 새 영이 성령의 출산을 받아야만 하늘 갓난이의 영으로부터 장성한 영으로 귀향하는 것이며 보내신 아버지 앞에 영생하는 것이다.

천하보다 귀한 영혼은 사람에게만 있으며 사람의 육체와 짐승의 육체와 새의 육체와 다른 육체가 있어도 사람의 육체만 신의 형상과 같은 모양이며 사람의 피와 씨는 처음부터 분명히 다른 육체와 구분된 것이니 짐승이 사람 되지 못하고 사람이 짐승 되지 못한다.

세상에서 가장 신비하고 정밀한 사람을 누구도 만들 수가 없다고 생각하기 때문에 사람들이 자꾸 무엇이 진화한 것이라 하면서도 여전히 의문인 것이며 많은 종교와 그들의 경전에서도 사람 난 근본이 없기에 이를 자세히 밝힌 성경이 오히려 대적을 받는 것이다.

태초 전에부터 스스로 계시는 신께서 천사들을 호령하시고 태초 곧 하늘과 땅이 생기기 전에 그의 아들 예수를 낳아 함께 세상천지를 만들었다. 신이란 누가 낳지도 않고 만들지도 아니하고 스스로 살아 있어야 진짜 신이다.

천지창조는 하늘이 이미 있었으나 사람 사는 세상을 위한 해와 달과 별들의 천체만물을 만든 것이고 땅도 이미 있었으나 태초에는 물이 땅을 덮어 물로 땅을 잉태한 상태라서 이를 사람 살기에 필요한 땅으로 설계하여 세상을 만든 것이니 태초의 물위에 창조주의 영이 수면에 운행하신 것이다.

사단도 영이라 사단이 속이면 육신사람은 속는 것이다. 세상 지식의 과학은 무슨 빅뱅으로부터의 세상과 우주를 말하지만 사람이 남녀로 생긴 것과 사람의 씨가 어떻게 절로 되었는지를 먼저 알아야 한다.

빅뱅 안에서 남녀가 나타나고 정자와 난자의 씨로 나뉘어 남자의 씨에 여자의 씨로 뼈와 살을 보태는 육정의 잉태와 출산이 절로 생기고 발정의 동물이 구분되어 절로 생긴 것인가?

신께서 천지를 창조 한 비밀도 사람에게 있으며 빅뱅이든 과학이든 다른 창조도 사람을 설명하지 못하면 어긋난 것이다. 만약에 사람이 어떤 미생물로부터의 진화한 것이라 해도 사람 같이 정밀한 육신이 절로 생길 수는 없다.

사람은 땅과 같다 땅 속에 수관이 있어 물이 공급되니 땅이 뭉쳐서 유지되는 것이며 사람 안에 혈관이 있어서 피가 공급되니 육체가 생명을 유지하는 것이다.

빅뱅으로부터 생긴 우주에서 떨어진 물이 바다를 이루고 땅에 스민 물이라면 어찌 바닷물만 소금물이며 민물은 어찌 땅속에서 절로 수관을 이루고 땅의 생명을 유지하는가?

빅뱅 같은 것은 이루지 못할 사람 안에는 양심에 가책을 주는 심법이 있고 법적인 양심을 쓰는 심령이 있다. 심법과 양심은 온 인류가 동일한 것이니 이것이 정말 빅뱅 안에서의 진화인가?

사람의 지식은 말세를 위한 진화를 하고 지식으로 캐는 지혜도 늘어나지만 육신사람은 태초로부터 동일한 것이다. 진화론에서 자기들 소망대로 원숭이 같은 사람이 오늘날에 이른 것을 보여주지만 성경대로는 첫 사람 아담부터가 양치고 밭가는 농군이다.

아담의 처음 출산 가인은 농사 지었고 그의 동생은 양을 쳤다. 그들은 그때부터 제단에 제물을 드렸고 혼인하고 잉태하며 지면을 채웠고 사람 근본을 다 행한 것이지 원숭이처럼 산 것이 아니다.

빅뱅으로부터 풍선처럼 커지며 멀어지는 우주인데 왜 사람을 위한 해와 달과 별은 항상 정한 위치를 지키는 것인가? 북두칠성도 나침반이 없을 때는 항상 거기서 항해를 도왔고 해도 달도 더 이상의 거리차를 두면 지구도 사람도 살지 못한다.

밤과 낮은 어찌 한결같으며 사시사철은 어찌 이루고 바닷물은 어찌 한계를 지키며 강물이 다 바다로만 모여도 짠물을 어떻게 유지하며 물이 우주에서 떨어진 것이면 왜 절로 짠물과 민물로 구분된 것인가 빅뱅은 밝혀야 한다.

육정의 근본이나 육정을 행한 사람 날 때 갓난이 우는 이유하나 밝히지 않으면서 티끌하나 터져서 천지만물이 창조되었다면 삼층 천의 비밀을 알 수가 없을 것이다.

붉은 빛 온도로 빅뱅의 진화를 세운다면 사람이 보는 거기까지는 이 세상을 위한 하늘일 뿐 그 위의 이층 천과 이층 천을 담장으로 삼은 삼층 천의 천국을 알지 못하니 삼층 천의 새 하늘과 새 땅이 천국인 것이다.

신께서 씨 뿌린 영혼의 자녀를 온전히 거두실 때에 이 세상은 하늘 종자를 기른 밭으로의 사명을 마치고 폐하는 것이니 이것이 이 세상 마지막 종말이며 그때 세상을 위한 일층 천의 하늘도 해달별이 사라지니 지은 자가 폐하는 것이다.

천지창조에서 신은 땅을 잉태하여 덮은 물을 나누어 하늘로 올리고 남은 물은 바다를 만들어 드러난 땅으로 사람이 살기에 합당하게 하신 것이니 사람은 땅에서 시작하여 땅에서 육신살이를 마치고 육신에 담은 영혼으로 영생에 이르는 것이다.

물은 처음부터 있었고 물에서 드러난 처음의 땅은 온 지면에 안개만 자욱하였고 아무 생물이 없으므로 신께서 땅의 모든 것과 공중의 모든 것과 바다의 모든 것을 만들고 처음 사람도 만들었다.

현재 세상 달력으로 한 주의 첫째 날 일요일 새벽부터 금요일까지 엿새 동안에 천지만물을 만들고 일곱째 날 토요일에 일을 마쳐 안식하신 것이니 이를 분명히 말씀하시고 역사로 기록 하였다.

땅을 잉태한 물을 나누어 하늘로 올린 후로 죄악이 관영한 당시의 세상을 임시 심판으로 멸하였고 여덟 명의 인종을 남기고 수장한 것이 바로 노아의 홍수 심판이며 그때 홍수는 땅의 물을 나누어 하늘로 올린 물을 다시 땅으로 내려서 본래대로 땅을 덮은 것이다.

노아의 홍수로 땅을 덮은 물을 다시 하늘로 올리지 않고 물을 감하여 육지로 회복시킨 것은 그때 남극과 북극이 생긴 까닭이다. 넘치는 물을 바람으로 몰고 얼음으로 바다에 쌓았다.

북극의 쌓인 눈은 바다의 한계를 유지하는 것이니 세상에 필요한 비 외에는 북극의 눈으로 쌓이는 것이며 남극의 눈은 얼음을 유지하는 동결의 눈으로 내린다.

태초의 물이 나뉘어 하늘에 물 층이 있을 때에는 태양 빛이 수층을 거치므로 자연 환경이 은은하게 양호하여 당시의 사람 수명이 몇 백 년이 넘었고 인류초기의 출산과 번성의 충만이 온 지면에 널리 퍼진 것이며 하늘에 물 층이 있는 그때는 땅에 무지개가 없었으니 이는 햇빛이 수층을 거치기 때문에 생기지 못한 것이다.

노아 홍수 후로 신이 세운 무지개 언약으로부터 노아의 여덟 가족이 번성하여 지금까지의 인류를 이루었고 그때 노아의 아들 중 하나가 아버지 노아 앞에 범죄 하므로 노아가 그를 저주하여 형제들의 종이 되고 종에 종이 되라 하니 그들이 대대로 세상살이에 종살이를 하였다.

저들만 아니라 모든 사람도 사단이 임금인 흑암의 나라에 죄의 종으로 팔리고 어두움에 속한 사천년의 종살이를 하면서 악한 사단이 우리 죄를 고소하며 멸하라고 하였다.

그러므로 하늘에서 신이신 예수가 종살이의 세상 끝에서 아버지의 주신 사명대로 죄인을 구원하시려고 예수십자가의 피로 죄 값을 치른 것이며 순종한 은혜를 좇아 통일된 인류를 이룬 것이다.

온 세상을 위하여 죽어준 예수가 그 죽은 자 가운데서 다시 사시므로 그때부터 온 인류가 죄의 종에서 자유하고 사람에게 종의 종이 된 저들도 통일된 자유를 얻었다.

그때 하늘아래 의인은 없고 다 범죄 하는 죄인뿐이며 죄의 삯은 사망으로 영멸에 처한 때에 지금의 우리는 그 세상에 없었으나 죄의 종이던 저들 안에 씨로 있었으며 함께 다 죄의 종이었다.

우리가 죄인으로 죽을 것을 예수가 대신 죽어준 희생과 은혜로 죄의 종도 사람의 종도 다 자유하고 해방되었으나 사람은 다시 스스로 형상의 돈 아래 종이 되었으니 이는 다 욕심 부리는 까닭이다.

사단에게 팔린 죄의 종에서 해방 되고 사단의 권세에서도 자유 하지만 이 세상을 먼저 속이는 사단의 미혹으로 다시 형상의 돈에 종이된 것이니 돈의 종으로도 인류는 망하는 것이다.

아담이 범한 죄의 삯은 아담의 영이 죽는 것으로 삯을 치렀으나 법을 어기고 먹은 선악과는 아담 안에서 선과 악이 되었고 아담에게 선악과를 먹이는 사단의 미혹에서 여자 이브에게 생긴 욕심은 아담으로 이어져 후손에게 전한 것이니 선악과의 악이 욕심 부리는 범죄로 나타나는 세상 죄로 죄인인 것이다.

사단은 자기를 지은 신을 대적하여 타락한 천사며 천사의 타락으로부터 신 앞에 어두움이 있고 어두움의 임금은 사단이며 사단은 거짓의 아비 악한 영이니 지금의 세상을 악으로 이끄는 자기 때를 맞아서 밤에 속한 악을 이루는 것이다.

사람으로 영생의 자녀를 세우는 신의 뜻을 시기한 사단이 신이 세운 아담을 시험하고 아담은 먹는 것으로 패한 것이다. 그때 사단은 아담의 여자를 통하여 자기의 욕심을 아담에게 심었다.

아담의 후손은 그의 씨대로 욕심이 잉태한 사람으로 태어나며 욕심 부리는 죄를 선악과의 악으로 짓는다. 욕심은 사단이 들어간 뱀이 아담의 여자에게 말하여 선악과를 먹으면 눈이 밝아져서 신과 같이 선악을 안다고 할 때에 생긴 것이다.

욕심을 잉태한 이브를 통하여 남편 아담도 욕심을 잉태한 것이니 이는 신이 선악과를 먹으면 정녕 죽는다 했으나 여자가 먹고도 죽지 안하므로 의문이 생기며 먹어보고 싶은 욕심이 생긴 것이다.

아담이 범한 에덴동산 죄는 욕심이 잉태한 죄를 낳은 것이며 이제 사단은 지혜롭게 신의 법을 넘었으니 신께서 세운 인류의 대표자인 아담이 넘어지므로 아담을 이긴 사단에게 신은 정말 공평하게 아담이 살아갈 나라를 내어주고 그로 어두움의 임금 직을 행하게 허락하므로 우리가 죄의 종으로 값없이 팔린 것이다.

그러므로 사람은 욕심이 잉태한 죄를 지으며 어두움의 임금인 사단은 자기 나라에서 우리 사람의 죄를 고소하고 죽이라고 성화를 부리니 공평하신 신께서는 흙으로 만든 아담의 혈통을 예수십자가의 사망으로 일시에 폐한 것이다.

사단은 신께서 세상나라를 만들고 아담으로 세상을 시작하기도 전에 흑암의 나라를 만든 것이니 아담은 아내와 함께 세상으로 쫓겨나오면서 사단이 임금인 흑암의 나라에 죄의 종이 되었고 온 인류는 아담의 허리 안에서 다 죄의 종이 되었다.

신께서는 나라를 내어준 기한을 좇아 흑암의 나라 끝에서 자기 아들을 구원자로 보내시고 우리를 새로운 피조물로 옮기는 구원을 예수십자가의 날로부터 예수부활까지의 삼일 동안에 다 이룬 것이다.

그러므로 법과 증거 적인 실상은 우리가 다 죄를 용서받은 새사람이지만 예수가 대신 죽어준 것이라 우리는 여전히 옛 사람대로 죄를 짓고 선도 행하니 아담이 먹은 선악과의 그 선과 악을 행하는 것이며 예수가 다 이루시고 구원한 실상을 알지 못하므로 죄 가운데 헤매는 인생인 것이다.

□선악과는 육신에 피가 되고 살이 되는 것이 아니라 사람으로 선과 악을 알게 하는 것이라 아담으로부터 선과 악을 아는 사람이 되어 선악 간에 사는 것이다.

예수가 죽어주기 전에는 선이 죽고 악이 살아있는 악인을 살았고 예수가 죽어준 후로는 악이 죽고 선이 산 새사람을 살지만 세상살이가 여전히 선악 간이라 죽고 산 이것을 알지 못 하고 세상 법대로만 사는 것이다.

예수는 아버지와 함께 신이신데 어떻게 육체의 사람처럼 오시고 사람으로서 우리 사람을 대신하여 죽어주실 수가 있었는가? 참으로 의문이지만 태초의 천지창조에서 우리 사람을 만든 광정을 보면 충분히 이해가 된다.

유일신이신 스스로 계신님과 그의 아들예수는 우리 사람을 만들기 전에 그 본체의 형상과 모양이 우리 사람과 같고 두 분의 형상과 모양대로 흙을 뭉쳐 만든 사람인 것이다.

그러므로 만든 사람은 표상이라 표상의 실상이신 예수님은 실상의 육신으로 오신 것이며 우리로 실상의 육체를 좇는 새 생명으로 다시 살게 하신 것이다.

예수의 부활로부터는 온 인류가 일시에 표상과 아담의 혈통을 벗고 실상인 예수의 보혈을 힘입는 새 혈통으로 살아야 한다. 그의 부활을 거쳐서 이천년이 지난 지금을 사는 우리는 시공간적으로 그의 사망과 장사와 부활에 참여하지 못하니 은혜를 알지 못하고 내 인생은 내 것이라고 자기를 살지만 법적인 믿음으로 참여하는 것이다.

창세전에부터 예수 안에서의 자녀이니 만든 사람을 예수 안으로 옮기는 구원은 당연한 것이다. 만든 육신은 흙이니 세상 농사의 밭처럼 하늘의 자녀 농사를 위한 밭과 같은 육신을 만들고 육신 안에 영혼을 씨 뿌려서 추수기를 맞아 밭은 놓아두고 씨 뿌린 영혼을 알곡으로 거둔다.

그때 예수는 로마의 사형 틀에 죽었으나 실상은 하늘 성소의 제단에 드려질 어린양 제물로 준비된 것이다. 그러므로 땅에서 그냥 죽지 않고 높이 들린 것이며 손에 못 박힌 피가 아니라 옆구리를 창에 찔린 물과 피를 쏟아 주신 것이다.

사십일을 금식한 예수를 시험한 사단은 예수를 하늘 성소의 제물로 인정하여 세운 것이며 이는 사단의 큰 실수다. 사단은 우리를 담당한 예수가 죽으면 자기가 이기는 줄로 알았으나 부활을 목격한 것이며 부활의 결국을 그때야 깨달은 것이다.

우리의 만든 육체는 여전히 이어지지만 대적 자 사단 앞에 세워진 법과 증거로는 우리가 다 예수의 구원 안에서 영생의 자녀가 되는 자격자로 거듭난 것이니 사단은 악을 부리며 영생을 훼방하며 믿음을 훼방하는 미혹을 한다.

만든 육체는 오직 영혼을 위한 집이고 영혼의 소욕을 표현하는 몸이다. 하늘의 신도 다 본체가 있고 구주예수님은 실상으로 오신 그 몸이 신령한 몸으로 부활한 영생의 본체를 다시 가졌다.

그러므로 영생의 자녀가 되면 구주와 같은 신령한 몸을 천국의 예복으로 받는 것이고 사람이 신의 친자녀가 되는 것은 하늘에 계시는 주 아버지의 씨인 예수의 영을 받아 함께 거룩한 씨의 자녀가 되는 것이니 그냥 믿기만 하면 허사다.

성경에는 양자의 영이 있고 양자의 영은 세상에서 들이는 그 양자가 아니라 아버지의 모든 것을 물려받는 자격자를 말하는 양자이니 천국을 상속받을 자 예수의 영이 양자의 영이며 사람은 양자의 영을 받아야만 스스로 계신 님을 아바아버지라 부를 수가 있는 것이다.

그러므로 우리의 영이 있기 때문에 양자의 영을 받아 한 영을 이루어서 함께 양자의 영인 것이며 천국과 영생을 함께 받는 것이니 우리의 영혼은 천하보다 더욱 귀한 것이며 어떤 과학의 최첨단이나 세상의 모든 지식으로도 만들 수가 없는 것이다.

온 세상 모든 종교의 선교가 성하여도 사람 난 목적을 전하는 복음전파가 없으면 사람들은 육체에 영을 묻어두고 욕심 부리는 육신살만 열심히 하는 것이니 인생의 목적인 영혼의 구원받음과 영생하는 천국을 사람이 꾸민 신화나 설화처럼 생각할 뿐이다.

영혼의 구원과 영생의 천국을 전하면 가봤느냐 죽어봤느냐 묻지만 성경에 의하면 죽은 자가 다시 살아와서 전한다 해도 안 믿을 사람은 여전히 믿지 않는다고 말한다.

또 성경에 보지 못하고 믿는 것이 복되다고 하지만 성경은 없는 것을 믿으라는 것이 절대 아니며 믿기만 하면 얼마든지 확증의 확신을 받는 것이다.

확신의 증거는 첫째로 신의 영을 받아 신령한 것을 맛보는 것이며 신의 영이 알게 하심으로 깨닫는 것이니 성령의 감동으로 기록한 성경을 성령 학으로 가르침 받는 것이다.

□사람이 죽어 자기 선택의 심판을 받고 천국과 지옥에 이를 때에 영생을 얻은 사람은 육신에서 이룬 인격이 거듭난 영격과 상급을 다 가지고 가며 영생을 무시하며 영혼을 육신에 묻고 육신살이만 행한 사람은 원통한 서러움의 눈물만 남는다.

자기 인생을 마치고 육신이 죽을 때에 영혼은 나그네의 삶을 마친 것이며 인생 동안에 영혼의 영생을 얻어야만 성공한 영혼으로 본향에 이르는 것이며 육신도 자기소임을 다하고 돌아간 것이다.

영혼이 나그네 인생에서 실패함은 첫째가 악한 사단의 미혹에 빠진 것이고 속은 인생을 돌이키는 복음전파를 무시한 것이다. 거짓의 아비 사단의 속삭임에 속아서 구주 예수의 희생과 은혜를 깨닫지 못함이다.

공평을 위한 영계의 복음전파도 이생에서 복음을 듣지 못한 자들만 참여하는 것이니 영계의 다스림에 성도와 불신자의 구별이 분명하여 누구도 보고 깨달을 수가 없는 것이니 살아 서도 죽어서도 범사가 일체 공평해야만 심판이 공평한 것이다.

인생은 땅에서 영혼이 육신으로 행한 것이고 영생은 성령이 난 영이 영혼으로 하늘에서 신령한 몸에 사는 것이다. 지금까지의 세상교회의 선교가 영혼의 영생을 분명히 밝히지 못하여 못 믿고 죽어간 영혼이 있고 분명한 복음을 듣고도 안 믿고 죽은 영혼이 있다.

그러므로 여기에 대한 공평으로 누구도 억울함이 없게 하는 것이 곧 죽은 자를 위한 영계의 복음전파인 것이며 복음을 듣지 못하고 자기 선택이 없이 죽은 자들만 듣는 것이다.

영혼을 모르고 육신사람으로만 사는 것은 이 세상이 나그네 인생이 아니다. 왜냐면 육신은 이 땅이 본향이기 때문이다. 자기 영혼을 깨달은 자가 육신에서 영혼을 사는 것이 아버지의 품을 떠난 나그네길 인생인 것이며 인생의 목적은 오직 영생의 자격에 이르는 것이다.

사람들이 육신의 요구대로만 살기 때문에 겉 사람만 사는 것이며 영혼의 소욕이 육신에 묻힌 것이다. 육신의 소욕만 행하다가 인생 황혼에 이르고 자기 때를 잃어버린 마지막 길에서 저승에 대한 확신이 없어 죽음이 두려운 것이다.

영혼의 구원은 아담 안에서 죽은 영이 예수의 부활로 다시 사는 것과 다시 산 구원 안에서 새 영혼이 물과 성령으로 나서 천국에 가는 것이다.

처음의 구원은 표상에 속한 영이 실상인 예수 안으로 옮겨지는 것이고 두 번째의 구원은 예수 안에서 아바아버지의 친자녀가 되는 것이다.

새 영혼이 되었으나 사람이 물과 성령으로 나기 전에는 육신과 심령의 혼으로만 사는 것이며 예수의 증거를 받는 복음전파를 받아 믿으면 자녀의 영혼으로 육신의 삶을 주관하는 것이다.

현재로 예수의 증거를 받지 않고 그냥 믿는 세상교인은 자기 영을 세우지 않고 새 영을 육신에 묻은 상태로 육신과 심령으로만 믿는 것이며 땅에 속한 믿음이다.

사단은 두 번의 구원을 다 미혹하고 속이는 것이며 처음의 구원은 신이 만든 사람을 영멸하는 훼방이었고 다음은 사람이 물과 성령으로 나서 신의 자녀가 되는 것을 훼방하는 것이다.

두 구원이 다 사단의 훼방으로부터 구원인 것이고 처음 구원은 흑암의 나라에서 아들의 나라로 옮긴 것이며 그 후는 땅에서 천국 가는 사람으로 구별하는 것이니 이는 새 영이 물과 성령으로 나서 성령이 난 영이 되어야 한다.

그러므로 그리스도가 부활하심으로 거듭난 새사람은 흑암의 나라에서 아들의 나라로 옮겨지는 구원을 받은 것이고 옛 사람을 벗은 새것으로 다시 사는 것일 뿐 성령으로 난 자녀가 아니기 때문에 죄 사함 받고 거듭난 구원 안에서 다시 사람이 물과 성령으로 나야만 영생의 구원을 받은 것이다.

사람이 심령의 혼으로만 믿는 것과 새로 받은 영을 자녀의 영으로 세워서 믿는 것은 영멸과 영생으로 나뉘는 것이며 육신을 세운 심령의 믿음은 땅에 속하여 예수의 증거가 없다.

□신의 법대로 죄의 삯은 사망일 때에 아담 안에서 죽은 영은 예수 안에서 죽은 육체의 삯과 다르다. 아담의 에덴동산 죄로 죽은 영은 죄의 삯은 사망이지만 아담이 육체뿐인 사람으로 세상에 쫓겨나온 후로는 세상 죄의 삯은 육체가 죽는 것이고 그냥 사망이 아니라 피 흘림이 없은즉 사함이 없는 것이다.

※ 육체뿐인 사람은 살과 뼈의 육신만을 말함이 아니라 영이 죽었음을 말하니 심령은 육신과 함께 함이다. 영이 죽은 심령은 육신을 좇아 육신의 요구대로 사는 것이며 예수십자가 전까지의 사람이 육체뿐인 사람이었고 예수부활로부터 새 영을 받은 사람이라 그때의 제자들이 성령으로 영을 세워 영혼이 잘된 성도의 삶을 이룬 것이다.

영과 육이 죄의 삯으로 같은 사망이지만 영의 사망과 육체의 사망이 다른 것이며 죽는 곳이 다르니 영은 에덴동산에서 죽고 육체는 세상 끝에서 예수십자가에 죽는다.

사단이 미혹한 에덴동산의 아담 안에서 죽은 영의 무덤과 같은 육신사람이 세상 끝에서 예수와 합하여 함께 죽은 것이라 그의 부활에도 합한 것이며 부활의 예수가 신령한 몸이듯 연합된 우리도 새로운 피조물인 것이다.

노아홍수에 수장된 세대는 세상 죄와 죄의 삯은 사망으로 직접 죽었으나 세상 죄는 피 흘림이 없은즉 사함이 없기 때문에 피 흘림이 없이 그냥 죽은 저들의 죄도 예수가 담당해야만 했다.

저들도 예수십자가에 합한 대속이어야 피 흘리고 죽은 것의 죄 사함에 이르는 것이니 예수의 세례에서 친히 물속에 들어가시어 저들의 죄를 거두신 것이다.

그러므로 사람은 다 영육 간에 구원을 받아야 하고 이것을 이룰 사람은 하나도 없기 때문에 세상을 만들고 사람을 만든 신께서 당신의 아들을 구원자로 보내시고 이에 순종한 예수는 우리 구원을 위하여 사형 틀인 십자가에서 우리 대신에 피 흘리고 죽은 것이다.

피만 아니라 물도 함께 쏟아주신 것이니 피는 대속의 제단에 올리고 물은 성막 물두멍에 채워서 영원한 속죄와 함께 사람이 물과 성령으로 나기까지를 이루게 하였다.

사람은 누구도 물과 피를 함께 흘리지 못하나 뜻이 있어 물과 피로 임하신 예수님이 물과 피를 함께 쏟아주신 것이며 피는 옛 세상을 마치는 증거인 것이고 물은 되찾은 세상을 마치는 증거인 것이니 피는 새로운 피조물까지를 이루고 물은 새사람이 믿고 물과 성령으로 나는 것을 이루어 신령한 양식까지를 당당한 내력의 큰 증거다.

그 피로는 우리 죄를 씻고 그 피의 짝인 물로는 피의 씻음을 정결케 헹군 것이니 이는 빨래의 비눗물을 헹굼인 것이다. 피의 씻음은 구주의 피 흘린 출산과 같아서 갓난이를 맑은 물에 헹굼과 같고 흰 옷의 예복을 입히려는 것이다.

우리의 영은 이미 에덴동산에서 아담의 범죄로 죽었기 때문에 예수님이 우리 대신에 죽어줄 때는 우리의 영이 아닌 육체를 대신하였으니 예수님의 영은 살아서 하늘의 아버지 앞에 이른 것이며 장사된 사흘 후의 부활하실 때는 우리의 영과 육이 다 새로운 피조물로 거듭난 것이다.

그러므로 우리의 영이 죽은 곳은 에덴동산이고 우리의 육이 죽은 곳은 세상이며 영은 에덴동산 죄로 죽었고 육은 세상 죄로 죽었다. 아담의 죄로 죽은 것은 영이며 육은 각인이 지은 세상 죄로만 죽었으니 이는 옛 사람 안에서의 옛 죄를 깨달아야만 온전한 죄 사함을 받을 수가 있다.

지금까지 세상교회의 선교 안에서는 옛 죄를 용서받지 못하고 아담의 죄로 죄인이 되어서 자기들이 행한 죄를 용서받아가기 때문에 온전한 죄 사함이 없는 것이다.

우리가 옛 사람 안에서 함께 죄인일 때에 육체뿐인 우리가 세상 죄의 삯으로 일체 죽임을 당하면 하늘 밭인 우리의 육체에 하늘 종자를 씨 뿌린 모든 영이 영멸하기 때문에 우리 육체가 죄의 삯으로 피 흘리고 죽어야 할 것을 예수가 대신 죽어준 것이며 우리는 여전히 다른 나라의 새 사람으로 다시 살게 되었다.

그러므로 예수십자가 전은 모든 사람이 세상에서 지은 자기 죄를 피로 씻어야 살았고 예수십자가 후는 모든 사람이 피로 씻을 죄가 없는 새사람이 되어야 사는 것이다.

이 기쁜 소식을 모든 사람이 들어야 하고 복음을 듣고 믿을 때에 죄 사함의 구원으로 마칠 것이 아니라 죄 사함으로 예수십자가에 죽은 것이 예수의 부활로 거듭나야 하며 새사람이 다시 물과 성령으로 나야한다.

피로 씻을 죄를 사함 받고 흑암의 나라에서 아들의 나라로 옮겨지는 구원은 온 인류가 하루의 일시에 동일하게 받은 것이고 아들의 나라에서는 구원하신 증거를 받는 것일 뿐 때늦은 죄를 씻어가며 자기가 다시 받는 구원이 아니다.

죄 사함을 받고 새사람으로 다시 사는 구원은 흑암의 나라에서 신의 뜻대로 이루신 것이고 아들의 나라에서는 죄와 상관없이 영생의 구원을 받는 것이며 영생의 구원은 자기만의 선택으로 받는 것이다.

여기의 구원은 세상 법의 정죄와는 상관이 없다. 구주 안에서 피로 씻을 죄가 없는 의인일지라도 세상 법에 걸린 죄인이면 세상 앞에 죄인으로 삯을 치러야 한다. 그래도 구주의 구원은 여전하고 받은 의를 잃지 않는다.

모든 사람이 세상 죄를 짓는 것은 앞에서 밝힌 대로 인류의 조상 아담이 욕심을 잉태한 범죄로 선악과를 먹고 선악의 사람이 되어 선과 악이 있는 사람을 잉태하고 출산하므로 욕심 부리는 악을 행하는 것이며 선악과의 악을 행함이다.

이때에 만약에 한 사람이라도 선악과의 악을 행하지 않고 선악과의 선을 행하며 의로운 삶을 행한 자가 있었다면 그 한 사람의 피 흘림으로도 능히 우리가 다 구원을 받을 것이라고 생각을 할 수도 있을 것이나 선악과의 선은 땅의 인생에서 행하는 선일뿐 신의 선이 아니라서 신의 거룩함에 이르는 의인의 피라야 하니 신이신 예수가 직접 피 흘려주신 것이다.

아담의 혈통에 속한 선악과의 선은 세상 시작에서 선악과의 악에게 죽임을 당하고 세상 끝에서 모든 사람을 대신하여 죽어주신 예수의 부활에 붙어서 새 싹을 돋은 거듭난 선이 되었으니 이는 만든 사람이 구원을 받아 새로운 피조물로 새사람이듯 선악과의 선도 새사람이 행할만한 새로운 선으로 거듭난 것이다.

이제 사람이 예수를 믿을 때에 성령이 난 영으로 예수의 영과 한 영을 이루어 영생의 자녀가 되면 거듭난 선악과의 선을 행하는 것이며 반대로 선악과의 악은 예수십자가에 죽은 것이다.

이제 아들의 나라에서는 피로 씻을 세상 죄가 죽은 것이니 지금도 십자가의 피로 죄를 씻어가는 자들은 죽은 세상 죄로 정죄하며 스스로 죄인을 행하는 이단인 것이다.

흑암의 나라에서 아들의 나라로 옮긴 구원은 아담의 혈통을 예수의 보혈에 속한 새 혈통으로 다시 살게 함이며 표상의 사람을 실상의 예수 안으로 옮긴 것이다.

그러므로 창세전의 예정이 예수 안에서의 자녀고 이것을 이루기 위한 구원이며 예수는 하늘에서 아버지와 함께 신이시니 사람이 예수 안에서의 자녀가 되려면 다 하늘에 속한 새것이여야 하므로 피조물을 폐한 새로운 피조물로 세운 것이며 선악과의 선이 죽음에서 새싹으로 돋아난 것이다.

이 복음이 천국복음으로 나타나지 못하고 사단이 속이는 부족한 복음만 전해진 것은 옛 세상 끝에서 흑암의 나라를 마칠 때에 처음 익은 열매의 성도가 끊어지고 이 세상은 사단이 먼저 속이기 때문이다.

완전한 복음과 부족한 복음의 양단간에 선택하는 것이 없이 세상교회의 선교처럼 예수의 증거가 없이도 천국에 간다면 물과 피로 짝을 이룬 예수십자가의 도가 필요 없을 것이다.

사람이 물과 성령으로 나는 것이 없이 성도라면 예수의 영과 한 영을 이루는 것과 증거가 분명한 믿음의 법적인 믿음도 다 필요가 없을 것이나 성경에는 성령의 증거로 밝힌 물과 피의 증거가 없이는 누구도 성도일 수 없고 오히려 주를 거짓말하는 자라 밝힌다.

□사람은 하늘에 계시는 신이 살아계심을 분명히 나타낸 것이다. 사람의 형상은 하늘의 신과 모양이 같고 예수가 육체로 오실 때에 우리 사람의 모양대로 오셨으니 사람은 신이신 아버지와 아들의 모양대로 만든 형상이 분명하기 때문이다.

동물이 진화해서 사람이 될 수는 없다. 흙에서 와서 흙으로 가는 육신사람일지라도 신들의 모양과 그 형상대로 만든 것이니 만물 중에 우수한 것이고 이 세상 끝날 까지도 짐승은 여전히 짐승이고 사람은 여전히 사람이니 영이 있는 사람이고 영이 없는 짐승이다.

세상 사람들이 열심히 믿어온 신들 중에서 세상의 시작과 사람의 근본과 인생의 목적을 알리고 이 세상마지막의 심판과 영혼의 영생까지를 예언한 신은 오직 하늘에 계신님 한분뿐이다.

여인에게서 난 자나 사람의 손으로 만들어진 것은 스스로 있는 신이 아닌 것에 대한 이해가 있어야하고 사단이 천지창조를 대적한 형편과 로마의 사형 틀에 죽은 예수를 왜 믿어야 하는 지의 이유를 분명히 알아야 자기 선택을 하며 인생 결국이 허망하지 않을 것이다.

창세로부터 노아의 홍수후로 노아까지 수 백 년과 일천년에 가까운 나이로 살면서 출산한 것은 당시로 사람이 온 세상 지면에 충만하기 위한 초기 때에 합당한 신의 인도가 있었기 때문이다.

이미 노아의 홍수전에 수금과 퉁소의 악기를 연주하였고 동철을 쓰고 벽돌을 만들어 사용한 것이니 온 세상의 역사를 모르고 석기시대와 진화만 외치는 과학은 부분적인 것이며 신의 발등상인 사람의 생각일 뿐임을 증거 적으로 알아야 한다.

온 세상 역사인 성경에서 아담과 하와가 처음 난 가인과 아벨이 농사짓고 양을 쳤으며 노아의 홍수전에 이미 장막을 짓고 철을 다루며 악기를 만들었다.

노아의 홍수 후로도 사람들이 한곳에 모여 살면서 구음이 하나인 말을 하였고 힘을 합하여 흙벽돌로 하늘까지 이르려는 높은 탑을 쌓았으니 당시로는 문명의 초기였으나 진화론에서처럼 짐승에 가까운 그런 사람이 아니라 진화론에서는 그렇게 하고 싶은 것일 뿐이다.

당시로 사람들이 함께 살면서 시날평지라는 곳에서 신이 계시는 하늘까지 대를 쌓아 사람의 이름을 날리고 사람의 뜻대로 행하려기 때문에 이를 내려다 본 신이 사람들의 어리석음을 안타까워하시며 온 세상 사방으로 흩으시고 언어를 혼잡케 하여 서로 힘을 합하지 못하게 만든 것이다.

그 후로는 가족끼리 흩어진 계보의 부족을 이루고 개척하면서 당시의 형편대로 미약했으나 세상지식의 표현처럼 그렇게 짐승 같은 사람이 아니라 용모와 의복 등을 지금처럼 갖추지를 못했을 뿐 여전히 동일한 사람이었고 시대적인 문명을 따랐을 뿐이다.

자기 나라의 역사를 믿는 사람들이 세상 처음으로부터의 온 세상 역사인 성경을 무시하는 세상지식에서는 사람이 생겨난 것과 사람 난 목적을 알지 못하므로 진화론에 합당하게 표현할 뿐이다.

사람은 모양과 형상이 처음부터 사람이다. 무엇이 점점 진화하여 사람의 모양과 형상을 가진 것이 아니라 만들 때로부터 사람이며 영혼을 받은 것이다. 신의 창조는 외모가 조금씩 변한 진화를 말함이 아니라 처음부터 흙으로 만든 형상의 사람을 말한다.

사람의 뇌가 진화하여 컴퓨터와 인조인간 로봇보다 앞서면 될 것을 왜 진화를 멈추고 그것들을 만드는 것일까? 대적 자 악령의 미혹에 빠지고 세상을 훼방하는 속임을 알지 못하는 사람들은 속이는 자의 뜻을 모르기 때문에 신의 네 생물을 좇는 사단의 소망에 합력하는 것이다.

사단은 신이 만든 사람을 이용하여 자기 뜻을 이루는 자기의 네 생물을 만들려는 것이며 여기에 필요한 세상 지식을 높이고 있다. 세상살이는 모든 사람이 똑같은 지식을 가질 필요가 없고 다양한 방면으로 진화하며 타고난 재능을 살려야 하나 일체 학교의 동일한 지식으로만 이끌림은 악한 기운을 받기 때문이다.

그러므로 세대를 좇아 지식이 폐기 당하며 사람이 많아도 세대에 합당한 일군이 없는 것이니 이는 전지전능자 앞에서 그의 창조물인 대적 자 사단이 하는 일이며 오직 신의 네 생물만 좇는 것이다.

이 세상 끝에서 최첨단의 로봇은 하늘에 오르며 악한 사단의 보좌와 나라를 이루지만 거기가 곧 신의 발등상이며 종말로 사라지는 것임을 깨닫지 못하는 것이다.

악한 자가 이렇게 속이고 미혹하므로 사람들은 인생에 필요한 물질과 지식과 재능을 가지지 못하고 오직 사단의 소망에 합력하는 것이며 지식 사는 돈 때문에 인생을 허비하고 집과 혼사와 후손을 위한 돈을 벌기에 백발이 되는 것이다.

사단은 자기가 어두움의 임금일 때에 흑암의 나라에서 이루지 못한 바벨탑을 땅이 아닌 하늘에 세우는 것이며 자기가 속이는 세상에서 돈의 열매로 맺히는 지식의 과학으로 시날 평지 때의 못다 한 바벨탑을 세우는 것이다.

성경에는 우주선만 아니라 세상시작으로부터 세상 끝까지를 설명하였고 오늘날의 발전된 교통수단과 주택형편과 사람의 뜻대로 만드는 피 없는 인조인간과 육정의 동침으로 잉태한 출산이 아닌 탐욕의 잉태한 출산과 남자 없는 출산까지도 예언하였다.

디엔에이 조작의 잉태와 남자 없이 잉태한 출산을 혈통과 육정이 아닌 사람의 뜻대로 난 것이라 하며 결국은 한 사람의 씨가 아닌 많은 사람의 우수한 유전자로만 조합한 출산까지를 말하는 것이다.

형상의 돈 때문에 혼가가 없는 탐욕의 잉태와 출산이 사망에 이르고 고난에 빠지지만 아비 없이 어미만의 출산도 아이와 어미에게 다 고난이 일고 화평의 평안이 이르지를 못할 것이니 사람의 뜻대로 난 출산에서도 아비 없는 출산과 남편 없는 어미의 출산은 서럽고 슬픈 세상을 행한 결국이 영멸의 고통에 이를 것이다.

□사단의 미혹은 사람들로 육정의 쾌락이 아닌 탐욕의 쾌락만 즐기게 하는 것이니 혼인하지 않고 성욕을 이루는 쾌락만 좇게 하며 탐욕이든 간음이든 오직 쾌락을 권하니 성도가 아니고는 성경을 모르기 때문에 쾌락의 결실은 잉태의 출산이어야 하고 혼인한 육정이어야 함을 알지 못함으로 사단의 속임에 빠지는 것이다.

신께서 남자를 나누어 여자를 만들 때로부터 육정의 쾌락을 선물로 주심은 번성을 위한 잉태의 출산을 위하심이고 한 사람을 둘로 나눈 그리움의 혼인으로 근본의 육정을 행하게 하여 세상 밭에 사람 씨를 뿌리며 익어진 알곡의 성도를 하늘 백성으로 거두려는 것이니.

(창 2:23-24,) 『[23] 아담이 가로되 이는 내 뼈 중의 뼈요 살 중의 살이라 이것을 남자에게서 취하였은즉 여자라 칭하리라 하니라 [24] 이러므로 남자가 부모를 떠나 그 아내와 연합하여 둘이 한 몸을 이룰지로다』

남자가 여자에게 난 것이 아니라 여자가 남자에게서 났고 남녀가 혼인하여 둘이 한 몸을 이루니 남자에게 씨를 받아 여자가 잉태한 출산으로 사람이 나기에 남녀의 후손은 다 남자가 낳은 자녀인 것이며 아내가 남편과 한 몸을 이루어 낳은 것이니 여자는 근본 남자의 몸이라 결국은 남자의 출산인 것이다.

성도가 아니면 성경이 말하는 사람을 모른다. 믿는 자라도 성령이 난 영이 아니면 자기의 영이 있는지 없는지를 모르기 때문에 안 믿는 사람은 더욱 영을 생각지 않고 오직 육체뿐인 사람만 행한다.

옛 사람은 만든 것이라 거듭나야 하고 거듭난 새사람은 예수가 피 흘린 출산이지만 다시 물과 성령으로 나야만 아바아버지의 나라에 들어가는 영생의 자녀다.

사람이 거듭나지 못하면 자기 죄로 죽어 없어지는 것이며 사람이 물과 성령으로 나지 못하면 천국에 가지 못하기 때문에 생전의 예수님이 이를 알리신 것이다.

사람의 거듭남은 죄인으로 죽은 것에서 새사람으로 다시 사는 것이며 사람이 물과 성령으로 나는 것은 새사람이 거룩한 씨의 친자녀가 되는 것이다.

우리의 영은 아담 안에서 죽었고 우리의 육신은 예수 안에서 죽었으니 사람이 거듭나는 것은 영과 육이 다 죽었기 때문에 거기서 새것으로 살아나는 것이다.

영은 세상 처음에 죽었으나 육신이 죽는 세상 끝에서 영과 육이 함께 장사된 것이며 영과 육이 함께 새사람으로 거듭난 것이고 거듭난 사람이 물과 성령으로 나면 성도인 것이다.

물과 성령으로 나는 것은 영혼의 일이지 살과 피의 육신은 대속한 새것일 뿐이다. 육신은 혼의 심령으로 복음을 듣고 받아들이면 심령이 영과 함께 영혼으로 물의 증거 안에서 물과 성령으로 난 자녀가 되며 육신에게는 내 영혼이 영생의 구원에 이른 것이다.

영이 스스로 선택하여 영생의 자녀가 되지 못하며 영이 육신을 주장하여 믿으라고 하지도 못한다. 육체에서는 심령으로 선택하여 육신으로 시인하는 것이며 심령으로 믿고 육신으로 밝히면 성령의 씻기는 행구심으로 성령이 난 영에 이른다.

육신은 이 땅에서만 내 영혼의 몸이지만 사람 난 목적이 영혼의 영생을 받으려는 것이니 육신사람은 내 영을 사랑하여 성령이 난 영으로 세우고 육신을 좇던 심령도 영을 향하고 영혼으로 하나 되어 성령 학으로 장성하며 육신의 소욕을 덮어야 한다.

사람은 심령으로 행할 뿐 자기 영을 따로 느끼지 못하며 스스로는 영을 깨닫지 못한다. 새 영을 받았으나 성경의 복음처럼 영이 있다고 하여 그대로 믿는 것이며 믿음으로 내 영을 인정하는 것이다.

영이신 아버지와 구주예수님이 분명히 계시지만 땅에서는 보고 만지지 못하며 오직 증거를 좇는 믿음으로 모시고 섬기는 것과 같이 우리의 영도 나타나지 않고 잡히지 않지만 분명히 새 영을 받았다.

심령은 생각으로 나타나기 때문에 혼적인 의문이 없으나 아직 안 믿는 사람에게 영을 말하면 의문이 이는 것이니 언제 자기 영을 세운 영적인 삶을 살아보지 않았기 때문이다.

안 믿는 사람은 육체와 심령으로 사는 것이며 복음전파가 없이는 자기 영을 알지 못한다. 복음을 듣고 심령으로 믿어야 영을 좇아 영혼의 사람을 사는 것이며 영혼이 물과 성령으로 나야 영혼으로 육체를 주장하는 것이다.

물과 성령으로 난 영혼일지라도 땅에서는 성령의 주관을 받기 때문에 성령의 소욕으로 육체의 소욕과 싸우는 것이며 천국에서 신령한 몸이어야 온전한 영혼의 소욕을 행하게 된다.

육체에서는 성령의 소욕이 없이는 영혼이 육체의 소욕에 이끌리기 때문에 신령한 몸을 받기까지는 성령의 주관이 있고 믿음과 은사에 맞는 성령 학이 있는 것이다.

성도가 육체의 소욕에 이끌림은 심령에 죄의 법이 있기 때문이며 사단이 땅에서 직접 속이고 미혹하기 때문에 죄의 법이 더욱 강하게 나타나므로 육신동안에는 성령의 인도가 함께 하는 것이다.

육체도 물과 성령으로 나서 영생하는 신령한 몸이 되면 영혼을 좇아 성령의 소욕에만 순종할 것이나 육체는 떠나서 땅으로 돌아가는 것이라 땅에 속한 자기 소욕과 잉태한 욕심이 여전한 것이다.

그러나 믿음은 심령에 있는 것이니 성령을 좇는 영혼이 자기 육체를 주장하여 육체의 요구를 가려서 참을 것은 참고 행할 것은 행하는 것이며 이런 믿음의 일은 하늘 아기로부터의 성령 학이 임하면 가능한 것이다.

천국은 영혼이 잘 되어서 가는 것이고 아담 안에서 죽은 영이 살리심을 받아서 가는 것이다. 다시 산영은 아담 안에서 죽었다가 예수의 부활로부터 새싹 난 것이며 열매를 맺어 익으면 거두어지니 쭉정이가 되지 않고 여문 알곡이 되어야 곡간에 들여진다.

□신은 영이시니 사람이 거룩한 씨로 자녀가 되면 함께 영혼으로 영생하는 것이며 심령의 혼은 땅의 삶에서 신의 사랑과 큰 은혜를 깨달은 인격이 성령으로 영격을 이루어 가는 것이다.

그러므로 땅에서 행한 거룩한 지체의 인격이 영격으로 여문 것이며 천국에서는 영격으로 살며 아바아버지와 구주예수로 충만한 영격의 영혼으로 주 아버지의 찬송인 것이다.

육체는 피가 생명이고 영혼은 진리가 생명이며 육체와 영혼은 서로 귀하다. 육체는 영생하지 못하고 천국에 이르지 못하나 땅에서는 육체가 없으면 영혼도 없다.

육신과 영혼은 서로 내 영혼이며 내 육신인 것이며 육신은 물체라서 없어지지만 육신으로 행한 나는 심령으로 영원히 영을 따르니 처음부터 속사람은 영혼이다.

살과 피의 육체는 신령하지 못하여 영생의 천국에 가지 못하나 육체가 있은즉 신령한 몸을 받는 것이니 이 땅에서 내 육체를 통한 선택으로 내 영혼이 영생하기 때문에 영혼이 하나 되면 육체도 자기 요구만 행하지 못하며 내 영혼을 사랑하며 참는 것이다.

내 육신으로 한 세상 잘 살고 가는 영혼이며 살이라서 헤어지는 것일 뿐 내 육체의 모양대로 신령한 몸을 받는 것이고 새집으로 이사한 것일 뿐 땅에서도 하늘에서도 나는 내 영혼이다.

영혼이 영생의 구원을 받기 전의 사람은 영이 잠든 육신으로 살면서 육신에 속한 심령으로 육신의 요구를 따르지만 광명을 받아 영혼이 깨어나고 거룩한 씨의 자녀가 되면 영을 좇는 심령으로 거듭나는 것이다.

믿지 않을 때의 육체와 심령은 스스로는 영을 깨닫지 못하므로 영혼이 영생하는 구원에 이르지 못하며 육체대로만 살기 때문에 영을 깨닫고 영혼이 영생에 이르는 복음을 전하는 것이다.

땅의 사람이 하늘에 계시는 신의 자녀가 되어 영생한다는 것은 육신사람이 아닌데 이것을 분명히 하지 않기에 사람들이 오해하고 불신하는 것이며 교인들도 다 죽는다면서 못 믿는 것이다.

영혼이 있는 한 인생살이 행한 나는 없어지지 않고 땅에서 행한 내가 천국에서도 나를 사는 것이니 영혼이 살과 피의 육체를 벗고 신령한 몸을 입을 뿐임을 증거 적으로 전해야 한다.

그러므로 비유를 들면 육체와 영혼은 부모와 자식 같은 것이니 부모와 자녀가 가족으로 살지만 서로죽고 헤어지면 볼 수 없으나 내 자녀 내 부모는 서로 안에 영원한 것처럼 영과 육의 헤어짐이 그러한 것이다.

사람의 영은 심령의 머리다. 새사람은 새 영을 받았으나 영만 따로 느끼지 못하므로 복음전파로 깨닫는 것이며 육체를 좇던 심령이 돌이켜 영을 세워야 영과 함께 영혼인 것이다.

온 인류가 일시에 새 영을 받았으나 새 영이 성령이 난 영이 되어야 영혼이 하나로 성도와 자녀를 행하는 것이며 성령이 난 영이 아니면 옛 사람과 새사람의 구분이 없이 육신을 살 뿐이다.

성령이 난 영은 성령의 출산이며 성령의 출산은 사람이 복음을 믿을 때에 성령이 정결한 자녀로 세우는 것이다. 정결한 자녀는 예수십자가의 물에 성령으로 씻는 것이며 물과 성령으로 나는 것이다.

물과 성령으로 난 영혼이 천국 가는 것이며 영혼이 육체에 살다가 육체를 벗고 가는 것이니 살과 뼈의 육신을 떠나는 것일 뿐 나는 영원히 영생이며 나는 그대로 나다.

□새로운 피조물로 옮긴 구원은 온 인류에게 동일하므로 천하보다 귀한 영혼을 위하여 안 믿는 자에게도 이것을 전해야 하고 구주의 은혜와 큰 사랑을 깨닫게 도와야 하니 예수십자가 전에서 옛 사람 때의 형편과 예수가 죽어준 후로 새사람 때의 형편을 분명히 하여 듣는 자가 자기 선택으로 믿을 이유가 있게 도와야 한다.

영이 죽은 옛 사람은 신의 법이 사람 밖에 있었고 돌같이 굳은 마음과 악한 양심으로 죄를 지으면서도 양심의 가책이 없었으나 구원받은 새사람은 새 영이 있고 부드러운 새 마음이며 새 마음에는 새 법이 새겨져있어서 죄를 생각만 해도 법적인 죄를 아는 것이다.

법적인 양심이 곧 선한 양심이며 스스로 선악 간에 선택하는 양심인데 신은 공평하시니 옛 사람을 좇는 죄의 법도 새 마음에 함께 두신 것이라 사람은 다 옛 습성대로 악을 좇아 범죄 하니 선한 양심의 법보다 죄의 법에 항상 끌려가기 때문이다.

그러나 거룩한 씨의 성도가 되면 거룩한 씨를 인하여서 범죄 하지 못하니 동일한 사람으로서 부지중에 실수하는 범죄는 있을 것이나 일부러 죄를 계획하여 짓는 범죄는 못하는 것이다.

성도는 계획한 범죄도 못하지만 세상 정치에도 관여치 않으니 마음으로 세상을 판단할지라도 정죄하지 않으며 오직 세상흐름이 세상 끝을 향하는 어디쯤일지를 가늠하는 것이다.

이미 세상은 말세를 시작하지만 임박한 때는 아니며 수백 년을 넘어 일천 년에 가까운 세월이 아직은 남은 것이니 조급한 생각의 자기 믿음을 떠나야 하며 거짓에 속지도 말아야 한다.

임박한 종말의 때는 사단이 세상 지식을 사용한 자기의 네 생물을 만들어 최첨단의 로봇으로 신의 발등상인 세상 하늘에다 자기 보좌를 펼칠 때가 되어야 한다.

세상은 처음 열매와 다음 열매의 성도로 거두는 자녀 농사의 밭이며 밭 갈고 씨 뿌리는 옛 세상을 거쳐서 알곡의 열매로 거두는 새로운 세상이며 처음 열매는 거두었고 이제 다음 열매의 추수다.

씨 뿌린 옛 세상 끝에서 거기까지 익은 처음의 열매를 거두고 다음 익는 다음 열매를 또 거두는 것이니 영원한 복음을 받은 지금의 복음세대인 이 세상의 끝에서 거둔다.

한 세상으로 이어지지 않고 둘로 나뉜 세상이며 옛 세상을 마칠 때에 당시의 성도로 이어진 교회도 없는 것이니 지금의 세상교회는 성령세대가 들린 후로 사람의 아들들이 스스로 세운종교다.

옛 세상 종말에서 성령 받은 성도가 이어진 교회면 타락이나 개혁이란 있을 수가 없는 것이다. 몸 된 교회의 머리인 구주가 있는 한 개혁할 만큼 전체적인 타락은 있을 수도 없고 구주의 몸 된 교회가 개혁되었다면 이는 예수가 폐한 것이다.

옛 세상 끝에서 흑암의 나라를 폐하고 되찾은 아들의 나라로 새롭게 시작하는 것인데 여기에는 예수 재림의 심판이 숨겨져 있고 그때 종말에 주시는 성령을 받은 성령세대를 거둔 이른 비의 추수가 숨겨져 있으니 지금의 복음세대부터는 거룩한 성도가 없는 상태에서 세상종교가 지금에 이른 것이다.

그러므로 흑암의 나라를 폐한 후로의 처음의 세상종교는 예수이름을 빙자한 것일 뿐 예수를 믿지 않으니 이는 십자가에 동그라미 태양 상을 더하고 예수를 항상 십자가에 못박아두며 해마다 아기 예수로 만들어 예수십자가의 다 이루심을 폐하는 것이다.

여기로부터 개혁한 종교가 지금에 이르렀으나 여전히 본교의 것을 행하는 것이 있고 저들처럼 예수의 증거를 받지 않으며 자기 죄를 고백하며 씻어가는 것이다.

그러므로 지금은 사단이 먼저 와서 온 세상을 속이고 미혹하는 것이며 성도가 없이 사람의 아들들이 세운 교회로 속이고 속이는 교회를 나누어 이단에 이단을 만든 것이다.

처음 열매를 거둔 후의 세상은 그만큼 늙은 세상이며 태초의 천지창조로부터 늙어지는 것이니 세상도 어린이의 때가 있고 청년과 중년과 장년과 노년의 세상으로 변하는 것이며 결국은 육신사람을 폐한 세상으로 지옥을 이룬다.

믿음의 결국인 영혼의 구원을 받는 복음전파에 대적하며 불신한 자들이 주 아버지의 저주에서 자유하지 못하고 영원히 흙을 먹는 사단과 함께 이 땅 지옥에서 영원한 고통을 당하는 것이 육체로 사는 세상을 끝낸 것이다.

반드시 모든 영혼이 동일한 복음전파 안에서 오직 자기만의 선택으로 양단간에 심판을 받는 마지막 심판대를 거쳐서 이 세상을 마치고 불신자를 위한 영원한 형벌의 지옥을 이룬다.

※ 지옥은 말 그대로 땅에 세운 것이고 천국도 하늘에 세운 것이다. 새 하늘에서 새 땅으로 새 예루살렘성이 내려오는 것을 깨닫지 못하여서 이 땅에 속한 새 하늘과 이 땅이 변화된 새 땅으로 잘못알기 때문에 이 땅에 천국이 임하는 줄로 알지만 새 하늘은 삼층 천의 땅에서 위를 보는 새 하늘이며 새 땅은 삼층 천의 땅이다. 바다가 없는 새 땅과 새 하늘을 본 자는 삼층 천에 있는 시온 산 높은 곳에 이끌려가서 바라본 것이다. 이 땅은 땅의 대표 아담이 범죄 하여 저주를 받았고 아담을 꾄 사단이 종신토록 흙을 먹는 곳이니 이 땅은 천국이 임할 수가 없고 또 천국은 하늘에 있는 것이지 이 땅에 있는 것이 아니다. 그때의 지옥은 땅속만 아니라 온 지면도 지옥이다.

사람의 병든 것과 치매처럼 세상도 사람들의 세상살이로 자연에 흠이 생겨 병이 들고 치매 걸리며 세월의 바퀴가 어긋나서 자연 상태가 오락가락이며 사람에게 유익한 기능이 저하된다.

사람들은 장수를 위하여 노력하고 치료하며 약을 먹고 병든 몸과 병든 세상을 고치지만 세상은 말세를 만나 결국은 영원한 지옥을 이룰 것이니 이는 창세전의 예정에서부터 정해진 일이다.

신께서 하늘 보좌에 계시고 땅은 항상 신의 발등상이니 발등상인 땅에다 천국을 세울 수는 없는 것이다. 땅은 영생의 자녀를 길러내는 것으로 마치는 것이며 예수십자가의 도를 불신한 사단의 열매를 영원히 불사르는 곳이다.

저주받은 땅에서 불신으로 저주받은 자들이 영원한 고통을 당하는 지옥이니 솔로몬 때의 금기명이 칠년 동안이나 불타는 비밀을 깨달아야 한다.

세상 농사에서 농부가 곡식은 거두어 가고 밭은 그대로 놓아두듯이 친자녀를 얻는 하늘 농사도 그러하며 신께서 소망하시는 그 뜻대로 인생 동안에 영생의 구원을 받은 자들은 천국으로 들이시고 불신한 자들은 불신한 땅에서 불타게 하신다.

육체는 영혼의 소욕을 표현하는 것이니 자기 영혼이 구원에 이른 자는 육체도 그 육체가 있은즉 신령한 몸을 받는 것이며 피가 생명인 육신은 흙이 될지라도 생전의 모양과 형상대로의 신령한 몸을 받아 천국의 영원한 예복의 처소가 되는 것이니 썩을 것이라 무시하지 말고 영혼의 소망에 합력한 육체라야 한다.

4 장

천하보다 귀한 내 영혼

하늘
아기 때의
성도

(딤후 3:15-17,) [15] 또 네가 어려서부터 성경을 알았나니 성경은 능히 너로 하여금 그리스도 예수 안에 있는 믿음으로 말미암아 구원에 이르는 지혜가 있게 하느니라 [16] 모든 성경은 하나님의 감동으로 된 것으로 교훈과 책망과 바르게 함과 의로 교육하기에 유익하니 [17] 이는 하나님의 사람으로 온전케 하며 모든 선한 일을 행하기에 온전케 하려 함이니라,

성경은 주 아버지의 감동으로 된 것이니 그의 성령 학이 아니면 깨닫지 못하고 인쇄된 글씨대로만 믿는 것이다. 흑암의 나라 끝에서 제자들 때에는 성령이 직접 내재하여 알게 하였고 그들이 기록한 복음을 받아서 믿는 우리도 성령 학을 받아야 한다.

성령 학은 성령이 난 영혼의 아기 때로부터 임하고 성령이 난 영혼은 아버지의 씨로 난 자녀라 자녀를 양육하는 신령한 젖으로부터 장성한 성도에 이르기까지 믿음에 합당하게 알게 하신다.

안 믿던 사람이 돌이켜서 믿고 성도가 되면 인생의 범사가 변하게 된다. 땅에서 하늘을 살기 때문이다. 천국의 영생을 가진 자로서 세상 동안에 일하고 돈도 벌 지만 재물에 매이며 쌓아둘 필요가 없는 나그네이기 때문에 욕심 부릴 것이 없는 평안을 누리는 것이다.

성도로부터 선한양심을 아는 것이며 세상 법만 아니라 천국의 법도 지킨다. 주 앞에서는 예수가 죽어준 양심을 지켜서 세상 죄로는 죄인이 아니지만 세상 법은 드러난 죄를 정죄하기 때문에 성도는 복음전파를 위하여 선한 양심의 가책을 무시하지 말아야 한다.

세상 법에서는 자기만 아는 죄와 마음의 죄는 간과하며 드러나고 들킨 죄만 심판하기 때문에 죄인이 죄인을 심판하는 것이며 죄인이 죄인을 고소하고 탓하는 것이다.

크든 작든 들키지 아니한 죄는 놓아두고 드러난 죄만 심판하는 것은 그 심

판이 악한 것이나 성도는 신 앞에 드러나지 않을 것이 없기 때문에 숨길 수가 없고 선한 양심의 고백을 하되 이미 구원을 받고 씻어져 죽은 죄에 대한 성도의 회개다.

성도의 회개는 복음에 합당히 하고 피로 씻을 죄에서는 의인을 유지하며 구주예수가 씻어놓은 사실과 지금은 죽은 행실인 것을 분명케 하여 성도의 의를 유지하는 하늘 잿물을 뿌림 받는 것이다.

하늘 잿물은 어린양예수를 하늘 성소의 제단에 제물로 드린 것으로 나는 것이니 땅의 성막에서도 성소의 제단에 양이나 염소의 제물을 드리고 성막 밖에서 제물을 불태운 재로 만든 잿물이며 제물을 사른 재를 물에 타는 것이다.

우리가 옛 사람일 때는 땅의 성막잿물을 사용하였고 그리스도의 부활로부터는 하늘 성막으로부터 나는 하늘 잿물을 믿음으로 뿌림을 받는 것이다.

그러므로 하늘 성소의 제사가 없이 십자가의 피로만 믿는 세상교회는 죄의 영속을 이루지 못하므로 씻어가지만 하늘 잿물도 모르기 때문에 죽은 행실을 스스로 정죄한 죄인이 된다.

모든 사람의 마음에는 신께로 새겨진 법이 있어 마음에서부터 선악 간에 구별이 되고 심법을 지키게 하는 선한양심이 있어서 성도의 공평한 저울이 기울지 않는 것이다.

그러나 죄의 법이 함께 있어서 육체에 사는 동안은 죄의 법이 성한 것이니 자기 믿음을 놓고 믿음의 법적인 믿음으로 거룩한 의에 흠이 없어야 하나 먼저는 믿음의 법을 알고 지킬 성도가 되어야 한다.

모든 법에는 증거가 있어야 하며 믿음의 법에도 증거가 필요한 것이다. 예수를 믿는 믿음에는 자기 생각으로 믿는 자기 믿음이 있고 법대로 믿는 법적인 믿음이 있다.

처음 듣는 복음전파에서 믿을지 말지를 선택함은 다 자기 믿음으로 하지만 믿고 성도가 된 하늘 아기로부터는 믿음의 법적인 믿음이어야 하고 법적인 믿음은 일체 증거를 가져야 한다.

성도는 예수를 믿으니 예수의 증거를 가지며 예수의 증거는 물과 피로 짝을 이룬 예수십자가의 도에서 나는 것이니 아바아버지께서 자기 아들인 예수에 관하여서 성령으로 밝히신 큰 증거다.

(요일 5:7-10.) 「[7] 증거하는 이는 성령이시니 성령은 진리니라 [8] 증거하는 이가 셋이니 성령과 물과 피라 또한 이 셋이 합하여 하나이니라 [9] 만일 우리가 사람들의 증거를 받을진대 하나님의 증거는 더욱 크도다 하나님의 증거는 이것이니 그 아들에 관하여 증거하신 것이니라 [10] 하나님의 아들을 믿는 자는 자기 안에 증거가 있고 하나님을 믿지 아니하는 자는 하나님을 거짓말하는 자로 만드나니 이는 하나님께서 그 아들에 관하여 증거하신 증거를 믿지 아니하였음이라」

아버지의 큰 증거는 말씀대로 아들에 관하여 증거 하신 것이며 셋이 합하여 하나인 성령의 증거와 물의 증거와 피의 증거다. 아버지의 아들을 믿는 자는 자기 안에 이 증거가 있어야 하니 예수의 증거가 없는 자는 성도가 아니라 아버지를 거짓말쟁이로 만드는 자다.

현재로 예수의 증거를 받지 아니한 세상교회는 구주 앞에 먼저 온 사단에게 속아서 믿는 것이며 속은 믿음의 증거는 많지만 속았다는 것을 알지 못하는 것이 그 증거다.

셋이 합하여 하나인 성령과 물과 피의 증거란 성령의 증거와 물의 증거와 피의 증거를 말하며 옛 세상의 끝에서 오신 예수가 물과 피로 임하시고 물과 피로 임하신 그 뜻대로 물과 피를 흘려 물과 피로 짝을 이룬 예수십자가의 도를 이룬 것이다.

성령의 증거는 물과 피의 증거가 무엇인지를 알리는 것과 옳은 믿음의 하늘 갓난이가 분명한지를 살피는 것이며 앞뒤로 다 살피시고 하늘아기가 분명할 때에 아버지 앞에 세운다.

피의 증거는 아담에서 새사람까지를 이룬 것이고 피의 짝인 물의 증거는 피 뿌린 구원 안에서 성령으로 정결하게 헹구는 것이니 사람이 물과 성령으로 난 것은 보혈로 죄 씻은 것을 정결한 물로 헹구는 것이며 성령으로 헹구는 성령세례인 것이다.

제자들 때의 처음성도가 말세에 부어주시는 성령을 받을 때에도 지금의 세상교회서처럼 성령의 불을 받고 넘어지며 이상한 소리를 하는 이상한 불은 받지 않았다.

저들은 성령의 불을 받은 것이 아니라 제자들로 성령을 받을 수가 있게 하는 불을 받은 것이며 곧 소멸하는 영의 불이다. 당시의 제자들은 예수십자가의 도를 모르며 죄 사함을 받지 아니한 형편이라 거룩한 성령이 죄 씻음이 없는 자들에게 임할 수가 없기 때문에 소멸하는 영의 불이 동반하여 먼저 불꽃으로 소멸하여 정결케 하고 성령이 내제하신 것이다.

예수님이 가시면서 예수님 대신에 보내 주신다. 약속한 보혜사 성령은 성령의 불이 아니며 불은 소멸하는 영의 불이 따로 있다. 죄 사함이 없는 저들에게 소멸하는 영의 불이 먼저 세례를 하고 보혜사 성령이 임하신 것이다.

불세례 때는 사람이 넘어질 일도 없고 다른 말을 할 일도 없다. 불세례 후로 성령이 임하여 내재하신 후로 성령이 알게 하심을 따라 예수십자가의 도를 깨닫는 것이며 각자 은사대로 능력도 받아 병도고치고 방언도 하는 것이지 지금의 세상교회처럼 있지도 않는 성령의 불을 받으면서 넘어지며 이상한 소리를 하는 것이 아니다.

그때 오순절 날 임한 불세례후로 다시는 소멸하는 영의 불이 동반하지 않는다. 저들은 예수십자가의 도를 밝힌 신약이 없었기 때문에 그때 처음만 소멸하는 영의 불이 동반한 것이며 그날 후로는 성령 받은 제자들이 밝히는 복음으로 죄 사함을 받기 때문이다.

(행 2:1-4,) 「[1] 오순절날이 이미 이르매 저희가 다같이 한 곳에 모였더니 [2] 홀연히 하늘로부터 급하고 강한 바람 같은 소리가 있어 저희 앉은 온 집에 가득하며 [3] 불의 혀 같이 갈라지는 것이 저희에게 보여 각 사람 위에 임하여 있더니 [4] 저희가 다 성령의 충만함을 받고 성령이 말하게 하심을 따라 다른 방언으로 말하기를 시작하니라」

그때 진짜 소멸하는 영의 불이 각인의 머리 위에 임할 적에도 없었던 일이 지금의 세상교회에서 일어나는 것이니 이는 미혹하는 영의 역사며 거짓의의 일군들의 속이는 최면술이나 암시적 반응일 뿐 오순절의 불세례후로는 성령의 불이든 소멸하는 영의 불이든 불세례는 있을 수가 없는 일이다.

지금은 주님의 어떤 능력도 복음보다 앞서지 못한다. 지금은 주 아버지께서도 오직 복음을 능력으로 삼으신 것이며 이 세대는 일체 복음으로 거룩한 지체에 이르는 것이며 오직 복음전파로 다음 열매를 세우는 것이니 정말 이 세대가 받아야할 것은 영원한 복음을 완전한 복음으로 받아야 하고 완전한 복음전파를 이루어야 한다.

소멸하는 영의 불은 내재하신 성령이 아니다. 성령의 불을 받은 것이 성령 받은 것이라 생각함은 착각이며 이는 보혜사 성령이 불이고 성령이라고 믿기 때문이다.

지금의 때늦은 성령의 불을 외치는 자들은 일체 속은 것이며 씻는 불과 모든 것을 알게 하는 성령을 구분하지 못한 것이다. 이 세대의 성령은 예수님이 쏟아준 예수십자가의 물로 씻기시고 헹구는 세례를 하실 뿐 불을 쓰지 않는다.

성령께서 성도를 씻고 헹구시는 물은 예수님이 십자가에서 피의 짝으로 함께 쏟은 것이며 하늘 성막의 물두멍에 채운 것이고 피의 증거와 함께 물의 증거로 나타난 것이니 사람이 물과 성령으로 나는 것을 이루는 것이다.

교회의 사람이 주는 세례의 물은 이 물이 아니며 사망의 물이 회복한 물로서 구원하는 표로 받는 물이다. 물만 뿌리면 세례가 아니라 사망의 물이 회복하고 거듭나서 구원하는 표가 된 내력을 전하고 구원하는 표에 합당한 의식이어야 한다.

성령세례는 불도 피도 쓰지 않고 오직 물로 씻고 헹구시며 보혈의 씻음을 헹구어 정결한 몸으로 흰옷의 예복을 입게 하시니 예수십자가의 물로 하늘 성막의 물두멍에 채운 물이며 물의 증거다.

흰 옷의 예복은 땅에서의 옷이 있고 천국의 예복이 따로 있다. 땅의 예복은 두벌 옷이며 둘 다 믿음으로 입는 예복이다. 처음 예복은 예수의 육체를 좇는 옷이고 다음은 예수의 신령한 몸을 옷 입고 육체를 벗을 때의 천국의 예복은 신령한 몸이다.

교회의 세례나 성령세례는 절대 죄를 씻음이 아니다. 죄는 피로만 씻는 것이며 피로 씻은 자를 거룩한 지체로 세우는 세례며 피로 씻고 피 묻은 것을 물로 헹궈야 흰 옷을 입히기 때문이다.

피의 씻음까지는 예수의 육체에 속한 것이고 혈통은 천국에 가지 못하니 죄 씻은 피의 범벅을 물로 씻기고 헹궈서 예수의 영에 속한 영통으로 세우는 것이 곧 성령세례다.

피의 증거로 구원의 투구를 쓰고 물의 증거로 사람이 물과 성령으로 나는 것이니 성령세례가 없이는 누구도 성도가 아니다. 그러므로 아직은 이런 성도가 모이는 예수교회는 이 세상에 없다는 것이다.

이 세상은 제자들 때에 처음 성도들이 믿던 옛 세상과는 다른 세상이다. 그때는 흑암의 나라를 폐하는 종말에서 부어주시는 성령을 받은 예수교회였으나 지금은 아들의 나라로 시작 하는 처음부터 사람의 아들들뿐인 세상종교다.

사단이 어두움의 임금이던 흑암의 나라 때와 되찾은 아들의 나라와는 구분을 해야 한다. 제자들 때는 흑암의 나라 끝이고 아들의 나라로 되찾는 값을 지불한 것일 뿐 옛 세상을 폐하지는 않았다.

흑암의 나라는 악한 사단이 임금인 것이니 값을 치르고 아들의 나라로 되찾았어도 그의 임금 직을 폐하고 그의 나라를 폐하는 심판을 마쳐야 한다. 세상의 대통령이 당선되었어도 전 대통령의 임기를 기다림과 같은 것이다.

그러므로 제자들 때의 처음 성도는 되찾은 아들의 나라를 시작하기 전의 옛 세상 끝에서 임박한 종말을 당한 것이며 옛 세상 끝에서 익어진 열매로 옛 세상을 마지는 심판까지로 거두어진 것이다.

그때 제자들 때의 처음 성도들이 이어져서 내려온 이 세상의 교회로 오해하기 때문에 저들 성령세대와 우리 복음세대가 구분이 없어 모든 것이 뒤엉킨 것이다.

흑암의 나라를 폐한 후로의 이 세상에 처음 교회는 예수교회가 아니라 세상종교인 천주교회며 천주교에서 종교 개혁한 개신교회니 아들의 나라를 시작하고부터는 이 세상에 예수교회가 없었다.

예수교회가 있었다면 처음 성도들의 믿음이 이어졌을 것이며 성령의 능력을 행하고 저들이 기록한 대로 예수의 증거를 받아 증거가 있는 법적인 믿음을 행할 것이다.

세상교회는 구원의 투구로 가장 먼저 받아야 할 피의 증거도 없는 것이며 피의 증거를 받는 것인지 안 받는 것인지도 알지 못하니 그 피의 짝인 물의 증거를 몰라 성령의 출산을 이루지 못하는 것이다.

□피로 씻는 죄 사함은 사람이 태어나서 지은 죄를 자백하고 용서받는 것이 절대 아니다. 사단이 고소하던 흑암의 나라에서는 그리 했으나 되찾은 이 세상에서는 흑암의 나라 때의 옛 죄를 씻음 받는 것이니 옛 사람 안에서의 죄 사함을 받아야 한다.

하늘 참 성소의 제물인 어린양예수가 옛 세상 끝에서 그 세상 끝까지의 세상 죄를 짊어지고 보혈 흘려 옛 죄를 씻은 것이며 부활 후로의 되찾은 이 세상 곧 예수님께 왕권이 있는 아들의 나라에서부터는 복음을 불신하는 죄와 배도 죄와 거룩한 성도가 일부러 계획하여 짓는 죄 외의 세상 죄는 다 보혈에 씻기고 못 박혀 죽은 죄다.

그러므로 예수부활 후로는 세상 죄가 보혈로 씻어놓은 것이며 죽은 행실의 죽은 죄로 나타나는 것이다. 어린양예수를 마지막 제물로 드리고 단번에 영원한 속죄를 이룬 후로는 무슨 피로든 사람이 피로 자기 죄를 씻을 일이 없는 것이다.

땅의 성막 죄 사함에서 죄인이 자기 죄를 안수하여 제물에게 넘기고 그 피를 드린 후로는 새로운 정죄를 받아야 또 제물을 끌고 가서 안수하여 죄를 넘기고 그 피로 죄 씻음을 받는 것이니 하늘 참 성소에 어린양예수의 제물로 세상 죄의 마지막 제사를 드리고 피로 씻을 세상 죄를 단번으로 영속한 후로는 피로 씻을 새로운 정죄가 없으며 오직 지옥 가는 새로운 정죄만 있을 뿐이다.

흑암의 나라에서 그 세상 임금이 세상 죄를 고소할 때에만 피로 씻어 용서한 것이며 예수님이 그 세상 끝에 오셔서 그 세상 끝까지의 옛 죄를 단번으로 담당하여 한 번에 씻은 것이다.

예수님이 옛 세상 끝에서 피로 씻어야 했던 옛 세상의 죄를 단번에 씻고 값을 치러 나라와 우리를 되찾은 구원 후로 아들의 나라에서는 다시 피로 씻을 세상 죄가 없는 구원을 이루신 것이다.

주님 편에서 피로 씻을 세상 죄를 모아서 일시에 단번으로 씻어놓은 것이며 주님 편에서의 일방적인 죄 사함이고 온 세상 인류의 대표자와 대표 제물로서 단번에 하늘 성소에 들어가신 것이다.

세상교회들이 죄를 영속하지 못하고 자기들이 계속 씻어가는 것은 하늘 성소의 제단에 단번으로 들어가신 어린양제물의 보혈을 깨닫지 못하고 오직 십자가의 피로만 씻기 때문이다.

하루날 일시에 피로 씻을 세상 죄를 씻음 받고 영원한 속죄에 이른 사람에게만 성령이 임하시며 아버지와 아들과 성령의 이름이 아닌 예수이름으로 세례를 받는 것이다.

(행 2:38,) 『베드로가 가로되 너희가 회개하여 각각 예수 그리스도의 이름으로 침례(세례)를 받고 죄 사함을 얻으라 그리하면 성령을 선물로 받으리니』

세례로 옛 죄를 용서받은 자로 구별될 때에 죄 사함을 받은 자에게 임하시는 성령이시며 하늘 갓난이에게 합당한 신령한 젖의 양육을 담당하시고 받은 은사에 맞게 알게 하신다.

사단이 고소하던 흑암의 나라에서 지은 옛 죄만 피로 씻던 세상 죄인 것이며 예수님부활 후로는 피로 씻을 세상 죄가 없고 씻은 것을 무시하고 불신하다 지옥 가는 새로운 정죄만 있을 뿐이다.

보혈의 씻음 후로는 피로 씻던 나라도 폐하고 피로 씻을 죄인도 다 죽었으며 피로 씻을 세상 죄도 죽은 것이다. 그러므로 성경에 예수를 믿고 기다리는 자는 죄와 상관없이 믿으라는 것이다.

되찾아 새롭게 시작한 아들의 나라는 죄와 상관없이 거룩한 씨의 자녀를 세우는 성령의 씻기심을 받아야 하며 각인의 받은 은사대로 가르치는 성령학이 있어야 한다.

피로 씻던 옛 세상은 자녀 될 자격자로 옮겨지는 구원을 받았고 되찾은 아들의 나라에서는 이제 예수 안에서의 자녀를 세우는 성령의 출산으로 영생의 구원을 받는 것이다.

아들의 나라에서는 자기 죄를 피로 씻어가는 것이 아니라 죄가 더한 곳에 은혜가 더하는 예수 안에서의 새 법을 지켜야 하며 죄와 상관없이 믿으면서 오직 성령이 난 영으로 영생의 자녀가 되는 것이다.

　□사람이 처음 믿을 때의 회개가 있고 성도가 된 후로의 회개가 있다. 처음회개는 죄를 깨닫는 것과 고백과 피의 씻음과 용서가 다 있으나 성도의 회개는 처음회개 때의 받은 의를 유지하는 것이다.

　처음 돌이키는 회개 때의 것을 되풀이 하는 것이 아니라 용서받은 증거를 들고 법적인 믿음을 행하는 것이며 모든 더러움에서 깨끗하게 씻어주는 하늘 잿물을 뿌림 받아 성도의 회개를 이루는 것이다.

　죄인으로 죽은 자가 거듭나서 행하는 죄를 죽은 행실이라 하며 죽은 행실의 죄는 이미 보혈에 씻긴 것이다. 예수십자가에 죽은 죄가 새사람에게 여전히 정죄가 된다면 예수 안에서도 정죄가 있다는 말이 되고 만다.

　성경에는 예수 안에 있는 자에게는 결코 정죄가 없는 것이니 보혈의 씻음으로부터는 피로 씻을 죄가 없다. 예수가 대신 씻어준 후로 사람들이 또 씻어가는 죄 사함은 속은 것이다.

　씻어준 것을 다시 씻음은 불신이다. 구주를 믿는 것인지 미혹을 믿는 것인지를 분명히 해야 한다. 구주의 씻어준 세상 죄와 지금 내가 씻어가는 죄를 분별하지 못하기 때문이다.

　예수는 세상 죄를 씻었고 나는 내가 지은 죄를 십자가의 피로 씻어가면서 용서받는 것이라 생각하기에 자백하고 회개하며 성령도 구하고 피도 구하고 용서를 빌며 울기도 하지만 보혈의 씻음 후로 피로 씻을 죄는 없고 이미 씻어놓았다는 증거를 불신하는 새로운 정죄를 받는 것이다.

　씻어 감은 사단이 고소하던 흑암의 나라일 때와 되찾은 아들의 나라일 때를 구분하지 못하므로 생기는 일이며 먼저 온 사단이 속이는 대로만 믿으면서 성령 학으로 깨닫는 것이 없기 때문이다.

　예수님이 짊어진 세상 죄는 옛 세상에서 행한 죄며 지금의 우리가 행하는 죄가 다 옛 세상 죄에 속하여 씻어진 것이며 새로운 정죄만 남았다.

새로운 정죄는 되찾은 세상에서 다시 죄인으로 정죄를 받는 것이며 이를 죽을죄라 하고 죽을죄는 오직 복음을 불신하는 것이며 영원히 용서가 없는 것이다.

단번에 씻은 것이 영원한 속죄며 영원한 속죄를 믿지 않는 것이 새로운 정죄다. 새로운 정죄 외의 세상 죄는 법과 증거 적으로 죽은 것이다.

이것은 사단도 너무나 잘 알지만 믿는 자들이 세상 죄에서 해방되고 자유하면 미혹한 자기 열매로 거두지 못하므로 죽은 죄를 다시 씻게 속이는 것이며 씻어진 증거를 감추어 죽은 행실이 무엇인지를 알지 못하게 속인다.

성령 학이 없는 교인은 사단을 알지 못한다. 오히려 그를 섬기는 것이며 열심히 믿는 것은 구주를 대적함인 것이니 이는 성도의 믿음을 위한 법과 증거를 주셨으나 법과 증거가 없는 자기 믿음만 행하기 때문이다.

계시록에서 천국에 이른 성도는 다 예수의 증거를 가진 것인데 아직까지 예수의 증거가 무엇인지도 있는 지도 없는 지도 알지 못하고 그저 하라는 대로 열심히만 믿을 뿐이다.

그러므로 죽은 행실을 회개할 줄 모르는 것이니 보혈이 씻어놓은 세상 죄를 또 씻어가는 것이며 예수 안에서 배도하지 않고 성령 학 안에서 계획한 범죄가 아니면 자기 양심을 예수죽인 양심으로 덮어야 함을 모르는 것이다.

사람은 다 심법과 선한 양심을 인하여 범죄 하면 양심의 가책을 받지만 예수 안에서 보혈이 씻어놓은 세상 죄로의 범죄라면 자기 양심의 가책보다 자기 죄로 예수 죽인 양심이 먼저인 것이니 성도는 양심을 바로 써야 한다.

지은 죄가 기억되고 지워지지 않으며 때때로 양심적인 죄책감이 들어서 칭 의를 놓고 죄인을 행하며 자기가 십자가의 피로 씻는 것이니 여기에 예수 죽인 양심이 필요한 것이다.

자기 범죄에 대하여 예수죽인 양심은 절대로 뻔뻔함이 아니며 양심불량이 아니다. 오히려 보혈이 씻은 세상 죄로 스스로가 정죄하며 양심상으로 죄책 감을 받고 죄인으로 씻어감이 예수죽인 양심 불량인 것이다.

그러므로 지금 행한 죄가 이 복음을 모를 때의 죄인지와 살 죄와 죽을죄로 구별을 하고 이미 보혈이 씻어놓은 세상 죄에 속한 것이면 죄책감을 무시하 고 예수죽인 양심을 써야 한다.

사단은 악한 영물이라 사람 위에서 미혹하고 믿는 자들 위에서도 거짓광 명을 행하기 때문에 보혈에 씻긴 세상 죄로도 양심상의 가책을 받게 하면서 생각나게 만들고 스스로 죄인 되게 하는 것이니 이때에 보혈의 능력을 힘입 는 것이다.

보혈의 씻음을 영원히 유지하는 보혈의 능력 앞에 양심상의 가책이나 예 수 안에서의 범죄는 정죄함이 없는 것이며 오직 배도와 성령 안에서의 계획 한 범죄만 용서가 없이 영멸이다.

예수 안에서의 범죄는 예배당에 다니는 것으로 예수 안이 아니라 사람이 물 과 성령으로 난 거룩한 지체라야 하며 하늘 갓난이로부터의 믿음이 어릴 때에 양심상의 문제를 온전히 깨닫지 못한 상태에서 모르고 행한 죄를 말한다.

사람이 복음의 아비를 만나 복음전파 안에서 서로 변론하며 의문을 제하 고 잉태한 출산의 산통을 겪으면서 마침내 하늘 갓난이로 태어나는 세움을 받아야만 비로소 예수 안에서의 죄가 어떤 형편인지를 아는 것이다.

하늘 갓난이로부터 이제 예수 안에서의 범죄는 보혈에 씻긴 세상 죄가 나 타나는 죽은 행실임을 아는 것과 받은 은사대로 신령한 양식을 받는 성령 학 을 체험하는 것이다.

성령 학으로부터 예수 안에서의 양심상의 일들을 훤히 다 알면서도 양심 의 가책을 무시한 범죄는 곧 성령 안에서 계획한 범죄인 것이니 이것을 분명 히 깨달아야 한다.

□헌금은 성령의 출산으로 성도가 되어서 해도 되고 믿고 섬기며 돕고 봉사하는 것도 거룩한 씨의 성도로부터 하는 것이니 예수님의 말씀대로 사람이 물과 성령으로 나는 것을 먼저 이루어야 한다.

영원한 속죄를 깨달아 알고도 십자가의 피로 씻어가며 단번의 대속을 안 믿는 그 불신의 정죄는 배도와 함께 새로운 정죄로 영원히 용서가 없는 것이며 불신과 배도의 죄가 용서받지 못함은 인생 동안의 자기 선택이기 때문이다.

예수 안에서와 예수 믿는 성도란, 영원한 속죄 안에서 사람이 물과 성령으로 난 하늘 갓난이로부터의 신령한 젖의 양식을 받는 거룩한 자녀다.

거룩한 성도는 영혼의 소욕으로 육신의 요구를 덮어서 살고 구주예수님이 씻어놓은 깨끗함과 받은 의를 잃지 않고 유지하는 믿음을 행하는 것이니 하늘 잿물을 힘입는 것이다.

예수 안에서 죄인을 행함은 스스로 정죄하는 이단인 것이며 세상에서 지은 세상 죄를 계속 씻어가는 것은 보혈의 씻음과 보혈의 씻음을 영원히 유지하는 보혈의 능력을 불신함이다.

(딛 3:10-11,) 『[10] 이단에 속한 사람을 한두 번 훈계한 후에 멀리 하라
[11] 이러한 사람은 네가 아는 바와 같이 부패하여서 스스로 정죄한 자로서
죄를 짓느니라』

믿으면서 나는 죄인이라며 스스로 정죄하는 자가 이단이고 스스로 정죄한 자로서 죄를 짓는 것은 보혈의 씻음과 보혈의 능력을 무시한 죄인이기 때문이다.

마지막 심판까지는 믿음으로의 삶이고 법적인 믿음이다. 새 영이 성령이 난 영으로 육신에서 사는 것을 법과 증거 적으로 이루지 않고 자기 잘한 것

으로 성도가 되려니 의문인 것이다.

자기 믿음과 의문의 믿음은 다 사단이 속이고 미혹하는 부족한 복음이다. 믿음의 법적인 믿음은 법적인 증거대로 믿기 때문에 내가 이루어야 할 부족함이 없는 것이며 의문도 없다.

지금 아들의 나라에서의 세상 죄는 두 가지의 세상 죄로 나눠야 한다. 하나는 피로 씻을 세상 죄가 죽은 죄로 나타나는 죽은 행실의 죄며 하나는 새로운 정죄다.

새로운 정죄는 흑암의 나라에서는 없던 것이며 하늘 성소의 제단에 예수 십자가의 피를 드린 영원한 속죄 후로의 새로운 죄며 예수가 다 이룬 복음전파를 불신함과 믿다가 배도하는 것이다.

그러므로 두 세상을 구분하고 두 세상에 속한 세상 죄를 구별해야 하나 사단의 미혹은 한 세상으로만 알게 하고 죄의 구분이 없이 다 씻게 하는 것이다.

예수십자가 후로의 모든 사람은 자기 죄를 씻는 대속의 제물을 이천년 전에 미리서 드리고 세상 죄를 용서받아놓은 것이니 이제 와서 개인적으로 자백하며 이미 사용된 십자가의 피로 씻어가는 것은 믿음이 아닌 불신이며 속은 것이다.

예수십자가까지는 세상 죄를 피로 씻는 것이며 예수부활후로는 보혈의 능력을 힘입는 것이다. 피로 씻을 때는 어린양예수가 마지막 제물이며 보혈까지로 죄 씻음을 마치는 것이니 하늘 성소의 제단에 보혈을 드린 후로는 누구도 십자가의 피로는 죄를 씻지 못하며 씻어주는 일이 없다.

부족함이 없는 완전한 복음전파는 거듭난 육신에 가려진 새 영을 생명의 빛으로 깨우는 것이며 물과 성령으로 난 자녀의 영이 되기까지를 인도하고 받은 은사대로 성령 학이 임할 때에 교회 안에서 거룩한 성도로 세우는 것이다.

부족한 복음에서는 죄만 씻다가 죽어갈 뿐 씻었다는 확증을 받아 가는 사람은 없다. 죄 사함은 씻어놓았다는 예수의 증거를 받는 것이며 증거의 복음은 법대로 완전한 복음이다.

처음 열매의 성도 후로 오는 영원한 복음을 받아서 완전한 복음전파를 이 룬 예수교회는 이 세상에 아직은 없다. 현재로 말세의 추수 군을 세우실 것 이나 교회로 모이는 거룩한 성도는 없다.

만약에 물과 성령으로 난 하늘 아기로부터의 거룩한 성도가 예배하는 예 수교회가 있다면 벌써 이단이라고 난리가 났을 것이며 세상 중에 나타나지 않을 수가 없기 때문이다.

한편은 이단이라고 난리 칠 것이며 한편으로는 예수의 증거를 깨닫는 자 들도 있을 것이나 세상 형편으로 보아 아직은 예수교회는 없고 부족한 복음 선교의 세상교회만 있을 뿐이다.

이제는 성령의 아비로 완전한 복음을 받아 성도와 추수의 일군들이 세워 지면 어디에 살든지 서로 연락할 것이며 합력할 것이니 영생에 들어가는 문 과 길과 끝이 같고 법과 증거 적인 복음이 동일하기 때문에 한 몸을 이루는 것이다.

□거룩한 씨를 받아 하늘 갓난이로부터 장성하는 성도는 자기 죄로 예수 죽인 양심이 있다. 예수가 죽어주고 씻어준 대속을 무시하고 죄인으로 믿는 교인은 정말 양심이 없는 사람이다.

우리 죄를 대신하여 죽어주고 씻어준 예수를 믿는 것이며 옛 세상에서의 옛 죄를 씻고 새나라가 된 세상에서 다시 사는 새사람으로 믿는 것이니 옛 죄와 상관없는 것이 예수죽인 양심가인 것이다.

그래서 예수 안에 있는 자에게는 결코 정죄함이 없다. 예수 밖은 옛 죄를 씻은 예수를 안 믿는 새로운 정죄다. 마지막 심판장에서 예수 밖은 배도한 자들과 사단의 열매로 영영히 익어진 자다.

현재로 불신자와 사단의 미혹에 빠진 자라도 자기 선택이 남았으며 자기 선택은 먼저 온 사단의 부족한 복음과 나중 오는 주님의 완전한 복음전파에서 둘 중에 하나를 선택하는 것이니 아직 양단간에서 자기 선택이 없는 자는 새로운 정죄가 없다.

복음전파를 받은 후로 자기 선택이 있어야 하고 먼저 온 선교로 믿는 자는 완전한 복음전파를 받아야만 양단간에서 공평한 선택인 것이며 완전한 복음을 먼저 받은 자도 복음전하는 아비들에게 부족한 복음이 어떤 것인지를 다 듣는 것이다.

만약에 이생에서 완전한 복음전파를 받지 못한 자는 영계의 복음전파를 듣는 것이니 완전한 복음전파를 받지 못한 선택은 공평한 전도가 아니기 때문에 죽은 자들에게도 복음전파가 있다.

구주의 증거를 담은 완전한 복음을 듣지 못하고 마지막의 심판에 임할 자는 하나도 없으며 이생이나 저 생이나 일체 완전한 복음전파를 받고 자기 선택을 마친 자로 공평한 심판을 받는 것이다.

마지막 심판장에서 누구도 심판 주를 불공평하다 하지 못하는 공평한 복음전파로 마치는 것이며 한 사람도 빠짐이 없이 양단간에서 자기 선택을 마친 후로 부르시는 심판이다.

주인이 설거지 한 것을 다른 이가 다시 씻는 것은 세상에서는 있을 수가 있을 것이나 신이신 예수님이 세상 죄를 씻은 것을 믿는 사람들이 다시 씻어감은 불신인 것이다.

보혈로 씻어놓은 세상 죄는 세상에서 행하는 죄다. 세상이 있는 한 세상 죄는 있으며 누구나 다 세상 죄를 지으며 산다. 세상 죄는 두 가지다. 아담으로부터 예수십자가까지로 보혈에 씻기고 죽은 것과 보혈의 씻음을 불신하는 세상 죄다.

보혈에 씻겨서 죽은 세상 죄가 이 세상 끝까지 죽은 행실로 나타나는 것이니 이는 죄인인 우리가 죽지 않고 예수가 대신 죽어준 사람이라 옛 사람대로 범죄 하기 때문이다.

그러므로 성경에 죽은 행실이 있고 죽은 행실을 회개하는 성도의 회개가 있는 것이다. 성도의 회개를 아비들에게 듣고 한번 깨달은 후로는 또 그 회개를 다시 배우며 되풀이 하지 말 라고 한다.

보혈이 씻어놓은 세상 죄와 보혈의 씻음을 불신하고 다시 씻어가는 대적의 죄가 새로운 정죄며 두 죄를 살 죄와 죽을죄라 말하는 것이니 보혈이 씻은 것은 살 죄요 불신 죄는 죽을 죄다.

세상 죄를 깨닫지 못하고 범죄마다 씻어가는 믿음이 부족한 복음으로 믿는 것이며 옛 사람을 벗지 못하여 굳은 마음 악한 양심이라 보혈의 씻음과 보혈의 능력을 힘입은 선한 양심이 없다.

흑암의 나라에서 옛 사람일 때에 양심이 악하여 범죄를 하면서도 죄를 죄로 깨 닫지를 못함 같이 아들의 나라에서는 이미 씻어진 죄를 깨닫지 못하고 자기들이 다시 씻어가는 것이다.

피로 씻을 세상 죄를 씻는 일은 하늘 성막에서 멜기세덱이 제물을 드린 어린양예수의 피를 끝으로 영원히 마쳤으며 예수의 부활로부터는 누구도 십자가의 피로 자기 죄를 씻을 수가 없고 그 피도 없다.

어린양예수의 보혈을 드린 하늘 성소의 대속은 세상 죄를 단번에 씻음이고 이를 영원한 속죄라 한다. 아들을 내어준 신이 단번에 이룬 영원한 속죄를 무시한 씻음은 믿음이 아니라 큰 대적이다.

예수십자가에도 하늘 성소에도 예수의 피는 없다. 피가 있다 해도 자기 죄를 넘기는 안수가 없이는 죄를 씻지 못한다. 왜냐면 예수가 씻은 죄 말고 지금 자기가 또 씻어야할 죄라면 보혈로 씻어놓은 죄가 아닌 것이니 제물의 머리에 안수하여 넘겨야 한다.

죄 사함에서 자기 죄를 깨닫고 피로 씻을 때에 자기 죄를 넘기는 안수가 없이는 죄 사함이 없다. 자기가 직접 죽기까지 피를 흘려서 씻는 것이면 몰라도 대속은 일체 제물의 머리에 안수를 해야 한다.

보혈이 씻어놓은 세상 죄를 지은 범죄면 죽은 행실을 회개하는 성도의 회개를 이루면 되지만 보혈이 못 씻어서 지금 자기가 십자가의 피로 씻어야 하는 죄라면 십자가의 피로는 씻지도 못하지만 죄를 넘기는 안수가 있어야 하는 것이다.

무슨 피든지 살아있는 제물이 죄인에게 죄를 넘겨받아 흘린 피라야 죄를 씻는 것이며 이미 한 번 죄를 담당한 피는 또 다른 죄는 다시 담당하지 못하기 때문에 단번으로 세상 죄를 씻은 예수의 피로는 죄를 씻어가지 못한다.

예수의 피 흘린 속죄 후로 아들의 나라에서 지금 피로 씻을 죄가 있는 자로 죄인은 단번으로 마치는 하늘 참 성막의 대속을 알지 못하고 속은 믿음이다.

예수십자가의 피로 죄를 씻지만 예수가 십자가에서 피 흘릴 때에 그 십자가에서 죄를 씻은 것이 아니라 예수십자가에서는 하늘 성소에 들어갈 제물을 준비한 것이니 어린양을 잡은 예수십자가의 피가 하늘 참 성막의 성소에 있는 제단에 드려져야 하며 아바아버지께서 단번으로 이루는 영원한 속죄의 제물로 받으셔야 한다.

하늘 성소의 제단에 드려지지 아니한 십자가의 피로는 하나의 죄도 씻지를 못하며 땅의 성막에서처럼 하늘 성막의 제사장이 직분을 행하여야 하고 하늘 성소제단의 피와 성막의물두멍에 물이 예수십자가의 피와 물로 채워져야 한다.

하늘 성소에서 어린양예수의 피로 죄를 영속한 후로 거기서 예수님이 대제사장으로 일하시는 것이니 하늘 성소에 드려지지 아니한 제물로는 죄도 씻지 못하며 흰 옷을 입는 정결함도 받지 못하고 하늘 성소의 대속을 깨닫지 못한 믿음은 예수의 피와 상관없는 세상종교의 세상교인일 뿐이다.

죄 사함에서 대속의 제물은 담당한 죄의 삯으로 한번 피 흘리고 죽는 것이며 죄를 두 번 담당하지 못한다. 어린양제물인 예수도 피로 씻어야할 세상 죄를 담당하여 피 흘리고 죽은 후로는 다른 죄를 담당하지 못한다.

속아서 믿는 세상교회는 물과 피로 짝을 이룬 예수십자가의 도를 모르기 때문에 십자가의 피로 씻어가며 죄인을 행하지만 십자가의 피로는 아무 죄도 씻지 못하며 또 자기 죄를 제물의 머리에 안수하여 넘기는 것이 없이는 죄 사함을 받을 수가 없는 것이다.

그러므로 세례요한이 우리를 대신하여 대표로 어린양제물인 예수의 머리에 안수하여 우리의 죄를 넘긴 것과 예수십자가의 피가 하늘 참 성소의 제단에 영원한 속죄의 제물로 드려진 것과 하늘 성막의 제사장이 마지막 제사를 드리고 죄 씻는 일을 영원히 마친 것과 그 후로는 세상에 피로 씻을 죄가 없는 이것을 깨달아야 한다.

예수를 믿는다 하면서도 죄인인 것과 죄를 십자가의 피로 씻어가는 것과 피의 짝인 물의 증거를 알지 못한 모든 믿음은 일체 속아서 믿는 것이며 성령세대 후로 지금까지는 거짓광명의 부족한 복음 선교라서 물과 피로 짝을 이룬 예수십자가의 도가 숨겨진 것이다.

마지막 제물의 대속을 깨닫게 하는 땅의 성막에서 동물의 피로 용서를 받았으나 이는 하늘 성소의 대속을 알게 하는 교육의 과정일 뿐 다시는 죄 씻을 일이 없게 영원한 속죄를 위한 피는 하늘 성소의 참 제단에 드려져야 한다.

어린양예수를 처음이자 마지막 제물로 드린 하늘 성소의 제단은 폐한 것이며 하늘 성막의 대제사장이신 예수님이 직분을 행할 동안은 제물을 드리지 않고 영원한 속죄를 이룬 피의 증거를 아버지께 아뢰는 것이며 대적 자사단 앞에도 내어 보이는 것이니 씻어가는 대속이 아니다.

혹 예수는 피를 흘려놓았고 믿는 자들은 그 피로 자기 죄를 따라 씻어가는 것으로 안다면 성경에 있는 죄 사함에서는 그런 이상한 일이 없는 것이니 다른 도를 믿는 것이 아니라면 모든 피는 그때 안수로 넘기는 죄만을 담당한 것임을 분명히 알아야 한다.

예수가 십자가에 피를 흘렸으니 믿는 사람은 그 피로 자기 죄를 씻어간다는 것은 거짓 복음이며 누구도 십자가의 피로는 죄를 씻지 못하고 예수십자가의 피가 하늘의 제사장으로 하늘 성소의 제단에 드려진 대속의 피를 믿어야 죄 사함을 받는다.

땅에서 높이 들린 예수십자가의 피는 하늘 성소의 제단에 드리는 제물을 준비한 것이며 피만 아니라 하늘 성막의 물두멍에 채울 정결한 물도 준비한 것이니 물과 피로 오시고 물과 피를 쏟은 것이다.

□성도가 믿음으로 벗는 옛 사람은 흑암의 나라인 옛 세상에서 옛 사람 안에 씨로 있던 죄인이다. 예수부활 후로의 내가 지금 예수 믿기 전의 옛 사람이 아니라 예수가 죽어주기 전의 옛 사람 안에 서의 옛 사람이다.

흑암의 나라에서 사단에게 고소당한 죄인이던 옛 사람을 벗은 새사람의 성도는 다시 죄인일 수가 없고 믿다가 배도하여 예수 밖으로 나가야 그때 새로운 정죄로만 죄인이다.

새사람은 새 백성의 자격이 동일하고 천국과 지옥을 자기만의 선택으로 가는 자유가 동일하다. 그러므로 이제 죄인이 되려면 복음전파에 불신하거나 믿는 사람이 배도하여 예수 밖으로 나아가서 새로운 정죄를 받아야 한다.

복음전파는 반드시 속이는 복음과 완전한 복음 중에서 선택한 것이어야 한다. 선악간의 대립이 없는 일방적인 복음 선교나 완전한 복음전파만은 마지막의 심판이 공평하지 못하며 두 복음이 나란히 되기 전에는 종말이 없다.

처음 성도가 믿던 옛 세상의 종말 때는 성령의 능력과 사단의 능력이 대립하였고 그때 성도가 잠간 패하였으며 지금의 이 세상 종말에서는 거짓광명의 부족한 복음과 구주의 완전한 복음이 대립을 하며 처음은 다 부족한 복음 선교에 더럽힘을 받는 것이다.

세상이 흑암의 나라와 아들의 나라로 두 세상이듯 사람도 흑암의 나라에 속한 옛 사람과 아들의 나라에 속한 새사람으로 구분되는 것이며 옛 사람일 때는 모든 죄가 피로 씻을 죄며 새사람일 때는 모든 죄가 용서가 없고 죄가 둘로 나뉜 것이다.

옛 세상 동안은 범죄마다 짐승의 피로 대속하였고 옛 세상 끝에서 드리는 마지막 제사는 어린양예수의 피를 드렸다. 짐승의 피는 그림자 성막에서 드렸고 어린양예수의 피는 하늘 성소의 제단에 드린 것이니 예수가 땅에서 들려 못 박힌 것이다.

옛 사람일 때는 돌처럼 굳은 마음이라 금강석 철필로 죄를 새길 수가 있었고 율법은 멀리 성막에 있으니 그때는 죄를 지어도 죄인지를 깨닫지 못하고 율법서가 있는 곳에 가서 자기 행위를 비춰 봐야 그때 자기 죄를 깨달았다.

그러나 지금 새사람은 일체 마음에서 죄가 동하기만 하여도 양심의 가책을 받는 것이니 이는 율법을 이룬 새 법이 직접 새 마음에 새겨져 있기 때문이고 악한 양심을 제한 선한 양심이기 때문이다.

(히8:10,) 『또 주께서 가라사대 그 날 후에 내가 이스라엘 집으로 세울 언약이 이것이니 내 법을 저희 생각에 두고 저희 마음에 이것을 기록하리라 나는 저희에게 하나님이 되고 저희는 내게 백성이 되리라』

선한 양심은 새 마음에 새겨진 새 법적인 것이다. 새 영과 함께 속사람을 완전히 새로 지어주신 것이다. 죄로 죽은 육체는 예수가 죽어준 대속으로 새 것을 살고 새 육체 안에 새로운 속사람을 주신 것이다.

그러므로 육체사람은 옛 사람을 이어서 새사람이고 영혼과 함께 속사람은 새로 주신 것이니 이를 예수님은 한 새사람을 지었다는 것이고 새로운 피조물인 것이니 피조물과는 다른 것이다.

그러므로 옛 사람을 벗으라는 것은 살덩이 육체가 아니라 새로 짓기 전의 사람을 벗으라는 것이며 육체도 구주가 죽어주고 다시 사는 것이니 새사람이지만 육체는 새것으로 바꾼 것이 아니다.

그러므로 옛 사람을 벗으라는 전체적인 것은 옛 세상에서 죄인일 때의 것이며 죄인을 벗으라는 것이다. 그때 제자들 때에도 성령이 직접 내재한 성도이면서 죄 사함의 이해가 어려워 죄인을 행하는 자들이 있기 때문에 사도들이 제발 옛 사람을 벗어라란 것이다.

복음은 돈 주고 배워서는 못 깨닫는 것이니 속은 열매가 많은 것이며 성령학으로 깨닫는 것과 구별되게 하시니 성도는 하늘 갓난이로부터의 성령 학이 있어야 한다.

내 인생은 내 것이라며 안 믿는 자유가 있을지라도 기쁜 소식이 무엇인지를 들어보고 선택하여도 해될 것이 없고 죽어서라도 반드시 들어야 할 것이면 이생에서 듣는 것이 좋을 것이다.

이생에서 듣고 성도가 되면 복음전파에 합력한 상급도 있고 함께 사랑한 형제자매와 영생의 기쁨을 먼저 맛보는 것이며 육신이 죽으면 마지막 심판까지 평안히 잠자는 것이다.

복음을 들어보고 자기 죄로 영멸의 사망에서 소망이 없을 때 예수가 죽어준 은혜와 사랑을 깨달아야 믿든지 안 믿든지 자기 선택을 하는 것이지 무엇인지도 모르고 그냥 안 믿는 것은 공평한 심판에 속한 선택이 되지 못한다.

기쁜 소식은 죽을 것이 죽지 않고 새사람을 다시 사는 것이며 사람이 신의 씨로 자녀가 되어 천국에서 영생하는 구원을 받을 수가 있게 된 이것이다.

이기쁜 소식을 받아들이면 예수 믿는 성도인 것이며 성도는 주 아버지의 씨로 나야 하니 나의 영이 성령으로 나서 예수의 영과 한 영을 이루는 것이다.

나의 영이 성령으로 나는 것은 정결한 영으로 세우는 성령세례를 받는 것이며 성령의 씻음으로 나타날 때에 예수의 거룩한 영과 하나 되는 것이다.

예수의 영과 하나로 한 영을 이루면 예수의 영을 받은 것이 되며 예수는 아버지의 아들이니 아들의 영은 곧 아버지의 씨인 것이며 아들의 거룩한 씨를 받으면 이것이 양자의 영을 받은 것이다.

이제 양자의 영을 받은 때로부터 주 아버지를 아바아버지라 부르는 것이며 거룩한 아들과 거룩한 성도와 거룩한 지체로 세워진 것이다. 거룩한 성도는 하늘에 시민권이 있고 지금부터 영생이다.

□흑암의 나라에서 건진 구원은 아들의 나라로 옮기고 죄와 사망에서 건진 구원이며 거룩한 씨를 심을 자격자로 세운 것이다. 아들의 나라에서 받는 구원은 영생의 자녀로 천국에 들어가는 구원이다.

흑암의 나라에서는 일체 사망이었고 일방적인 구원을 받았고 이제 아들의 나라에서는 일체 새사람이며 믿든지 안 믿든지 자기가 맘대로 선택하는 것이다.

악한 사단은 이 선택에 대한 훼방을 하는 것이며 사람이 신의 자녀가 되는 과정을 숨기고 그냥 열심히만 믿게 하니 완전한 복음이 있기까지는 속은 믿음인 것이다.

옛 세상에서 사단이 임금인 흑암의 나라일 때 죄 사함과 거듭남의 구원을 받았듯이 되찾은 이 세상에서도 악한 사단이 온 세상을 먼저 속이며 사람이 신의 자녀가 되는 법과 증거를 감추며 속이고 훼방하기 때문에 영생의 구원인 것이다.

그러므로 죄 사함과 거듭남의 구원으로는 누구도 천국에 가지 못한다. 흑암의 나라에서 건진 처음구원은 영생의 구원이 아니기 때문이다. 거룩한 씨가 들은 자녀가 되어 천국가기까지를 이루어가는 영생의 구원을 받아야만 천국이다.

처음 구원은 죄의 종으로 팔린 것에서의 건져내는 구원이고 다음의 영생하는 구원은 사단이 예수의 증거를 속이고 감추며 훼방하기 때문에 받는 구원이다.

영생의 구원은 사람이 물과 성령으로 나는 성령의 출산을 막는 것에서의 구원이며 거짓광명으로 속이고 미혹하는 모든 것에서의 구원이고 예수님의 말씀대로 사람이 물과 성령으로 나지 못하면 천국에 가지 못하므로 구원인 것이다.

거짓광명의 선교는 속이는 복음이라 죄 씻어 아들의 나라로 옮긴 구원으로만 성도와 자녀를 행하게 하니 새 영을 자녀의 영으로 세우지 못한 육체뿐인 심령이며 알지도 못하는 영생의 구원은 받을 수가 없고 예수님의 말씀이라지만 사람이 어떻게 물과 성령으로 나는 지를 알 수가 없는 것이다.

(요 3:5,) 『예수께서 대답하시되 진실로 진실로 네게 이르노니 사람이 물과 성령으로 나지 아니하면 하나님 나라에 들어갈 수 없느니라』

요한복음 삼장 오절의 앞에 있는 사람이 거듭나야 보는 나라는 예수님의 부활로부터 아들의 나라에서 새사람으로 보는 나라며 사람이 물과 성령으로 나야만 들어가는 나라는 천국이다.

다른 복음의 선교는 비슷하게 전하며 복음전도가 아닌 인도를 하는 것이니 예수가 죽어준 내력을 소상히 말하지 않고 사람을 이끌어 예배당에만 앉히는 것이라 영생의 구원을 모르는 것이다.

그러므로 교인들이 씻어 놓은 죄를 모르고 현재의 범하는 죄를 다 피로 씻을 죄로 여겨서 사람이 다시 씻어가는 구원을 받아가는 것이니 이것이 곧 일방적인 거짓 복음이다.

※ 선교는 자기들 종교를 알리는 것이며 복음전파는 물과 피로 짝을 이룬 예수십자가의 도를 알리는 것이다. 그러므로 선교는 십자가의 피로 씻어가는 믿음이며 복음전파는 멜기세덱이 하늘 성소의 제단에 드린 어린양예수의 피로 단번에 씻은 죄 사함을 받는 것이며 씻어 가지 않고 씻어 놓았다는 그 피의 증거를 받는다. 선교는 신학이고 복음전파는 성령 학이다.

복음전파에서 피의 증거를 먼저 받고 이어서 그 피의 짝인 물의 증거를 받는 것이며 물의 증거를 받아야 사람이 물과 성령으로 나는 성령세례를 받는다.

예수의 증거를 아바아버지의 큰 증거로 삼은 성령과 물과 피의 증거는 셋이 합하여 하나로 자녀를 세우고 성령의 증거는 성령세례로부터 거룩한 지체로 세워지기까지를 앞 뒤로 다 살피시고 확증하는 것이다.

□온 인류가 다 죄인이던 옛 세상의 끝에서 신은 왜 일방적인 구원을 했을까? 이는 흙으로 만든 사람이기 때문이다. 만든 사람은 자녀가 되지 못하니 자녀가 될 수 있는 예수 안으로 옮긴 것이다.

아담은 만들었고 예수는 성령으로 잉태하여 낳았으니 낳은 예수 안에서의 자녀를 얻는 것이며 아담의 혈통을 예수의 혈통으로 옮겨서 다시 혈통을 영통으로 세우는 자녀다.

만든 표상에서는 선택권이 없다. 아담 안에서 일체 죄의 종으로 사단에게 팔린 것이며 사단의 고소를 받아 공평한 심판으로 죄인들을 멸해야 하므로 죄의 삯은 사망에 처한 죄인들은 신을 믿고 안 믿는 것과 신의 자녀가 되고 안 되는 것에 자기 선택이 없는 것이며 일체 죽어 없어져야 했고 소망이 끊어진 죄인이었다.

예수의 표상인 사람이 흑암의 나라에 팔리지 않고 사단의 고소가 없으며 예수십자가에 연합한 사망을 당하지 않으면 만든 사람으로는 언제까지나 거룩한 자녀로 나타날 수가 없다.

사람이 물과 성령으로 나서 신의 자녀가 되고 천국에 가는 것은 예수십자가까지로 표상을 폐하고 예수의 부활로부터 실상에 속한 새사람을 다시 살기 때문에 예수의 보혈을 힘입은 혈통으로서 자녀 될 자격자가 된 것이며 자녀가 되고 안 되고는 자유인 것이다.

아담 안에서 온 인류는 일체 동일하게 죄의 삯은 사망으로 죽었듯이 예수십자가로부터 부활하심으로부터는 온 인류가 일체 예수 안에서 신의 자녀될 자격이 동일한 것이고 자기 선택권으로 천국가고 지옥 가는 것이다.

천지를 만들어 세상 문을 열기도 전에 악한 사단이 첫 사람 아담을 이기고 대가로 세상을 받아 흑암의 나라로 만든 것은 처음 아담이 사단의 시험에 졌기 때문이다.

둘째 아담인 예수님이 사십일을 굶고 광야에서 사단에게 시험을 받았듯이 첫 아담도 세상을 놓고 사단이 시험 할 때에 그의 미혹에 빠져 욕심을 잉태하고 신의 법을 어겨 범죄 한 것이다.

흙을 뭉쳐 아담을 만들고 에덴동산을 따로 창설하여 거기에 두시고 먼저 법을 주어 선악과나무 아래서 아담이 사단에게 시험을 받는 것은 아담이 살아갈 세상을 놓고 대결한 것이며 아담은 먹는 것으로 지고 말았다.

그러므로 신을 믿고 그의 말씀인 성경을 이해하려면 에덴동산 중앙에 두신 선악과나무의 열매에 담긴 비밀과 선악과의 뜻과 목적과 선악과의 선과 악이 죽고 사는 것을 온전히 알아야 한다.

영이 죽어 육체뿐이며 땅에 속한 사람일 때는 새 영이 있는 하늘에 속한 사람으로 다시 살아야 하므로 그때는 구원을 받을지 말지를 물어볼 필요가 없이 신의 뜻대로 하신 것이다.

이제 새 영을 받아 거듭난 새사람일 때는 영으로 영이신 주님과 교통하고 사귈 수가 있기 때문에 이때에는 자녀가 될지 말지를 묻는 것이며 자기 선택을 하는 것이며 복음으로 묻는다.

그러므로 천국이 텅텅 비어 있으니 아무나 들어와서 영생하라는 복음전파가 아니다. 물과 피로 짝을 이룬 예수십자가의 도를 법과 증거 적으로 자세히 알리고 믿을 이유를 가지게 하여 양단간에 선택하게 하며 좋은 것을 선택하게 도와야 한다.

천국가고 지옥감은 다 자기 뜻이며 이 땅의 인생 동안에 자기만의 선택인 것이니 일방적인 믿음은 있을 수가 없다. 주 앞에 먼저 온 부족한 복음과 나중 온 완전한 복음을 다 들어보고 양단간에 선택해야 공평한 것이며 공평한 선택이라야 마지막의 심판에서 신에 대한 불평이 없는 것이다.

천국은 영혼의 자녀가 신령한 몸을 받아 입고 영생하는 하늘나라이니 영생의 자녀는 땅에서 자기 때의 인생 동안에 영혼의 영격을 갖추어 영생의 자격자로 가는 것이며 종자의 영이 죽음으로 썩어서 새 싹을 낸 새 영과 새 영이 물과 성령으로 나서 하늘 갓난이가 되고 신령한 젖을 받는 성령 학으로 자라 장성하여 본향으로 가는 것이다.

하늘 갓난이에게 신령한 젖으로부터 임하는 성령 학이 없는 교인은 아직 사람이 물과 성령으로 나지 못한 것이다. 자기 선택의 자기 믿음을 행한 자는 이어서 믿음의 법적인 믿음을 행할 수가 있는 거룩한 씨의 거룩한 성도가 되어야 한다.

사람이 하늘 갓난이를 간과하고 잘 믿고 열심히 믿는 자기 믿음만 행하는 것은 처음부터 복음의 아비를 만나지 못한 것이며 성령이 난 영으로 예수의 영과 한 영을 이룬 적이 없기 때문에 하늘 갓난이로부터의 신령한 젖을 받지 못하는 것이다.

※ 예수님이 신의 본체를 벗고 세상을 구원하러 오실 때에 처녀의 몸에서 나심은 대표제도에 합당한 것이다. 사단이 아담을 이길 때에 여자를 통한 것이니 예수께서 이길 때에도 여자를 통한 것이며 예수가 처녀의 태에 들 때에 여자로부터 아무것도 받은 것이 없이 성령으로 잉태한 육체며 하늘에 속한 육체로 오신 것이니 남녀의 동침한 잉태의 출산과는 다른 육체인 것이다. 아담의 혈통인 마리아가 낳았어도 예수는 마리아의 혈통과 상관없이 다른 육체로 오신 것이며 남자의 정자와 여자의 난자와 아무 상관이 없는 다른 새 육체로 임하셨고 마리아는 예수를 잉태한 일로는 처녀에 흠이 없이 남편 요셉과 혼인한 것이니 예수를 낳은 후로는 평민으로 돌아간 것이다.

□사람은 선악과의 선과 악을 행한다. 예수십자가 전의 옛 사람은 선악과의 선이 죽은 선악과의 악을 행하였고 지금은 반대로 선악과의 악이 죽고 선악과의 선이 새싹을 낸 선행을 하는 것이니 예수십자가의 보혈이 세상 죄를 씻을 때에 선악과의 악도 함께 죽은 것이며 죽었던 선악과의 선은 살아난 것이다.

옛 사람은 선악과의 악에 속하기 때문에 선악 간에 구별이 악을 행한 죄인이었고 새사람은 선악과의 선에 속하기 때문에 선한양심이라 마음에서 죄를 생각만 해도 악을 깨닫는 것이다.

아담으로부터 선악과의 선과 악을 이어받기 때문에 사람은 일체 선악 간에 행하는 것이며 선을 행하다가 악을 행하고 악을 행하다가 선도 행하지만 옛 사람은 율법을 지키려는 것일 뿐 선악과의 선을 행한 것이 아니며 율법을 이룬 예수십자가 후로 부활을 거쳐서 선악과의 선을 행하되 물과 성령으로 난 성도라야 한다.

하늘에 계시는 신의 선과 땅에서 행하는 사람의 선은 다르며 예수님도 선하신이는 오직 하늘에 계시는 아버지 한분뿐이라 하시니 사람의 세상살이에는 신의 선이 아닌 선악과의 선인 것이다.

아담이 선악과를 먹지 않았다면 선악 간에 선택할 일은 없을 것이나 예수 안에서 자녀가 되는 예수십자가의 복음도 없을 것이며 아담과 하와부부만 에덴동산에서 지금까지도 살고 있을 것이니 이는 아담이 법을 지켜 에덴동산 죄를 짓지 않으면 세상으로 쫓겨나지도 않지만 아담과 하와의 동침도 없기 때문이다.

당시로 에덴동산은 신의 영역이며 피가 생명인 육신사람이 거기서 육정의 동침을 행할 수가 없으며 거기서는 남녀의 육정이 나타나지도 않는다.

그러므로 남편 아담과 아내 하와가 벗고 함께 하였으나 거기서는 육정의 동침이 없다가 세상으로 쫓겨나서 아담과 하와가 동침하니 가인을 낳은 것이다.

선악과의 비밀만 알아도 물과 피로 짝을 이룬 예수십자가의 도를 아는 것이다. 사람의 선이 죽었는지 살았는지 알지 못하고 악이 죽은 선이 살아왔어도 사단이 속이는 부족한 복음에서는 옛 사람대로 여전히 살아갈 뿐이다.

가인을 아담 계보의 장자로 여기는 복음은 가인을 장자로 하는 거기서부터 어긋나고 빗나간 것이다. 가인도 아벨도 아담의 계보가 아니며 신께서 두 세상에 쓰시는 선과 악의 대표이니 선악과의 선과 악이며 가인은 선악과의 악이고 아벨은 선악과의 선이다.

선악과의 선은 세상처음에서 죽고 악은 뿌리를 내렸으며 선악과의 악은 그 세상 끝에서 죽고 선악과의 선이 새 싹을 돋는다. 그러므로 옛 세상은 흑암의 나라며 사단이 어두움의 임금이고 악을 행한 결국은 흙으로 만든 사람을 폐하는 것이다.

이것은 (물과 성령으로 난 성도)의 책에서 이미 밝힌 것인데 신께서 가인과 아벨은 아담의 계보에 들지 못하게 하였고 선악의 대표로 쓰신 것이며 세월이 흘러 아담의 나이 백세가 넘어 다른 씨로 첫 아들을 낳게 하고 그 이름을 셋이라 하며 셋으로부터 아담의 계보를 이루게 하시니 아담 계보의 장자는 가인이 아닌 셋 이다.

흙으로 만든 아담의 혈통은 영도 죽고 선악과의 선도 죽은 육체뿐인 사람이었고 보혈을 힘입은 새 혈통은 반대로 영도 살고 선악과의 선도 살아 지금은 선악과의 악이 죽은 것이다.

옛 사람은 선이 죽은 악만 행한 것이고 새사람은 악이 죽고 선이 산 진짜 선을 행할 수가 있으나 이것이 비밀이라 알지 못하므로 죽었거나 살았거나 그저 선악 간에 행할 뿐이다.

예수십자가로부터 악이 죽은 것이기 때문에 새로운 피조물로부터는 죽은 행실의 죽은 죄가 있는 것이다. 죽은 행실의 범죄로는 예수 안이든 예수 밖이든 정죄가 없으나 예수 밖은 불신 죄가 있기 때문에 예수 안과 밖을 구분하는 것이며 예수 안에 있는 자에게는 일체 정죄가 없다.

사단은 자기가 임금이던 흑암의 나라를 예수의 피 흘린 대가로 잃어버리고 세상 죄의 고소권도 폐하니 이제 온 세상을 속이고 미혹하는 방법을 바꾼 것이며 광명 앞에 거짓광명이고 완전한 복음 앞에 부족한 복음이며 형상의 돈으로 대적하는 것이다.

옛 세상이 흑암의 나라일 때는 사단이 어두움의 임금이니 오히려 죄를 권하는 입장이라 사단이 빛으로 행할 일이 없었으나 이제 흑암의 나라를 잃고 어두움의 임금 직도 폐하니 예수님이 되찾은 빛의 나라에서는 어두움을 감춘 거짓광명을 행하는 것이다.

아들의 나라에서도 악한 사단이 먼저 와서 온 세상을 속이고 미혹하는 비밀을 모르는 세상교회가 먼저 온 거짓광명을 생명의 빛으로 받아들인 것이다.

사단이 먼저 미혹함은 신의 공평한 허락인 것이며 사단이 먼저 일방적으로 속이는 때에는 어느 사람도 사단의 미혹을 넘지 못하기 때문에 온 세상이 어그러지고 동물세상을 만들며 세상교회들은 속아서 거짓광명을 믿고 신의 이름을 자기들 맘대로 지어서 부른다.

우리나라 서울은 어느 나라에서도 서울이라 부르는 것이지 나라마다 자기들이 다른 이름으로 지어서 부르는 것이 아니다. 사람이 살아계시는 신의 이름을 맘대로 지어서 부를 수는 없는 것이다.

신의 이름도 성경에 있는 그대로 온 세상이 동일하게 부르는 것이지 나라마다 자기들이 새로 지은 이름을 부르는 것이 아니므로 하느님이나 하나님도 아닌 것이며 여호와 야훼도 신의 이름은 아니라서 자기들끼리도 논쟁하는 것이다.

그러므로 신의 이름을 고친 믿음은 일체 속은 것이며 그 증거로 예수십자가의 도가 부족하게 전해지며 물과 피로 짝을 이룬 복음과 예수의 다 이룬 예수십자가의 증거를 받지 않는 것이다.

셋이서 하나인 성령의 증거와 물의 증거와 피의 증거를 받지 아니하므로 죄 사함과 거듭남의 구원이 없고 사람이 물과 성령으로 나는 성령의 출산이 없어서 하늘 갓난이의 울음소리가 나지를 않는다.

□신 앞에 천사도 대적하며 변했기 때문에 사람을 자녀로 세울 때에는 창세전에부터 예정하시고 예정대로의 세상과 사람을 만들어 거룩한 씨의 친자녀를 얻는 자녀농사를 시작하신 것이다.

창세전의 예정에서부터 예수 안에서의 자녀라 흙으로 만든 사람을 예수 안으로 옮기는 구원을 하시고 아담의 혈통을 벗은 예수의 새 혈통으로 다시 살게 하여 성령이 난 영의 자녀로 세운다.

만든 사람을 예수 안으로 옮기는 구원은 만들지 않고 낳은 예수와 같은 자격에 이르는 것이다. 하늘에서 신이신 예수와 동일한 자격에 이르는 것이 아니라 육체로 오신 그 육체에 속한 자격이다.

사람의 육체는 땅에서 났고 예수의 육체는 하늘에서 났다. 땅에 속한 것은 만든 것이고 하늘에 속한 것은 낳은 것이다. 만든 것을 낳은 것으로 옮기는 것이 곧 흑암의 나라에서 아들의 나라로 옮기는 구원이다.

이 구원은 죄를 씻어서 거듭난 새사람으로 다시 살게 함이고 아담의 혈통에서 예수가 피 흘린 보혈의 혈통으로 옮겨 세운 것이며 옮겨진 구원을 깨달을 때에 예수를 믿고 영생하는 구원을 받을지 말지를 자유로 정하게 하심이다.

그러므로 예수의 피 흘린 구원은 누구나 들어야 하므로 예수십자가의 도를 알리는 복음전파가 있는 것이며 육계나 영계나 동일한 복음전파가 있는 것이다.

예수 안에 이른 보혈의 혈통까지도 아직 자녀는 아니며 예수의 육체에 속한 새사람일 뿐이다. 새사람이 자녀가 되려면 주 아버지의 거룩한 씨로 출산되어야 한다. 아버지의 씨는 그의 아들 예수며 예수의 영이 들어야 한다.

사람이 예수의 영을 받을 수가 있는 자격을 갖추는 성령의 출산이 있고 사람의 새 영이 성령이 난 영이 될 때에 아들의 영이 씨로 들어 한 영을 이루면 영생의 자녀로 구원된 것이며 혈통을 벗은 영통인 것이다.

흙으로 만든 아담의 혈통이 예수의 혈통으로 옮겨지는 과정을 분명히 알고 모든 과정에도 내가 분명히 참여한 믿음을 가져야 하니 사람의 믿음이 아닌 신의 법적인 믿음으로 예수십자가의 도에 연합하는 것이다.

온 인류를 예수의 육체로 담당한 것이다. 세상 죄만 짊어짐이 아니라 아담으로부터 이 세상 끝까지의 태어날 모든 사람을 단번에 담당한 것이며 옛 사람 안에서 이루는 담당이다.

예수십자가 후로의 사람은 아직 태어나지 않았으니 옛 사람 안에 씨로 있는 장래의 출산을 미리서 담당하신 것이며 동일한 죄인으로 예수십자가에 연합한 것이다.

죽음이 예수와 같고 묻히어 장사되는 것도 같으며 장사된 흑암에서 삼일째날 일요일 새벽에 부활하는 거듭남도 같은 것이다. 십자가의 사망에서 예수는 석실로 우리는 사망의 물에 장사 되었고 부활의 예수는 광명으로 떠오르고 우리는 새사람으로 다시 산 것이다.

새사람으로 다시 산다는 것은 우리가 직접 죽지 않고 예수가 대신 죽어준 것이며 새사람은 법과 증거로 분명한 거듭남이고 속사람으로는 완전한 새로운 피조물이다.

그러므로 만든 사람이 거듭남의 새사람을 살려하면 예수와 합하여 죽고 산 모든 것에 법적인 믿음으로 참여를 하고 증거적인 체험자로 의문이 없는 선택으로 옛 사람을 벗어야 한다.

(엡 2:15,) 『원수 된 것 곧 의문에 속한 계명의 율법을 자기 육체로 폐하셨으니 이는 이 둘로 자기의 안에서 한 새 사람을 지어 화평하게 하시고』 /
(고후 5:17,) 『그런즉 누구든지 그리스도 안에 있으면 새로운 피조물이라 이전 것은 지나갔으니 보라 새 것이 되었도다』

새로운 피조물도 온 인류가 일시에 동일하다. 우리가 옛 사람 안에서 죄인으로 죽고 또 그대로 거듭난 새것이기 때문이다. 죄인과 죄와 사망과 거듭남의 구원이 다 옛 사람 안에서 이룬 것이다.

옛 세상 옛 사람을 깨끗이 청산하고 세상도 옛 세상은 폐하여 아들의 나라로 새롭게 시작한 것이다. 그러므로 아들의 나라에서는 피로 씻을 죄가 없다는 것이며 용서받은 죄와는 상관없는 것이다.

지금도 십자가의 피로 죄를 씻어가게 하는 선교는 예수 믿는 예수의 교회가 아니다. 선교의 하나는 사람의 죄를 고백 받아 용서하는 중보의 대속이고 하나는 십자가의 피로 씻는 대속일 뿐 예수 보혈의 씻음대로 영원한 속죄가 없다.

예수는 단번으로 영원한 속죄를 이루었고 예수를 믿는 성도는 영원한 속죄로 믿는 것이니 계속해서 용서를 받아가는 자들은 예수의 성도가 아니며 예수교회가 아니다.

스스로 열두지파로 십사만 사천 인을 행하는 무리만 이단이 아니라 죄의 영속이 없이 용서받아가는 세상교회는 다 스스로 정죄하는 이단이다.

성도의 회개가 없이 믿으면서 예수의 증거가 없는 믿음과 예수의 피로 이루어서 주시는 칭 의를 무시하고 죄인을 행하며 새 용서를 받아가는 모든 세상교회가 예수 앞에서의 이단이다.

예수의 구원이 무엇인가? 구원을 받았다하며 도로 죄인은 구원 못 받은 것이다. 영원한 속죄를 모르니 사람의 예대로 구원받은 죄인이라는 것이다.

구원받은 죄인은 죽은 행실을 깨닫지 못함이다. 새사람에게서 죽은 죄가 나타나는 것이니 죽은 행실을 깨닫지 못하면 구원받은 죄인이 적합한 것이다.

옛 세상 말세의 제자와 성도를 살펴야 한다. 처음 익은 열매인 저들은 정말 시시한 성도가 아니었다. 그때 말세에 부어주시는 성령을 받은 성도이니 성도다운 믿음을 행한 것이다.

지금은 저들이 기록한 신약을 받은 복음세대며 복음 세대는 영원한 복음을 받아서 믿는 것이며 기록된 복음을 성령 학으로 깨달아서 믿는다.

그러므로 복음 세대는 내재한 성령이 아니라 성령 학으로 성경에 숨은 것을 깨닫는 것이다. 내재한 성령세대는 신약이 없고 기록된 예수의 증거가 없을 때에 성령이 직접 알게 한 것이며 복음 세대는 저들이 기록한 복음을 성령 학으로 깨닫는 것이다.

성령 학이 없음은 하늘 갓난이로 태어나는 성령의 출산이 없음이다. 하늘 아기로부터의 성령 학이 없는 자들은 사람의 예대로 믿기 때문에 다 죄를 용서받아 가지만 실상은 씻어 놓은 것이다.

죄와 상관없이 믿으라는 주님의 말씀을 깨닫지 못함으로 새로운 세상의 새사람이 여전히 죄를 씻어 가며 용서받으려 할 뿐 이 세상에는 피로 씻을 죄가 없다.

피로 씻을 죄가 없고 용서받을 일이 없기에 주님은 죄와 상관없이 믿으라는 것이다. 씻어놓은 세상 죄와 함께 새로운 정죄가 있으나 새로운 정죄는 용서할 법도 없고 용서가 없이 지옥 가는 것이라 죄와 상관없이 예수 안에 있어야 영생이다.

새로운 정죄는 거룩한 성도라도 지옥이니 예수 안에서 나가버리는 배도는 없어야 한다. 지금 속아서 믿는 자기 믿음에서는 오히려 거기서 배도해야 살길이 보인다. 지금도 십자가의 피로 씻어주는 예수는 거짓 예수이기 때문이다.

성경에서 예수의 피가 우리 죄를 깨끗케 함은 보혈의 능력까지를 포함한 말이다. 보혈이 단번으로 씻은 깨끗함을 보혈의 능력으로 영원히 유지하는 그 깨끗케 함을 말한 것이다.

씻어가는 깨끗함이 아니라 씻어놓은 깨끗함을 항상 유지하는 깨끗함이다. 그러므로 이것을 온전케 하는 아버지의 큰 증거가 있는 것이며 큰 증거가 곧 예수의 증거다.

예수의 증거는 성령의 증거로 밝힌 것이며 세상 죄를 영속하여 온 인류를 단번으로 새롭게 한 내력으로 피의 증거와 새롭게 거듭난 사람들이 물과 성령으로 나서 아버지의 나라에 들어가는 영생의 구원을 이루게 하는 물의 증거다.

보혈을 드린 하늘 성소의 제단을 폐한 후로는 씻는 피가 아니라 씻었다는 증거의 피다. 하늘 성소에는 대제사장인 예수님 앞에 피의 증거를 가진 대언의 영이 있고 완벽한 죄 사함을 대언하는 것이니 사람이 씻어가는 부족한 복음은 버려야 한다.

만약에 완전한 복음을 듣고도 회개가 없이 옳은 것을 거절하면 이것이 큰 악이며 대적이고 새로운 정죄의 대상이다. 씻는 것은 예수가 하고 씻은 것을 믿는 것은 우리가 한다.

일방적인 선교의 속임에는 공평 없는 미혹이니 재 선택이 있으나 완전한 복음전파를 받고도 돌이키지 않으면 불신과 함께 새로운 정죄를 받아 영원히 용서가 없다.

선교를 떠나 복음전파를 받고 복음의 아비와 변론하며 보혈의 능력을 힘입은 거룩한 성도가 되면 신령한 젖을 받는 하늘 갓난이로부터의 양육을 받는다.

신령한 젖으로부터 장성한 믿음의 성도라면 도저히 죄인으로 살지 못한다. 죄인의 믿음은 죄인인 자기가 예수십자가에 합하여 죽은 사실이 없기 때문이다.

현재로 죄인이면 다 십자가의 피로 자기 죄를 씻을 것이니 칭 의를 거절하며 구원받은 죄인을 사는 것이고 예수의 증거는 성경에 기록된 이야기일 뿐 앞에서 외치는 자의 설교가 증거인 것이다.

처음 믿을 때의 죄 사함에서만 피의 씻음에 참여하고 성도의 믿음부터는 일체 피의 씻음을 폐한다. 예수 안에 있는 거룩한 성도는 생명의 성령의 법을 지키기 때문이다.

죄 사함의 피는 반드시 제단에 드려져야 하니 예수십자가의 피도 하늘 성소의 제단에 드려야 하고 죄를 영속한 확증이 법적인 세움을 받아야 하며 생명의 성령의 법이 곧 죄를 해방한 것이다.

예수십자가의 도에서 피의 증거와 짝을 이룬 물의 증거가 있음은 성령의 출산을 위함이다. 세상 어머니의 피 흘린 갓난이가 흰옷을 입기 위한 씻음을 받듯이 예수의 피 흘린 하늘 갓난이도 맑은 물에 헹궈야 흰옷의 예복을 입기 때문이다.

그러므로 하늘 성막의 그림자인 땅의 성막에도 물두멍의 물이 있고 피를 드리고 나오면서 씻는 것이며 하늘 성막에도 예수십자가의 물이 물두멍에 채워져서 보혈의 씻음을 정결하게 행구는 것이다.

예수님은 세상 끝에서 물과 피로 임하시고 십자가에서 물과 피를 쏟아 하늘 제사장 멜기세덱으로 성소의 제단에 피를 드리고 물두멍에 물을 채운 것이니 땅에서 믿는 자들이 로마의 사형 틀인 십자가의 피로만 씻어가는 죄 사함은 도저히 이루지를 못한다.

□온 세상 역사책 성경의 내용대로는 약 육천년 전에 주 아버지께서 천지를 창조하시니 자녀농사를 짓는 하늘 밭으로 합당한 세상을 만든 것이라 오직 이 땅에만 사람이 살며 해 달 별과 땅과 바다가 하나로 돌아가는 세상이니 절로 된 세상이 아니다.

신은 영이시며 자녀도 영이다. 흙으로 만든 사람은 영을 심은 밭이다. 만든 육체에 속한 처음의 영은 종자의 영이며 논에 심은 벼와 같이 이종하여 열매를 거둔다.

처음의 만든 밭은 땅에 속한 밭이고 이종할 새 밭은 하늘에 속한 밭이다. 처음 밭의 종자는 썩어야 싹을 내니 흙의 육신에 묻혀 죽은 것이고 예수의 부활로 새싹을 돋아 새밭에 옮겨진 것이다.

육체가 없는 신께서는 사람의 육신에 자녀농사를 짓는 것이며 영생의 자녀는 다 성령세례로 정결하게 씻겨서 세우고 인생살이 동안에 잘 익은 열매로 거둔다.

사람의 영은 만든 것이 아니라 귀하다면 처음부터 자녀 삼으면 될 것을 왜 농사짓는 과정을 거치는 것인가? 이는 아무 인격도 영격도 없는 갓난이의 영을 성령 학으로 양육하여 신령한 천국살이에 합당한 자격자로 세우기 위함이다.

신령한 천국은 여성신이나 여성천자도 없다. 잉태와 출산이 없으며 신의 씨인 아들은 독생자다. 외아들로부터의 친자녀를 얻으려는 자녀 농사며 창세전부터 예정한 예수 안에서의 자녀다.

신령한 천국에서는 아무 영격이 없는 영으로부터의 자녀를 세우지 못한다. 영격이 없는 갓난이의 영으로부터 양육하며 기쁨과 감사와 화평과 평안을 익히고 선과 악을 깨달아 선을 선택한 자녀를 창조한 땅에서 장성케 하는 것이다.

신의 자녀농사는 악한 사단이 대적하여 대립한 앞에서 공평한 법과 증거적으로 이루는 것이니 땅에서의 믿음과 영생의 자녀가 되는 모든 일을 다 법과 증거 적으로 이루어야 한다.

악한 사단이 대적하여 대립한 중에 법도 없고 법적인 증거도 없이 그냥 예수를 믿는다고만 하면 다 자녀를 삼으면 사단 앞에 공평하지 못하고 온전한 자녀일 수가 없다.

그러므로 신은 예수 안에서의 자녀를 얻는 법과 증거를 세운 것이니 자기 아들에 관하여 성령으로 증거 한 예수의 증거를 큰 증거로 삼은 것이며 이 증거가 없이는 성도가 아니라 오히려 신을 거짓말하는 자로 만드는 것이라 한다.

(요일 5:9-10,) 『[9] 만일 우리가 사람들의 증거를 받을진대 하나님의 증거는 더욱 크도다 하나님의 증거는 이것이니 그 아들에 관하여 증거하신 것이니라 [10] 하나님의 아들을 믿는 자는 자기 안에 증거가 있고 하나님을 믿지 아니하는 자는 하나님을 거짓말하는 자로 만드나니 이는 하나님께서 그 아들에 관하여 증거하신 증거를 믿지 아니하였음이라』

성경이 다 증거지만 자녀로 세우는 증거는 아들에 관하여 증거 하신 아버지의 큰 증거 외의 다른 증거나 다른 복음은 없으며 좁은 문 협착한 길 외의 다른 문 다른 길도 없다.

□성도의 복은 오직 영혼이 잘 됨으로 임하는 복이다. 사람이 찾고 좇아가는 복이 아니라 영혼이 잘됨에 합당한 복이 절로 끌려오는 법적인 복이며 이것의 증거는 요한삼서 일장 이절이다.

(요삼 1:2,) 『사랑하는 자여 네 영혼이 잘됨 같이 네가 범사에 잘되고 강건하기를 내가 간구하노라』

영혼이 잘 됨은 첫째로 육신에 묻혀 잠든 내 영이 예수의 부활로부터 임하는 생명의 빛을 받아서 깨어나야 한다. 사람이 받을 생명의 빛은 예수며 예수의 부활은 광명으로 떠오른 것이다.

예수부활로부터는 온 일류가 일시에 새 영을 받은 새사람이지만 이기쁜 소식을 듣지 못하고 안 믿는 사람은 이 사실을 모르기 때문에 심령으로 육신 사람만 살고 영은 육신 안에 잠재우는 것이다.

살리신 소식을 듣고 믿으면 다 깨어난 영이며 영혼을 행하는 삶에서부터 육신이 영혼의 소욕에 이끌리는 것이며 영혼이 잘 됨을 따라 육신의 소욕은 더욱 덮이고 그만큼 영혼을 좇아 범사에 잘 되고 강건 하라는 말씀이 법대로 이루는 것이다.

성경에 무익한 육체가 있으나 이는 성령이 난 영이 될 때에 성령의 출산에 직접 참여하지 못하는 무익이지 성도에게 무익한 육체가 아닌 것이다. 육체는 땅에서의 몸과 처소며 말 못하는 영혼의 소리와 영혼의 소욕을 나타내는 유익한 것이다.

살아난 새 영이 임할 때에 육체도 거듭난 새것이지만 옛 사람을 살아보지 않고 새사람만 살기 때문에 구원받은 육신을 깨닫지 못하는 것이다.

옛 사람은 그랬고 새사람은 이렇다는 구분과 구별이 없이 살며 선교의 미혹을 받아 새사람으로 살지를 못하기 때문에 거듭난 형편을 실감하지 못하는 것일 뿐 그리스도의 부활로부터는 온 인류가 일체 새사람이다.

아담의 혈통으로는 죽고 예수의 혈통으로 거듭난 새 처소며 새 처소를 인하여 신령한 몸을 받으니 신령한 몸이 영생의 영혼에게 천국의 예복으로 임할 때에 땅에서 거듭난 새 처소 때의 모양대로 받는 몸이며 손으로 만들지 아니한 몸이다.

장차 신령한 몸을 받기에 합당한 새사람의 육체는 아담의 혈통에 속한 것이 아니라 예수의 보혈을 힘입은 하늘에 속한 혈통이며 흙으로 만든 육체를 벗은 자로서 받는 신령한 몸이며 신령한 몸은 부활하신 예수님의 본체를 좇아 임하는 영생의 예복이다.

그러므로 예수 안에서의 자녀를 얻기 위한 사람을 만들 때에 주님들의 모양과 형상대로 만든 것이다. 성령이 난 영으로만 신령한 몸을 받으며 각기 자기 모양대로 입는 옷이다.

육체가 죽어도 내가 있으니 영혼에게는 내 육체며 육체에게는 내 영혼인 것이다. 그러므로 육체가 죽어도 남은 영혼에게는 내 육체로 행한 내력이 남는 것이다.

예수 믿는 영혼의 소욕에 순종한 육체의 여문 인격이고 신령한 몸을 받을 때는 인격이 아닌 영격으로 저장되어 영혼의 영격과 함께 영생하는 것이며 천국에서 영원한 예복인 것이다.

예수의 구원으로부터 예수의 생명을 사는 새로운 피조물이며 여기로부터 성령의 출산에 이르는 것이니 예수십자가의 도가 하늘 성소에서 이루어진 천국복음이 지금의 복음세대에서 영원한 복음으로 나타나고 완전한 복음전파를 이룬다.

천국복음은 법과 증거로 완전하고 세상에서 완전한 복음전파를 이룰 때는 거짓의 아비 사단이라도 법적인 증거 앞에 목을 떨구는 것인데 속은 믿음은 법적인 증거를 무시하는 것이다.

그러므로 사람이 하늘 갓난이로 태어난 날이 있는 믿음으로부터 거룩한 성도의 삶이 이루어지고 흙으로 만들어진 사람의 목적을 이루어야 한다.

사람들이 선악과에 담긴 비밀을 모르기 때문에 선악과를 먹은 아담을 원망하지만 손으로 만든 자녀는 없다. 선악과의 범죄로부터 예수십자가의 대속이 없다면 아담의 혈통은 영원히 영생의 구원을 받지 못한다.

아담의 혈통이 예수십자가에서 폐하고 예수의 부활로부터의 새로운 피조물이 되어야 그때부터 자녀 될 자격을 가지는 것이며 새 법과 예수의 증거 안에서 성령의 출산을 이루는 것이다.

하와를 꾀어서 선악과를 먹인 사단은 땅을 치며 후회할 일인데 세상교회는 선악과를 먹었다고 아담을 원망하는 것이다. 에덴동산은 신께서 특별히 창설한 신의 영역이며 아담은 에덴동산에서 쫓겨나와야만 인생 목적을 위한 세상살이를 하는 것이다.

선악과를 먹은 아담은 굴복시키는 이의 뜻대로 굴복된 것일 뿐 아담의 뜻이 아니다. 아담을 원망함은 자녀 되기 싫은 것이다. 아담은 만든 사람의 대표로서 온 인류가 성령이 난 예수의 혈통으로 옮겨지는 구원의 조건을 이룬 것이다.

율법은 아담이 갖춘 조건을 이루기 위한 예수십자가로 인도하였고 어린양 예수가 율법의 인도를 접수하여 그 뜻을 완성하고부터 땅에서의 예복을 입은 새 영혼의 사람으로 나타나는 것이다.

만든 사람 아담 안에서는 믿음으로의 예복이 없다. 땅에서의 예복은 사람이 거듭나고부터 옷 입는 것이며 예수의 육체를 좇은 예복과 영통에 이른 자녀가 갖추는 예복으로 나뉘며 영통의 예복은 예수의 신령한 몸을 옷 입는 것이며 법적인 믿음으로 입는다.

절로 행하는 성도가 아니라 법적인 통로를 거쳐서 법적인 자녀의 증거를 들어야 하고 법적인 믿음으로 행할 수가 있어야 한다. 땅에서도 거룩한 자녀이니 예복을 갖춰야 하고 천국에 이를 때도 예복이 있어야 들어간다.

그러므로 신께서 처음에 가죽 옷을 지어 입힌 것은 아담의 혈통에 속한 예복이며 예수십자가까지로 폐하여 없어진 것이다. 예수가 대신 죽어준 사람이라 육신사람이 여전히 이어지는 것인데 어찌 아담의 혈통에 속한 예복이 폐하였다는 것인가?

이는 예수부활로부터는 예수의 육체를 좇는 예복을 입어야 하며 사람이 물과 성령으로 난 자녀가 되어서는 예수의 육체를 좇지 않고 예수의 영을 좇아 그의 신령한 몸을 옷 입기 때문이다.

흙을 뭉쳐 만든 형상의 아담은 육체의 생명인 피를 받고 영혼을 받아 생령이 되니 생령의 옷은 가죽옷이 없는 맑은 상태의 육체라 육신의 예복인 가죽옷을 입히신 것일 뿐 자녀의 예복이 아니다.

아담과 이브가 선악과를 먹고 선악을 알며 속이 보이는 맑은 몸을 보고 벗은 것을 알아 부끄러워 나뭇잎으로 치마를 두르니 그때 신께서 가죽 옷을 지어 입힌 것이며 사람의 피부인 것이다.

현재의 우리가 입는 옷은 사람들이 세상살이를 하면서 가죽옷을 보호하는 겉옷을 덧입은 것이다. 완전한 복음전파 안에서의 성도는 가죽옷에 덧입는 옷만 입을 것이 아니라 거룩한 성도가 갖춰야 하는 땅에서의 예복을 깨닫고 때를 따라 입어야 한다.

□예수의 부활로부터는 피조물을 폐한 새로운 피조물이다. 피조물은 옛 사람이고 새로운 피조물은 새로운 사람이다. 지금 새로운 피조물을 세우지 않고 계속 피조물이라 부름은 미혹인 것이다.

옛 사람을 그대로 살면 피조물이 맞고 옛 사람을 벗으면 새로운 피조물이어야 한다. 피조물은 흙으로 만든 것이니 천국과 지옥을 자기 뜻대로 선택할 자격이 없다.

피조물은 일체 죄인이며 죄인이 죽어야 구원을 받는다. 그러므로 자기 죄를 십자가의 피로 씻어가는 자들은 피조물이 맞고 죄 사함과 거듭나는 구원을 받지 못한 것이다.

죄 사함 받고 거듭난 구원과 사람이 물과 성령으로 나서 천국에 이르는 영생의 구원을 알지 못하고 구원하는 표인 교회의 세례로만 성도를 세우니 새사람으로 신을 찾아가지 못하고 있다.

교회의 세례는 죄 사함 받고 새로운 피조물의 새사람이 되어서 신을 찾아가는 자격을 받은 것이니 이제 영생의 구원을 받으려고 신을 향하여 찾아가야 하는 것이다.

복음전파를 받는 처음의 믿음에서 이런 일은 정말 중요하므로 전하는 자가 무엇을 말하는지 살펴야 하고 나의 영혼을 하늘 아기로 세우는 복음의 아비가 맞는지를 판단해야 한다.

생명의 성령의 법을 지키는 해방의 자유를 간과하고 지금 지은 죄를 때늦게 용서받으며 십자가의 피로 씻으라고 한다면 이는 사단에게 속은 자의 부족한 복음이 분명하다.

성경의 거듭난 새사람도 같은 것이니 세상살이를 돌이켜서 믿는 거듭남이 아니라 예수부활로 다시 산 거듭남이며 여기로부터 새사람이 예수를 사는 믿음일 때에 세상적인 거듭남이다.

세상의 어떤 믿음도 물과 피로 짝을 이룬 예수십자가의 도를 모르면 죄의 영속이 없고 옛 죄를 씻은 죄 사함을 깨닫지 못한다. 옛 죄만 피로 씻어야 했던 세상 죄인 것이 복음에 합당한 것이다.

□죄 사함 거듭남이나 죄 사함의 구원이 아니라 죄 사함과 거듭남의 구원이어야 하며 이 구원은 천국 가는 영생의 구원이 아니라 흑암의 나라에서 아들의 나라로 옮긴 구원이다.

예수 안에서 죄인으로 죽고 장사된 사실이 없는 믿음은 법적인 믿음을 가지지 못한다. 우리의 장사는 예수님이 세례 받을 때에 미리서 이루어 놓았다.

예수십자가에서 못 박힐 때에 우리는 노아홍수로부터인 사망의 물에 수장되고 예수님은 흙이 아닌 석실에 장사 되어 예수님 부활의 날에 우리도 함께 살아난 것이다.

피 흘림이 없은즉 사함이 없는 죄를 씻을 때는 죄인이 예수와 함께 피 흘린 바로 죽어야 하며 피 흘리고 죽어서 장사된 것을 살려내야 죄 사함을 받은 구원에 이른 것이다.

예수의 부활이 없어 살려내지 못하면 죄의 삯으로 피 흘리고 죽은 것일 뿐 죄 사함을 받은 구원에는 이르지를 못한 것이다. 그러므로 예수의 부활로 거듭난 것이 있어야 구원받은 것이고 이를 죄 사함과 거듭남의 구원이라 한다.

죄인이 피 흘리고 죽지 않으면 죄 사함은 없다. 그러므로 예수십자가의 도는 어린양예수가 세상 죄만 짊어진 것이 아니라 피로 씻을 죄가 있는 아담의 혈통을 일체 담당한 것이다.

세상 죄를 지은 죄인은 예수님 죽을 때에 함께 죽은바가 된 것이라 여기의 사망을 묻는 장사가 예수의 세례에 연합된 것이며 그때 당시로 사망의 물에 수장한 것이다.

(롬6:4,) 『그러므로 우리가 그의 죽으심과 합하여 침례를 받음으로 그와 함께 장사되었나니 이는 아버지의 영광으로 말미암아 그리스도를 죽은 자 가운데서 살리심과 같이 우리로 또한 새 생명 가운데서 행하게 하려 함이니라』 / (골2:12,) 『너희가 침례로 그리스도와 함께 장사한 바 되고 또 죽은 자들 가운데서 그를 일으키신 하나님의 역사를 믿음으로 말미암아 그 안에서 함께 일으키심을 받았느니라』

교회의 세례는 물속에 들어갈 때는 죄인이 죽은 장사지냄이고 물에서 올라올 때는 거듭난 새사람이 되는 것이다. 그러므로 세례는 천주교를 좇아 몇 방울 물만 뿌릴 것이 아니다.

죄인으로 죽고 의인으로 사는 이것을 이루지 못하게 훼방하는 사단의 미혹으로 세상교회가 물 뿌리는 것이니 노아의 홍수로부터 그리스도의 부활 전까지는 사망의 물인 것을 깨 닫지를 못한 것이다.

죄 사함을 받을 때에 우리가 예수십자가에 합하여 죽은 것을 장사지냄은 예수의 세례 때에 미리 수장한 것이며 땅이 아닌 물에다 장사지냄은 노아의 홍수로부터 그리스도가 부활하기까지는 사망의 물이며 거기에 이미 노아까지의 한 세대가 수장되었기 때문에 합하여 장사지낸 것이다.

먼저 온 사단이 지금까지 속여 온 복음은 조금씩 부족하고 비슷하게 하여 성령 학이 없이는 깨 닫지를 못하게 미혹한 것이다. 사람이 물과 성령으로 나기 전에는 다 사람의 아들들일 뿐이고 사람의 출산으로는 아무리 열심히 믿어도 자녀가 아니다.

성령 학이 없는 교회는 다 사람의 아들들이 믿는 세상교회며 성령 학이 있는 교회는 신의 아들들이 믿는 예수의 교회다. 예수교회는 받은 은사대로 장성할 때에 교회가 성령의 운행 중에 세우는 직분이며 성경에 기록된 그대로 예수님이 정한 직분을 행한다.

성령 학이 없이 사람의 아들들로 행하는 세상교회는 복음전하는 자 복음의 아비와 아비들의 출산을 받아 양육하는 어미 된 목자로 짝을 이루지 아니하고 구주예수의 세운 직분이 아닌 자기들이 만든 직분을 행하며 형상의 돈을 거룩한 신에게 드리는 것이니 처음 믿는 자라도 이를 살피면 금방 알 수가 있다.

※ 교회의 직분은 예수님이 직접 세운 직분대로 각인이 받은바 은사를 좇아 일하되 교회 안에서 하늘 갓난이로부터 자라면서 은사가 드러날 때에 교회가 일심으로 세운 직분이어야 한다. 세상교회의 목사는 스스로 된 스승일 뿐 양을 치는 목자가 아니다. 양치는 일에서 왕 중의 왕이신 아버지도 목자시며 구주예수님도 목자시고 교회를 양육하는 사람도 다 목자이니 성경의 일만 스승에 대한 말씀을 깨달아야 하니 목사는 스승이지만 목자는 아니다.

스스로 계신 자 하늘의 신에게 세상의 돈이 필요도 없지만 형상의 돈을 신에게 드린다는 세상교회들은 스스로 계신님이 아닌 자기들의 신 하느님과 하나님에게 하는 것이다.

하느님이나 하나님은 오직 우리나라에서만 부르는 것이니 예수교회의 성도들이 부를 이름이 아니며 하나님은 아들 예수와 함께 하늘에 계시는 신이 아니다.

처음 선교를 받아 하느님으로 믿다가 다시 고쳐서 하나님으로 믿는 세상교회들은 예수 안에서 친자녀가 되는 창세전의 예정을 알지 못하고 흙으로 만든 사람 아담 안에서 육신으로 성도와 자녀를 행하니 자기들이 이름 지은 신에게 나갈 뿐이다.

그 증거로는 믿는 교인들이 살아가면서 성령 세례를 구하고 씻어진 세상죄를 다시 씻는 것이며 마음고치고 돌이키는 거듭남으로 성도를 행하니 옛 사람을 벗지 못한 것이다.

신은 의롭고 공평하시니 타락한 사단 앞에서 창세전에 예정을 하시고 예정대로 친자녀도 얻고 타락한 사단도 벌하려고 창세전의 예정을 이루기 위한 세상을 만들고 하늘 농사의 기간 사천년의 끝에서 만든 혈통을 폐한 것이니 옛 사람은 벗어야 한다.

에덴동산에서 사단이 법 없는 여자를 먼저 미혹한 지혜는 인정을 받았으나 사단은 거기로부터 이미 패한 것이며 하늘 농사의 씨 뿌림을 열심히 도왔을 뿐이다.

아담의 첫 세상살이에서도 사단은 가인으로 아벨을 죽이는 세상 처음의 정죄를 만들었으나 사단이 고소한 결국은 흑암의 나라를 잃었을 뿐이다.

오히려 사단의 훼방으로 만든 혈통이 낳은 혈통으로 옮겨지며 결국은 거룩한 씨의 자녀까지도 되니 고소하여 죄인을 폐한 결국이 영생이라니 사단은 어이없고 원통하여 분통이 터지는 것이다.

사단은 신이 만든 아담의 혈통도 죄인으로 다 죽이고 그의 아들 예수도 죽였지만 예수도 살고 함께 죽은 죄인도 일시에 새로운 피조물로 거듭나니 이제야 에덴동산에서 아담 한 사람으로 나라와 백성을 넘긴 대표 제도를 깨달은 것이다.

주 아버지는 모든 것이 합력한 선을 이루시고 악한 사단은 자기의 행한 모든 것이 후회되니 처음 여자를 미혹한 것이나 흑암의 나라를 만든 것이나 세상 첫 죄로부터의 고소나 예수를 죽인 것이나 대적하고 훼방한 모든 것이 신을 돕는 것이고 자기 밧줄로 자기를 묶는 것일 뿐이었다.

사단의 처음은 다 이기지만 항상 끝에서 패하니 신의 공평한 대결 앞에서 늘 불공평한 대적으로 훼방하기 때문에 자기 밧줄로 자기가 꽁꽁 묶이는 것이며 사단이 끝까지 애쓴 결국은 영원한 고통의 영벌만 남는다.

그러므로 만든 사람 아담의 혈통이 사단에게 넘어가고 예수십자가에 못 박힌 사망은 신이 패한 것이 아니라 승리를 위한 단계일 뿐이며 손으로 만든 혈통을 성령으로 낳은 예수의 혈통으로 옮기는 과정인 것이다.

□새로운 피조물로부터는 피 흘림이 없은즉 사함이 없는 세상 죄로는 죽을 사람이 하나도 없다. 피 흘림이 없은즉 사함이 없는 죄는 세상 죄며 피로 씻을 세상 죄는 육체뿐인 사람일 때의 죄뿐이다.

그러므로 아들의 나라에서는 피로 씻을 죄가 없다. 옛 죄를 씻은 예수십자가 후로는 죄의 삯은 사망이 아니라 죄의 삯은 영벌의 지옥이며 죄의 삯은 지옥인 세상 죄는 오직 새로운 정죄뿐이다.

죄의 삯은 사망일 때 육체의 생명인 피를 흘리지 않고 사망한 것이면 죄의 삯으로 죽었어도 용서받지 못한 것이고 벌을 받았을 뿐이다. 노아홍수의 사망이 그런 것이라 예수님이 저들의 피도 대신 흘리고 영으로 그들에게 가시어 복음을 전한 것이다.

피 흘림이 없은즉 사함이 없는 죄란, 죄의 삯은 사망일 때 그냥 죽는 것이 아닌 피를 흘린 것으로 죽어야 함이며 육체의 생명인 피를 흘리고 죽어서 피가 신께 반납한 바가 되어야한다.

피 흘리는 사망을 예수가 대신 하지 않고 사단의 고소대로 사람이 죽었다면 그동안의 씨 뿌린 영혼도 영원히 망했을 것이나 예수가 우리를 않고 피흘린 대속이라서 새 영혼의 새사람을 사는 것이다.

옛 사람 안에서 죄인이던 내가 예수십자가에서 함께 피 흘린 사망을 당하지 않고 예수만 죽은 것으로 믿기 때문에 여전히 죄인이 살아있고 죄를 지으면 양심의 가책대로 죄인인 것이다.

예수 죽은 것이 나도 죽고 생명의 피를 반납한 바가 되어야 내 생명이 아닌 예수의 생명을 사는 것이며 이제 새로운 피조물은 예수 안에서의 범죄를 죽은 죄로 여기는 것이며 양심의 가책을 헹구는 하늘 잿물을 쓰는 것이다

새로운 피조물이지만 육체는 옛 사람을 이어서 다시 사는 것이라 증거대로 법적인 믿음으로 아니하면 옛 사람을 좇아서 양심의 가책대로 죄인이라서 구주 앞에 떳떳하지 못하고 새 용서를 구하는 악한 양심을 행하게 된다.

성도는 정말 예수 안에 있으면 결코 정죄함이 없는 것이며 생명의 성령의 법을 지키면 범죄는 이미 죽은 것이라 성도는 죄에서 해방된 자유인인 것이니 양심의 가책을 좇는 죄인을 행하지 말고 이 죄를 씻어놓은 보혈을 감사하

며 하늘 잿물을 쓰는 것이다.

예수 안에서는 정죄가 없고 양심의 가책도 하늘 잿물로 씻으면 되니 이제 계속 범죄 하여도 되겠다는 생각은 도저히 거룩한 성도의 마음일 수가 없다.

이미 보혈에 씻겨서 죽은 죄를 행하는 죽은 행실에 대하여 회개하는 이것을 한 번 깨달은 후는 같은 일을 반복해서는 안 된다.

(히 6:1-2,) 『[1] 그러므로 우리가 그리스도 도의 초보를 버리고 죽은 행실을 회개함과 하나님께 대한 신앙과 [2] 침례들과 안수와 죽은 자의 부활과 영원한 심판에 관한 교훈의 터를 다시 닦지 말고 완전한 데 나아갈지니라』

예수 안에서는 죄를 지어도 정죄함이 없다는 것을 알고 일부러 같은 죄를 짓는 것은 악이다. 성경에도 거룩한 성도의 일부러 계획한 죄는 회개할 수가 없다. 법을 알고 법을 이용하는 악이며 새로운 정죄는 일체 용서가 없다.

죄 사함에서 한번 죄를 담당한 피는 그 담당한 죄를 씻은 것으로 끝이며 다른 죄를 또 담당하지 못하고 한번 죽은 행실을 회개하는 하늘 잿물을 깨달은 후는 같은 죄를 반복하여 헹구지 못함과 같이 예수십자가의 피도 옛 죄를 씻은 후는 다른 죄를 또 담당하여 씻지 못하며 씻어가지도 못한다.

계속 씻어가면서 회개하고 용서를 받으려는 것은 죄 짓고 씻는 것을 반복하는 것이며 자기 죄를 쌓아가는 것일 뿐 새 용서는 없으니 이는 자기를 복음으로 낳은 아비가 없음이고 성령의 출산으로 하늘 갓난이의 때가 없는 까닭이다.

십자가의 피로 씻어가지 말고 예수십자가의 피를 하늘 성소의 제단에 단번으로 드려진 보혈로 죄를 영속하고 피로 씻을 죄와 영원히 상관없이 믿어야 하며 씻어진 증거를 가져야 한다.

죄 사함의 비밀은 옛 죄며 예수의 피가 옛 죄를 씻은 대속이 아니면 믿는 자들이 자기 죄를 씻다가 일생을 마칠 것이나 예수의 피로 옛 죄를 씻었기 때문에 은혜로 새사람을 사는 것이다.

옛 죄를 씻은 후로는 옛 사람과 옛 세상을 폐하기 때문에 아들의 나라로 옮겨지고 부터는 다른 생명의 다른 사람이고 피로 씻을 죄는 죽어있으며 지옥 가는 새로운 정죄가 새로 생긴 것이다.

그러므로 성도는 새로 생긴 죄를 짓지 않는 한 예수 안에서는 결코 정죄함이 없다. 성도가 같은 범죄를 반복하며 씻어달라고 회개함이 오히려 예수 죽인 양심이 없는 사람이다.

방송에서 어떤 목사가 신께서 사단에게 고소를 당했다고 하였으나 천지간에 신을 고소할 자는 없다. 성경에서처럼 우리가 다 사단에게 고소를 당한 것이며 신께서는 사단의 고소를 공평하게 받아들인 것이며 공평한 심판을 마쳤다.

사단도 심판을 받을 자며 주 아버지만 공평한 심판자이시다. 주 아버지는 사단의 고소대로 심판하여 아담의 혈통을 예수십자가에서 하룻날 일시에 폐하였다.

사단은 만든 피조물인 옛 사람을 고소한 것이지 예수의 생명을 사는 새로운 피조물은 고소하지 못하며 사단이 고소한 나라와 옛 사람은 이미 폐하여 없다.

성도의 처음 믿음에서부터 자기 죄로 예수 죽인 양심을 바로 써야 하며 이를 복음의 아비로부터 깨우쳐야한다. 양심상의 죄인은 보혈과 보혈의 능력을 깨닫지 못한 것이다.

자기 죄가 마음가운데 그대로 있는 사람은 복음의 아비를 찾아 의문이 없기까지 묻고 깨달아서 죄 사함 받은 자로 구별됨이 먼저인 것이니 죄인이면서 보혈의 능력이라며 찬송할 일이 아니다.

보혈의 능력을 찬송하는 성도는 이미 보혈로 씻음 받고 죄에서 해방된 자유자인 것이다. 성도는 다 성령 학으로 신령한 젖을 받는 하늘 갓난이의 때를 거치는 것이다.

모든 직분은 하늘 갓난이로부터의 성령 학이 임한 후로 자기의 받은바 은사대로 장성하며 일하는 것이니 이것을 간과한 학교의 공부로 행하는 직분은 예수교회와 상관없는 것이다.

아버지가 아들을 내어준 칭 의에 대적함이 스스로 정죄한 죄인이며 이를 돌이키지 않는 다면 지옥을 면할 수가 없다. 자기 죄로 예수를 죽인 양심도 없는 교인이면 교인으로 끝날 뿐이다.

천하보다 귀한 영혼이 갈아입을 육신으로만 열심히 믿을 것이 아니라 성령이 난 영혼으로 영생의 구원을 받은 하늘 아기의 자녀로 세우심을 받아야 하며 영의 아버지의 영의 자녀로 영적인 교통의 사귐을 이루어야 한다.

한 영혼의 전도에도 큰 상급이 있는 것이니 복음전파에 합력하는 성도가 되며 복음세대를 시작하고부터 지금까지는 먼저 온 사단이 속이는 부족한 복음으로 믿은 것임을 분명히 깨닫고 복음세대에 합당한 믿음이어야 한다.

□아담 한사람으로 죄가 세상에 들어왔으나 에덴동산에서 지은 아담의 죄가 들어온 것이 아니라 죄를 낳는 욕심을 잉태한 아담이 선악과의 선과 악으로 세상에 들어온 것이다.

잉태한 욕심으로 행하는 선악과의 악으로 세상 죄를 이룬다. 욕심이 잉태한 죄가 들어온 것이지 아담이 행한 에덴동산 죄가 세상에 들어온 것이 아닌 것이니 에덴동산 죄의 삯은 영이 죽는 것으로 거기서 치르고 쫓겨나왔다.

아담과 하와가 육체뿐인 사람으로 세상에 쫓겨나오니 에덴동산에서 세상살 근본을 갖추고 경작자로 나와서 세상 밭에 사람 씨를 뿌리는 잉태와 출산을 하는 것이며 첫 출산 가인으로부터 신이 정죄하는 세상 죄를 시작한 것이다.

어린양예수님이 담당한 세상 죄가 곧 세상에서 지은 죄며 각인이 세상에서 지은 죄로만 피 흘리고 죽는다. 아담의 죄로 죽는 것이 아니라 자기가 지은 죄로 피 흘리고 죽는 것이며 이것의 이해는 옛 죄를 깨달아야 하고 옛 죄를 씻은 예수십자가의 도를 믿어야 한다.

그러므로 죄의 삯을 영이 죽는 것으로 치른 아담의 에덴동산 죄로 죄인이 아니라 각자 자기들이 세상살이에서 행한 죄로만 죄인이며 아담 안에 있는 욕심과 선악과의 악이 유전된 각자의 범죄다.

세상 죄란, 세상에서 지은 것이고 에덴동산에서 지은 죄는 에덴동산 죄다. 에덴동산은 세상과 구분되어 따로 창설한 신의 영역이며 거기서 세상살이에 합당한 인격을 갖춰야 세상으로 나오는 것이고 다시는 거기로 가지 못하며 이미 거두어진 동산이다.

에덴동산에서 지은 아담의 죄로 죄인이 되어서 용서받으려는 것은 세상 죄를 씻은 예수 안에서의 죄 사함을 받지 못한다. 그러므로 아담의 죄로 죄인을 행하는 자들은 일체 피의 증거를 받지 못하며 피의 증거를 받지 못했다는 증거로는 물의 증거를 모르는 것이며 이에 성령의 출산이 없는 것이다.

아담으로부터 예수십자가까지는 선악과의 악을 행한 세상이고 예수십자가로부터 그리스도가 부활하시고 부터는 선악과의 선을 행할 세상이다.

에덴동산 죄의 삯으로 영이 죽었기 때문에 세상 죄로는 육체가 죽는 것이며 어린양예수가 대신 죽어주셨고 다시 사는 부활로는 우리의 영과 육체를 한 번에 새사람으로 살린 것이며 이제 악을 죽이고 선을 살린 세상이 되었다.

이런 세상과 인생살이는 절로 있는 것이 아니라 신이 창세전의 예정으로 이루시는 것이며 신을 대적하는 악한 영과의 영적인 대립의 상태로 이 세상이 돌아가고 사람들은 영적인 사단을 넘지 못하므로 그의 미혹과 속임에 당하는 것이라 세상이 요지경 속이다.

주 앞에 원죄는 천사가 타락한 사단의 죄며 사단이 대적한 원죄 앞에 다른 원죄는 없다. 원죄를 지은 사단의 자 범죄로 사람 안에 욕심을 넣었으나 사단의 원죄가 전가된 세상 죄는 아니다.

세상 죄는 선악과의 악으로 난 것이며 세상 죄는 원죄가 없이 다 각인이 지은 죄로 죄인이다. 흑암의 나라에서 사단의 고소도 원죄가 아닌 각 사람이 지은 세상 죄인 것이며 사단의 원죄는 법이 없는 여자 이브에게서 끊긴 것이다.

그러므로 우리는 원죄를 행한 사단의 꾐에 빠져 욕심을 잉태한 범죄를 하는 것일 뿐 자 범죄도 아니다. 사단이 행한 죄가 스스로의 자 범죄며 우리는 욕심이 잉태한 죄를 낳는 것이니 잉태한 욕심이 없이 스스로 행하는 자 범죄가 아니다.

사단의 원죄는 세상 죄가 아니다. 사단의 원죄는 하늘에서 행한 죄며 에덴동산에서 자 범죄를 행한 것이다. 사단이 세상으로 쫓겨나서 행한 것은 세상 죄며 우리의 세상 죄와 상관없는 영멸의 죄다.

아담의 여자 이브에게도 신의 법이 있었다면 여자도 사단의 미혹에 쉽게 빠지지는 않았을 것이나 여자에게는 신의 법이 없었기 때문에 사단의 원죄가 아담에게 이어지지 못하고 끊어진 것이니 법이 없는 여자를 깨달아야 한다.

아담의 에덴동산 죄는 아담이 선악과를 먹은 여자를 바라보고 생긴 의문의 욕심과 여자의 권유로 선악과를 받아먹은 죄는 신의 법을 범한 죄일 뿐 사단의 원죄를 좇는 범죄가 아니다.

아담의 원죄를 말한다면 아담의 원죄는 에덴동산 죄며 에덴동산 죄의 삯은 에덴동산에서 영이 죽는 것으로 치렀기 때문에 육체뿐인 사람으로 쫓겨나온 세상에는 아담의 원죄가 없다.

에덴동산 죄로는 영이 죽었고 세상 죄로는 육체가 죽었다. 만약에 아담의 에덴동산 죄를 원죄로 하여 우리가 죄인 된 것이면 예수는 각인의 세상 죄를 짊어질 필요가 없이 아담이 지은 에덴동산 죄만 씻으면 끝이다. 왜냐면 나무를 베면 그 나무의 열매는 절로 죽는 것이기 때문이다.

□새사람의 부드러운 마음은 죄를 새길 수가 없다. 정죄를 새기던 마음은 옛 사람의 굳은 마음이며 굳은 마음이라 금강석 철필로 죄를 새길 수가 있었고 죄를 새길 때만 피의 지우개를 사용한 것이다.

새사람에게 부드러운 마음을 새로 주신 것은 새사람부터는 그 마음에 정죄를 새길 일이 없기 때문이다. 새사람은 피로 씻을 죄도 없고 누구나 예수 안에 있으면 새로운 정죄도 없다.

피로 씻을 죄에서의 해방과 자유를 새 법이 보장하기 때문이고 마지막 심판은 죄의 심판이 아니라 예수의 증거가 있느냐 없느냐의 심판이기 때문이며 죄의 심판은 불신의 새로운 정죄뿐이다.

옛 사람은 죄를 깨달으면 피로 씻어야 했으나 새사람은 오히려 범죄 함으로 감사하는 것이니 이 죄마저 미리 씻어놓은 은혜를 감사함이고 죄가 더한 곳에 은혜가 더하며 예수 안에서는 결코 정죄함이 없기 때문이다.

죽은 행실의 살 죄인지와 새로운 정죄의 죽을죄인지의 구분도 없이 정죄하며 스스로 죄인을 행함은 보혈을 받은 새 마음일 수가 없다. 보혈의 씻음에 의문이 없어야 성도의 마음이다.

보혈의 씻음을 이렇게 반복하여 말함은 믿는 사람이 양심의 가책에서 자유하지 못하기 때문이다. 예수 믿기 전에서부터 현재까지의 지은 죄에서 자유하지 못하고 양심의 가책을 좇는 회개를 하고 씻어가는 용서만 빌기 때문이다.

범죄 한 양심의 가책에서 벗어나지 못하고 죄에 매인 믿음은 성도의 믿음이 아니다. 자기 죄가 크든 작든 지금 회개하고 자백하여 용서받지 못하는 것이며 예수의 피와 상관없는 믿음일 뿐이다.

새사람부터는 온 인류가 동일하게 자기 죄로 양심의 가책을 받는 것이며 예수를 믿는 자라도 자유하지 못하니 이것을 위한 새 법과 씻은 증거와 법적인 믿음이 세워진 것이다.

예수가 우리 죄를 미리서 씻어놓은 영원한 속죄가 분명하지만 거룩한 씨로부터의 성도라도 지은 죄는 없어지지 아니하고 오히려 더욱 쌓이는 것이며 마지막의 심판에서도 자기 죄는 기억되는 것이다.

지은 죄가 마음에서 없어지고 기억에도 없으며 양심의 가책이 없이 깨끗한 마음이 될 것이면 씻어놓았다는 예수의 증거와 새 법과 법적인 믿음이 필요가 없을 것이다.

마음에 죄가 있고 기억되며 가책을 받으니 예수의 피가 씻어놓은 구원의 증거가 필요하고 증거대로 은혜를 감사하고 기뻐하고 찬송하는 것이다. 마음에 있는 죄가 이미 씻어진 것이라 증거 하니 기뻐하고 감사하는 것이지 씻어놓은 것이 아니면 기뻐하고 감사할 일이 없는 것이다.

그러므로 죽은 행실을 회개하는 성도의 회개를 깨닫는 것은 참으로 중요하다. 예수의 피가 죄를 씻고 씻어진 깨끗함을 영원히 유지하는 보혈의 능력을 힘입는 회개며 모든 더러움을 맑히는 하늘 잿물을 뿌림 받는 성도의 회개다.

예수의 피에 씻겨서 죽은 죄는 더 이상 피로 씻을 것이 아니라 죽은 더러운 것이며 하늘 잿물로 능히 헹구는 것이다. 예수십자가 후로의 사람은 다 예수의 피가 씻은 새사람이며 피가 씻은 깨끗함이 다시는 더러워지지 않는 보혈의 능력을 받을 수가 있는 것이니 믿는다면 죄인을 떠나 보혈의 능력을 힘입어야 한다.

옛 사람의 법은 율법이며 율법의 기능은 죄를 죄로 깨닫게 함이고 율법의 목적은 옛 사람을 빠짐없이 예수십자가에 넘기는 것이다. 그러므로 율법은 예수십자가까지로 이루어진 것이며 새 법을 권한다.

새 법은 서로 사랑하는 성도의 삶을 이루는 것이며 온 인류를 죄에서 해방하여 자유를 준 생명의 성령의 법과 새 마음에 새긴 심법이 있고 심법은 율법을 이루어서 주신 법이니 밖에 있던 법이 새 법으로 사람 안에 들어온 것이다.

율법을 완성하여 새 마음에 주신 법은 두 법이며 선과 악의 대립이다. 선한 양심의 가책으로 죄를 멈추게 하는 신의 법과 죄를 권하는 죄의 법이다.

보혈을 값 주고 되찾아 새로운 피조물로 다시 살게 한 새사람인데 어찌 죄를 권하는 죄의 법을 새 양심의 법과 함께 주신 것일까? 죄 사함과 거듭남의 구원을 받은 새사람은 옛 사람 안에서 옛 죄를 용서받은 것이며 옛 사람 안에서 피 흘린 사망으로부터 거듭났기 때문이다.

사람이 다 자기의 행한 죄를 깨달아 자기 죄의 삯으로 피 흘린 사망을 당한 것이면 피 흘림이 없은즉 사함이 없는 죄 사함에 의문이 없을 것이나 자기가 태어나지도 아니한 이천년 전의 옛 세상 끝에서 옛 사람 안에 씨로든 상태로 죄 사함을 받은 것이기 때문에 어린양예수의 대속을 느끼지 못하기 때문이다.

온 인류는 일체 그리스도가 부활하심으로 거듭난 새사람이지만 예수가 대신 죽어준 것이라 죄인으로는 죽고 의인으로 다시 산 구원을 실감하지 못하므로 모든 사람은 다 이렇게 죄를 짓는 것이며 다 죄인인 것임을 깨닫게 하려는 것이다.

그러므로 죄의 법은 새사람을 정죄할 법이 아니라 선한 양심으로 가책을 주는 신의 법 앞에서 죄의 법을 따를 때마다 죄를 깨닫고 우리가 옛 사람 안에서 죄인일 때에 이런 죄인이었음을 온전히 깨닫게 하는 것이며 이에 대립한 신의 법인 것이다.

예수가 이미 구원한 새사람이니 이제 실컷 죄를 지어도 된다는 죄의 법이 아니라 옛 세상과 옛 사람을 깨닫고 그 안에 씨로 있던 나라는 것을 분명히 알게 하는 법이며 이제는 죽은 악이고 다시 산 선이지만 사람은 선악 간에 행하는 것이니 새사람 안에 선과 악이 대립한 것이다.

죄의 삯은 사망으로 각 죄인이 직접 죽어버리면 의문이 없을 것이나 죄인인 우리가 죽을 것을 예수가 대신 죽어준 대속이라 믿는 일에 의문과 어려움이 많은 것이며 이것을 속이는 사단이 먼저 와서 속이고 미혹하는 때라서 참으로 믿기 힘든 것이다.

물론 거짓광명의 부족한 복음에 속은 믿음인지를 알지 못하고 그저 시키는 대로 열심히만 믿으면 어려움이 없을 것이나 성경을 알아가는 대로 의문이 쌓이는 것이다.

하늘 아기인 처음 성도의 처음의 믿음에서부터 법을 알고 법을 지켜야 하며 속사람을 새롭게 한 내력을 알아야만 일방적인 자기 믿음을 놓고 법과 증거적인 참 믿음을 행할 수가 있다.

믿으면서 아버지의 큰 증거인 성령의 증거와 물의 증거와 피의 증거를 받지 않는 것도 성도가 아니며 오히려 아버지를 거짓말 하는 자로 만드는 것이지만 생명의 성령의 법을 지키지 않고는 죄 사함을 받은 거룩한 성도일 수가 없는 것이다.

생명의 성령의 법은 죄에서의 해방과 자유를 주니 예수의 피가 씻은 죄에서는 살게 하는 법이며 씻은 증거와 법적인 믿음을 확증하고 성도가 일부러 계획한 범죄가 아닌 것은 살 죄로 인정하는 법이다.

(요일 1:7,) 『저가 빛 가운데 계신 것 같이 우리도 빛 가운데 행하면 우리가 서로 사귐이 있고 그 아들 예수의 피가 우리를 모든 죄에서 깨끗하게 하실 것이요』

성도는 빛 가운데 있으며 아바아버지와 사귀는 것이니 아버지 앞에 자녀는 예수의 피가 모든 죄에서 깨끗하게 하는 것이다. 예수의 피가 깨끗하게 하는 것은 아버지 앞에 깨끗함이지 내 마음의 죄가 없어지고 기억에 지워지며 가책이 없어지는 깨끗하게 함이 아니다.

예수의 피가 우리를 모든 죄에서 깨끗하게 하신다 하니 십자가의 피로 씻어가는 것으로 오해할 수가 있으나 사람이 씻어가는 깨끗함이 아니다 사람이 씻어 가면 영원한 속죄는 없다.

씻어주고 있는 예수의 피가 아니라 단번에 씻은 깨끗함을 항상 유지하는 깨끗함이고 이 말은 예수 안에 있는 자에게는 결코 정죄함이 없다함인 것이다.

육신사람은 다 옛 사람이 그대로 이어져 새사람을 다시 살기에 죄를 짓고 지은 죄를 기억하며 양심의 가책을 받지만 그 형편 그대로 살아도 빛 가운데서 사귀면 예수의 피가 단번에 씻은 그대로 항상 깨끗한 상태를 유지하는 것이다.

온 세상 누구도 자기가 예수의 피로 씻어가는 깨끗함은 이루지 못한다. 예수의 피가 씻어준 깨끗함을 받아가는 것이며 성도는 예수의 피가 씻은 증거를 들고 구주는 그렇게 다 이루었다는 대언을 하시니 이것이 영원한 속죄인 것이며 예수 안에서 정죄가 없는 의인이다.

성도는 예수의 피가 깨끗하게 씻은 것을 법적인 믿음으로 받아들이고 씻어진 증거를 받는 것이며 믿음을 행하여 하늘 잿물을 뿌림 받으면서 죽은 행실에 대한 성도의 회개를 이루는 것이다.

(사 1:18,) 『여호와께서 말씀하시되 오라 우리가 서로 변론하자 너희 죄가 주홍 같을지라도 눈과 같이 희어질 것이요 진홍 같이 붉을지라도 양털 같이 되리라』

사단이 대적한 대립과 아버지 앞에서 주홍같이 붉은 죄가 눈과 같이 희어지고 진홍같이 붉은 죄가 양털같이 되는 것이지 우리 마음에 죄가 없고 기억에도 없으며 양심의 가책도 없이 된다는 것이 아니다.

온 인류는 다 죄가 있으나 아버지께는 눈과 같이 희어지고 양털같이 씻어진 것이며 정죄하지 못하는 죄라서 죽은 죄를 행하는 죽은 행실이 있는 것이며 이미 씻었던 죄는 다시 정죄하지 못한다.

우리는 옛 사람 안에서 죄인이었고 사단에게 팔려서 죄의 종이었으며 고소를 당하여 죄의 삯은 사망을 당하였다. 피로 씻을 죄인으로는 이미 죽은 것이나 육체에 사는 동안은 죄인이었다는 것은 없어지지 않는 것이다.

종이 해방되어 자유 할 때에 종 된 문서는 폐하지만 종으로 표시한 낙인은 몸에 남는 것이며 표시가 있는 그대로 해방되어 자유의 세계에 살지만 대가를 받고 풀어준 옛 주인과 대가를 지불한 새 주인과 이를 아는 자들은 종의 표시를 보고는 종이라 하지 않는다.

우리가 흑암의 나라에 값없이 팔리고 죄의 종으로 살다가 해방되어 자유하지만 죄의 종이던 표시의 죄는 우리 안에 여전히 있고 범죄하며 지은 죄가 생각나지만 옛 사람 때 죄의 종일 때 그랬던 표시일 뿐 죄와 죄의 종에서 해방되었고 자유 한 의인인 것이다.

아바아버지도 아들도 우리를 의인이라 부르시는 칭 의는 보혈로 사단의 고소를 폐한 흠 없는 의를 이루신 결국이다. 의인으로 부르시는 칭 의를 대적하고 자칭 죄인을 살며 스스로 정죄한 죄인은 구원받은 죄인이 아니라 구원 못 받은 죄인이고 구원받았으면 구원받은 의인인 것이다.

옛 사람 안에서 죄의 종 된 우리가 예수의 죽어준 대가로 해방되어 자유하지만 종이던 죄와 기억은 없어지지 않으며 행하는 죄로는 양심의 가책을 받지만 예수의 피가 씻은 결과와 항상 깨끗함을 유지하는 보혈의 능력대로는 의인인 것이니 이 믿음을 행하는 것이 성도의 믿음이며 씻음을 받은 양심을 써야 선한 양심인 것이다.

죄를 깨닫는 양심의 가책은 이런 죄인을 새로운 피조물로 다시 살게 한 구원을 감사함이 되며 또 범죄를 반복하는 악을 멈추게 함이니 보혈의 능력에 대한 양심과 죽은 행실을 회개하는 양심을 법과 증거에 합당하게 써야하며 생명의 성령의 법을 지켜야 한다.

□율법은 흑암의 나라에서 공평한 법이며 사단은 율법을 좇는 세상 죄를 법대로 고소하였고 고소당한 우리는 법대로 심판을 받았으니 심판 후로의 새 법을 좇는 것이 마땅한 것이다.

우리가 죄인으로 심판받은 구원을 받았고 구원받은 소식을 듣고 구주의 은혜에 참여하는 것이며 그의 희생을 감사하는 것이니 옛 사람을 벗고 구주의 다 이루신 증거대로 믿어야 한다.

주 아버지는 짐승의 피로 대속하며 우리를 보전하였고 길이 참으시며 한 때를 기다리신 것이니 예수십자가의 날이다. 예수십자가까지로 하늘 농사 짓기를 마친 것이며 추수를 시작하신 것이다.

농사 동안은 흑암의 나라에서 어두움의 임금이던 사단이 예수십자가까지로 왕권을 잃었기 때문에 빛을 밝힌 아들의 나라에서는 어두움을 행하지 못하고 빛의 세상을 좇아 새로운 대적의 거짓 광명을 행하는 것이다.

거짓광명은 구주 앞에 먼저 와서 밝힌 것이고 겉만 휘황한 빛일 뿐 속은 어두움이다. 속이 다 어두움이니 생명이 들지 아니한 거짓 빛이며 속이는 복음이다.

옛 세상에서도 사단이 먼저 세상을 받아 흑암의 나라이듯이 되찾은 아들의 나라에서도 처음은 사단이 먼저 속이는 것이니 옛 세상 종말의 성령세대 후로 이 세상의 시작으로부터 생긴 세상교회를 보면 부족한 복음의 선교가 드러나는 것이다.

흑암의 나라일 때 주 아버지는 정말 공평하게 사단의 임금 직을 인정하여 광명을 참고 희미한 작은 광명으로 겨우 인생길을 비추신 것이니 이제 사단도 광명 앞에서는 작은 어두움이어야 하나 악한 사단은 거짓광명을 밝힌 것이다.

부활의 예수가 큰 광명이며 큰 광명은 새 언약이니 사단은 어두움을 잃었다. 광명을 밝힌 아들의 나라에서는 어두움을 행할 수가 없기 때문에 어두움을 감싼 거짓 빛을 비춘 것이고 세상교회는 거짓 빛을 생명의 빛으로 속아서 받은 것이다.

그러므로 사단이 먼저 속이는 거짓광명의 때라서 하루가 밤에 시작하여 밤에 마치는 이상한 하루를 사는 것이며 밤과 밤사이에 낮을 묻어버린 형국 인 것이다.

세상은 처음부터 달밤 같은 세상이 먼저였고 되찾은 세상에서도 신의 공 평 하에 거짓 달밤의 세상으로 속이는 거짓광명의 세상이 먼저다. 거짓광명 은 해아래 비추는 전등 같아서 잘 보이라고 색색이 가지가지로 미혹하지만 분명한 빛을 내지 못하고 희미할 뿐이다.

※ 사단은 지금의 세상 주관자가 아니다. 이 세상 왕권 자는 예수님이고 사 단은 흑암의 나라 끝까지로 어두움에 속한 황권을 잃었으니 이제는 속이 고 미혹하는 악한 자일뿐이다.

옛 세상 말세에서 성령의 능력에 대립한 사단의 모든 능력과 그때의 징조 와 형편이 지금도 비슷하게 나타나지만 지금의 것은 다 속이는 것이며 성령 의 능력과 사단의 능력도 지금의 말세에는 없는 것이다.

옛 세상 때의 붉은 여황은 그 세상 끝에서 황권이 폐한 후로도 여전히 황 권 자처럼 행하며 자기의 양인 짐승을 세워 큰 능력으로 미혹하며 거짓선지 자와 많은 적그리스도를 세워 대적하며 거룩한 성도들과 싸웠으니 그때 옛 세상 말세의 것은 다 진짜다.

지금은 다 가짜다. 사단의 양이턴 그때의 짐승은 이 세상에는 없으며 짐승 이 없으니 짐승의 수666도 가짜다. 거짓선지자와 많은 적그리스도가 다 가 짜며 예수 재림을 숨기는 사단이 그때의 것처럼 비슷하게 속일 뿐이다.

그때 성령세대는 임박한 말세를 만났으며 주 아버지가 말세에 부어주신다고 약속한 그 성령을 받아 성령의 능력을 행하였고 지금은 처음부터 예수님 앞에 먼저 오는 거짓광명의 사단을 만난 것이다.

거짓광명은 예수가 광명이라 속이는 가짜 빛이고 태양신 숭배자들의 빛이다. 성수주일 하나만으로도 태양신 숭배의 징조로 충분하며 교회의 황제는 그 확증이다.

□옛 세상에서 사람의 죄를 짐승의 피로도 대속이 가능한 것은 짐승도 사람과 같이 육체의 생명은 피에 있으며 짐승의 피는 죄가 없으니 짐승의 피로도 역시 피가 생명인 육신사람의 죄를 씻을 수가 있었고 사단의 대적에 흠이 없었다.

흠이 없으나 사단의 고소를 폐하지 못하고 백성을 죄와 사망에서 해방하지 못하니 죄와 죄인을 단번에 담당할 제물로 아들을 내어주셨으나 이는 창세전의 예정이 예수 안에서의 자녀인 것이다.

(롬3:23-27.) 『모든 사람이 죄를 범하였으매 하나님의 영광에 이르지 못하더니 그리스도 예수 안에 있는 구속으로 말미암아 하나님의 은혜로 값없이 의롭다 하심을 얻은 자 되었느니라 이 예수를 하나님이 그의 피로 인하여 믿음으로 말미암는 화목제물로 세우셨으니 이는 하나님께서 길이 참으시는 중에 전에 지은 죄를 간과하심으로 자기의 의로우심을 나타내려 하심이니 곧 이 때에 자기의 의로우심을 나타내사 자기도 의로우시며 또한 예수 믿는 자를 의롭다 하려 하심이니라』

예수십자가로부터 죄인을 장사지낸 사흘간 흑암의 세상에 어두움의 왕 사단만 남아서 창세전의 흑암과 같았으며 큰 광명으로 떠오르는 예수의 부활까지로 대속의 구원을 완성한 것이다.

지금 거짓광명의 미혹과 속임은 오히려 잘 익은 알곡의 성도를 거두는 영생의 구원을 돕는 것이 된다. 악한 훼방이 없이 처음부터 완전한 복음전파는 선악 간에 선택한 구원을 이루지 못한다.

사단의 대적한 결국은 두 세상 다 자녀농사를 돕는 것이니 흙으로 만든 사람을 예수 안으로 옮기는 구원을 도왔고 새사람이 물과 성령으로 난 알곡의 자녀가 되기를 돕는 훼방일 뿐이다.

그러므로 사단이 고소한 결국이 예수십자가에 죽었으나 예수의 부활로부터는 거듭난 새사람이니 사람이 영생의 자녀가 되는 자격을 갖추어 나타난 것이다.

그러므로 달밤 같은 옛 세상이 폐하여 이제 해가 떠서 낮 열두시와 같은 대낮의 세상에서 사단이 분통을 터트리며 온 세상을 거짓광명으로 속이고 미혹하는 것이다.

세상의 하루는 성경대로 해가 뜰 때로부터 다음 새벽의 해가 뜰 때까지다. 그러므로 어두운 밤은 빛 가운데 있는 것이고 밤 영시로부터의 하루를 시작하는 지금의 세상과는 반대인 것이다.

거짓광명의 사단은 세상의 하루가 밤에 시작하여 밤에 마쳐야만 하고 빛을 밝힌 아들의 나라에서도 속이고 미혹하려면 해가 뜬 밤과 같은 이상한 세상을 만들어야 하므로 밤에다가 낮을 묻어버린 세상을 만든 것이다.

옛 세상은 달밤 같은 세상이었고 되찾은 이 세상은 해가 뜬세상과 같기 때문에 이 세상에서도 사단이 먼저 속이려면 해밤 같은 세상이어야 하나 해밤은 있을 수가 없기에 사단은 해를 어두움에 묻어버린 세상처럼 돌아가게 만든 것이다.

그러므로 밤 영시로부터 하루를 시작하여 밤 영시에 마치는 하루는 사단의 미혹이며 지금은 사단이 먼저 속이는 때라는 것이고 이것을 시작한 황권으로부터 내려 받은 성수주일은 미혹인 것이다.

사단의 때인 지금은 날도 주일도 어그러진 것이며 이런 속임은 사단이 아니고는 사람의 일일 수가 없다. 어두움의 사단이 자기 형편에 맞춘 것이니 달력도 한 주의 첫날은 일요일인데 첫날 일요일을 마지막 날로 쓰고 둘째 날 월요일을 첫째 날로 쓰면서 온 세상을 속인다.

한 주의 첫날인 일요일을 먼저 쉬고 둘째 날인 월요일을 한주의 첫날로 만든 것은 천지창조의 첫째 날과 흑암을 밝힌 빛을 감추는 것이며 예수님의 일요일 새벽에 부활하심의 큰 광명을 숨기는 것이다.

열심히 믿는 자들까지도 사단의 미혹을 도와 아버지와 아들이 일하신 일요일에 안식하며 부활하신 날만 아니라 부활절 행사도 삶은 달걀로 부활을 무시하고 큰 광명으로 떠오른 새 언약을 모른다.

사단의 나라 때는 신께서 큰 광명을 밝히지 않았다. 큰 광명은 생명이 있는 사람들의 빛이니 사단의 고소를 받아 죄의 삯은 사망으로 영멸에 처한 자들에게 죄를 묻지도 않고 그냥 생명의 빛으로 밝힐 수가 없기 때문이다.

사단의 고소를 심판한 대속 후로는 아들의 나라를 시작한 것이며 새 언약을 세웠으나 사단의 때에는 거짓광명이라 예수광명의 새 언약이 나타나지 않는 것이다.

새 언약은 주 아버지의 때가 되어야 하고 옛 세상에서처럼 이 세상 말세가 시작이 되면 예수광명을 밝혀 사단의 거짓광명과 나란히 될 때에 믿는 자들이 양단간에서 공평한 선택을 하는 것이다.

일방적인 선교는 믿는 일을 오히려 대적하게 만들고 새 언약을 감춘다. 성도가 없이 사람의 아들들이 세운 세상교회를 좇아 성경으로 신을 대적하며 육신에다 새 영을 묻는다.

옛 사람은 그림자 성막의 물두멍에서 씻었고 새사람은 하늘 참 성막의 물두멍에 씻는 것이니 아담 안에서와 예수 안에서를 구별하여 형편이 변한 새 사람을 살아야 하나 사단이 더 강하다.

그동안 속아서 믿은 자들은 돌이킬 때에 돌이켜야 하고 영생의 구원을 받아야 한다. 완전한 복음전파를 받고도 회개하지 않고 믿지 아니한 자기 선택의 대가를 받을 것이니 이 땅이 지옥을 이룬 불 못에서 영원히 고통 하는 것이다.

아직은 완전한 복음을 전하는 예수교회가 없다. 천국가고 지옥도 가봤다는 간증과 사람의 생각대로 믿는 세상교회가 있을 뿐이고 세상교회는 사람이 죽으면 바로 지옥과 천국으로 간다고 속인다.

천국이든 지옥이든 백 보좌의 마지막 심판을 마치기 전에는 동산에서 잠을 자든 깨어있든 영계의 다스림을 받는 것이며 다 죽은 자로 마지막의 심판장에 나아가야 한다.

□죄 사함 거듭남이 아니며 죄 사함의 구원도 아니다. 구원은 죄 사함과 거듭남의 구원이다. 죄 사함 거듭남과 죄 사함의 구원은 다 그리스도의 부활이 빠진 것이다.

죄 사함을 받을 때는 죄인이 다 예수십자가에 죽는 것이며 그 사망을 장사 지낸 것이니 장사된 것에서 그리스도가 부활하지 못하면 죄의 삯은 사망으로 피 흘리고 죽어서 끝난 것이다.

여기서 거듭남이란 그리스도가 부활하심으로 장사된 우리가 새로운 피조물로 다시 사는 것이며 구원도 그리스도가 부활하심으로 거듭나야 구원을 받은 것이다.

세상교회는 부족한 복음이라서 그리스도의 부활을 간과한 죄 사함 거듭남과 죄 사함의 구원으로 전하는 것이다. 또 영생의 구원이 따로 있으나 영생의 구원도 숨겨지고 죄 사함 받는 구원으로만 성도와 자녀를 행하는 것이다.

세상교회의 부족한 복음으로는 영생의 구원에 이르지 못하니 영생의 구원은 사람이 물과 성령으로 나야 하고 거룩한 씨가 들어야 하며 생명책에 자기 이름이 있어야 한다.

영생의 구원을 받으려면 먼저 그리스도가 부활하심으로 거듭난 새로운 피조물이 되어야 한다. 아담에서 새로운 피조물에 이르기까지는 피의 증거를 받아야 하고 새사람이 물과 성령으로 나서 천국에 가는 것은 피의 짝인 물의 증거를 받아야 한다.

피의 증거와 물의 증거는 셋이서 하나인 성령의 증거로 받는 것이며 사람이 물과 성령으로 난 하늘 갓난이가 맞는 지를 살피시는 성령의 확증으로 세워지고 하늘 아기로부터 신령한 젖의 양육이 성령 학으로 이루어진다.

여기까지에 이른 자라야 성도며 이제 그리스도의 마음을 가지고 복음전파에 합력하기 위하여 자기의 받은바 은사대로 장성하며 성령이 운행하시는 교회의 세우는 직분을 받아 아바아버지의 뜻이 땅에서도 이루어지는 복음전파를 위한 성도의 삶을 행하는 것이다.

부족한 복음의 미혹은 사람들이 완전한 복음으로 죄 사함과 거듭남의 구원에 이르면 아무리 사단이라도 말릴 수가 없이 영생의 구원에 이르기 때문이다.

다 이루시고 거저 주시는 칭 의를 받았으나 유지하지 못하고 의를 잃어버린 죄인의 믿음이 곧 부족한 복음의 속은 믿음이다. 구주로 예수 이름은 부르지만 사람위에 속이는 다른 신을 좇는 것이다.

속은 것이라 자기 믿음으로만 법적인 믿음을 대신하는 것이며 예수의 증거를 받지 않는다. 성령의 증거로 밝힌 예수의 증거는 다 이루었다 외친 예수십자가의 물과 피며 아바아버지의 큰 증거로 삼아 물의 증거와 피의 증거로 세운 것이다.

부족한 복음은 옛 세상 말세를 당한 성령세대와 지근 우리의 복음세대를 구별하지 않고 그냥 믿으면서 그때 제자들 때의 믿음이 이어지는 것으로 생각한 믿음이라 헛된 믿음일 뿐이다.

제자 때의 처음 성도로 이어진 예수교회는 고치고 개혁할 시시한 교회가 아닌 것이며 그렇게까지 타락할 수도 없다. 옛 세상을 마칠 때는 거기까지의 익은 열매를 거둔 것이다.

제자들 때의 성도는 흑암의 나라를 마치는 옛 세상 끝에서 이른비의 열매로 거두고 되찾은 이 세상에서 우리 때의 성도는 아들의 나라 끝에서 늦은 비의 열매로 거두는 것이니 우리는 다음 익은 열매다.

물과 피로 짝을 이룬 예수십자가의 도를 좇는 다면 불신자든 이단이든 온 인류를 일체로 보혈을 받은 예수생명의 새사람으로 여겨서 긍휼이 있어야 하나 세상교회는 자기들끼리도 서로 이단이니 그리스도의 마음을 가진 성도일 수가 없다.

천국 길은 좁은 문 협착한 길이며 다른 문 다른 길은 없다. 좁은 문은 예수의 증거 없이 열리지 않으며 협착한 길은 둘이도 비켜가기 힘든 길이니 사람들이 큰 길로 가지만 협착한 길의 끝이 천국 문에 이르는 시온의 대로다.

부족한 복음이니 속아서 믿어도 다 틀린 것이 아니며 예수님의 다 이루신 복음에 조금씩 부족하게 꾸며서 전하는 것이고 법적인 믿음을 권하지 않고 자기 믿음만 세우니 속은 믿음이 진정으로 열심히 믿는 것이다.

주 아버지는 흑암의 나라에서 공평하게 달밤으로 인도하였으나 사단의 능력은 빛의 나라에서 해밤을 이룰 수가 없기 때문에 거짓광명이며 조금씩 부족하게 전하지만 태양 빛 앞에는 어두움이 없듯이 다 이룬 복음에는 부족함이 없어야 하나 먼저 임한 선교는 다 부족하다.

달 빛 앞에는 분명히 어두움도 있다. 그래서 달밤이며 햇빛 앞에는 어두움이 없으니 해밤은 없으나 악한 사단은 빛 가운데서 어두움을 행하니 다 부족한 것이다.

공평한 심판으로 빛을 밝힌 아들의 나라에서 사단도 작은 어두움으로 행하든지 그럴 능력이 없으면 빛의 나라로 인정하고 거짓어두움으로 대적해야 하나 거짓광명이니 불공평이며 대적인 것이다.

※ 예수십자가의 도가 물과 피로 짝을 이루지 못하면 영생의 자녀를 세우지 못하며 예수십자가의 물과 피가 짝을 이루어도 하늘 성막의 물두멍과 성소의 제단에 드려진 피가 아니면 죄를 영속하지 못하고 사람이 물과 성령으로 나는 것을 이루지 못하니 아직도 십자가의 피로만 씻어가며 십자가의 피로만 믿는 세상교회는 밤에 시작하여 밤으로 마치는 하루의 비밀을 모른다.

사단이 대적한 대립 앞에서 신이신 예수가 사람대신에 피를 흘려도 공평에 하자가 없는가는 온전히 합당하고 흠이 없는 공평인 것이니 사람은 신들의 모양대로 만든 형상이며 예수는 실상의 육체로 왔기 때문이다.

처녀의 태에 성령으로 잉태하여 나신 실상의 육체가 아닌 우리 사람처럼 흙으로 만든 표상의 육체와 동일한 것이면 하늘에서 신이시라도 사람의 죄를 담당한 대표 제물의 어린양일 수가 없는 것이며 그 피가 세상 죄를 영속하지도 못하는 것이다.

실상의 예수는 근본이 영격이며 인격을 아신다. 예수도 인격이라 함은 이해 부족이다. 예수님은 피가 생명인 그 육체는 같지만 사람처럼 만든 육체가 아니며 실상으로 하늘에 속한 육체라 우리가 그 육체를 좇아 거듭난 것이다.

사람의 인격은 흙으로 만들어진 것과 선악과로 임한 그 선과 악과 세상 경험과 세상지식으로 이룬 것이니 하늘에서 아버지와 함께 신이신 예수님은 흙에서 난 사람의 인격이 없으며 우리 표상의 실상이시라 인격을 다 아시는 것이다.

거듭남은 예수의 혈통으로 다시 사는 것이고 새사람부터는 영생의 자녀 될 자격을 가지기 때문에 사람이 물과 성령으로 날 때에는 다시 예수의 신령한 몸을 좇는 것이다.

※ 하늘에서 예수님이 벗은 본체는 우리 표상의 실상인 예수님의 형상과 모양의 몸이며 아바아버지의 모양과 같으니 예수의 본체를 벗음은 아버지의 몸을 벗음이 아니다. 예수님이 본체를 벗음은 부활하신 후는 그 본체를 다시 입는 신령한 몸이 아니라 예수님도 육체가 있은즉 입는 몸인 것이니 하늘의 본체를 품은 신령한 새 몸이다. 예수님의 육체를 좇는 신령한 몸은 오직 우리를 위한 것이니 예수님은 모든 자녀의 맏형이 되려 함이고 이것의 이해는 자녀들이 육체가 있은즉 신령한 몸을 받는 것이기 때문이다.

□부자가 천국가기 어렵고 많은 영혼이 망하며 지옥 가는 것은 다 욕심 때문이다. 속은 복음에서 완전한 복음을 만나도 돌이키지 않음은 현재로 큰 무리의 넓은 길이라 좁은 길을 보면 하찮고 대수롭지 않아서 이지만 안 믿는 자들은 신도 영도 믿을 이유도 없기 때문에 세상을 좇아 욕심 부리는 인생이다.

현재로 초 신자나 처음 믿으려는 자와 아직 사단의 열매로 익어지지 아니한 사람은 돌이킬 수가 있는 것이니 완전한 복음과 부족한 복음이 나란히 되면 자기 선택을 분명히 해야 한다.

예수를 믿어도 세상에서는 세상 법을 지켜야 하고 구주 앞에 양심을 지켜 받은 의를 잃지 말아야 하지만 교인이 스스로 정죄한 죄인 되는 것과 교인이면서 세상 법을 무시함은 악한 자 사단을 돕는 것일 뿐 구주와 상관이 없다.

믿는 성도는 자기 생각대로 행하며 세상 법을 대적하는 삶이 아니라 세상 법을 더 잘 지키면서 세상에게도 구주의 성도로 나타내어야 하고 혹 세상 법에는 죄가 있어도 구주 앞에서는 칭 의를 잃지 않는 것이 성도의 양심이다.

세상은 타향이고 천국은 본향이라 본국의 법대로 살지라도 성도의 배도와 계획한 범죄로 영혼이 멸하고 지옥에 감은 성령이 난 영으로 영혼의 자녀가 될 때에 영적인 일을 성령 학으로 알면서도 거룩한 씨를 생각지 않고 죄의 법을 따른 삶인 것이다.

사람이 성령이 난 영으로부터는 영혼의 소욕대로 육신을 순종해야 하는 거룩한 성도의 삶이기 때문에 육체의 소욕대로만 살면서 선한 양심의 가책을 무시하고 배도하는 것과 부러 계획하여 행하는 범죄는 영혼까지도 영벌을 받다.

생명의 성령의 법이 세상 죄에서 해방한 자유자라도 육신의 마음에 죄의 법이 함께 있는 세상동안은 다 범죄 하는 것이며 성도의 영은 신 앞에 의인을 살지라도 땅에 속한 육신은 세상 법에 드러나는 죄의 삯을 치러야 한다.

육체는 영혼의 집이니 낡아지면 고치고 무너지면 새 집을 받지만 땅에서는 육체인 것이며 육체는 사단이 악을 권하는 죄의 법이 함께 있기 때문에 범죄도 있으나 거룩한 성도로서의 배도와 부러 계획한 범죄가 아니면 육체의 범죄로 하늘 법이 폐하고 영혼까지 망하여 자녀의 권세가 폐하는 것이 아니다.

□악한 사단은 영생의 구원을 속이는 불신을 주고 믿을 시간을 없애며 돈 벌고 지식사기에도 바쁘게 하고 사람의 번성과 충만 까지도 훼방하니 세상 형편을 살피면 인생을 잃은 세상의 범사가 어그러진 것임을 아는 것이다.

모든 인생에서 부모가 자식을 버리고 자식이 부모를 대적함은 있을 수가 없으나 현실 적인 타락은 사람의 악이 아니라 사단의 미혹이 강한 것이며 사람은 강한 사단의 조종을 면할 힘이 부족하기 때문이다.

흑암의 나라일 때는 우리가 죄인으로 죽느냐 구원을 받느냐의 싸움일 때였고 되찾은 세상 에서는 우리가 신의 씨로 난 자녀가 되느냐 못되느냐의 싸움이다.

이번에는 어두움인 사단이 거짓광명으로 생명의 빛이라 속이며 성령의 출산을 막기 때문에 지금까지 열심히 믿는 세상교회가 어그러지고 무너지는 것이며 일체 성령 학이 없기 때문이다.

성령이 난 영혼이어야 하늘 갓난이로부터의 성령 학이 임하는 것이며 성령의 출산이 없이는 누구도 하늘 아기로 태어난 적이 없는 것이니 자기 영이 있거나 말거나 그저 육신사람으로만 열심히 잘 믿는 것으로 복을 받으려는 것이다.

성경을 보면서도 아담의 혈통으로 거룩한 자녀가 되려함이 벌써 속은 것이다. 흙으로 만든 사람은 결코 자녀가 되지 못한다. 자기 씨로 낳아야 친자녀다.

다시 사는 거듭남부터는 처음의 피조물을 벗은 새로운 피조물인데 이것을 분명히 가르침 받지 못하고 하늘 아기로 낳아줄 복음의 아비를 만나지 못하기 때문에 부족한 복음으로도 열심히 믿는다.

피조물은 피가 생명인 육체로 살았고 피가 생명이라 피 흘림이 없은즉 사함이 없었고 새로운 피조물은 예수의 생명을 살고 예수의 생명은 피 흘림이 없은즉 사함이 없는 세상 죄와는 상관이 없다.

성령이 난 영의 성도는 예수의 영과 한 영이며 죽으나 사나 일체 예수의 것이다. 성도는 예수의 생명을 살기 때문에 그리스도의 마음을 가지는 것이다.

□예수는 하늘에서 아바아버지의 말씀이었고 말씀으로 이룬 천지창조며 그 말씀이 육신이 되어 세상에 오시므로 온 인류가 죄와 사망에서 구원을 받았다.

※ 말씀이 육신이 됨은, 아바아버지의 아들 예수는 천지창조에서 영이신 아버지의 뜻대로 만물을 있어라 말씀하여 지으신 말씀이다. 아버지가 직접 말씀한 천지창조가 아니라 아버지의 뜻을 아들이 말씀한 것이니 성경(골 1:16-17,) 『[16] 만물이 그에게 창조되되 하늘과 땅에서 보이는 것들과 보이지 않는 것들과 혹은 보좌들이나 주관들이나 정사들이나 권세들이나 만물이 다 그로 말미암고 그를 위하여 창조되었고 [17] 또한 그가 만물보다 먼저 계시고 만물이 그 안에 함께 섰느니라』

예수십자가로부터의 인류는 예수에게 생명을 빚진 것이며 자기 생명이 아닌 예수의 생명을 산다. 사람이 여기까지의 은혜를 깨닫고 구주를 믿을 만한 이유를 가져야만 돌이킨다.

돌이키는 자기 믿음으로부터 법적인 증거를 받아 믿음의 법적인 믿음으로 영생의 자녀가 되는 것이니 처음부터 법과 증거 적인 믿음을 위한 완전한 복음전파를 받아야 한다.

완전한 복음은 주님 편에서 친자녀를 얻기 위한 길을 내신 것이며 자녀 농사를 짓는 것이니 못자리의 모를 이종한 논에서 벼의 알곡을 얻음과 같은 추수를 마친다.

첫 사람 아담은 신의 법을 받은 처음 장수며 뱀의 육체를 빌린 사단에게 먹는 것으로 패하였고 둘째 아담이신 예수는 어린양 제물의 사명을 받은 다음 장수며 사십일을 굶었으나 붉은 여황의 미혹을 이기셨으니 아담 안에서 단번에 죄의 종으로 팔린 것을 단번으로 구원하여 예수 안으로 옮긴 것이다.

예수광명은 천지창조에서 흑암을 밝힌 빛의 실상이니 말씀으로 있으라한 빛은 예수 광명의 표상이다. 그러므로 햇빛은 세상의 빛이고 예수광명은 사람들의 빛이며 또 사람들의 생명이 있다.

예수광명이 떠오르고부터 의 거듭난 생명을 살지 못하고 구분이 없이 사는 믿음은 좁은 문에 이르지 못하고 큰 문의 넓은 길에서 자기들의 많은 천국 길로 나뉘고 있다.

그리스도가 부활하심으로 거듭나서 산 소망이 있는 새사람이어야 육체 밭에 묻힌 영이 새 싹을 돋아 뿌리를 내린 새 밭과 같고 새 밭의 새 싹은 새 열매를 맺는다.

뿌린 씨의 싹 난 열매는 밭에서 양분을 받아 알곡으로 익어지듯이 성도의 영혼도 육체로 행한 인격으로 익어지며 인격이 거듭난 영격으로 영생하는 것이니 무익한 육체가 아닌 유익한 내 육체다.

새 열매에 드는 거룩한 씨는 양자의 영이며 하늘에서 아바아버지의 유산을 상속받을 아들의 영이다. 온 인류가 일시에 거듭나면서 새 영을 받았으나 사람이 거룩한 자녀가 되려면 거룩한 씨로 양자의 영을 받아야 하고 거룩한 씨가 들으려면 성령이 난 영이어야 한다.

그러므로 사람이 거듭나고 거룩한 자녀가 되기까지는 죄를 지우는 피의 씻음과 피의 씻음을 정결케 헹구는 물의 씻음이 필요하며 이것을 위하여 예수가 물과 피로 오셨다.

사람의 잉태한 출산에서도 피 흘린 출산을 맑은 물에 씻고 헹구어서 흰 옷을 입히니 성도의 복음전파에서 이것을 분명히 전해야 하고 듣는 자는 여기까지를 이루어야 한다.

물과 피로 짝을 이룬 예수십자가의 도에서 피의 증거로 구원의 투구를 쓰고 물의 증거를 받아 성령이 난 영으로 하늘 아기에게 임하는 신령한 젖으로부터 장성하며 성령의 검을 들어 빛의 자녀가 되는 것이니 여기까지를 다 이루어야 비로소 성도다.

사람은 누구도 피와 물을 함께 흘릴 수가 없으니 여기에 비밀이 있고 예수님이 세상 끝에서 둘째 아담의 자격으로 오실 때에 이미 물과 피로 임하신 것이다.

물과 피가 필요한 예수십자가의 도를 이루기 위한 물과 피로 오신 것이며 물과 피로 짝을 이룬 예수십자가의 도를 이루었으나 이것을 누구도 알 수가 없기에 보혜사성령이 증거 하러 오셨다.

성령의 증거는 제자들에게 피는 무엇을 이루었고 물은 무엇을 이루는지를 알게 하므로 이제 성령과 물과 피의 증거는 셋이 합하여 하나가 되어 아버지의 큰 증거로 나타난 것이다.

5 장

천하보다 귀한 내 영혼

지금은
사단의 때

(사14:12-17,) 『[12] 너 아침의 아들 계명성이여 어찌 그리 하늘에서 떨어졌으며 너 열국을 엎은 자여 어찌 그리 땅에 찍혔는고 [13] 네가 네 마음에 이르기를 내가 하늘에 올라 하나님의 뭇별 위에 나의 보좌를 높이리라 내가 북극 집회의 산 위에 좌정하리라 [14] 가장 높은 구름에 올라 지극히 높은 자와 비기리라 하도다 [15] 그러나 이제 네가 음부 곧 구덩이의 맨 밑에 빠치우리로다 [16] 너를 보는 자가 주목하여 너를 자세히 살펴 보며 말하기를 이 사람이 땅을 진동시키며 열국을 경동시키며 [17] 세계를 황무케 하며 성읍을 파괴하며 사로잡힌 자를 그 집으로 놓아 보내지 않던 자가 아니뇨 하리로다』

온 세상을 속이고 미혹하며 악을 이루는 사단은 하늘에서 천사며 별 중의 별 이던 천사 장 이었다. 천사 장은 자기의 많은 지혜와 지식으로 신을 대적하며 스스로 타락한 것이다.

천사장이 타락하여 신 앞에 어두움이 되었으며 이때로부터 빛과 어두움으로 대립한 것이고 어두움의 흑암을 밝히는 빛이 천지창조의 첫날에 만들어진 것이다.

신께서 빛이 있어라 해서 밝혀진 광명은 사람의 빛인 예수광명의 표상이며 작은 광명 달이 밝혀진 것은 흑암의 나라에서 흠 있는 언약을 표현한 것이니 사단이 임금인 흑암의 나라동안은 사람의 빛이며 생명이 있는 큰 광명을 밝히지 못하므로 인생길을 위한 작은 광명을 밝히신 것이다.

사람의 빛과 생명을 주는 광명은 아담의 혈통이 일체 예수 안에서 죄인으로 죽고 장사된 것에서 새로운 피조물로 다시 살게 하실 때에 둥실 떠오르는 것이며 예수그리스도의 부활로 밝히는 빛이다.

그러므로 흑암의 나라동안에 어두움을 비추던 작은 광명의 달이 흠 있는 옛 언약이었다면 이제 예수광명은 흠이 없는 새 언약인 것이며 예수부활로부터 비추며 장사된 우리를 살게 한 것이다.

옛 세상이나 되찾은 이 세상이나 타락한 천사장이 어두움으로 거짓의 아비인 것이며 물과 피로 짝을 이룬 예수십자가의 도를 불신하는 모든 자들은 거짓의 아비인 사단의 열매로 맺히는 것이며 그를 좇아 익어지면 돌이키지 못하고 영멸인 것이다.

그러나 신의 공평 앞에서 모든 사람은 자기 선택권이 있는 것이며 복음전파를 불신하거나 아직은 복음을 모르는 사람도 사단을 좇아 그의 열매로 맺히지 않고 자기 인생을 행하는 자는 언제고 복음전파 안에서 돌이킬 수가 있다.

또 이미 예수를 믿는 자라도 부족한 복음으로 속아서 믿는 것이면 완전한 복음전파를 받을 때에 회개하면 되지만 복음전파를 훼방하며 악을 부리는 것은 악한 사단의 열매로 맺혀서 익어지는 것이니 자기 선택으로 지옥 가는 것이며 장차 오는 마지막 심판의 공평에 불평하지 못하는 것이다.

예수 재림의 심판에 들지 아니한 모든 사람 곧 아담에서 이 세상 끝까지의 인류가 아바아버지의 마지막 심판장에서 법과 증거 적인 공평한 심판을 받을 때에는 어두움의 임금이었고 예수부활까지로 황권을 잃었던 악한 사단도 자기 선택의 심판을 받는다.

이제 다시 시작한 두 번째의 이 세상에서는 사단이 거짓광명으로 위장한 미혹으로 속이며 대적하는 것이니 신의 뜻을 훼방하며 사람이 영혼으로 영생의 자녀가 되는 것을 훼방하는 것이다.

천사장이 욕심 부린 대적으로부터 그는 사단이며 사단으로부터 선과 악의 대립이고 빛과 어두움이다. 천지창조에서 어두움을 빛으로 밝힌 세상이 되었으나 어두움인 사단이 먼저 나라를 받아 세상임금을 행하기 때문에 하루 중에도 어두운 밤이 있지만 그 밤에도 온전한 흑암이 아닌 달밤으로 신의 인도하심이 분명하였다.

신께서 세상을 만들기 전에도 땅은 이미 물속에 있었고 물속에서 흐른 세월이 얼마인지는 알 수 없으니 창세로부터 세상의 나이를 치는 것은 땅의 본 나이가 아니기 때문에 육천년 밖에 안 되는 천지창조는 거짓이라는 외침을 멈춰야 하고 부분적인 과학으로는 완전한 성경을 폐하지 못한다.

사람의 씨가 자궁의 양수에서 모양을 갖추는 것은 태초의 세상 땅이 물속에 잉태되어 있다가 신의 설계대로 세상이 된 것과 같다. 물속에 잉태한 땅의 흙으로 만든 사람이니 사람의 잉태는 자궁의 양수에서 이루는 것이니 진화는 속임이다.

천지만물이 진화한 세상이며 사람의 외모는 지금도 변하며 진화하니 그렇게 진화가 옳다는 것은 진화 전의 근본이 없는 것이다. 해달별이 지구와 함께 사람살기에 딱 맞게 절로 되었으며 빅뱅으로부터의 물이 하늘에서 내려와 바닷물과 민물로 나뉘고 땅의 생명을 위한 수관이 절로 되어 진 근본을 보여야 한다.

육체의 생명인 피와 사람의 씨만으로도 진화는 근본 없는 것이지만 온 인류가 계속 태어나면서도 진화에 맞지 않게 선과 악이 동일하고 죄에 대한 양심의 가책이 동일함은 진화를 버려야 한다.

사람의 생각하는 마음은 유전이 아니다. 그러나 사람의 마음에는 일체 동일하게 양심의 가책이 있고 스스로의 범죄에 양심상의 가책이 이는 것이니 다소 차이는 있으나 양심이 없는 사람은 없다. 이것은 첫사람 아담으로부터의 선악과 악과 선이 유전되며 선악과를 먹을 때에 잉태한 욕심이 유전되어 욕심을 잉태한 죄를 선악과의 악으로 행하는 것이다.

신의 창조가 아니고 절로 된 진화라면 다른 것 말고 사람만으로도 무엇이 어떻게 진화한 것이며 속사람이 어떻게 동일하게 그렇게 생긴 것인지를 분명히 밝혀야 한다.

□물은 예수 안에서의 친자녀를 얻는 시작이며 물은 땅을 잉태한 것이었고

땅은 여전히 물로 지체를 유지하는 것이다. 흙으로 만든 사람은 흙의 육체를 물로 유지하는 신의 밭이니 하늘 종자 영혼을 심은 밭인 것이다.

신께서 영혼을 씨 뿌리는 육체 밭은 세상 농부의 벼농사를 짓는 논을 생각하면 이해가 쉬울 것이다. 영혼을 심은 신의 자녀 농사가 논농사와 흡사하기 때문이다.

농부가 못자리의 모를 쟁기질한 새 논으로 이종하는 것과 물 가운데서의 농사와 익은 벼를 논에서 거두어 집으로 들이는 과정이 하늘 농사와 같은 것이니 만든 사람 아담의 혈통을 낳은 사람 예수의 혈통으로 옮기고 열매를 맺어 익으면 천국으로 들이는 것이다.

땅의 농사에서 밭은 흙이고 하늘 농사에서도 영을 씨 뿌린 밭도 같은 흙의 사람 밭인 것이며 추수 때의 농부가 열매를 거둘 때에 밭은 놓아두듯이 신께서도 영혼의 밭은 흙으로 다시 보낸다.

영혼의 익은 열매의 성도만 알곡으로 천국에 들이며 하늘 농사에서 병충해는 사단의 훼방이지만 이는 오히려 튼튼한 알곡만을 거두게 하는 것이다.

세상 시작을 물 위에서 하였고 땅에서 숨 쉬는 모든 것을 멸하는 노아홍수의 심판도 물이며 물의 심판으로부터 무지개언약이 오며 흑암의 나라를 폐하고 아들의 나라로 되찾을 때에도 예수님이 물 위를 걸어서 되찾을 세상을 알리신 것이다.

옛 세상을 여는 창조에서 아바아버지의 영이 흑암의 깊음 위를 걸으심과 같이 예수님이 한 밤에 물위를 걸어서 징조를 보이시고 나라를 되찾아 새로운 아들의 나라로 여신 것이다. 예수님이 물위에서 풍랑을 만난 배를 구하심은 흑암에 빠진 세상을 구원하신 것이니 세상 문을 여는 시작마다 물 위에서 역사한 것이며 사람이 영생의 구원을 받아 천국에 가는 것도 물을 지나야 한다.

그러므로 악한 사단은 자기 때를 맞아 사람이 물과 성령으로 나는 것을 감추고 막는 것이며 처음의 믿음에서부터 구원의 투구인 피의 증거를 숨기고 항상 십자가의 피로 씻어가며 어긋난 믿음을 열심히 행하게 하는 것이다.

세 번의 세상 시작이 다 물 위에서부터며 노아홍수의 심판과 예수 재림의 심판은 둘 다 산 사람이 남고 이 세상을 마치는 마지막 심판에서만 산 사람이 없는 심판이라 예수 재림의 심판은 온 세상을 향한 심판이 아니었다.

사람의 언어는 에덴동산에서부터 있어왔고 사람은 세상 시작으로부터 양을 치고 농사를 지었으며 육정의 동침으로 번성한 것이니 발정의 동물이 진화한 것이라는 과학은 자기 소망일뿐이다.

진화론에서 억지로 만들어 보이는 어설픈 사람의 모습은 거짓인 것이고 석기시대를 말한다면 당시는 낮은 문명의 형편이었으나 사람형상까지도 원숭이 같은 것이 절대 아닌 것이니 사람의 상상으로 실존 역사를 폐하지 못한다.

세상 시작으로부터 사람은 아담을 좇아 사단의 종이었고 거짓의 아비 사단이 임금을 행한 것이니 사단의 거짓과 미혹에 길들은 사람이라 옛 사람을 벗지 못하면 아주 잘 속는 것이다.

세상이 필요이상의 지식을 팔고 사는 것도 다 사단의 미혹이며 결국은 사단이 차지하여 쓰는 것이고 첨단의 과학을 통한 자기 소원을 이루려는 것이니 사람은 사단이 부리는 기운에 이끌리는 것이다.

성령 학으로 깨닫는 성도가 아니면 악한 기운을 알지 못한다. 형상의 돈으로 필요이상의 지식을 사기에 세월을 낭비하고 형상의 돈으로 혼인을 막고 형상의 돈으로 이혼을 권하며 형상의 돈으로 출산을 막아도 이것이 다 악한 기운에 이끌림인 것을 알지 못한다.

어그러진 세상 범사는 사단이 신의 말씀에 대적함이니 남녀가 혼인하고 번성하며 온 지면에 충만하라고 말씀한 이것을 악한 사단이 훼방하는 것이다.

사단이 속이고 미혹하는 악한 기운과 훼방은 신 앞에 공평한 것이며 사단이 먼저 속이는 때에는 사단의 열매도 맺히는 것이니 선교의 열매는 일체 사단의 열매지만 그의 열매로 맺혀지지 않고 의문이 있으며 육신사람으로만 열심히 믿는 자는 다 복음전파가 이를 때에 돌이킬 수가 있다.

□성경에 세상 지식은 신의 어리석음만도 못한 것이라 한다. 사람의 지식으로 보지도 못하고 알지도 못하는 세상 역사를 밝히려니 상상력이 필요하겠으나 과학이 과학을 폐할 뿐이다.

하늘의 신께서 말씀과 손으로 지은 세상이며 천국을 위한 밭과 같은 세상이다. 온 세상 역사인 성경에서만 천지창조와 사람 난 것과 인생과 세상의 끝을 분명히 말하며 인생을 넘은 영생과 세상을 넘은 천국을 권하는 것이다.

진화론에서처럼 사람이 형편대로 진화하는 것이면 인조인간 만들 일이 없이 그렇게 진화하면 될 것이나 근본의 피와 씨가 있어서 변할 수가 없기 때문에 사단이 사람을 부려서 자기 창조를 하는 것이 곧 인조인간이다.

모든 농작물이 씨대로 나며 열매를 맺지만 기후와 토질과 병충해의 영향을 받아 외형이 변하고 색과 맛이 변하는 것처럼 사람도 그런 진화는 분명하지만 그것으로 사람이 절로 진화한 것이라 말 할 수가 없는 것이며 무엇이 왜 어떻게 사람으로 진화하며 선악이 유전 되는 지를 참으로 분명히 밝혀야 한다.

사람이 알에서 났으면 그 증거와 하늘에서 떨어졌으면 그 증거와 땅에서 솟았으면 그 증거를 성경처럼 분명하게 밝혀야 한다. 시작과 끝을 밝히지 않고 과학이니 믿으라는 것은 성경 앞에 부족한 것이다.

혹 원숭이가 사람 됐으면 원숭이가 난 근본을 먼저 밝혀야 하니 원숭이 난 것도 모르면서 원숭이가 사람 됐다는 그 과학이 온전한 것일까 정말 의문인 것이다.

온 세상역사 성경에서 낳고 낳고를 거슬러 올라가면 첫 사람 아담이 끝이며 그 위는 하늘에 계시는 신이시다. 온 인류는 아담 한 사람으로부터의 동일한 혈통이란 증거는 성경에는 많다.

혈통대로 사람의 모양이 다른 것이 아니라 사람은 부모의 양가 윗대까지를 닮는 것이니 그것이 돌고 도는 것이며 전혀 새로운 형상으로만 태어나는 것이 아니다.

윗대로부터 죽어 없어지기 때문에 대조가 안 될 뿐이고 온 세상에 나뉘어 사는 지역적 형편의 외관상의 변형은 아담으로부터의 혈통을 폐하지 못한다.

온 인류는 동일한 선악 간에서 행하며 동일한 심법과 동일한 양심의 동일한 혈통이 분명하지만 동물은 선악 간의 삶이 아니며 양심의 법이 없고 동일한 혈통이 아니므로 다량의 종으로 나뉘어 사람의 피와 영혼을 가진 진화를 이룰 수가 없다.

신의 천지창조가 아닌 진화는 복음전파에 큰 대적이다. 신이 만든 사람으로의 인식과 동물의 진화로 아는 것은 사람의 선택에 큰 영향을 끼치기 때문에 이는 사단의 소망에 딱 맞는 것이다.

그러므로 처음부터 사람과 동물을 구분해서 만드신 신의 창조론과 사단의 진화론을 구분해야 하며 창조에 속한 인생은 영혼의 영생이 목적이며 진화에 속한 인생은 죽으면 끝이라 내 인생 내 것으로 한 세상만 잘 살자는 것이다.

사람이면 다 영이 있고 짐승이면 다 영이 없으니 짐승이 진화한 사람이면 어찌 영이 있고 영은 어디서 왔을까? 동물이 사람 된 진화의 내력은 없고 원숭이 그림으로만 점점 변하며 사람이 되었다니 참으로 우스운 과학이며 거짓의 아비다운 속임이다.

신의 창조에서 피는 육체의 생명이니 과학이 피를 만들면 창조는 무너지고 각종의 동물처럼 각종의 사람으로 혼돈한 세상을 이룰 것이나 세상지식의 과학은 온 세상 모든 것을 속일지라도 피는 속이지 못하며 사람은 사람을 낳고 짐승은 짐승을 낳는 정해진 씨를 바꾸지도 못한다.

원숭이든 무엇이든 다른 동물이 진화한 사람이면 어찌 딱 한번만 사람이 되었고 남자와 여자로 한번만 진화하여 사람의 씨를 가졌으며 왜 그 동물의 피로 사람을 살리는 수혈이 불가능한 것일까?

피는 모든 음식으로 얻지만 모든 음식이 피를 변하게 하지 못하니 천지창조에서 사람의 생명으로 주신 피와 짐승의 생명으로 주신 피가 처음부터 구분된 것이며 사람이나 짐승이나 모든 음식으로 피를 얻되 처음부터 구분된 자기 피를 얻는 것이다.

사람의 씨나 짐승의 씨나 처음부터 몸이 먼저인 것이지 씨가 먼저가 아니다. 동식물의 모든 씨는 창조주신께서 넣은 것이며 암수로 나눈 것이니 사람도 남자의 씨에 여자의 살과 뼈를 보태는 씨인 것이다.

사람의 씨가 시작됨은 신께서 아담을 만들고 아담을 나누어 여자를 만들어서 여자를 아담을 돕는 배필로 세우시고 그들을 에덴의 동산에서 내어 쫓아 세상으로 보내어 나눈 몸이 하나 되는 육정을 행한 동침으로부터 씨로의 사람이 나는 것이다.

그러므로 첫 사람 남녀는 씨로 난 사람이 아니다. 만든 사람 아담을 나눈 두 몸이 다시 한 몸을 이룬 동침으로부터 사람의 씨를 시작한 것이니 알이 먼저냐 닭이 먼저냐 논할 일이 없는 것이다.

육정의 잉태인 사람과 발정의 잉태인 짐승을 분명히 구분을 해야 한다. 육정의 사람과 달리 짐승은 발정기 외에는 그저 배를 채울 뿐이고 암수가 서로 그리워서 만나는 연애의 삶이 없는 것이다.

사람은 사람의 씨로 나고 짐승은 짐승의 씨로 나니 사람이 짐승 되는 일이 없고 짐승이 사람 되는 일도 없다. 진화의 과학에서 사람 난지가 수십억 년이라 하지만 성경은 창세로부터 지금까지 육천년이고 육천년의 세상에서 다른 진화는 없다.

진화는 신의 천지창조를 폐하려는 것이고 신을 알지 못하게 막는 사단의 훼방이나 사단도 영물이라 육신사람을 이끌어 신을 대적하는 것이다. 과학은 또 다른 과학이 부인하고 성경은 사람 난 세상은 육천년 전이라 말한다.

우리가 우리의 선조들을 보지 못하였으나 역사를 의심치 않듯이 성경도 온 세상의 역사로 의심 없이 믿어야 한다. 첨단의 과학으로도 성경은 실상의 역사인 것이니 선진국들이 먼저 믿고 선교함은 후진국으로 우물 안의 개구리를 깨닫게 함인 것이다.

태초로부터의 역사는 불신 하고 중간에서 자기나라의 역사만 믿는 것은 우물 밖을 모르는 것이 분명하다. 곰이나 원숭이가 지금도 계속해서 진화하고 있다면 그게 맞을 것이나 딱 한번만 남녀로 사람이 되었다면 이것이 더 황당한 것이다.

사람도 피 없는 인간을 만들며 감정과 생각까지도 넣으려 하지만 사람만큼 정밀하고 우수할 수가 없는 것이니 기계에 담은 지식은 월등할지라도 음식을 맛나게 먹고 생명의 피를 자급자족 하며 육정으로 사람의 씨를 심는 기적의 사랑을 능히 하지 못한다.

피 가 생명이 아닌 사람을 만들 정도의 우수한 사람이 자기들 손으로 만든 나무형상과 모든 만든 형상 앞에 엎드리면서도 자기를 만든 신을 부인함은 악한 기운에 사로잡힌 것이 너무나 분명하다.

모든 형상 중에 오직 신이 만든 형상의 사람만 육체의 생명으로 피를 가졌고 사람이 만든 모든 형상의 신은 생명도 없고 영혼도 없으니 그런 형상의 신을 만든 사람이 더 신일 것이다.

이미 죽고 없는 사람이거나 실상의 신이 없기에 나무와 쇠붙이로 형상을 만들어 신이라 섬길 뿐 살아서 응답하는 신이 아니다. 살아계시는 신은 오직 스스로 있는 자 하늘에 계시는 신이시며 자기를 믿는 사람의 영혼과 성령으로 직접 사귀는 진짜 신이다.

살아계시며 사람을 만든 신이시니 만든 성도의 영과 성령으로 교통하며 인도하는 것이며 스스로 살아있는 신이심을 증거 하신다. 하늘의 신께서 세상을 폐하면 그동안에 사람들이 만든 모든 형상의 신은 사라지는 것이다.

생명의 피가 돌고 영혼이 있는 우수한 사람이 자기들의 손으로 만든 것에게 엎드리며 구하고 소망하는 것은 악한 영의 기운에 이끌림이고 미혹을 좇는 것일 뿐 주고받는 사귐을 이루지 못한다.

사람의 육정과 짐승의 발정만으로도 진화는 깨진다. 짐승도 사람처럼 동일한 흙을 뭉친 것이나 짐승은 수컷을 나눈 암수가 아니라 암수를 다 따로 흙을 뭉친 것이다.

그러므로 짐승은 사람 같은 육정의 연애와 육정을 행한 잉태의 출산으로 번성하지 못하며 짐승은 영이 없는 동물인데 사람이 되면서 어떻게 육정과 영이 절로 생긴 것인지를 밝혀야 한다.

진화에서도 피와 씨는 변함이 없는 것이니 사람의 출산에 원숭이도 더러 나와야 하며 원숭이 족에서도 사람의 진화가 있어야 하니 이제는 신이 만든 사람의 의문에서 돌이켜야 한다.

이 땅이 생긴 것과 땅이 공중에 놓인 기초가 무엇이며 무슨 기둥으로 우주 공간에 띄워진 땅인지를 성경처럼 분명히 밝히고 바다를 암반으로 받친 것과 물속에 있던 땅이 신의 창세로 나타난 것과 1층천과 2층천을 넘어서 3층천에 있는 신의 나라가 왜 거짓인지도 밝혀야 한다.

(욥38:4-11,) 『[4] 내가 땅의 기초를 놓을 때에 네가 어디 있었느냐 네가 깨달아 알았거든 말할지니라 [5] 누가 그 도량을 정하였었는지 누가 그 준승을 그 위에 띄웠었는지 네가 아느냐 [6] 그 주초는 무엇 위에 세웠으며 그 모퉁이 돌은 누가 놓았었느냐 [7] 그 때에 새벽 별들이 함께 노래하며 하나님의 아들들이 다 기쁘게 소리하였었느니라 [8] 바닷물이 태에서 나옴

같이 넘쳐흐를 때에 문으로 그것을 막은 자가 누구냐 [9] 그 때에 내가 구름으로 그 의복을 만들고 흑암으로 그 강보를 만들고 [10] 계한을 정하여 문과 빗장을 베풀고 [11] 이르기를 네가 여기까지 오고 넘어가지 못하리니 네 교만한 물결이 여기 그칠지니라 하였었노라」

온 세상 물이 다 바다로 모이고 파도가 거셀지라도 바다를 받치는 암반은 무너지지 않으며 소금을 잃지도 않고 사람이 자연을 해치지 않는 한 물이 그 한계를 넘지 않는다.

만든 세상을 마치는 종말에 하늘의 불이 내려와 바다를 말리고 불지옥을 이루어도 바다를 받친 암반이 성하여 영원한 불지옥을 유지하는 천연 세라믹 소금에 대한 신의 예비하심은 사람의 생각으로 이해할 일이 아닌 것이다.

천국이 있는 삼층 천 아래의 하늘은 세상을 위한 하늘이며 신의 발등상이니 땅의 하늘은 이 땅에 속하여 이 땅이 지옥을 이룰 때에 세상을 위해 만든 모든 하늘의 것이 폐하고 사라지는 것이다.

그러므로 악한 사단이 하늘에다 자기 보좌를 놓을지라도 거기는 땅에 속한 허공일 뿐이고 주 아버지의 발아래인 것이니 사단은 영원히 주 아버지의 발아래 밟히는 것이며 영원히 흙을 먹고 흙냄새를 풍길 뿐이다.

종말의 때를 시작하면서 모든 형상과 우상의 머리인 사단의 욕심이 더욱 가지를 뻗어 무성한 가지마다 일만 악을 맺으며 미혹으로 권하는 열매는 때깔이 나서 겉만 보고 욕심내는 것이니 어두움의 왕인 사단의 밤을 즐기는 중독에 빠진 것이다.

되찾은 세상은 온 인류가 선악과의 새 싹 난 선을 행할 수가 있으나 이것을 사단이 숨기기 때문에 사람들이 속아서 살고 세상교회가 속아서 믿으니 선과 악의 구분이 없으며 죽은 행실과 다시 산 소망의 행실을 구분하지 못한다.

□믿는 자들에게 응답 없는 신은 무당의 귀신만도 못하다. 살아있는 신이면 자기의 신자들과 교통하는 사귐이 있어야 한다. 사람이 누구를 신으로 믿을 지라도 그 신의 부모가 있다면 그는 신일 수가 없고 죽어 없어지는 아담의 혈통일 뿐이며 구주 예수 안에서의 구원을 받아야 할 사람이다.

사람이든 형상이든 사람들이 세우고 만든 것이면 신일 수가 없고 사람만도 못한 것이다. 사람은 그런 신을 만들지만 그것은 아무 표현도 못하니 사람이 더 신이다.

신을 만들 사람도 없지만 만든 것이면 신이든 자녀든 진짜일 수가 없다. 만든 것은 폐하면 없어질 것이며 스스로 계시는 하늘의 신께서만 사람을 만들고 영혼의 자녀를 낳으시니 모든 영들의 아버지시며 천국과 지옥으로 선악 간에 다스리신다.

사람마다 자기를 보면 사람을 만든 신이 있음을 알 수 있고 오직 사람을 위한 세상 만물을 보아도 천지를 창조한 신이 있음을 알 수가 있다.

세상은 신의 친자녀를 낳고 기르는 자녀농장이며 사람 안에 있는 영혼을 거두는 밭이고 육신사람은 껍데기 같은 걸 사람이며 영혼은 알맹이의 속사람이다.

농부의 추수에서 밭에 익은 곡식을 거두어 타작마당에서 껍데기와 알곡을 분리하듯이 신께서도 육신사람은 영혼과 분리하여 육신은 밭이라 흙에 속하니 흙으로 보내고 영혼은 본향인 하늘나라로 거두어들인다.

천국에 가는 영혼은 세상 밭에서 잘 익은 알곡과 같기 때문에 악한 사단이 속이고 미혹하여 사람들로 자기 영을 깨닫지 못하고 육신사람으로만 살다가 망하게 하는 것이다.

사람의 영혼은 신으로부터 보냄을 받았기 때문에 누구나 자기 영혼을 깨닫고 심령으로 영을 좇아 살면 자기를 만든 신이 살아계심을 천하 만물에서도 느끼는 것이다.

사단이 미혹하는 세상살이로 영을 육체에 묻어두기 때문에 잠든 영을 깨우는 사람들의 빛이 비쳐야 하고 신은 영이시니 영이 깨어난 사람이라야 자기를 지은 조물주를 아는 것이다.

사람들이 모든 형상을 만들고 형상의 신을 만들지만 스스로 계시고 살아 계시는 신의 형상은 만들지 못하니 아무리 악한 사단이며 자기 때라 할지라도 살아 계신님의 형상을 만들 수는 없다.

생동하는 사람이 최고의 형상이다. 우리 사람이 신의 형상과 모양이기 때문에 신의 형상을 따로 만들 수가 없는 것이고 또 이 세상에 사람보다 우수한 형상은 없으니 사람만도 못한 신의 형상은 만들지 않는 것이다.

사람은 신이 흙으로 만든 형상이며 살아 생동하는 형상이고 사람이 만든 형상은 다 생명 없이 죽은 것이다. 죽은 신에게 산 사람이 무엇을 구하여 엇을 수는 없다.

최첨단의 로봇이라도 사람이 만든 것이니 사람이 폐할 수가 있는 것이며 이 세상 종말에서 최고의 로봇은 사단이 욕심 부리는 신의 네 생물을 좇아서 만들 지라도 우리 사람만도 못할 것이니 신의 네 생물은 사람이 만들 과학물이 아니다.

사단은 하늘에 자기 보좌를 놓으려는 소망도 이루면서 사람들로 신을 알지 못하고 찾지 못하며 믿지 못하게 만드니 세상살이에 필요이상의 지식을 권하며 형상의 돈을 벌고 쓰는 데에도 시간이 모자라게 만들고 특정동물을 사단의 거짓짐승으로 삼아 사람들로 사랑하게 하여 신과 더욱 멀어지게 만든다.

사단의 거짓짐승이란, 이미 사단의 짐승이 폐하고 없는 세상에서 가짜로 세운 짐승이다. 옛 세상 끝에서 어린양예수가 신의 제물이듯 사단도 그때 자기 양으로 짐승을 세웠으나 그때 흑암의 나라와 사단의 황권을 폐하는 종말의 심판으로 사단의 짐승도 폐하였다.

흑암의 나라 끝에서 예수님이 육체로 오신 사람이니 사단도 자기 사람을 어린양처럼 짐승으로 세운 것이며 능력을 주고 부렸으나 예수님께 왕권이 있는 이 세상은 이제 예수님은 어린양이 아니며 제물로서의 임무를 마치고 사단의 황권을 심판하신 것이니 짐승이 있을 일이 없는 세상이며 지금은 예수님께 왕권이 있는 새 나라다.

사단이 임금이던 옛 세상에서는 어린양예수와 같은 사단의 짐승을 세울 필요가 있으나 이세상은 예수님이 왕이시니 이제 사단은 속이는 자와 거짓임금이라 광명 앞에 거짓광명인 것이며 거짓짐승을 세우는 것일 뿐 진짜 짐승은 없다.

사단의 미혹은 짐승이 있어야 거짓666으로 속일 수가 있기에 옛 세상의 말세와 비슷한 형편을 만드는 것이다. 그러므로 짐승이 없는 짐승의 수666만 외치는 자들은 속은 것이다.

악한 영의 사단과 이를 좇는 무리와 합력한 미혹으로 온 세상을 속이고 새로운 문명의 온갖 것으로 신을 믿지 못하게 훼방하니 세상지식의 결국은 신을 믿을 이유도 믿을 시간도 없게 하며 시대별로 폐하여 없어질 세상지식을 사기에도 바쁘게 한다.

세상 종말이 다가오면 사단의 소망인 하늘에 세상을 만들어 네 생물의 자기 보좌를 펼치기 위한 첨단의 기술이 필요하고 이때의 세상 지식도 변하여 지금까지의 배운 세상지식은 많이 폐하는 것이다.

돈 주고 산지식으로 돈을 벌어왔으나 때가 되어 옛것으로 폐하여지는 것이며 오직 하늘의 우주정거장을 위하고 사단의 하늘 세상을 위한 다른 지식을 필요로 한다.

사단은 근본 천사며 하늘에서 신의 보좌 앞에 대립한 대적과 훼방과 고소를 하였으나 사단의 임금 직을 마치는 사천년의 끝에서 사단은 하늘에서 땅으로 쫓겨난 것이라 다시 오르려는 것이다.

못난 사단이 오르려는 하늘은 신이 계시는 삼층 천의 천국이 아니라 신의 발등상인 세상 하늘인 것이다. 세상 하늘이란, 세상을 위하여 창조된 하늘을 말하며 신의 발아래인 것이다.

창조한 하늘은 세상을 마칠 때에 함께 폐하는 것이며 사단의 최첨단 과학물도 함께 사라지는 것이다. 세상 문을 열 때에 불을 밝힌 태양은 이 땅이 지옥을 이룰 때에도 남아서 유황불을 담당하는 것이다.

육신사람이 있을 때의 태양은 만물을 살리는 빛이지만 육신사람을 폐한 지옥일 때는 불신과 악을 사르는 불이다. 지하에 있는 핵의 불로는 온 땅의 지옥을 이루지 못하며 태양 없이는 어름왕국일 뿐이다.

천국이 이 땅으로 온다는 믿음은 어그러진 것이다. 아담 안에서 일찍이 저주받은 땅이며 악한 사단이 종신토록 흙을 먹어야 할 땅이다. 천국은 천국이고 지옥은 이 땅이다.

이 세상까지로 육체의 세상은 종말이며 이 세상 끝은 일천년의 세월이 남았으나 이제는 신의 때를 가져야 하고 사단의 때로 이천년을 미혹한 거짓에서 돌이키는 세월이 필요하다.

장차 있을 사단의 미혹은 지금은 상상도 못할 것이다. 로봇과 더불어 살면서 이웃도 혈통도 가족도 폐하며 탐욕의 색정을 좇는 말세의 세대를 이루며 말세의 로봇 세상을 위한 개와 많은 동물의 로봇으로 미리서 정들이는 것이다.

그러나 말세에는 완전한복음전파도 있고 성도의 진도 날로 성하는 것이니 성도의 육정과 출산이 번성하고 신의 계명을 좇아 서로 사랑하기 때문에 악을 밟는 선이 크게 가지를 뻗어 세상을 위한 그늘이 되어 여전히 선악간의 세상을 이룰 것이다.

□한 사람 한 영혼이 너무나 귀하여 성도의 천국복음전파가 있으나 사람들은 온 인류를 대신하여 죽어준 예수십자가의 복음을 직접 눈으로 보지 못

한 역사며 서양귀신이니 나와는 상관없다고 거절하지만 이는 자기 영이 육신에 잠들고 깨지 못한 까닭이니 시간을 내어 실상의 역사를 만나야 한다.

하늘의 신을 대적하는 자들이 성경을 옛날이야기라 하며 살아있는 신은 없고 다 거짓이라고 할 때에 어찌 사랑의 신이 자기의 만든 사람을 그렇게 전쟁이나 저주로 무수히 죽이고 벌하며 이방 나라와 택한 나라를 나누어 택한 백성을 위한 벌로 이방 백성을 멸할 수가 있느냐는 것이다.

그러므로 온 세상 역사인 성경을 모르는 것이니 그때 예수십자가 전의 옛사람과 예수십자가 후로의 새사람이 어떻게 다른지를 모르기 때문이고 성경에서 토기장이의 비밀을 알지 못함이다.

예수십자가 전의 사람들은 첫 사람인 아담의 범죄로 영이 죽은바가 된 육체뿐인 사람들이며 흙을 뭉쳐서 만든 사람일 뿐 신의 자녀가 되거나 하늘에 속한 사람일 수가 없었고 흙에서 난대로 흙이 될 사람일 뿐이었다.

흙으로 만든 사람은 일체 예수십자가에서 폐하고 그리스도의 부활에 합한 거듭남의 구원으로 모두가 영생을 얻을 수가 있는 새로운 피조물로 다시 살게 하려고 이것을 이루시는 신이심을 알게 하는 그때의 인도인 것이다.

그러므로 만든 사람을 구원하여 예수 안으로 옮겨서 창세전의 예정대로 예수 안에서의 친자녀를 거두시는 이것을 알지 못하므로 신을 불신하는 것일 뿐 옛 사람과 새사람을 깨닫는 다면 오히려 베푸신 은혜에 감사하는 것이다.

그때 육체뿐인 사람일 때에도 심령으로 하나 된 인생을 살았으나 육체뿐인 사람이라 말함은 영이 없을 때의 심령은 오직 육체를 따라 행하기 때문이다.

그러므로 그때 육체뿐인 사람은 영이 있는 새사람으로 옮겨지는 구원을 받아야 했고 표상으로 만든 사람이라서 일체 예수십자가에서 일시에 폐할 사람이므로 이들을 영이 있는 새사람으로 다시 살게 하는 구원 후를 위한 인도를 그리 하신 것이다.

만든 것이 폐하기 전에 살아계시는 신이심을 알게 함이고 만든 사람일 때에 살아계시는 신이심을 깨닫고 구원받은 새사람일 때는 자기만의 선택으로 신의 자녀가 되든지 악한 사단의 자식이 되든지 뜻대로 행하는 참 자유를 주시려는 것이다.

그러므로 사랑이 없는 신이라서 많은 사람을 멸한 것이 아니라 정말 사랑하기 때문에 당신을 알리신 것이며 죽고 없는 신이라서 세상 죄악에 심판이 없는 것이 아니라 정말 공평하시기 때문에 사단의 때에는 참으시는 것이며 이 세상 마지막의 심판을 기다리는 것이다.

지금의 사람들이 옛 사람을 살아보지 않아서 옛 세상의 일을 역사로만 볼 때에 신에 대한 오해가 있을 것이나 예수십자가의 사건 후로는 세상이 나뉘어 옛 세상과 새로운 세상이 되었고 예수의 부활로부터 옛 사람과 새사람이니 옛 사람 때는 창조주를 알아야 했고 새사람 때는 창조주의 자녀로 세워져야 한다.

그러므로 새로운 세상에서 새사람일 때는 옛 사람 때와 같이 신이 직접 사람을 멸하거나 누구를 명하여 사람을 멸하는 일이 없는 것이며 오직 복음전파를 통하여 거룩한 씨의 천국자녀로 세움 받기를 원하시니 흙으로 만든 옛 사람을 예수십자까지로 폐한 결국인 것이다.

성경 구약에서 옛 사람을 알고 신약에서 새 영의 사람으로 영생의 구원을 받는 것이니 사람이 구약에서만 신을 원망할 것이 아니라 구약의 요구에 응답한 신약을 깨달아 새 싹의 자란 가지에 꽃피고 열매를 맺은 결국을 따라 영생을 얻어야 한다.

구약의 육체뿐인 사람일 때는 만든 사람을 나눠서 귀한 그릇과 천하게 쓰는 그릇처럼 인도하시며 신의 살아계심을 알게 하시고 예수십자가까지로 일체 폐하여 예수의 부활에 합한 새사람으로 살려서 새 영을 주시고 새 마음을 주시어 영으로 영이신 하늘의 신을 깨달아 믿을 수가 있게 하신 것이다.

그동안의 예수가 죽어주기 전에 죽어간 자들도 영계에서 새 영혼으로 구원반은 새사람의 동일한 자격으로 천국과 지옥을 스스로 선택을 하는 것이니 모두에게 공평한 것이며 이것을 위하여 살아계신 신이심을 알리신 것이니 사람을 멸한 것이 아니라 사랑하신 것이다.

그때 육체뿐인 사람일 때는 사단이 세상 임금이고 사단의 고소아래 영멸할 형편이었다. 그때 이방 민족이 신에게 많은 죽임을 당하였으나 신의 택한 백성도 죽으면 이방 민과 동일하게 구원을 받아야 했고 같은 자격으로 자기 선택을 하는 것이니 살아계시는 신이심을 알게 하는 일 외에는 선민이나 이방 민이나 다를 것이 없었다.

그러므로 그때는 육체뿐인 사람으로 죽은 것이며 신의 형상대로 만든 표상의 사람이 죽은 것이다. 예수가 십자가에 죽으심은 흙으로 만든 사람을 대신한 것이고 만든 사람을 거기까지로 폐한 것이다.

예수의 부활로부터는 만든 사람이 새사람으로 다시 사는 것이며 새 영과 새 마음과 새 법과 새 양심을 받았으니 이는 예수의 죽음에는 만든 사람을 합하여 함께 죽은 것이고 예수가 부활할 때도 합하여 죽은 자들이 거듭나서 새로운 피조물로 사는 것이다.

만든 옛 사람은 흙으로 만든 아담의 혈통이고 예수의 표상이나 새로운 피조물은 신이신 예수의 새 혈통이고 예수의 육체를 좇는 실상이라 이때로부터 신의 씨가 들은 친자녀가 되는 자격자인 것이며 자기 뜻대로 천국가고 지옥 가는 선택권을 가진 것이다.

그러므로 악한 사단은 이 기쁜 소식과 자격을 숨기는 것이며 믿지 못하게 미혹하고 훼방하는 것이니 세상 모든 것으로 도구를 삼아 믿을 수가 없게 만들고 내 인생은 내 것이라고 자기를 살게 하는 것이다.

예수 따라 죽은 것과 예수 따라 다시 산 것이 법과 증거로 분명하기 때문에 지금 사단은 자기 때를 맞아서 이런 모든 형편을 일체 속이는 것이다.

온 세상을 미혹하고 세상교회도 속이는 것이니 속아서 믿는 교회가 온 세상에 가득하고 사단의 방석으로 어그러진 소망을 욕심대로 가진 것이다. 교회들이 이단과 이단으로 천국길이 달라서 통일된 문과 길이 없다.

성령의 출산이 없는 세상교회는 열심히 믿어도 죄와 의문이 쌓이는 종교적인 세상일이다. 예수를 빙자한 다른 신을 믿어온 세상종교로부터 개혁한 것은 예수의 증거를 받아야 예수를 믿는 것이다.

성경에 예수이름으로 세례를 받고 죄 사함을 얻어라 그리하면 성령을 선물로 받으리니 하였으나 자기 죄를 십자가의 피로 씻어가는 믿음은 언제까지나 죄 사함에 이르지를 못한다.

그러므로 교회의 세례를 받은 자는 아직 성도와 자녀가 아니다. 성도와 자녀가 되려면 성령을 받고부터 사람이 물과 성령으로 나는 것을 이루어야 하니 세상교회는 빗나간 것이다.

교회의 세례는 구원하는 표로서 이표를 받고 죄가 없는 선한 양심으로 주를 찾아 나아가는 것이며 복음의 아비들에게 피의 짝인 물의 증거를 받아야 하늘 갓난이로 나타나는 것이다.

육신으로 종교생활만 열심히 하며 구주를 믿는다고만 하면 절로 영생의 구원을 받는 것이 아니다. 영이신 아버지 앞에 죄 없는 자로 나타나고 복음의 아비를 통한 하늘 아기가 되고 성령의 확증을 받아야 한다.

(롬 8:16,) 『성령이 친히 우리 영으로 더불어 우리가 하나님의 자녀인 것을 증거하시나니』

성령의 증거가 없이 자칭 성도와 자녀를 행하는 지금은 먼저 온 사단이 속이는 때며 거짓광명과 부족한 복음의 일방적인 선교이기 때문에 속은 믿음은 일체 성령의 출산이 없이 그냥 믿는 것이라 성령의 증거로 세워진 자녀가 없다.

□예수님은 자기 형상대로 만든 표상의 사람을 실상의 사람으로 옮기기 위한 구원을 위하여 하늘의 본체를 벗고 표상의 실상으로 육체를 입은 것이니 신이신 영이 옷을 바꿔 입은 것의 육체며 아버지의 영으로 아들을 처녀의 태에 담은 아기 예수의 출산이었다.

　처녀마리아가 남자의 씨를 받지 않았고 자기 난자에 들어온 씨에 뼈와 살이나 피를 보태어 입히지 아니한 성령으로만 잉태한 출산이며 표상이 실상을 받아 내어놓은 것일 뿐이다.

　그러므로 예수는 정자로 난자에 들어간 씨의 잉태한 출산이 아니며 사람과 같은 흙으로 만든 육체도 아니기에 사람의 씨와 상관없는 출산이라서 예수는 능히 모든 사람의 죄를 짊어질 수가 있었다.

　성령으로 잉태함이란 처녀의 난자를 통하지 않고 능력으로 태에 넣은 아기인 것이니 이는 성령의 능력이 여자를 감쌀지라도 여자가 동침의 쾌락을 경험한 사람 같은 그런 잉태가 아닌 것이다.

　그러므로 마리아는 아기예수를 태에 두고도 완전하고 온전한 흠 없는 처녀로 요셉과 혼인한 것이며 신께서도 거룩한 의에 흠이 없는 성경을 기록하신 것이다.

　이런 것들을 분명히 알리는 완전한 복음전파가 없는 동안은 사람들이 오해하며 불신하고 흠을 잡지만 말세의 영원한 복음이 완전한 복음전파로 세움을 받을 때가 이르면 비교적인 선택을 하는 것이다.

　예수의 부활을 기점으로 그 전은 옛 사람이고 그 후는 새사람인 이것을 분명히 하지 않으면 언제고 의문이며 불신을 제하지 못한다. 예수십자가 전의 사람이나 후의 사람이 다 예수십자가의 사망과 그의 부활에 연합된 것이며 새사람은 옛 사람 안에서 함께 죄인으로 죽었고 옛 사람은 새사람 안에서 함께 새사람인 이것을 알아야 한다.

　악한 사단이 구주의 은혜를 깨닫지 못하게 하니 온전한 예수십자가의 도가 나타나지 못하여 다시 사는 구원을 모르기 때문에 불신이 있으나 역사적인 증거를 좇아 실상을 안다면 불신이 가실 것이다.

사단의 때에 사단이 속이는 것은 공평하나 표상을 실상으로 구원한 복음전파를 받고도 불신함은 새 용서가 없다. 살아생전에 복음전파를 듣지를 말거나 들었으면 자기 선택을 분명히 해야 하고 인생황혼의 마지막 길에서 자기 선택에 대한 원망이 없어야 한다.

사단의 미혹은 사람이 죽으면 교인은 천국에 가고 불신자는 지옥에 간다고 하나 이는 거짓이며 미혹이다. 신자라도 복음전파를 받지 아니한 사망은 영계의 기회가 있다.

왜냐면 백 보좌의 마지막 심판은 동일한 복음전파 안에서 믿은 자와 안 믿은 자로 구별하는 심판이기 때문이다. 생전에 들었거나 죽어서 들었거나 한 사람도 복음을 듣지 못한 자가 없는 심판인 것이다.

이생이든 저 생이든 다 완전한 복음전파를 받아 오직 자기만의 선택으로 천국과 지옥에 이르는 이것이 공평이며 공평한 심판에 대한 의문의 대항이 없는 것이다. 그러므로 안 믿고 죽으면 바로 지옥에 간다는 것은 미혹이고 미혹으로 믿게 한 부족한 복음의 결국은 사단의 열매를 맺으려 함이다.

다른 교의 연옥은 이 세상 사람이 참여하지만 여기서 말한 영계의 다스림은 산 사람이 관여하지 못한다. 이 세상에 산 사람은 죽은 자 걱정할 일이 아니라 자기 영혼을 걱정해야 하며 거짓광명의 미혹에서 참 광명을 받아 생명의 빛을 받아야 산다.

거짓광명의 부족한 복음은 일생을 믿어도 흠 없는 거룩한 지체로 나타나지를 못한다. 자기 죄를 씻다가 다 씻지 못하고 죽어가는 교인들이고 장례식에서만 천국에 가는 슬픈 망자인 것이다.

□이른 봄에 농부가 항아리의 볍씨를 못자리에 씨 뿌린 벼의 모종을 새 논

에 이종하여 알곡을 거두듯이 만든 사람을 구원하여 옮기는 것과 되찾은 세상에서 새것으로 다시 살게 하신 내력을 소상히 밝히는 복음전파를 만나야 한다.

예수십자가에서는 만든 혈통을 폐하고 예수의 부활에서는 예수가 피 흘려 낳은 새 혈통으로 세워서 모든 사람이 동일한 자격자로 영생을 얻을 수가 있게 하신 구원을 이루신 것이다.

세상교회는 이 구원을 속이는 사단의 미혹으로 부족한 복음을 좇아 오해하며 옮긴 구원을 영생의 구원으로 잘 못 안 것이니 악한 사단이 시기하여 훼방하는 미혹에 당한 것이다.

인류의 역사를 모르고 신을 원망하며 불신함은 돌이켜 믿을 수가 있으나 부족한 복음으로 익은 믿음은 회개가 없다. 그러므로 영계의 다스림에 성도의 사망은 평안히 자는 것이고 사단의 열매는 영벌을 기다리며 복음을 몰라서 불신한 사망은 복음전파를 받는 것이다.

마지막 심판은 온 인류를 한 번에 심판하는 것이며 다른 기회가 없다. 믿든지 안 믿든지 선택은 자유인 것이니 심판장에서 공평에 대한 불만은 버려야 하고 오직 자기 선택의 길에서 광명이 와도 흑암이 와도 다 자기 맘대로 행한 결국인 것이니 기쁨과 평안도 자기 탓이고 후회와 설움도 자기 탓이다.

세상에 진짜 신이 있다면 어찌 큰 죄악에 눈을 감고 선한 생명이 값없이 죽어가도 행악 자들을 벌하지 않느냐며 이것도 신은 없고 죽었다고 하지만 공평한 법을 지켜야 한다.

살아계시는 신이 없는 것이 아니라 정말 공평한 심판의 때를 기다리시는 의로운 심판자시며 사단의 때를 공평하게 참으시는 것이다. 예수의 증거가 없는 자는 성도가 아니지만 사단의 일방적인 선교를 폐하지 않으심도 때를 기다리시기 때문이다.

신이라 해서 대적하여 대립한 사단의 때에 모든 것을 간섭하고 심판하면 공평이 아니며 공평한 신일 수가 없다. 악한 사단도 자기 때라고 무법천지가 아니라 정한 선이 있으나 하늘의 신처럼 공평하지 못하고 항상 불법을 행하니 세상이 진동하는 것이다.

세상 형편은 사람이 죽으면 끝이지만 영계와 영계를 다스리시는 신께는 세상의 죽음이 결코 끝이 아니다. 신의 다스림은 이 세상을 마치는 마지막의 심판을 마쳐야 끝이며 그때 신께서 벌하고 갚을 것과 상주고 베풀 것을 공평하게 하신다.

세상살이의 세상 법도 정한 법대로 증거를 좇아 심판의 때가 있는 것이니 악한 사단의 대적에도 범사에 공평하시고 분명한 증거와 법대로 하실 뿐 신이 죽고 없어서 잠잠하심이 아닌 것이다.

우리가 표상일 때는 사단의 고소대로 예수십자가의 심판을 하셨으나 이제 사단의 황권과 고소권을 폐하고 영생의 자녀를 거두는 추수기에는 사단의 고소대로 육신사람을 멸하지 않는다.

사단이 세상 임금일 때는 공평하게 그의 황권을 보장하였으나 대가를 치르고 나라를 되찾아 사단의 임금 직을 폐한 후로는 아들의 나라이니 마지막 심판에 앞서 자녀를 세우는 것이다.

흑암의 나라일 때는 신이시라도 예수십자가의 날을 고대하신 것이며 율법이 오기전의 씻지 못한 옛 죄를 인하여 사단의 고소 앞에서 흠 있는 언약으로 길이 참으시며 하늘 농사의 씨 뿌림을 보전하였고 결국은 지금의 우리가 새사람을 사는 것이니 달밤 같은 언약으로 겨우겨우 지키신 신의 사랑을 깨닫고 느껴야 한다.

육체뿐인 사람을 겨우겨우 지키신 이유는 오직 우리 영을 사랑하심이다. 흙으로 만든 육신사람 안에 종자의 영을 심었기에 길이 참으시며 변함없이 지키신 것이고 사단을 능히 폐할 수가 있지만 그의 대적에 대립하여 공평한 심판을 이루시는 것도 오직 우리 인류를 사랑하심이다.

천국이 있고 영생의 자녀가 되어도 땅에서는 여전히 자기 인생을 행하게 하심은 성도의 삶에서 세상살이를 하늘살이로 행하는 믿음으로 영혼의 영격을 양육하여 본국에 들이려는 것이다.

하늘 갓난이의 처음은 다 백지같이 아무것도 새긴 것이 없기 때문에 타국살이 동안에 거룩한 성도의 영생을 깨달아 천국살이의 영격을 갖추게 함이다.

□전지전능의 신이실지라도 대적 자 사단을 두 세상 동안에 놓아두심은 사단이 대적한 대결이 끝나지 않았기 때문이다. 창세전의 예정대로 예수 안에서의 자녀를 처음 열매와 다음 열매로 온전히 거두어야 사단과의 싸움이 끝나는 것이다.

처음 열매의 성도는 성령세대까지로 거두었고 복음세대인 다음 열매의 성도는 이 세상 끝에서 거두니 사단이 먼저 속이는 때의 부족한 복음 선교에 완전하고 영원한 복음전파가 나란히 되어야 한다.

지금은 사단의 때며 속이는 선교의 부족한 복음인 것을 세상교회가 스스로 증거 하는 것이니 이는 어그러진 복음의 자기 믿음일 뿐 법적인 믿음이 없음이고 더욱이 여자를 머리로 세움은 황권 적 행사다.

흑암의 나라를 마치는 종말에서는 성령세대가 복음에 합당하게 머리를 붙들어 여자의 머리는 남자요 남자의 머리는 주님인 것을 옳게 지킨 것이며 예수교회답게 거룩한 성도를 살았다.

그때 처음 성령을 받은 성도의 능력과 대적하는 사단의 능력이 대립한 싸움이었고 성령의 능력은 성령세대까지로 마친 것이며 지금의 복음세대는 깨닫는 복음의 능력이고 사단도 지금은 다른 능력이 아닌 완전한 복음을 부족하게 속이는 능력이다.

옛 세상 끝에서 임박한 종말을 당한 처음 열매의 성도를 거둔 후로 지금의 복음세대는 아바아버지도 복음이 능력이고 대적하는 사단도 신의 능력인 복음을 부족하게 속이고 미혹하는 능력인 것이니 지금 성령의 능력이 없고 복음의 능력인 것은 이상한 것이 아니다.

세상교회가 속아서 옛 세상의 말세에 부어주신 성령과 성령의 능력을 탐내고 욕심 부릴 뿐 그때의 성령의 능력과 사단의 모든 능력은 흑암의 나라를 폐하는 옛 세상 끝까지로 마친 것이다.

그러므로 속은 믿음에는 예수십자가의 도가 물과 피로 짝을 이루지 못하며 흰 옷의 예복을 입는 성령세례가 없어서 하늘 갓난이로 난 간증의 울음이 없이 예배당에 나간 날이 신자 된 날이다.

□세상에서는 남녀평등을 외치나 교회에서는 남녀가 평등해질 것이 없으나 교회는 구주 앞에 머리를 좇아야 한다. 교회의 남녀는 구주와 그의 신부 같은 것이니 몸이 머리를 범하지 못한다.

교회에서 여자의 순종은 남자를 세움이고 이는 몸이 머리를 붙드는 순종이라 여자의 순종에는 남자의 사랑이 넘치는 것이다. 절대로 높고 낮음의 순종이나 다스림이 아니다. 순종하면 사랑이 온다.

사람의 시작에서 남자가 먼저고 남자를 나눈 여자임을 깨달아야 한다. 성도에게는 구주가 먼저 나심이 맏고 구주 안에서 그의 씨로 함께 합한 자녀인 것이니 몸은 머리를 앞지르지 못한다.

세상이 변했으니 몸이 머리를 살며 머리를 붙들지 않아도 될 것만 같으나 세상은 그럴 수가 있어도 예수교회는 복음과 성도가 타락하지 않는 한 그럴 수가 없다.

교회의 순종에서 무조건 여자이니 순종하라심이 아니며 남자도 그리 알아서는 잘못이다. 주께서 여자로 남자에게 순종케 하심은 머리이신 구주와 몸이 되는 성도를 비유로 깨닫게 하심이다.

여자가 남자를 머리로 붙드는 것은 교회가 구주를 섬김과 같은 것이니 이는 교회의 머리인 구주와 그의 몸인 교회를 알리는 교육인 것일 뿐 성도와 남녀의 높고 낮음이 아니다.

교회에서 여자가 남자를 세우는 순종은 성도가 구주를 머리로 세움이고 몸이 머리를 좇음이다. 이것을 남자와 여자로 표현하는 것일 뿐 여자는 낮고 남자는 높아서 순종하라심이 아니다.

그러므로 사단의 미혹은 교회에 여자를 세우며 세상에서는 남녀평등을 외치게 만든다. 세상이야 교회 밖이니 세상 법대로 할 것이나 예수를 믿는 교회는 새 법과 주신 교훈을 따라야 한다.

혼인한 부부가 아내를 무시하고 남편을 무심함은 곧 자기를 무시함인 것이니 한 몸은 높고 낮음이 없는 것이며 주를 섬기는 예대로 순종하고 사랑하는 이것을 인생에서도 높고 낮음으로 구별한다면 사랑으로 행하는 성도의 삶이 아니다.

땅에서의 삶은 하늘의 삶을 배우는 것이며 인격이 영격이 되도록 익히는 것이라 남녀로 구별되지만 천국에서 영생은 남녀도 없고 높고 낮음도 없이 오직 서로 사랑하는 것이다.

그러므로 여자는 종처럼 순종하라심이 아니고 남자도 상전처럼 행하라는 것이 절대 아니다. 만약에 땅에서 섬기는 도리와 질서가 아닌 것이면 하늘에서 일체 동일한 지체일 수가 없다. 남녀의 목적은 번성과 충만 이며 머리와 몸처럼 하나 됨이고 순종과 사랑하는 것이다.

사단의 미혹은 남녀평등을 세상 일로 하는 것이며 남자도 여자같이 여자도 남자같이 살게 하지만 이는 교회의 평등이 아니기 때문에 미혹을 받아 교회가 세상을 따라서는 예수교회일 수가 없다.

교회의 믿음에서는 남편은 아내를 지키고 사랑하는 것이며 아내는 남편을 도와 믿음의 승리자로 세우는 것이니 남편의 승리는 아내의 승리며 남편이 영생이면 아내도 영생이다.

아내가 순종하여 도우면 남편은 더욱 아내를 사랑하고 귀하게 여긴다. 성도가 구주를 순종하듯이 아내가 돕는 배필의 의무를 다하는 것이지 신분이 낮고 덜 귀하여 순종하는 것이 아님을 분명히 해야 한다.

(고전 7:4,) 『아내가 자기 몸을 주장하지 못하고 오직 그 남편이 하며 남편도 이와 같이 자기 몸을 주장하지 못하고 오직 그 아내가 하나니』

아내가 자기 몸을 주장함은 남편과 한 몸이 아닌 두 몸으로 구분하는 것이며 남편도 같은 것이니 이는 몸 된 교회가 머리인 구주를 거절함이고 교회의 필요에 함께하지 않는 구주는 교회와 구분된 것임을 함께 말하는 것이다.

악한 사단이 흔드는 미혹은 옛 세상에서 처음여자 하와를 미혹하여 남자를 쓰러뜨린 그대로 지금도 여자를 미혹하여 세우며 평등을 외치는 세상이다.

□사단은 세상을 속이고 망해야 신을 이기는 것이고 신은 세상을 구원해야 하지만 사단이 먼저 속이는 때가 있고 신은 끝에서 모든 것으로 합력한 선을 이루는 것이다.

지금은 사단이 먼저 속이는 때며 서로 사랑할 남녀를 서로의 적으로 만들고 혼인과 출산을 훼방하며 이혼을 권하고 남녀가 구별 없는 평등을 외치게 함은 사람의 힘으로는 말리지 못하며 자기를 보고 자기를 아는 것이 옳을 것이나 항상 사단의 때만 있는 것이 아니다.

악한 사단의 속임과 세상 치매는 지금 말세를 시작하는 때에서 정상적인 흐름이다. 범사에 시작이 있으면 반드시 끝이 있고 세상도 영생의 자녀를 얻기 위한 하늘 밭으로 만든 것이니 마지막 추수를 마치면 폐하는 것이다.

이 땅은 지옥이 되지만 이것까지도 속이는 사단의 선교라서 세상교회의 선교는 물과 피로 짝을 이룬 예수십자가의 도가 없고 예수십자가의 물과 피가 하늘 성소의 제단과 성막의 물두멍에 드려진 영원한 속죄를 알지 못하는 부족한 복음이다.

예수십자가의 피가 하늘 성소의 제단에 드려진 피가 아니면 세상 죄를 씻지 못한 것이고 예수의 증거를 받지 못하면 성도가 아니기 때문에 마지막 제물의 대속과 다 이루신 예수의 증거를 부족하게 만들어 온 세상에 선교하는 것이다.

부족한 복음도 어린양예수를 믿으며 같은 성경을 보지만 사단의 눈가림이 있으며 다른 문의 다른 길로 데려가기 때문에 좁은 문의 구주와 상관없는 넓은 길에서 자기 믿음만 행하는 것이다.

다른 문의 다른 길에서 예수를 믿고 선교하니 아무리 열심히 믿어도 주께서 약속한 성령을 선물로 받지 못하며 신령한 양식을 성령 학으로 받지도 못하므로 전도가 아닌 인도를 하는 것이다.

성도의 혼인에서 이혼은 없으나 부족한 복음의 선교에는 이혼이 있으며 성도에게 예수의 증거가 없으면 주 아버지를 거짓말 하는 자로 만드는 것인데 부족한 복음 선교에는 예수의 증거가 없다.

교회의 세례도 죄 사함을 받아 예수의 증거를 가진 자로서 예수를 구주로 믿을 것을 시인하여 물에 임하는 것이니 증거 없이 입술의 시인만으로 물 뿌림은 구원하는 표를 들지 못한다.

사단의 미혹은 십계명의 부모공경 함과 이웃사랑을 폐하는 것이며 부모사랑의 결국을 고통과 눈물로 만든다. 형상이 새겨진 돈으로 사고 파는 세상 지식은 악한 사단이 그 위에 타고 행하는 것이며 범사에 자기 유익만 구하게 만든다.

눈으로 보기에 세상을 위한 좋은 말과 선한 일들이 많으나 그 결국은 다 사단이 자기 뜻을 이루는데 합력하게 만들고 사람들을 옛 사람의 마음과 죄의 법으로만 이끈다.

사람들이 진실하고 선하게 행할지라도 그 결국은 악한 열매로 맺히게 함이 사단의 일이다. 그러나 실상의 형편은 세상의 죄악은 죽은 것이며 선은 다시 산 것이니 선한 끝의 열매가 있는 것이다.

모르고 하는 일이지만 사람이 사단의 소망대로 행함은 큰 죄악인 것은 신이 만든 사람이 피 없는 사람을 만들기 때문이다. 신은 처음부터 아무 형상이든지 만들지 말라 하신다.

그러므로 사단의 대적은 세상 가득히 형상으로 채우고 형상의 돈으로 우상을 만들어 사람의 손을 타고 행하며 온 세상에 일만 악을 이루고 죽은 악의 더러움을 온 인류에게 뿌리는 것이다.

세상은 형상의 돈이 쌓이는 대로 악도 함께 쌓이니 선행하는 돈보다 악행하는 돈이며 선행의 돈은 사단의 미혹을 밟는 자들이며 미혹 아래서는 누구도 선하게 쓰지 못한다.

□행복은 떠돌이라 머물지 않는다. 사람에게는 처음부터 행복이 아닌 평안이다. 성도가 누리는 안녕은 영원한 것이니 이 땅에서 배도하지 않는 한은 영생에 이르는 평안이며 화평의 안녕이다.

사람이 이것이 행복인가 느낄 때면 어느새 행복은 달아나는 것이니 행복은 좇아가는 것일 뿐 누리지 못한다. 행복은 사단의 미혹이고 평안은 신의 선물이다. 돈이 있어야 행복할 것 같지만 돈의 결국은 불행이다. 행복은 미혹하는 것이며 행복할 수 없는 행복이라 사람이 좇아가는 것이다.

행복은 참으로 사단의 낚시 밥이며 낚시는 형상의 돈이다. 본래는 에덴동산에서부터 세상이 여자 때문에 문제가 이는 것인데 행복이란 단어가 오고부터 세상이 형상의 돈 때문에 문제가 생긴다.

사단은 형상의 돈으로 행복을 권하여 인생을 낚고 성도는 하늘 소식으로 영생을 권하여 사람을 낚아 천국에 들인다. 여기서의 문제는 사단이 먼저 이 세상을 미혹하고 속이는 것이다.

사단의 미혹을 모르고 돈만 좇다가 일생을 마친 영혼이 심판을 받아 저승의 두 갈래 길에서 서러운 것은 흙에 속한 육신살이만 하다가 하늘에 속한 영혼의 영생을 잃은 것이고 한번뿐인 인생이 참으로 아쉬워서 때늦은 후회의 설움인 것이다.

영생으로 가는 길과 영멸에 이르는 길목에서 선택권이 없는 서러움에 울고 울면서 뒤돌아볼 것이 아니라 이생에서 선택한 영혼이어야 하고 선택이 없는 영혼이면 이제는 영계의 마지막 기회를 잡아야 한다.

혹 이것을 오해하여 나는 육신살이만 잘하다가 죽어서 영계의 기회를 잡겠다면 생각의 착오다. 영계의 기회는 이생에서 전혀 천국소식을 듣지 못하고 죽어간 자를 위함이지 이미 소식을 듣고도 자기 선택을 버린 영혼은 그것이 자기 선택이기 때문이다.

복음에는 공평이 있고 세상에서 복음전파를 불신한 삶은 영멸이며 복음전파를 받지 못한 결국은 영계의 기회가 있다. 그러므로 마지막 심판이 공평한 것이며 영계의 구원에는 상급이 없으나 세상살이 동안에 받은 영생은 복음전파에 합력한 상급이 크다.

□성도는 신이 주시는 평안을 얻고 세상은 사단이 권하는 행복을 좇는다. 운 좋게 만나야 하는 행복인 것이며 항상 누리는 것이 아니라 항상 희망하는 것이다.

사람에게는 처음부터 욕심을 잉태한 악이 있기 때문이며 욕심은 욕심의 아비 사단을 좇아 끝이 없이 원하는 것이라 만족하고 흐뭇한 상태의 행복은 유지할 수가 없고 사람의 형편에 불합당한 것이다.

성도는 행복이 아니며 기쁨이고 평안과 안녕의 기쁨으로 감사하는 것이니 사단이 권하는 운수소관적인 행복에 관심 없으며 나를 피로 사서 다시 살게 한 구주의 은혜를 감사하고 기뻐하는 평안이다.

사단이 형상의 돈으로 미혹하는 행복은 행복을 좇다가 신을 만나는 세월이 없이 지나치게 함이니 행복을 신기루처럼 이용하는 것이다. 행복은 돈의 형상으로부터며 돈의 형상은 온 세상을 행하는 우상이다.

형상의 돈을 하늘의 신에게 헌금함은 큰 대적이다. 사람이 지어준 이름의 자기들만의 신에게 헌금하는 것이야 스스로 계신님과는 상관없지만 속아서 믿는 교인들은 진정이라 염려인 것이다.

누구도 신에게 형상의 돈을 주고 행복을 받지 못하며 재물의 복도 영생도 받지 못한다. 성도는 오직 말씀을 좇아 영혼이 잘 됨으로 임하는 만복을 받는다.

행복은 누구에게나 잠시 잠간이며 유혹에 빠져서 좇는 것일 뿐 기쁨이 지속하지 못하며 평안의 복이 되지 못한다. 사람에게는 욕심을 버린 평안의 안녕이 있고 행복을 소원한 불행이 있는 것이니 처음부터 욕심을 버린 평안을 소원함이 옳은 것이다.

돈을 사랑함이 일만 악의 뿌리니 돈을 좇는 행복은 처음부터 없는 것이며 쌓이는 돈을 따라 행복이 아닌 화가 오는 것이며 나라와 가정에 화평을 제하는 형상의 역사가 이는 것이니 돈생과 돈법의 돈전쟁의 끝은 마지막 심판의 세상 종말에 이른다.

돈 없으면 죽는 세상은 이 시대뿐이며 세상 모든 형상의 돈을 통합한 돈까지로 세상 말세를 당한다. 형상의 돈이며 일만 악의 근본일지라도 욕심을 놓고 돈을 발아래 둔 믿음은 평안하고 영혼을 좇아 거룩한 지체에 이른 성도의 기쁨을 유지하는 것이다.

돈을 좇고 섬기는 양심은 옛 사람의 악한 양심이고 돈을 발아래 둔 양심은 새사람의 선한 양심이다. 성도가 아닌 사람은 두 양심을 모르기 때문에 사단이 속이는 대로 살 뿐이다.

인생이 아닌 돈 버는 돈생을 행할지라도 거룩한 성도는 사단을 발아래 두기 때문에 선한 양심의 가책이 없는 복을 받는 것이니 오직 영혼이 잘 됨으로 임하는 하늘로부터의 축복이며 강건함이다.

아버지의 새 법을 지키고 새사람의 선한 양심을 쓰는 성도는 선악 간의 구분이 명확하기 때문에 계획한 돈벌이가 아니며 임하는 축복에 감사하고 나 그네 길의 세상에 미련이 없으니 천국의 영생 길을 예비하는 여유가 있다.

성령세대 후로는 복음세대라 사단이 먼저 속일 뿐 성도가 없으니 돈 없어 죽는 사람도 있을 것이나 거룩한 성도가 돈 없어서 죽는 일은 없다.

주 아버지의 정한 때가 아니면 성도가 육체를 떠나는 영혼이 되지 못하며 돈 때문에 평안하지 못함도 없는 것이니 성도는 이 세상에 있을 동안에 오직 영생의 구원을 이룰 뿐이며 범사에 주를 인정한 감사와 기쁨이 평안을 유지하기 때문이다.

영혼이 잘된 성도가 돈 때문에 먹지 못하여 죽고 헐벗는 것이면 성경이 틀린 것이고 신이 죽은 것이다. 성도가 염려하고 계획하여 생기는 돈과 영생이라면 세상보다 더 욕심 부려야 할 것이다.

성도가 영생의 기쁨을 누리는 평안은 영원한 것이며 이 땅에서부터 천국에 이어지는 것이라 성도는 이 세상 잘 살고 못사는 것에 매이지도 않지만 행하는 믿음을 따라 임하는 복이 넘치는 것이며 선한 양심으로는 범사에 탐하지 않기 때문에 필요 이상의 돈을 쌓아둘 필요도 없다.

그러므로 성도가 힘에 겨운 헌금으로 남은 삶을 어렵게 함도 잘 못이고 성도가 형편에 맞는 부조금을 금하는 것도 복음에 합당한 삶이 아니다. 교회는 헌금만 받는 것이 아니라 교회를 살펴 고통의 힘겨운 삶을 도와야 한 몸의 지체인 것이다.

형상의 돈은 영혼을 육신에 묻어두는 검은 보자기의 방패다. 형상의 돈으로 행복을 권함은 영혼을 망치는 유혹이며 교회도 돈을 좇다가는 망하는 것이니 이 세상은 돈이 많아도 돈이 없어도 결국은 불행이다.

형상의 돈을 좇는 행복은 앞쪽만 행복이고 뒤쪽은 불행이다. 그러므로 돈이 올 때는 웃지만 쌓이면 고통이다. 행복은 영원한 고통을 감춘 표지판이라 따라가면 돌이키지 못할 영멸이 있다.

참 평안은 세상을 모르는 어린아이가 누리는 것이다. 예수님도 어린아이를 쫓지 말고 영접하라 하심은 어린아이는 행복을 모르고 평안을 모르는 참 평안을 누리기 때문에 심령이 청결하여 예수님에게 안길만 함이기 때문이다.

어른들처럼 행복하려 하고 평안하려 함은 욕심 부림이다. 하늘 갓난이로부터 성령 학으로 신령한 젖을 받는 성도는 예수님이 말씀한 어린아이와 같은 것이다.

형상의 돈아래 돈 세상이며 돈에 매인 종살이 인생이다. 돈 세상에 돈 학과 돈 정치를 따라 돈 법과 돈생을 이루어 간곳없는 인생이 영을 잃었고 황혼의 인생에서 겨우 때늦은 후회를 하지만 육신의 때를 돌이키지 못하여 슬픈 영혼이 되고 만다.

사단의 미혹대로 아이들은 모든 형상과 친하고 어른은 돈과 친하며 온 인류가 동물을 사랑하며 인격으로 대하니 동물 사랑에는 비밀이 있어 동물은 육신사람을 보전하는 식료임을 모르는 것이다.

이스라엘 민족이 출애굽 당시 예수의 그림자로 어린양을 제물로 삼아 함께 먹으며 같이 자고 정들이며 사랑하다가 정한 날에 잡아서 흘린 피로 문과 문지방에 뿌려 죽음을 면하고 애굽에서 구원을 받았기 때문에 이를 빙자한 사단이 동물사랑으로 미혹하는 것이며 돈 사랑 동물사랑으로 영생의 구원을 훼방하고 있다.

성도의 익어진 인생과 믿음이 교회 안에 이어지며 믿음의 후손들이 아버지의 마지막 심판에까지 열심히 전파하여 영생의 반열에 합하는 영혼이 아버지의 소망한 수에 이를 수가 있도록 자기 때를 사는 동안에 오직 복음전파에 힘써야 한다.

지금으로부터 약 일천년의 세월동안에 예수 안에서의 후손들이 혼인하고 잉태하는 출산으로 번성하면서 성도의 진을 늘리며 끝까지 발악 하는 악한 사단은 아버지의 마지막 심판으로 영벌에 처한다.

하늘농사의 다음 열매를 거두고 육신의 세상을 영원히 마칠 때에 우리가 다 천국에서 생명수를 나누고 새 포도를 따며 평안할 것이니 세상 동안에 거룩한 성도를 행하여 아버지의 뜻을 이루게 도와야 한다.

악한 사단의 훼방으로 지금의 이 세상은 혼인과 출산이 줄고 이혼을 자랑하지만 성도는 계속 혼인하며 출산하고 날로 번성하며 예수교회를 늘리는 것이니 지금까지의 부족한 복음 선교와 이제로부터인 완전한 복음전파의 때가 분명히 구별되고 신학의 믿음과 성령 학의 믿음이 분명히 드러날 것이다.

□사람들은 어젯밤에 사랑하고도 오늘은 변할 수도 있겠지만 성도는 하늘의 시민권자로서 하늘을 살고 세상살이로는 하늘의 삶이 변할 수가 없는 것이니 성도는 성령의 소욕으로 육체의 소욕을 덮는다.

사람의 영혼이 영생의 구원을 받을 때는 하늘의 영격이 비어있는 것이며 하늘 갓난이로 나타나야만 신령한 젖으로 양육하는 성령 학이 다가와 하나 둘씩 영격이 쌓이는 것이다.

천하보다 귀한 영이 육신에 덮이고 심령이 육신을 따르면 육신적인 사람인 것이며 이런 육신적인 사람들에게 생명의 빛을 비추는 복음전파를 이루는 것이고 영혼으로 참 평안을 얻게 하여 성도의 복음전파가 아름답게 만드는 것이다.

성도의 복음전파가 없이는 영혼의 소욕을 행하는 구원에 이를 사람이 없다. 사람들이 세상살이로 잘 익어진 인생과 일생을 망치지 않으려는 진실한 마음이 있으나 자기 영을 무시한 인생은 결코 영계의 슬픔을 면할 수가 없다.

신이 피를 육체의 생명으로 주신 이유는 잘 먹고 잘 사는 세상살이만 위한 것이 아니라 목숨이 있을 동안 영생을 예비하고 영 글은 알곡 같이 장성한 영혼이 되어 영원한 본향으로 귀환하라는 것이다.

사단은 훈계 없고 징계 없는 세상지식으로 자기 뜻을 행하며 인생의 줄기를 찌르고 돌을 던지며 상하고 멍들게 하여 아픈 비명이 온 세상 의 귀에 쟁쟁하게 하며 세상 소식이 온통 아픈 통증이게 만든다.

이제 사람들은 변형한 인생을 고치지 않으며 어제의 부족과 부끄러운 삶을 뒤돌아보지도 않고 뉘우치는 회개도 없다. 법이 그렇고 정치가 그렇고 세상 형편이 그렇고 자기만 있는 세상이며 이런 세상으로 이끄는 사단의 뜻대로 이루어지는 것이다.

지금처럼 어그러진 세상은 없었다. 죄를 죄로 감추어 묻고 심판이 기울고 독한 매정과 돈을 좇는 거짓사랑과 억울한 사망을 이루는 악한 세상은 새사람의 선한 양심으로 행함이 아니라 미혹을 당함이다.

악한 세상은 양심의 기책을 제하는 기운과 마음에 있는 죄의 법에 이끌리는 것이라 사람의 본마음이 아니다. 필요이상의 지식을 얻는 세상에서 훈계의 교양이 없는 육신에 잠든 영이라 육체의 요구대로만 행하는 악을 이룬다.

사람의 악이 주머니의 송곳처럼 나타날지라도 모든 사람에게는 양심의 가책이 있는 것이니 조금이라도 망설임이 있을 것이나 생각대로 행하게 되는 죄악은 미혹에 빠진 것이다.

이 세상에 선을 모르는 악은 없다. 선을 아는 죄악은 신을 대적한 사단의 악이다. 사람은 선악과의 악을 행할 뿐 사단의 악은 아니지만 사단의 미혹에 빠짐은 그의 악을 좇는 것이다.

달고 맛난 과일을 먹기까지는 농부의 땀 흘린 수고와 거름 준 것이 있고 사람이 거룩한 성도가 되기까지는 그리스도의 마음을 가지고 수고하는 복음의 아비들이 있다.

모든 의문을 제하는 증거의 말씀이 없이 절로 성도가 되는 것은 없다. 복음을 통한 성령의 출산은 복음의 아비로 나는 것이며 의문 없이 믿을 수가 있을 때에 거룩함에 이르는 것이니 아비 없는 믿음은 믿을수록 의문이 쌓이는 것이다.

증거도 없고 법도 없는 무조건의 믿음은 욕심 부리며 축복받기에 정신없는 믿음이라 의문이 없을 수도 있으나 영혼을 생각하며 성경을 보는 믿음은 의문이 있다.

열매가 좋은 양분으로 잘 익어지는 때는 다 정해져 있고 농부가 거두는 시기도 정하여 있다. 믿는 일도 복음의 뜻대로 때가 있는 것이니 언제까지나 죄만 씻으면서 십자가 밑에만 있는 것이 아니다.

교회 안에 사랑이 있고 정도 있지만 다스림에 이끌리는 순종과 아버지의 법을 좇는 질서와 거룩한 성도의 길이 있는 것이니 교회 안에 자매를 일체 친자매같이 대하라는 말씀을 지켜야 한다.

교회의 형제자매는 영원한 지체다. 참 사랑을 해야 하며 청년형제자매는 반드시 혼인을 위한 사귐이어야 하고 홀로된 형제자매도 혼인을 위한 사귐으로만 교회의 기쁨이 되고 할 수만 있으면 다 육정의 잉태한 출산으로 하늘시민을 번성하고 충만케 해야 한다.

옛 세상의 성령세대는 그때 임박한 말세를 만났기 때문에 혼인을 하지 않아도 좋다 하였으나 지금은 이제 말세의 시작일 뿐이고 일천년에 가까운 세월이 있는 것이니 완전한 복음전파로부터 성도의 진을 세워가고 젊은 형제자매들이 혼인하여 잉태한 출산으로 번성하고 충만해야만 한다.

성령세대의 말세와 종말은 그때 세상 끝에서 예수님이 재림하시고 거기까지의 처음 익은 성도를 거두어 흑암의 세상을 마쳐야 하므로 그때는 정말 때가 가까움을 따른 것이다.

임박한 종말에는 혼인을 하여도 좋고 안 하는 것은 더 좋다 함이 옳은 것이고 지금은 수백 년의 세월이 남았으니 혼인을 해야 하고 또 악한 사단이 혼인을 훼방하니 성도는 더욱 혼인하고 잉태와 출산을 쉬지 말아야 한다.

교회가 합심하여 살고 다 진실로 힘써서 일하는 것이니 머리는 왕관이고 몸은 헌옷의 가난뱅이가 아닌 것이다. 머리와 발가락까지가 다 한 몸이고 다 받은바 은사대로 헌신하며 아버지께로 임하는 축복의 옷으로 입는 것이다.

성도의 혼인은 둘이서 좋고 닮은 것이 보이면 세상 것 따지지 말고 합할 것이니 이는 다 아버지의 인도와 정한 배필이 있기 때문에 서로 이끌리고 마음에 드는 것은 한 몸이 될 짝이기 때문이다.

예수를 믿든지 안 믿든지 사람은 다 주 예수의 피로 값 준 사람이며 성도가 아니어도 다 혼인할 수가 있다. 부부는 닮은꼴이 있고 닮은 대로 만날 때에 서로는 더욱 끌리는 것이니 혼인하고 잉태하여 다음 열매의 수를 채워야 한다.

구주는 바람피운 간통의 죄가 아니고는 아내를 버리지 말라 했으니 또 성경에 아버지가 정한 혼인은 이혼하지 말라 하는 것이다. 열 번 말해도 성도의 혼인에 이혼은 있을 수가 없다.

주 아버지의 명을 대적하는 이혼을 거룩한 성도가 하지 못하며 남편이 아내를 사랑할 의무와 아내가 남편을 돕는 배필의 의무를 다한 순종이라야 그리스도의 마음을 가진 성도인 것이다.

예수 안에서 지체가 나뉘지 않으며 배도 없이는 영원히 구주의 몸 된 지체다. 이웃도 내 몸같이 사랑하라 시는 것이니 한 지체는 더욱 사랑하고 도와야 한다.

세상 모든 교회가 합심하여 동네마다 교회를 세우는 것이며 마을마다의 교회는 온 세상교회와 한 몸을 이루어야 한다. 예수의 몸 된 교회가 비정상으로 한곳만 태산같이 살이 찌고 균형이 없으면 오래 견디지 못하고 무너질 것이 분명하다.

아무리 멀어도 자기 교회로만 오라는 인도는 예수의 몸 된 교회가 아님을 증명함이다. 사도행전과 같이 교회들이 하나를 이루고 형제자매의 부족함을 서로서로 돌봐야 한다.

사람이 성령을 받고 성령 학이 있어야 영혼의 소욕이 있는 것이며 열심히 믿어도 성령 없이는 불신자와 같고 다 영이 잠든 상태로 육신 사람을 살아갈 뿐이다.

영의 잠든 상태는 사단의 미혹으로 육신이 오히려 방패가 되어 생명의 빛을 막기 때문에 잠든 영을 깨우지 못함이다. 영이 잠자는 것은 영의 소욕도 육신의 소욕에 덮인 것이다.

처음 선택하는 믿음은 자기 믿음이다. 처음의 돌이키는 자기 믿음은 영혼과 육신사이에 가로막힌 방패가 치워지는 것이다. 자기 믿음은 복음의 아비를 좇아 성령 학에 이른다.

이제 완전한 복음전파를 향한 거짓광명의 발악이 더욱 클 것이며 마지막 심판이 다가올수록 복음전파와 물 뿌린 새 싹의 결실이 훼방을 받아 선악 간에 크게 대립할 것이니 추수를 훼방하는 사단의 악이 최고에 이르고 사람들의 인색하고 황폐한 마음에는 가시 엉겅퀴가 무성할 것이다.

부모의 훈계와 회초리가 없이 돈으로만 사고 파는 세상지식은 위로만 크는 나무와 같고 사단에게 이로운 열매를 맺으니 모든 첨단의 과학이 결국은 화살로 돌아오는 것이다.

사람들은 신의 때가 더디 온다고 생각하겠으나 신의 때가 오면 이미 이 세상 말세가 이른 것이다. 신은 천년을 하루같이 하루를 천년같이 쓰시니 해가 지는 세상살이가 아니므로 일백년도 기다리기 힘든 인생으로는 마지막 심판은 살아서는 보지 못하며 죽은 자로 나아가는 것이다.

육신세상은 저승을 예비함이니 이생에서 육신을 입고 살 때에 돈만 버는 돈생으로 마칠 것이 아니라 태어난바 인생을 행하여 영생의 영혼으로 영격을 갖춘 어른으로 본향을 찾아야 잘 산 인생인 것이며 사람으로 태어난바 목적을 이룬 것이다.

6 장

천 하 보 다 귀 한 내 영 혼

예수
재림의
심판

(마 10:23,) 『이 동네에서 너희를 핍박하거든 저 동네로 피하라 내가 진실로 너희에게 이르노니 이스라엘의 모든 동네를 다 다니지 못하여서 인자가 오리라』

예수 재림의 심판은 옛 세상 끝에서 흑암의 세상을 마칠 때에 하셨다. 당시의 제자와 처음 열매의 성도들이 말세에 부어주시는 성령을 받아 그 세상 끝까지 복음전파를 이루고 예루살렘이 멸망하는 그때 성전이 무너지고부터 심판의 시작이다.

재림예수님은 밤에 오시는 것이니 이는 흑암의 나라인 어두움의 때에 오심인 것이며 이것을 밤에 오신다 말씀한 것이다. 흑암의 나라를 폐하고 되찾은 아들의 나라로 시작하고부터는 빛의 세상이니 재림예수님이 오시는 밤이 없는 것이다.

예수님은 정말 말씀대로 속히 오셨고 흑암의 나라 끝에서 이룰 예수 재림의 심판을 마친 것이니 예수께서 되찾은 왕권을 행사하는 재림의 심판은 옛 세상 끝에서 이 세상을 시작하기 전에 하신 것이다.

악한 사단이 지나간 예수 재림의 심판을 속일 수가 있음은 두 세상 끝의 두 종말을 감추기 때문이다. 예수 재림의 심판은 이 세상 끝이 아니라 흑암의 나라인 옛 세상 끝이다.

그러므로 처음 익은 열매의 성도와 제자들이 다 자기들이 만난 종말을 말하고 예수님 생전의 말씀도 예수님이 세상 끝에서 오신 그 세대가 지나가기 전에 재림하심을 밝힌 것이다.

이스라엘 모든 동네를 다 다니지 못하여서 인자가 오신다는 말씀은 지금의 복음세대인 우리에게 하신 말씀이 아니다. 그때 세상 끝에서 예수님이 오신 그때 그 세대의 제자들에게 하신 말씀이며 약속을 지키진 것이다.

계시록 이십 장 육 절까지로 예수 재림의 심판을 마치고 이 세상에 예수교회의 성도가 없는 상태에서 사람의 아들들이 세운 세상종교로 일천년이 흐르고 재림의 심판 때에 일천년의 무저갱에 들어간 사단이 풀려나서 거짓종교개혁으로 미혹하며 일천년이 넘었으니 사단에게 속한 때로 총 이천년의 세월이 지나갔다.

예수 재림 후로 지금까지 사단의 속이는 때며 앞으로도 사단의 때가 어디까지인지는 알 수가 없으나 영원한 복음이 완전한 복음으로 세움을 받으면 사단이 일방적으로 속이는 때는 끝나는 것이며 완전한 복음전파와 거짓광명의 부족한 복음이 나란히 되어 믿는 자들이 양단간에 자기 선택을 하는 것이다.

예수 재림은 그때 제자들 때에 속히 될 일이다. 요한 계시록에서도 속히 될 일이 예수 재림의 신판인 것이지 이 세상 끝에서 마지막의 심판이 아니다. 사단이 어두움의 임금인 흑암의 나라를 마치는 심판이 없이 아들의 나라를 시작할 수가 없음을 분명히 알아야 한다.

신께서 태초에 일하심으로부터의 신의 수대로 일곱째 날까지 있고 육일까지 일하시고 칠일 날 안식하신 천지창조를 보면 사천년의 하늘 농사를 삼천년의 세월에 추수하는 것이니 옛 세상 끝에서 익은 처음 열매의 성도를 거둔 후로 남은 삼천년의 세상 끝에서 다음 익는 마지막 열매의 성도를 거두어 육체의 세상을 폐한다.

하늘 종자를 씨 뿌린 사천년의 끝에서 종말을 당한 처음 열매의 성도가 거두어질 때에 사단이 임금이던 흑암의 나라를 폐하는 심판이 있는 것이며 거기서부터 빛의 세상을 시작한다.

사단의 황권을 폐하는 심판은 아버지의 뜻대로 희생하신 아들이 되찾은 왕권을 받아서 행하는 것이며 온 세상을 마치는 심판이 아니라 옛 세상을 폐하는 것이고 되찾은 세상을 아들의 왕권으로 새롭게 여는 심판이다.

□사단의 황권을 폐하는 예수 재림의 심판도 아버지의 때를 따라 아버지

의 뜻대로 이루지만 아들이 왕권자로 와서 행하시는 것이며 사단이 임금이던 옛 세상의 끝에서 하는 것이다.

이 세상의 대통령선거에서 당선자와 전임 대통령과 같은 상태의 옛 세상 끝이며 예수님은 사단이 임금인 흑암의 나라를 마치는 심판을 해야만 되찾은 새 나라를 여는 것이며 이때의 사단은 황권이 남았기 때문에 자기 나라를 지켜보겠다고 전심으로 대적한 것이다.

그러므로 아들의 심판은 옛 세상 끝에서 속히 이루어질 일이며 그때 임박한 말세를 만난 처음 익은 열매의 성도를 괴롭히고 죽인 사단과 그의 짐승과 거짓선지자를 심판하고 거기까지 익은 열매의 성도를 거두는 것이니 그 외의 인류는 이 세상의 마지막 심판을 기다리게 되었다.

예수 재림의 심판은 온 세상이 난리가 나는 것이 아니다. 로마 판도시대에서 이스라엘을 중심으로 옛 세상 끝까지를 심판하고 사단이 임금인 흑암의 나라를 폐하는 것이며 그때 사단에게 속한 자들과 예수님께 속한 자들을 심판하여 마지는 것이다.

예수 재림은 예수님의 언약대로 제자들이 이스라엘 온 동네를 다 다니지 못하여서 있는 것이니 예수 재림의 심판은 온 세상 심판이 아니며 그때 제자들이 그 세상 끝까지 복음전파를 이룬 그 지경까지를 담당한 것이다.

계시록에서 예수 재림에 관한 싸움은 영적인 싸움이 함께 있고 사람이 눈으로 보지 못하는 대립에서 이루어지는 것이 있으나 십자가의 예수님을 창으로 찌른 군병이 살아서 예수 재림을 보는 것이다.

계시록에서 속히 있을 일이라 하고 정말 속히 오신 재림의 심판이다. 제자들 때에 당한 큰 환란임을 저들이 말하였고 예수님의 약속은 예수님이 생전에 행하시던 그 세대가 지나가기 전에 다시 오시는 것이었다.

그러므로 계시록의 일곱 교회는 그때의 진짜 예수의 교회며 당시로 배도 외의 모든 교회는 예수 재림의 심판까지로 들림을 받았으며 교회 중에서 이마에 인 맞은 십사만 사천인과 많은 성도로 나뉘었다.

재림의 심판은 택한 백성으로 세운 이스라엘이 멸망으로 흩어져 나라를 떠나는 때와 이스라엘이 택한 백성의 때를 마치는 때며 택한 백성일 때에 제사하던 성전이 무너지는 때를 기점으로 예수 재림의 심판이며 이것을 생전의 예수님도 분명히 제자들에게 알리신 것이다.

멸망의 가증한 것이 거룩한 곳에 서는 것은 이스라엘 성전이며 그 성전이 무너지기 전이고 성전이 돌 위에 돌 하나 남지 않고 무너진 후로는 멸망의 가증한 것이 서야할 거룩한 곳이 없어진 것이다.

그러므로 전 삼년 반과 후 삼년 반의 칠년 대 환란도 이스라엘의 예루살렘 성전이 무너지는 그때며 예수 재림의 심판을 마치고부터는 이스라엘이 택한 백성인 것을 폐하는 것이니 예수 재림 후로는 택한 백성이 없이 일체 동일한 새사람의 새로운 피조물이다.

무너진 예루살렘 성전은 사람이 다시 세우지 못한다. 만약에 사람들이 다시 세운다면 보혈의 씻음과 영원한 속죄에 대한 대적이다. 어린양예수가 인류를 위한 제물로 하늘 성소에 들어가신 후로는 땅에서 피를 드리는 제사를 폐하기 때문이다.

계시록의 신께서 사랑하시는 성은 성전이 아니다. 사랑하시는 성은 제사장으로 제사하는 예루살렘의 성전과 같은 그런 성전이 아니기 때문에 무너진 성전을 재건함은 영원한 속죄와 보혈의 능력을 무시하는 대적인 것이다.

그때 성전이 무너질 때 제사장도 폐한 것이며 피의 씻음이 폐한 것이니 하늘 참 성막의 그림자인 땅의 성막은 무너져야 하며 하늘 성막에서만 세상 죄를 영속한 대제사장의 변호가 육체의 세상을 마치기까지 있는 것이니 이제는 하늘 성소를 좇아야 한다.

예수를 믿는 사람들이 어찌하여 성경을 믿지 않고 사람의 아들들이 세운 세상종교의 속이는 대로만 믿는 것일까 그들이 예수 재림을 감추지 못하면

종교개혁으로부터의 미혹을 하지 못하는 것이다.

미혹에 속아서 예수 재림을 기다리는 믿음이라야 666의 표를 기다리고 거짓적그리스도와 거짓 광명의 미혹을 감추어 속일 수가 있기 때문이다.

예루살렘 성전이 무너지는 환란의 때에 예수 재림의 심판에서 붉은 여황의 사단은 일천년의 무저갱에 던지고 그의 짐승과 거짓선지자는 그때로부터 영원히 유황 불 못에 던진 것이다.

일천년의 무저갱에 들어간 사단은 이미 천년 옥을 마치고 풀려나서 온 세상 사방을 속이고 있으며 이 세상을 마치는 종말까지 일천년의 세월을 남겨 두고 사단이 속이는 복음에 대립한 예수님의 완전한 복음전파가 세움을 받는다.

계시록에서 계시의 화면을 보는 자가 사단이 천년 옥에서 잠시 풀려나서 온 세상 사방 곧 곡과 마곡을 속이고 미혹 한다 하니 정말 잠간으로 생각한 이해의 해석이 많으나 그 잠간은 화면에서 지나치는 그 잠간인 것이다.

지금 이천년이 지났으니 이제 천년이 남은 것이며 사단이 천년 옥을 살 동안은 태양신의 사람들이 예수 이름을 빌린 세상종교를 세우고 놓여나올 여황을 기다린 것이다.

사단이 무저갱을 풀려나서 준비한 종교 개혁으로 서로를 이단으로 만들어 지금까지 예수교회와 이단교회가 싸우는 형국을 이루었으나 스스로 정죄하여 십자가의 피로 씻어가는 교회는 일체 구주 앞에 동일한 이단일 뿐이다.

피로 씻을 세상 죄와 상관이 없이 칭 의를 유지하는 믿음이 예수를 믿는 예수교회다. 피로 씻을 세상 죄가 있는 교회는 칭 의를 버리고 스스로 정죄하여 죄를 짓는 것이니 불신하는 이단이다.

악한 사단이 거짓광명을 비추는 종교개혁이라 속아서 믿는 교회들이 예수를 믿으면서도 다시 씻는 것일 뿐 법적인 실상은 씻어놓은 증거를 세운 것이니 살 죄와 죽을죄를 구분할 뿐이다.

□옛 세상의 임박한 종말은 그 기간이 칠십년에서 일백년 사이로 신랑 예수가 혼인을 약속한 신부성도를 데리러 와야 하는 기간이다. 육체의 세상을 완전히 마치는 이 세상의 종말은 칠백년에서 일천년의 세월이 남았다.

예수 재림의 심판은 흑암의 나라 끝에서 오신 예수님이 그 세상 끝에서 하는 것이며 사단이 고소한 세상 죄의 값을 지불하고 사단의 고소권을 폐한 거기까지를 심판하여 사단이 임금인 세상을 마치고 예수님이 되찾은 아들의 나라를 새롭게 여는 것이다.

지금 예수 재림의 심판을 기다리는 모든 세상교회는 악한 사단에게 속은 것이며 예수를 열심히 믿지만 세상교회를 방석으로 앉은 사단을 섬기는 것이니 사단이 행복을 권하는 형상의 돈을 자기들 신에게 헌금하는 것이다.

거룩한 성도의 예수교회는 형상의 돈을 하늘의 아버지께 드리지 못한다. 옛 세상 종말의 성도들도 형상의 돈은 아버지께 직접 헌금하지 않았고 그냥 교회에 부조하고 연보하면 아버지가 받으심이 되었으나 이는 그 연보금을 교회가 사용한 결국의 영적인 열매를 받은 것이다.

이미 이루어진 예수 재림을 기다리는 믿음은 속은 것이라 동일한 기록의 성경이지만 완전한 복음을 받지 못하여 모든 것이 부족한 것이며 법도 증거도 성령의 확증도 없다.

가나안 혼인과 열 처녀의 비유로도 예수님은 흑암의 나라 끝에서 재림의 심판을 함인 것이며 옛 세상에서의 재림과 심판은 그 세상 끝에서 오신 예수님이 죽어주시고 다시 산 부활로부터 옛 세상에 속한 성도를 거두어야하기 때문이다.

옛 세상 끝에서 이루신 복음이라 옛 세상은 산 자보다 죽어간 자들이 더 많기에 옛 세상을 마치는 복음전파는 그 기간이 짧고 이 세상은 죽어가는 자보다 산자와 태어날 사람이 더 많기 때문에 복음전파의 기간이 길다.

옛 세상의 종말에서 그 종말에 부어주신다 약속한 성령을 받은 옛 세상에 속한 제자와 성도들은 그 세상 끝까지 복음전파를 이루었고 성령이 내재하여 친히 알게 한 예수십자가의 도를 알았다.

저들 안에서 무성하게 가지를 뻗고 열매를 맺어 익어진 복음을 신약으로 기록하여 다음 익을 열매인 우리를 위한 영원한 복음으로 남긴 것이며 예루살렘 멸망으로부터 시작하는 예수 재림의 심판으로 처음 열매의 성도들은 들림을 받았다.

저들이 기록한 신약을 받아서 믿는 복음세대인 우리는 저들이 남긴 복음 안에서 성령 학을 받는 것이며 영원하고 완전한 복음전파로 다음 익는 열매가 되어 아버지의 마지막 심판장에서 오른쪽에 구별된 거룩한 지체로 영생에 임하는 것이다.

세상은 둘이고 종말도 둘이며 처음 세상은 사단이 임금인 흑암의 나라며 되찾은 다음의 세상은 예수님께 왕권이 있는 아들의 나라다. 흑암의 세상을 마치는 종말에는 예수 재림의 심판이고 되찾은 아들의 나라를 마치는 종말에는 아바아버지의 백 보좌 심판이다.

예수 재림의 심판은 약혼한 신부를 데려가는 것이고 사단의 황권을 폐하며 죄 씻는 세상을 폐하고 다음 익는 거룩한 씨의 자녀를 세우는 새로운 세상을 여는 심판이라 이스라엘과 당시의 성도들이 세상 끝까지 복음전파를 이룬 거기까지의 성도를 거두는 심판이다.

예수 재림의 심판은 산 사람이 남아서 다음 익을 열매로 거두는 세상을 살게 하는 것이고 처음 익은 열매의 성도들이 짐승과 그의 이름의 수와 거짓선지자의 행한 큰 환란을 당한다.

그때 한 왕의 백성이 예루살렘에 와서 칠년의 언약을 하고 삼년 반 만에 그 언약을 깨뜨리고 성전을 무너뜨리며 예루살렘을 멸망시킨 그때가 예수 재림이 임박한 심판의 때인 것이다.

예수부활승천후로 성령이 오시고부터 칠십년의 세월이 흑암의 나라를 마치는 종말이며 칠십년을 마치기 칠년 전이 큰 환란의 때며 이때에 전 삼년 반과 후 삼년 반의 역사가 이루어진다.

종말의 예언이 예루살렘 멸망까지로 이루어지고 이어서 예수 재림의 심판으로 옛 세상을 마쳐서 되찾은 새로운 세상을 시작하니 여기서부터는 성령세대가 끝난 것이다.

이제 복음세대가 시작되는 것이며 복음세대의 예수교회가 세워지기 전에 처음은 일체 성도가 없는 상태에서 사람의 아들들이 세우는 세상 종교라서 복음에 합당하지 못하고 부족한 복음으로 나타나며 자기 믿음으로 빗나가고 어그러진 것이다.

흑암의 나라를 마치는 예수 재림의 심판이 없이 되찾은 이 세상의 끝에서 예수 재림의 심판과 아버지의 마지막 심판을 다 받으려 하니까 처음 열매와 다음 열매의 성도가 구별되지 못하는 것이다.

□예수 재림 심판으로부터 일천년의 무저갱에서 풀려난 사단이 사 백년쯤 후에 미혹으로 준비한 종교개혁으로 이단에 이단을 세우고 지금까지 온 세상을 속이고 있다.

사단의 미혹은 흑암의 나라를 마치지 않고 하나의 세상으로만 인도하며 옛 세상 종말과 예수 재림의 심판을 이 세상 말세의 끝에다 두었으며 성령이 난 영과 사람이 물과 성령으로 나서 천국에 가는 영생의 구원을 숨기고 오직 십자가의 피로 죄 씻는 구원만 전한다.

다음 열매 때의 처음부터 예수 광명이 비취면 일체 어두움이 없고 사단은 도무지 거짓광명을 행할 수가 없을 것이나 지금은 예수 앞에 먼저 온 사단이며 사단의 때에 거짓광명으로 속이기 때문에 누구도 미혹에 빠지지 않을 수가 없다.

그러므로 구원받은 죄인의 이상한 믿음이 나타나고 칭 의가 왔다 갔다 정신이 없고 두 부류의 삼위일체로 믿으면서 예수 안에서의 하나를 이루지도 못하고 예수 안에서 아버지가 다르다.

예수의 증거를 가진 거룩한 성도가 되면 삼위일체가 서지 못하게 된다. 삼위일체는 아버지의 영만 있고 아들의 영은 없기 때문이다. 만약에 아버지의 영으로 삼위일체라면 아들도 아들의 영이 있으니 사위일체라야 한다.

셋이서 하나도 되고 하나인데 셋도 된다는 삼위일체는 아들의 영을 제한 것이며 아들의 영을 제하면 아버지의 친자녀인 성도가 세워지지를 못하는 것이니 삼위일체는 다음 열매를 훼방하는 사람의 아들들이 세운 세상종교를 위한 것이다.

삼위일체는 아들의 영을 제하기 때문에 세상교회는 양자의 영을 받는 길과 법이 없으며 양자의 영을 받지도 않고 자기들 맘대로 아바아버지라 부른다.

또 한쪽에서는 아버지와 아들의 구분이 없이 아버지가 아들이고 아들이 아버지라 믿기 때문에 여기도 양자의 영을 받지 않고 성령으로만 성도와 자녀를 행하는 것이다.

성령은 아들의 영을 거룩한 씨로 넣어 믿는 자들로 영생의 자녀를 세우는 것이지 성령으로는 자녀가 아니다. 성령은 아버지의 영이고 아들의 영은 양자의 영이니 성령으로 양자의 영을 받게 하여 상속권이 있는 친자녀로 세우는 것이다.

그러므로 아버지와 아들과 성령으로만 삼위일체를 세워서 아들의 영을 폐하면 이 세상에는 거룩한 씨의 자녀가 나타나지 못하는 것이며 둘째 부활에 속한 성도가 없이 사단의 승리로 끝나는 것이다.

아버지와 아들과 성령이 합심하여 일하신 결국이 곧 아들의 영을 심은 영생의 자녀를 보는 것이니 아들의 영을 제한 삼위일체의 믿음은 결국 양자의 영을 폐한 것이며 양자의 영이 없이 맘대로 아바아버지라 부르는 대적일 뿐이다.

아버지의 뜻대로 순종한 아들이 죄 사함과 거듭남의 구원을 하였고 성령이 와서 무슨 구원인지를 증거하고 의심 없는 믿음을 권하여 아들의 영을 거룩한 씨로 넣어서 거룩한 자녀를 세운다.

이렇게 아버지와 아들과 성령이 하나로 일하여 아들의 영을 심는 친자녀를 얻지만 아들의 영을 폐하고 삼위일체만 세우면 예수교회의 거룩한 성도가 나타나지 못한다.

예수교회의 거룩한 성도가 나타나면 삼위일체를 세운 무리는 이단이 되는 것이며 이단은 예수이름을 부를만한 교회일 수가 없을 것이나 그들이 먼저 세운 종교 안에서 사단의 때를 가진 것이다.

천국에서 아버지와 아들은 명확히 구별되며 새 예루살렘 성의 성전은 아버지와 아들이 성전이시며 아버지는 천국의 빛이시고 아들은 그 빛의 등이시나 그때는 성령과 아들의 영을 나누지 않고 그냥 아버지와 아들이다.

아들도 빛이시고 빛으로 이 땅에 오심은 아버지의 빛과 다른 빛이니 아들은 세상의 빛과 생명을 주는 사람들의 빛이고 흙으로 만든 표상의 사람을 실상이신 예수의 생명으로 다시 살게 하는 그 생명의 빛이며 우리를 위한 새 언약의 큰 광명이다.

(요 1:1-5,) 『[1] 태초에 말씀이 계시니라 이 말씀이 하나님과 함께 계셨으니 이 말씀은 곧 하나님이시니라 [2] 그가 태초에 하나님과 함께 계셨고 [3] 만물이 그로 말미암아 지은 바 되었으니 지은 것이 하나도 그가 없이는 된 것이 없느니라 [4] 그 안에 생명이 있었으니 이 생명은 사람들의 빛이라 [5] 빛이 어두움에 비취되 어두움이 깨닫지 못하더라』

태초의 말씀은 아버지의 아들예수며 말씀이 하나님과 함께 계셨으니 말씀이 곧 하나님인 것은 신이신 아버지와 함께 있는 아들예수도 신의 아들로서 신이심을 말씀한 것일 뿐 아버지가 아들이고 아들이 곧 아버지임을 말한 것이 아니다.

아들예수 안에는 생명이 있고 생명은 곧 빛이며 사람들의 빛이고 사람들에게 생명을 주는 빛이다. 이 생명의 빛으로 우리가 죄인으로 죽은 것에서 거듭난 것이며 사람이 성령이 난 영으로 영생하는 것이니 천국의 생명을 유지하는 사람들의 빛이다.

생명의 빛과 큰 광명은 백 보좌의 심판까지로 땅에서의 임무를 마치는 것이며 천국에서는 만국의 자녀들이 예수의 생명으로 영생하며 아버지의 영광으로 밝게 사는 것이니 온 천국을 밝히는 아버지의 빛과 사람들의 생명을 유지하는 아들의 빛은 다른 것이다.

천국을 밝히는 아버지의 빛을 아들이 등이 되어 비추는 것이며 등과 불이며 함께 등불이고 거룩한 성 새 예루살렘 성전에 계시며 이마에 인 맞은 신부들과 함께 거룩한 성에서 만국을 비추신다.

새 언약의 큰 광명은 예수의 부활로 둥실 떠오른 빛이며 큰 광명의 새 언약은 이제 영원히 흠이 없다. 옛 언약은 흠이 있고 언약이 흠이 있음은 작은 광명 달빛과 같은 언약임을 말한 것이다.

달빛은 어두움을 완전히 없애지 못하고 밤도 아니고 낮도 아니라 옛 언약은 그렇게 흠이 있다는 것이다. 흠 있는 언약 안에서는 만든 사람을 폐하여 예수 안으로 옮긴 것이며 흠 없는 새 언약 안에서는 거룩한 자녀로 세운다.

만약에 예수 재림이 흑암의 나라를 폐하는 심판이 아니며 되찾은 나라를 시작하는 심판이 아니라면 다음 익을 열매는 있을 수가 없다. 예수 재림의 심판으로 사단이 일천년의 무저갱에 갇혔다가 풀려났기 때문에 사단이 미혹한 열매가 바다모래같이 많은 것이다.

예수 재림의 심판으로 짐승과 거짓선지자는 불과 유황 못에 들어가 있고 사단은 천년의 무저갱에서 풀려났다가 이 세상 종말에서 저들 짐승과 거짓

선지자가 있는 그 불과 유황 못에 던져지는 것이다.

계시를 받는 요한이 계시의 영상에서 지나치는 잠간을 말한 것인데 이것을 정말 복음 세대가 없이 잠간의 세상으로 알기 때문에 예수 재림의 심판과 아버지의 마지막 심판이 다 이 세상 끝으로 몰린 것이다.

부활승천으로 아버지께 왕권을 받아서 재림하시고 사단이 임금인 나라를 폐하고 심판하여 되찾은 나라를 시작하고 다음 익을 열매를 기다리시니 이 세상 말세가 시작 되어야 완전한 복음을 세운다.

두 세상의 두 종말에서 흑암의 나라를 폐하는 옛 세상의 종말에서 성령세대는 이른 비의 성령세례로 씻고 행구신 처음 익은 열매의 성도를 거둔 것이며 이 세상 종말에서 거둘 늦은 비의 성령세례로 세우는 다음 익는 열매의 성도는 영원한 복음이 세움을 받고 부터다.

□예수 안에서의 자녀를 얻는 하늘 농사 기간이 칠천년이면 사단이 임금인 흑암의 나라가 사천년이고 그 세상 끝에서 흑암의 나라를 폐할 때에 거기까지 익은 처음 열매의 성도를 예수 재림의 심판으로 거두어 올리고 옛 세상을 폐한다.

옛 세상에서처럼 되찾은 이 세상도 땅에는 거룩한 성도가 없는 상태에서 삼천년의 새 나라를 시작한 것이며 다음 익을 열매를 거두는 세상이니 제자 때의 성도가 남아서 이어진 세상이 아니다.

재림의 심판을 끝으로 흑암의 나라를 폐하고 처음 익은 열매의 성도를 거둔 후로는 이 세상에 예수교회와 성도가 없는 상태에서 사람의 아들들이 세상종교를 세우고 삼위일체와 몇 방울 물 뿌리는 세례로 교인을 세우면서 죄를 고백하고 십자가의 피로 씻어가게 만든 것이다.

그러므로 거짓광명 아래서 의의 일군으로 가장한 자들은 그동안에 누리고 욕심 부린 결국이 아까워서 돌이키지 못할지라도 속아서 믿는 교인들은 돌이켜야 한다.

영원한 복음의 완전한 복음전파와 거짓광명의 부족한 복음 선교로 비교하여 선택하는 믿음이 아닌 일방적인 선교로 부족한 복음을 받은 교인들은 이제 양단간에 선택하는 돌이킴이 있어야 한다.

법적인 예수의 증거를 받는 예수교회와 증거 없이 믿는 세상교회와 구분하여 살피고 믿음의 법적인 믿음을 행하는 거룩한 씨의 성도와 거룩한 씨로 나지 않고 자기 믿음만 열심히 행하는 종교인을 구별해야만 한다.

이제 이 세상은 조금 부족한 천년의 세월이 남았으며 현재까지는 주 앞에 먼저 속이는 사단의 때며 이 세상 말세가 되면서 주 아버지의 때를 따라 영원한 복음의 완전한 복음전파가 세워지고 사단이 속이는 부족한 복음과 나란히 된다.

아직은 광명 앞에 거짓광명이며 예수의 증거 없이 예수를 믿는 세상교회일 뿐이다. 예수를 믿는다고 하지만 물과 피로 오신 예수가 물과 피로 짝을 이룬 예수십자가의 도를 모르고 오직 십자가의 피만 믿을 뿐이다.

주 아버지의 완전한 복음이 세움을 받아서 부족한 복음과 나란히 되어야 비로소 믿는 자들이 양단간의 복음에서 자기 선택을 진짜로 하는 것이다.

그리스도가 부활하심으로부터의 거듭난 새사람과 옛 사람을 나누지 않고 두 세상의 두 종말이 없기 때문에 이미 이천년 전에 이루어진 예수 재림의 심판을 때늦게 기다리고 있다.

히브리서 구장 이십육 절에 있는 세상 끝은 어린양제물인 예수님이 물과 피로 임하신 흑암의 나라 끝이고 다른 곳에서 말하는 여러 세상 끝은 이 세상 끝도 있지만 옛 세상 끝과 이 세상 끝을 함께 이중 적용한 것이다.

흑암의 나라 끝과 되찾은 빛의 나라 끝을 구분하여 깨달아 예수 재림이 있는 옛 세상의 종말과 백 보좌의 심판이 있는 이 세상의 종말을 나눠야 한다.

예수 재림의 심판은 흑암의 나라와 사단의 임금 직을 폐하는 것이니 예수 재림의 심판에서는 성도의 산자와 죽은 자가 함께 있고 세상에 여전히 사는 사람이 있는 것이다.

아버지의 마지막 백 보좌의 심판 때는 이 세상을 완전히 폐하기 때문에 더 이상 살아있어야 할 사람이 필요가 없으니 일체 죽은 자로만 나아가는 것이다.

(요5:28-29,)『[28] 이를 기이히 여기지 말라 무덤 속에 있는 자가 다 그의 음성을 들을 때가 오나니 [29] 선한 일을 행한 자는 생명의 부활로, 악한 일을 행한 자는 심판의 부활로 나오리라』

산자와 죽은 자가 있는 예수 재림의 심판은 성령이 오시고부터 믿다가 죽은 성도는 구분되어 묻히고 그 무덤에서 첫째 부활로 들림 받으며 그때 살아 있는 성도는 신령한 몸을 덧입고 함께 들린 것이다.

그러나 아담으로부터 이 세상 끝까지의 전체적인 죽음은 무덤이든 아니든 간에 일체 영계 적인 다스림을 받으며 백 보좌의 심판 날 일시에 죽은 자로 나아가니 이것이 둘째 부활이다.

첫째 부활은 예수 재림 때며 들림을 받을 성도만 부활하고 둘째 부활은 아버지의 백 보좌심판 때며 이때는 성도와 아닌 자가 일체 죽은 자로 나아가 천국과 지옥으로 갈리니 여기서만 오른 편의 양과 왼편의 염소가 있고 예수 재림의 심판에는 오른쪽 왼쪽이 없다.

백 보좌의 마지막 심판 때에 하늘에서 내려온 불에 타서 사단과 악한 자들이 없어지기 때문에 지옥이 없다고 믿는 무리가 있으나 짐승과 거짓선지자와 사단이 함께 세세토록 고통 하는 유황 불 못이 있는 것이니 종말이 어느 종말이고 심판이 어느 심판인지를 분명히 깨달아야 한다.

지옥은 영생의 자녀들이 볼 수가 있고 천국과 지옥 사이가 땅과 하늘처럼 멀어도 지옥을 볼 수가 있음은 신령한 몸이기 때문이다. 신령한 몸은 시공간을 초월하며 천국에서 포도를 따다가 거룩한 성에 가고 싶다면 가야지 하는 즉시로 도착하는 것이며 새 포도를 따면서 먹고 먹고 또 먹어도 배설물이 없는 신령한 몸이다.

거지 나사로가 아브라함의 품에서 본 지옥은 이 땅의 지옥을 비유한 것이니 장차 있을 지상 지옥이고 현재의 지하 유황 불 못은 악한 사단의 원죄와 그의 어두움에 속한 악인들이 영벌을 받는 곳이다.

지상 지옥은 불신자들이며 선악과의 악에 속한 악인이고 지하 불 못은 사단의 악에 속한 자들이니 그때 사단의 대적에 동참한 모든 천사들과 이미 폐한 사단의 황권을 가지고 사단의 소망대로 속이고 미혹한 거짓황권에 참여한 대적 자 악인들이다.

□예수 재림의 심판 때는 신부로 예정한 십사만 사천의 성도가 이마에 성령으로 인을 맞아 구별되고 이들이 그 세상 끝까지 복음전파를 이루고 인도한 큰 무리의 성도가 구별된 것이다.

이마에 인 맞은 자로 죽은 성도는 그 무덤에 구별되어 있다가 첫째 부활로 참여하고 그때 인 없이 흰 옷을 입은 큰 무리의 성도는 산 자들만 참여해서 함께 들림을 받으나 큰 무리 중에서 이미 죽은 자는 사단이 무저갱을 풀려나는 천년이 차기 까지 살지 못한다.

사단이 일천년의 무저갱에 있는 동안 하늘에서는 천년 왕국이 이루어지고 십사만 사천의 신부 성도들이 왕 노릇을 마치는 일천년 동안 살지 못하던 큰 무리중의 죽어있던 성도는 천년 왕국을 마치고 사단이 풀려날 때에 살리심을 받는다.

살리심을 받아서 영계의 복음전파를 위한 복음전하는 자들로 세워지며 그때 사단도 사람의 아들들뿐인 세상교회에서 직접 속이고 미혹하는 것이니 세상종교에서의 개혁으로 이단에 이단을 만든 것이다.

예수 재림 심판 때의 부활이 첫째 부활이며 첫째 부활은 죽은 자 가운데서 다시 사시는 예수의 부활을 좇는 것이며 말씀과 같으니,

(골 1:18,) 「그는 몸인 교회의 머리라 그가 근본이요 죽은 자들 가운데서 먼저 나신 자니 이는 친히 만물의 으뜸이 되려 하심이요」

처음 부활인 예수의 부활로부터 예수 재림 때의 부활이 성도의 첫째 부활이며 이때가 첫째 부활이란 예수십자가에 연합한 아담의 혈통이 일체 죽은 바가 된 사망으로부터의 부활을 말함이다.

옛 세상일 때 옛 사람인 엘리사가 죽은 아이를 살린 것이나 나사로 등 예수님이 옛 세상 끝에서 살린 부활은 흑암의 나라 때 일이고 흙으로 만든 표상의 사람일 뿐 실상에 속한 새사람의 일이 아니다.

그러므로 흑암의 나라를 폐하며 흙으로 만든 사람을 일체 폐한 후로의 새로운 피조물로 다시 사는 이 세상의 첫 부활인 예수님의 부활로부터 시작하는 부활을 말하는 것이다.

새 언약의 광명이 떠오르는 예수부활을 시작으로 예수 재림의 심판 때에 살리심을 받은 성도가 첫째 부활에 참여한 복 있는 자인 것이며 예수 부활이전은 예수의 표상에 일어난 일일 뿐이다.

첫째 부활 때는 들림이 있으나 펼친 책이 없고 둘째 부활 때는 들림이 없으며 심판의 책이 있다. 첫째 부활 때에 심판의 책이 없이 성도가 들린 것은 그때는 성령세대라 내재하시는 성령이 이미 성도임을 증거 한 것이라 책에 대조할 일이 없기 때문이다.

특히 십사만 사천의 신부는 이마에 아버지와 아들의 이름이 도장 찍힌 것이니 책에 대조할 필요가 없고 또 첫째 부활은 오직 성도만 부활하고 둘째

부활에는 첫째 부활에 들지 아니한 모든 사람이 일체 죽음에서의 부활이다.

아담으로부터 이 세상 끝까지의 모든 사람이 한 번에 심판을 받는 둘째 부활은 이마에 인 맞은 사람이 없다. 생명책과 다른 책이 있는 이때의 심판으로 육체의 세상을 영원히 폐하고 첫째 부활 때에 살지 못한 큰 무리중의 성도는 예수 재림 때에 살지 못했으나 그들은 첫째 부활에 속하여 둘째 부활과 상관없는 자들이다.

첫째 부활 때는 세상에 산사람들이 남아있고 십자가의 예수를 창으로 찌른 자도 살아있으며 아직 죽지 아니한 성도도 있다. 그때의 제자와 사도와 성도들이 복음전파를 이룰 때에 이스라엘 온 동네를 다 다니지 못하여 재림하셨기 때문이다.

예수님이 세상 끝에 오신 그 세대가 지나기 전에 즉 지금의 복음세대가 되기 전에 속히 오신 것이니 말씀그대로 속히 오신 것이며 데리러 오신다는 약속으로부터 일백년 안에 오신 것이다.

신랑은 신부를 맞이함에 언약으로부터 일 년 안에 데리러 와야 하니 이는 가나안 혼인에서 비밀이 풀린다. 사람은 일 년이지만 신은 백년도 천년도 하루같이 쓰시니 이마에 인친 십사만 사천의 신부를 데리러 오실 때는 약속으로부터 일백년 안에 오신다.

그러므로 예수부활로부터 백년이 되기 전에 약혼하여 약속한 신부성도를 데리러 오신 것이며 그때 심판으로 일천년의 무저갱에 들어간 사단이 풀려나면 천 백년의 세월이 흐른 것이며 그 후로 지금까지가 다 사단의 때로 미혹을 당하고 있다.

예수 재림은 가나안의 약혼과 혼인을 깨달아야 하며 또 가나안의 혼인 잔치는 하늘 공중의 혼인 잔치의 표상이며 그때의 물로 만든 포도주는 물과 피로 임하신 예수님이 물과 피를 쏟은 복음의 그림자다.

물과 피로 짝을 이룬 예수십자가의 도는 물의 증거와 피의 증거로 나타나고 물과 피의 증거를 받은 거룩한 성도의 신부가 하늘 공중의 혼인 잔치를 하는 것이니 예수님이 쏟은 물과 피가 넘치는 것이다.

예수님의 신부는 오직 이마에 인 맞은 십사만 사천의 성도뿐이며 그때 신부성도 외의 큰 무리를 이룬 성도는 첫째 부활과 공중 혼인 잔치에 참여하는 복 있는 사람인 것이다.

※ 신학은 히브리어나 아람어 등의 원어 적인 이해로 하겠으나 성령 학은 우리말로 기록된 성경에서 성령의 감동으로 깨닫는 것이며 번역상의 변화된 단어라도 성령 학으로는 천국길이 명확한 것이니 먼저는 사람이 물과 성령으로 난 하늘 갓난이로부터의 신령한 젖을 받을 수가 있는 거룩한 자녀가 되어야 하늘 아기를 양육하는 성령 학이 임한다. 우리말은 많은 표현이 가능하다.

성령으로 감동한 성경을 사람이 조금씩 고친다고 성령 학이 틀릴 수는 없으며 고치지 않아도 성령 학으로는 감동한 말씀의 숨은 뜻을 가르침 받기 때문에 말씀이 어려워 쉬운 말로 고친다는 것은 성령 학이 없다는 증거다.

지금은 사단의 때로 사람들이 맘대로 성경을 고치지만 거룩한 성도의 교회가 세움을 받으면 처음의 번역대로 돌아갈 것이고 성도는 성령 학으로 알기 때문에 인쇄 상의 기록된 문구는 성도의 깨달음에 아무 흠이 없는 것이다.

백 보좌의 심판에는 산 자가 없이 다 죽은 자로 나아감은 이때는 심판장이 세상과 땅이 아니라 세상 하늘을 걷어치운 하늘 공중에 있기 때문이다.

종말의 사단과 그의 무리가 성도의 진과 사랑하시는 성을 두르다가 하늘에서 내려온 불에 소멸하고 사단을 불과 유황 못에 던진 후라 이미 세상 땅에는 산사람이 없기 때문이다.

흑암의 나라를 폐하는 예수 재림의 심판 때는 산사람이 있음은 그때는 심판장이 땅이기도 하지만 영원한 복음을 받아 다음 익을 열매의 성도를 더 거두어야하기 때문에 남아서 살아갈 사람이 있음이다.

□생령은 산영이고 아바아버지께로 임하는 영이 육체에 사는 영이 됨이다. 생령은 육체가 생령이 아니라 영이 육신에 사는 산영이다. 아버지로부터 임하는 종자의 영이 흙을 뭉친 육체에서 산영이고 산영은 죽을 영이니 예수님이 살려주는 영으로 오신 것이다.

생령이 된 아담이 에덴동산 죄를 짓고 그 삯으로 죽은 것이니 육체가 죽은 것이 아니라 산영이 죽었고 육체는 산영이 종자로 심긴 밭이 된 것이다. 영이 죽은 육체뿐인 사람일 때에도 육체만 아니라 심령이 있는 육체인 것이며 영이 없을 때는 육체를 좇은 심령이다.

영과 육의 구분이 없이 만든 형상이 생령이 된 산영이라면 죄의 삯은 사망으로 거기서 죽어 없어져야 한다. 아담은 육체뿐인 사람으로 에덴동산에서 세상으로 쫓겨나왔고 이제 육체의 범죄인 세상 죄를 짓는 세상살이 인생인 것이다.

(창 6:3,) 『여호와께서 가라사대 나의 신이 영원히 사람과 함께 하지 아니하리니 이는 그들이 육체가 됨이라 그러나 그들의 날은 일백이십 년이 되리라 하시니라』

아담이 에덴동산 죄로 영이 죽은바가 되었으니 이제 영이신 아버지와 사귈 수가 없는 육체뿐인 사람이며 육체는 세상살이에서 세상 죄로 예수십자가에서 죽고 만든 사람으로는 영원히 폐하는 것이다.

흙으로 만든 아담의 혈통과 죄인이 함께 죽은 예수십자가는 육체뿐인 죄인과 이 죄를 담당한 예수의 육체가 죽은 것이며 예수의 육체가 부활함에는 세상 죄로 죽은 육체와 에덴동산 죄로 죽은 우리의 영이 다 거듭난 새사람을 사는 것이다.

예수의 육체는 부활로 영원히 신령한 본체인 것이며 거듭난 우리의 육체는 새것으로 다시 사는 것일 뿐 신령한 몸을 기다리는 것이며 우리의 새 영이 자녀의 영이 되어서 천국에 이를 때라야 그때 영원한 예복으로 받는 몸이다.

하늘에서 아버지의 본체는 육체를 거치지 아니한 몸이고 아들 예수의 본체는 하늘에서 벗은 후로 실상의 육체로 오시어 그 육체가 죽은 신령한 몸의 새 본체라 육체로 오실 적에 벗은 본체를 품은 몸이며 우리 성도를 위한 신령한 몸으로 영원한 새 본체를 삼은 것이다.

그러므로 예수는 표상인 우리의 실상으로 오신 하늘에 속한 육체로 죽어 주시고 그 육체가 부활한 새 본체며 예수의 영을 양자의 영으로 받아 한 영을 이룬 모든 자녀의 영들이 천국에 임할 때에 다시 받는 신령한 몸은 다 맏아들인 예수의 본체를 좇아 입는 예복이다.

영원한 맏아들 예수님이 실상의 육체를 입고 그 육체가 부활한 영생의 본체를 가졌듯이 예수의 형제인 천국의 자녀들도 육체가 있은즉 받는 신령한 몸이며 스스로 계시는 아바아버지의 영원한 본체와 육체를 거친 자녀들의 본체가 구분되는 것이며 자녀들의 몸도 손으로 만들지 아니한 신령한 몸이다.

그러므로 천국에서 예수님은 육체로 오실 때에 벗은 본체를 품은 새 몸이며 자녀들은 육체가 있은즉 받는 신령한 몸이니 육체를 품은 신령한 몸이지만 살과 피의 육체는 없는 것이다.

□첫째 부활이 있는 예수 재림의 심판까지로 익어진 처음열매의 성도 중에는 살아있는 자들이 있기에 그때 손에 종려나무가지를 드는 것이며 다음 열매는 죽은 자로 나아가니 손에 드는 것이 없다.

처음 익은 열매인 십사만 사천의 신부성도만 여자에게 더럽힘을 받지 않고 정절이 있고 새 노래를 배워서 부르며 이들만 이마에 아버지의 이름과 아들의 이름 쓴 것이 있다.

이들 십사만 사천의 성도만 하늘에서 천년 왕국의 왕 노릇을 하였으며 다음 열매의 성도가 입국하여 천국이 완성되면 하늘나라 만국을 다스리는 것이다.

복음세대에서 영원한 복음을 받아 다음 열매로 익어지는 성도가 있을 이 세상 동안은 왕 노릇을 마친 저들이 하늘 성소의 대제사장예수님과 함께 제사장이며 마지막 심판으로 이 세상을 폐하면서 제사장 직분을 마친다.

(계 20:6,) 『이 첫째 부활에 참예하는 자들은 복이 있고 거룩하도다 둘째 사망이 그들을 다스리는 권세가 없고 도리어 그들이 하나님과 그리스도의 제사장이 되어 천 년 동안 그리스도로 더불어 왕 노릇 하리라』

십사만 사천의 성도가 행하는 하늘 성소의 제사장 직은 멜기세덱의 반차를 좇아 대제사장이신 예수님과 함께 아버지 앞에서 영원한 속죄를 밝히는 것이다.

대적 자 사단의 고소에 흠 없이 공평한 죄 사함을 이룬 예수십자가의 도와 그의 피를 분명하게 증명 하는 것이며 왕 노릇은 완성된 천국에서 만국을 이끄는 힘과 자격을 갖춘 것이다.

예수십자가의 도와 피의 증거를 들고 죽임을 당한 저들은 하늘 성소의 제사장으로서 영원한 속죄를 분명히 밝히며 예수 재림의 심판 후로 둘째 추수를 위한 영원한 복음을 굳건히 함이다.

그때 옛 세상 끝에서 거룩한 성도들의 피를 흘린 사단과 짐승과 거짓 선지자와 그의 모든 무리에게 임한 심판이 흠 없이 공평한 예수 재림의 심판인 것을 드러내며 왕권을 되찾은 예수와 함께 왕 노릇을 하는 것이다.

사단이 천년의 무저갱에 들어간 기간의 천년 왕국과 신부들의 왕 노릇은 그때 천년동안은 사단이 잡혀있기 때문에 사단이 다시 풀려날 동안에 제사장과 왕 노릇을 한 것이다.

천년동안 하늘에서 왕 노릇을 하는 것이며 대제사장이신 예수님과 함께 제사장을 행하니 이는 사단이 천년 옥을 풀려난 후의 다른 세대를 위한 영원한 복음을 세우는 것이다.

천국은 거룩한 성 새 예루살렘의 성전을 중심으로 만국을 이루며 만백성의 왕들이 있는 왕국이다. 성도가 왕인 것과 왕 중의 왕은 세상 왕이 아니라 천국에서의 왕이다.

십사만 사천의 신부 성도는 천년동안 만국을 위한 왕 노릇을 하면서 다음 열매의 성도로 익어질 우리를 위한 제사장이니 이는 이제 그림자 성막이 폐하고 하늘 참 성막 때가 된 것이다.

땅에서 그림자 성막은 제물과 피를 자주 드리는 것이었고 하늘 참 성막은 단번의 피를 드리고 죄를 영속한 그 피의 증거를 아뢰며 영원한 속죄를 대언하는 것이다.

하늘에서 천년의 왕 노릇이 끝나면 사단도 천년의 무저갱에서 풀려나서 세상으로 향하여 예수 재림의 심판 후로부터 시작인 이 세상 사방을 속이고 미혹하는 것이다.

지금이 사단의 때며 자기들의 종교를 설명하여 알리는 선교로 현재에 이른 것이고 구주 앞에서 사단의 일방적인 선교를 하였으나 이제 이 세상 말세가 되면서 주님의 때를 좇아 영원한 복음의 완전한 복음전파가 열린다.

구주의 다 이룬 증거를 담은 완전한 복음전파가 세움을 받아야 사단의 선교와 나란히 되어 공평한 대결을 이루는 것이며 말세에 있을 성도의 진이 생기는 것이다.

주 아버지의 창조한 세상나라를 사단이 먼저 어두움의 임금을 행하며 흑암의 나라를 만들었고 그 세상 끝에서 오신 예수님이 흑암의 나라를 되찾아 폐한 것이다.

그러므로 빛을 밝힌 아들의 나라로 다시 시작한 것이며 되찾은 나라 후로의 다른 새로운 세상은 없는 것이니 이 땅이 새롭게 되어 천국이 임한다는 것은 미혹인 것이다.

이제 이 땅이 새롭게 됨은 오직 불 못을 이룬 영원한 지옥이 되는 것이다. 땅 속이 아닌 이 땅에 이루어진 지옥이며 거룩한 지체인 신령한 몸의 자녀는 지구가 아닌 삼층 천의 새 땅과 새 하늘에서 영생하는 것이다.

제자 때의 성령세대는 예수 재림의 심판이고 복음세대인 우리는 백 보좌의 마지막 심판이다. 성령세대는 성령이 알게 한 복음이고 복음세대는 저들이 아는 것을 기록한 복음이며 영원한 복음이다.

완전하고 영원한 복음은 구약의 요구에 응답한 신약으로 완전하고 영원한 복음이 되었다. 신약이 없던 성령세대는 직접 내재한 성령이 알게 하였고 저들이 기록한 신약을 받은 우리는 두루 운행하시는 성령 학으로 아는 것이다.

성령 학이 없는 믿음은 하늘 갓난이로의 출산도 없다. 세상의 많은 종교인의 믿음일 뿐이다. 거룩한 씨로부터 시작인 하늘 아기의 때가 없는 자는 자기를 낳은 복음의 아비도 없으며 하늘이나 땅이나 복음의 아비가 없는 성도는 없다.

복음의 아비는 예수님이 세운 직분 자며 사도와 선지자 담음으로 세 번째의 직분이며 복음전하는 자다. 흑암의 나라 끝에서 종말을 당한 성령세대는 짐승의 횡포도 심했지만 거룩한 성도를 세우는 아비들의 복음전파도 하나로 분명하였다.

당시의 예수교회가 파벌로 나뉘기도 하였으나 물과 피로 짝을 이룬 예수 십자가의 도는 동일하였고 다 한 성령으로 모든 것을 알았으며 성령의 능력도 분명하였으나 지금의 세상교회는 성령의 능력이 있는지 없는지도 알 수 없는 이상한 성령일 뿐이다.

　□흑암의 나라를 폐하는 옛 세상 끝에서 예수 재림의 심판 때는 살아서 믿는 자들과 죽은 성도가 부활한 자들과 짐승의 수로 죽임을 당한 자들이 함께 있었다.

　그때 산자들은 죽을 것이 죽지 않고 신령한 몸을 덧입었고 죽은 성도는 부활의 몸으로 받았지만 이 세상의 마지막 심판 때는 일체 죽은 자로만 나아가기 때문에 육신사람은 다 죽어 흙으로 가는 것이며 영생의 구원을 받은 영혼이 신령한 몸을 다시 받는다.

　예수 재림의 심판은 예루살렘의 멸망으로부터 시작이며 여기까지로 흑암의 나라를 폐하지 않으면 옛 세상을 마친 후의 빛을 밝힌 아들의 나라가 새롭게 시작하지 못한다.

　예수 재림의 심판이 옛 세상과 새로운 세상의 분기점이며 그때의 제자와 성도들은 옛 세상의 종말을 맞은 것이니 불세례로 임한 처음의 성령으로 능력을 행하고 말세의 큰 환란을 당한 것이며 사단의 진짜 능력과 진짜 짐승의 수로 싸운 것이다.

　그러므로 두 세상 두 종말을 깨달을 때에는 세상 끝에서 임하신 예수님인 것을 알아야 하며 이 세상 끝이 아닌 옛 세상의 끝이다. 예수님이 어린양 제물로 오실 때에 세상 끝에서 물과 피로 오신 것이며 흑암의 나라 끝이고 흑암의 나라를 폐하는 종말의 심판이 곧 예수 재림의 심판이며 그때의 성도가 임박한 종말을 당한 것이다.

　만약에 이 세상의 종말에서 예수 재림의 심판도 있고 아버지의 백 보좌심판도 같이 있다면 사단이 일천년의 무저갱을 마치고 풀려나서 온 세상 사방을 속이고 미혹할 그 세상이 있을 수가 없는 것이니 지금 이 세상 끝에서의 예수 재림은 있을 수가 없다.

예수 재림의 심판이 숨겨지고 복음이 풀리지를 않기 때문에 이 세상 끝에서 받는 예수 재림의 심판으로 불신자는 다 죽어서 이 땅에 널려 있다가 천년 후에 풀려난 사단과 함께 대적하다 백 보좌의 심판으로 소멸된다는 참으로 이상한 말도 있는 것이다.

옛 세상과 옛 세상의 성도는 되찾은 세상으로 이어지지 않으니 옛 세상까지로 익어진 열매의 성도는 거기까지로 거두는 것이다. 세례요한과 예수십자가와 장사와 그리스도의 부활과 거듭남과 새로운 피조물로 다시 사는 일이 다 옛 세상 끝에서의 일이다.

그때 성령세대인 제자와 성도들은 옛 세상에서 그 세상 끝까지 복음전파를 이룬 것이며 예수 재림의 심판까지로 옛 세상을 마치면서 거기까지의 성도를 처음 익은 열매로 거두기 때문에 새롭게 시작하는 복음세대로는 거룩한 성도와 저들의 믿음이 이어지지 않는 것이며 예수 재림의 심판까지로 끊어지는 것이다.

예수님은 첫 세상 끝에서 왕권을 되찾은 왕으로 옛 세상을 폐하고 되찾은 새로운 세상을 여는 그 심판을 하신 것이지 온 세상을 마치는 마지막의 심판을 하신 것이 아니다.

아버지와 아들을 하나로 보기 때문에 이상한 풀이와 어그러진 종말이 나타나지만 아들은 아버지께 왕권을 받아와서 어두움의 임금을 제거한 것이며 아들은 아버지가 아니다.

예수 재림의 심판으로부터 사단이 일천년의 무저갱에서 풀려나 미혹할 세상이 없다면 성경이 틀린 것이다. 사단이 천년 옥을 마치고 풀려난 후로 온 세상을 미혹하여 자기 열매를 바다모래같이 모으는 것이며 다음 열매로 익어진 성도의 진과 사랑하시는 성을 두르다가 불타서 망하기 때문이다.

예수 재림의 심판으로 일천년의 무저갱에 던져진 사단이 풀려나서 이 세상을 미혹하다가 아버지의 마지막심판으로 짐승과 거짓선지자가 있는 영원한 불 못으로 던져지는 것이니 거기는 예수 재림의 심판으로 이미 영벌을 받고 있는 곳이다.

사단이 일천년의 무저갱에 들어가고부터 되찾은 나라로 시작하는 것이니 이 세상 처음은 사람의 아들들일 뿐 아버지의 성도가 없기 때문에 십자가에다 태양 상을 합한 세상종교가 예수이름을 사용한 것이다.

사단이 풀려난 후로의 종교개혁이며 속임이다. 예수교회의 개혁이 아니라 세상종교의 개혁이다. 예수교회를 누가 개혁을 한단 말인가? 예수교회가 개혁할 만큼 타락한 것이면 교회의 머리인 예수님도 온전하지 못하고 개혁을 당해야 한다.

예수이름을 빙자한 세상종교에서의 개혁이며 사단의 미혹이고 본교의 근본은 그대로 쓰는 것이니 삼위일체와 세례와 유아세례와 부활과 주일과 크리스마스와 죄 의 용서를 받아가는 것이다.

예수교회의 세례는 예수님과 제자 때와 같이 온 몸이 물에 잠겨야 하니 물에 잠김은 죄인이 죽어 수장 됨이고 그 물에서 올라올 때는 거듭난 새사람으로 다시 사는 것이라 저들의 몇 방울 물 뿌림은 성도의 받을 세례가 되지 못한다.

또 유아세례는 자기 선택이 없는 것이니 공평이 아니며 무효다. 부활절을 지내며 달걀을 삶은 것은 그리스도의 부활을 폐함이고 크리스마스는 예수님의 생일과 상관없는 날을 저들이 세운 것이다.

그러므로 저들은 항상 아기 예수로 만들며 복중에 잉태한 아기 예수만 외치니 예수는 항상 예수십자가의 도를 이루지 못한 것이 되는 것이 되므로 십자가의 예수를 내리지 않고 언제까지나 못 박아 두는 것이다.

본교나 개신교나 영원한 속죄를 폐하며 성령이 증거로 밝힌 물의 증거와 피의 증거를 예수의 증거로 받지 않고 죄를 고백하며 회개하지만 보혈의 능력과 하늘 잿물을 힘입지 않는다.

개혁한 교회가 육백년의 세월을 믿어온 지금까지도 성령을 욕심내고 성령을 빙자하며 성령세대가 행한 성령의 능력을 흉내 낼 뿐 복음세대의 성령 학을 받지 못하니 예수이름으로 불법을 행하며 거짓 능력을 행하고 세상정치에 관여하는 것이다.

흑암의 나라 옛 세상 끝에서 임박한 종말을 맞은 성령세대에서만 성령을 부어주심으로 성령의 능력을 행하였고 악한 사단의 능력에 성령의 능력으로 대립하였다.

그때 사단이 얼마간 성도들을 이겼으나 예수 재림의 심판으로 사단을 무저갱에 던지고 666수의 짐승과 거짓선지자도 잡혀서 그때로부터 영원히 불못에 던져진 것이니 지금은 짐승도 없는 짐승의 수 666만 겁을 내지만 짐승 없는 666은 없는 것이다.

□현재로 청장년 세대를 마친 후로의 세상은 우리가 능히 상상도 못할 첨단의 세상일 것이며 그때는 복음전파가 더욱 빠를 것이나 믿는 사람의 수도 많을지는 의문이지만 완전한 복음전파가 세워진 세상이니 신의 수에 이르는 성도의 진이 번성함은 분명하다.

지금은 예수교회가 세워지기도 전에 종말을 외치며 이미 재림하여 가신 예수를 기다리고 임박한 종말처럼 미혹하는 것은 속은 것이고 속이는 것이다.

앞으로 몇 백 년이 흘러도 임박한 말세는 아니며 현재로 모든 사람은 말세의 마지막 심판을 보지 못한다. 온전한 말세가 되려면 현재 과학의 첨단을 넘어 사단이 자기의 네 생물을 세워야 한다.

사단은 신의 네 생물을 흉내 내는 것일 뿐 신의 네 생물에는 이르지를 못하며 비슷한 로봇으로 천국아래의 세상하늘에 자기보좌를 세울 것이니 그때라야 임박한 세상 종말인 것이다.

사단의 욕심을 위한 신지식과 신광물의 신세계가 될 것이나 사단은 겨우

신의 발등상 아래에 오를 것이고 피 없는 사람으로 대적하며 온 세상을 미혹하는 마지막 발악을 할 것이다.

둘째 부활이 백 보좌의 심판장으로 나아가는 것이고 백 보좌의 심판 후로는 이 세상이 지옥일 뿐 성도의 진과 성이 없으며 다른 부활이 없다. 백 보좌의 심판 후로는 누구도 천국을 침입하지 못한다.

예수 재림의 심판이 이세상의 종말에 있을 것이면 신부 성도들이 대제사장이신 예수님 앞에서 하늘 성소의 제사장일 필요가 없고 처음 열매후로 다음 익는 열매의 때도 없는 것이니 예수 재림의 심판은 옛 세상을 마치는 심판이어야 한다.

성도의 진은 땅에서의 싸우는 곳이며 천국은 성도의 진이 없고 자녀들이 지은 영원한 집이다. 불신자들의 지옥은 모든 생명이 멸한 유황 불 못의 이 땅이다. 땅이니 지옥이고 하늘에 있으니 천국이다.

백 보좌의 심판으로 불과 유황 못에 던져진 사단이 거기에 이미 불타고 있는 짐승과 거짓선지자로 더불어 세세토록 밤낮 괴로움을 받는 것이니 세세토록만 아니라 에덴동산에서의 저주를 받아 종신토록 흙을 먹는 사단인 것이다.

첫째 부활은 거룩한 성도만 사는 것이고 둘째 부활은 모든 불신자와 신자가 다 사는 것이니 마지막 심판장에는 생명책과 다른 책들이 있는 것이다.

만약에 불신하고 대적하며 훼방하던 악한 자들만 부활하는 심판이면 생명책과 다른 책들이 첫째 부활인 예수 재림의 심판장에 있어야 하나 예수 재림의 심판은 당시의 거룩한 성도만 거둔 것이다.

마지막 심판은 아버지의 백 보좌 심판이며 첫째 부활에 들지 아니한 온 인류가 받는 공평한 심판이고 이때는 천국 가는 자와 못가는 자들이 함께 심판을 받는다.

그때 천국 가는 자는 왜 그렇고 지옥 가는 자는 왜 그런 지를 법과 증거 적으로 분명히 하여 어느 누구도 자기 선택에 대한 불평이 없게 함이니 여기에 책들이 필요한 것이다.

첫째 사망은 흙으로 만든 사람인 아담의 혈통이 일시에 죽는 것이며 둘째 사망은 그리스도가 부활하심으로 거듭나서 산 소망이 있는 새사람이 된 후로 자기 선택을 좇아 영멸에 이르는 사망이다.

첫째 사망은 주님 뜻대로 하신 것이고 둘째 사망은 예수의 생명을 다시 사는 자들로서 다 자녀 될 자격이 있기 때문에 이때는 다 자기 선택으로 영생과 영멸에 이르는 것이다.

□계시록에 있는 심판이라도 한 번의 심판이 아니며 사단이 무저갱에 들어가는 예수 재림의 심판과 사단이 영원한 불 못에 던져지는 마지막 심판으로 구분이 된 것이다.

일천년의 무저갱에서 풀려나온 사단은 사람의 아들들이 세운 세상종교를 방석으로 앉았고 거짓종교 개혁을 거쳐서 지금에 이른 것이니 광명 앞에 거짓광명이다.

사단이 먼저 와서 속이는 부족한 복음의 선교라 어느 때인지도 모르고 이미 들린 성령세대의 것을 구하면서 처음 익은 열매의 성도처럼 믿으려고 하니 의문만 쌓이는 것이다.

첫 사람 아담과 옛 세상을 깨달으면 복음이 쉽다 사단은 에덴동산의 아담과 흑암의 나라와 열심히 고소한 결국이 물과 피로 짝을 이룬 예수십자가의 도를 이루게 함일 뿐 얻은 것이 없이 잃었을 뿐이다.

지금 아들의 나라에서도 먼저 와서 속이고 미혹하지만 오히려 그 부족한 복음 선교에서 예수 이름이 드러나고 천국 복음이 부족하게라도 알려지는 것이니 먼저 대적한 사단의 대적이 항상 주 아버지의 뜻을 모든 것이 합력하여 이루게 도와줄 뿐이다.

부족한 복음 선교는 부활의 예수가 큰 광명으로 뜬 생명의 빛이며 새 언약인지를 알지 못하고 속이는 대로 믿으며 지금도 세상 주관자가 사단이라 말하니 많은 교인들이 미혹에 빠진다.

구주예수께서 작은 광명을 마쳐서 죽으시고 큰 광명으로 부활하여 떠오른 것은 옛 언약이 폐하고 새 언약이 세워짐이며 밤의 달이 져야 낮의 해가 뜨는 것과 같은 것이니 흑암의 나라를 폐하고 빛의 나라를 시작하신 것이다.

옛 세상이 흑암의 나라일 때도 창조한 처음 나라를 사단이 먼저 어두움의 임금을 행한 것이니 아들이 와서 나라를 되찾아 빛을 밝힌 세상도 사단이 먼저 미혹하는 것이다.

먼저 온 사단이지만 주 아버지도 공평 안에서 인생을 인도하시니 밤이면 육신은 잠들 지라도 영혼은 어두움에 속하지 아니하는 꿈을 주시고 살아 활동하는 생령인 것을 사단 앞에 알리는 것이다.

흑암의 나라에서의 인생길은 멸하지 않고 생육하며 번성하는 목적을 가졌고 남녀의 잉태한 출산을 따라 하늘에 속한 영혼이 심기는 것이며 큰 광명으로 흑암을 제하면 새사람의 인생길에서 영혼의 영생을 얻는 것이다.

□다음 열매인 우리는 처음 열매와 같은 성령의 불이 없고 그때와 같은 방언이나 성령의 능력도 없다. 우리는 첫 열매의 성도가 기록한 복음을 깨닫는 능력이며 주 아버지의 능력인 복음으로 믿고 거룩한 지체에 이르는 것이다.

지금은 거짓방언 거짓 병 고침이 있으나 그런 것은 예수의 증거가 아니다. 주 아버지는 사단의 때를 허락하심대로 공평하게 하시니 옛 세상에서도 사단이 어두움의 임금일 때는 흠 있는 빛만 밝히고 광명을 밝히지 않았음과 같은 것이다.

신을 대적한 사단이니 능력도 있지만 지금은 신도 사단도 그런 능력이 아니라 사단이 선교로 복음을 속이는 것이다. 사단의 때에 사단이 속이지만 공평한 법과 정한 선이 있기 때문에 악한 사단이라도 맘대로 못하는 것이 있는 것이다.

지금은 방언이나 병 고침과 육체로 행하는 성령의 능력은 없다. 예수의 증거도 없고 성령 학도 없는 이상한 방언이나 병 고침과 귀신 쫓는 것은 예수교회의 일이 아니다.

만약에 진짜 성령의 능력이라면 물과 피로 짝을 이룬 예수십자가의 도를 전해야 하고 땅에서 들린 예수십자가의 피가 하늘 제사장 멜기세덱으로 하늘 성소의 제단에 영원한 속죄의 제물로 드려진 그 보혈의 씻음과 보혈의 능력을 전해야 하나 지금까지의 세상교회는 십자가의 피로만 씻어갈 뿐이다.

거룩한 씨로 나는 성령의 출산을 간과한 믿음은 구주와 상관없는 것이며 속은 믿음으로는 다 예수 재림을 기다리는 것이니 짐승도 없는 짐승의 수만 외치는 것이다.

예수십자가에서 다 이루시고 아바아버지께 영혼을 부탁하신 예수님의 영혼이 떠나가실 때에 성소의 휘장이 위로부터 아래까지 찢어지고 땅이 진동하며 바위가 터지고 무덤들이 열렸다.

처음 익은 열매로 무덤에 자던 성도의 몸이 많이 일어나되 예수의 부활 후에 저들이 무덤에서 나왔으니 이는 예수님이 잠자는 자들의 첫 열매가 되려 하심인 것이다.

(고전 15:20-23,) 『[20] 그러나 이제 그리스도께서 죽은 자 가운데서 다시 살아 잠자는 자들의 첫 열매가 되셨도다 [21] 사망이 사람으로 말미암았으니 죽은 자의 부활도 사람으로 말미암는도다 [22] 아담 안에서 모든 사람이 죽은 것 같이 그리스도 안에서 모든 사람이 삶을 얻으리라 [23] 그러나 각각 자기 차례대로 되리니 먼저는 첫 열매인 그리스도요 다음에는 그리스도 강림하실 때에 그에게 붙은 자요』

예수님은 잠자는 자들 중에 부활의 첫 열매며 사람의 첫째 부활은 예수 재림 때고 이때는 그리스도에게 붙은 자들만 부활한다. 이때의 성도들만 공중 혼인잔치로 들림을 받고 그 외의 사람은 일체 둘째 부활로 나아가 생명록에 대조하여 양과 염소로 나뉜 뒤에 천국과 지옥으로 갈린다.

□큰 광명으로 부활하신 예수님은 세상의 태양빛이 아니라 사람들의 빛이며 생명의 빛이다. 그러므로 태양신의 무리가 예수광명을 빙자한 종교를 세운 것이며 예수이름으로 태양신을 감싼 선교다.

여기에서 개혁한 교회는 본교의 근본은 그대로 있으며 물과 피로 짝을 이룬 예수십자가의 도가 없이 로마의 사형 틀인 십자가만 세워서 십자가의 피만 구하니 본교와 다를 바가 없는 것이다.

예수부활은 큰 광명이 떠오른 것이며 새 언약을 세운 것이니 큰 광명 안에서 완전한 복음전파를 이루어 영생의 자녀를 거둔다. 부활의 날 일요일은 쉬는 날이 아니라 아버지와 아들이 새벽부터 일하신 날이며 한주의 첫째 날이다.

예수 재림의 심판까지로 사단의 황권이 폐하였으나 세상종교는 여전히 황권을 유지하며 미혹하고 십자가에서 예수를 내리지도 않고 못박아두며 태양신의 날마다 아기예수를 만들어 장성한 예수를 폐하고 다 이루신 예수십자가의 도를 폐하는 것이다.

종교개혁으로부터 예수를 믿는 교회라면 본교의 것은 일체 무시하고 물과 피로 짝을 이룬 예수십자가의 도를 좇아 예수의 증거를 들어야 하고 예수님의 말씀대로 사람이 물과 성령으로 나는 것을 이루어서 하늘 갓난이로부터의 신령한 젖이 임하는 성령 학을 받아야 한다.

성경은 아바아버지의 큰 증거인 성령의 증거와 물의 증거와 피의 증거가 없이는 성도가 아니라 오히려 아버지를 거짓말하는 자로 만든다 하니 예수의 증거 없이는 영생도 없다.

장례식에서 망자가 천국에 간다는 것도 본교와 개신교가 같고 죄를 고백하며 용서받아가는 것도 같다. 예수 재림의 심판에 들지 아니한 모든 사람은 아버지의 마지막 심판을 받아야 하고 생명책의 대조를 거쳐야 한다.

예수교회는 영원한 속죄 안에서 옛 죄를 씻음 받았고 예수의 피가 씻은 깨끗함을 유지하는 보혈의 능력을 힘입으며 피로 씻을 죄를 단번에 씻어놓았다는 피의 증거를 받는다.

그러므로 개신교가 예수를 믿는 교회로 나타나려면 자기 믿음을 놓고 믿음의 법적인 믿음으로 법적인 증거를 들어야 한다. 천국가고 지옥 갔다는 사람의 간증으로 믿을 것이 아니라 예수의 증거로 믿어야 예수교회며 예수의 영이 들어야 거룩한 성도다.

성경은 분명히 죽은 자들에게도 복음전파가 있고 영계의 복음전파는 예수님이 예수십자가에서 돌아가신 후 영으로 아버지 앞에 올라가서 뵌 후에 온 인류를 대신하여 죽어준 구주로서 영들의 옥에 가시어 알리신 복음전파로부터 시작하는 일이다.

(벧전3:18-19,)「 그리스도께서도 한 번 죄를 위하여 죽으사 의인으로서 불의한 자를 대신하셨으니 이는 우리를 하나님 앞으로 인도하려 하심이라 육체로는 죽임을 당하시고 영으로는 살리심을 받으셨으니 저가 또한 영으로 옥에 있는 영들에게 전파하시니라」

자기 죄로 자기들이 직접 죽은 노아홍수 때의 수장된 자들의 옥으로 예수님이 부활하시기 전에 영으로 가시어 복음을 전한 것이니 이들은 자기 들이 직접 죽은 자로 구별된 것이다.

이들은 자기 죄로 자기들이 사망을 당하였으나 피 흘린 죽음이 아니라서 예수님이 피 흘린 죽음으로 저들의 죄까지도 대속하신 것이며 이 복음을 전하러 친히 가신 것이다.

저들이 있는 곳을 우리말 옥으로 말한 것은 다른 사망과 구별된 곳임을 뜻한다. 우리말 외의 성경은 어찌 되었든 우리는 우리말로 알게 하시는 우리말 성경으로 깨닫는 것이며 성령으로 감동한 것이니 성령 학으로 깨닫는 것이다.

성경 번역에는 사단의 역사가 있으나 성령의 감동을 폐하지 못한다. 현재로 단어적인 고침이 있을지라도 성령이 난 영의 성령 학으로는 온전한 복음을 받는 것이다.

우리말 번역후로 세상교회가 바꾼 것이 많지만 예수교회는 처음 성경 그대로 보아도 성령 학으로 깨닫는 것이며 받은바 은사대로 장성하는 믿음대로 깨닫게 하심을 받는다.

(벧전 4:6,) 「이를 위하여 죽은 자들에게도 복음이 전파되었으니 이는 육체로는 사람처럼 심판을 받으나 영으로는 하나님처럼 살게 하려 함이니라」

영계의 복음전파는 살아생전에 복음을 듣지 못하고 죽은 자들에게 있는 기회인 것이며 살아서 복음을 들었으나 안 믿은 자들은 다시 기회가 없고 둘째 부활로 나아가서 자기 선택의 심판을 받을 뿐이다.

노아의 홍수에 수장된 영들의 옥에는 예수님이 친히 가셔야 했으나 그들과 다른 죽음은 구별되기 때문에 여기에도 복음전파가 있는 것이며 완전한 복음전파를 받지 못한 모든 영에게 공평한 것이다.

영계의 복음전파에서 노아홍수 때의 영들은 구주예수님이 친히 가셨으나 노아의 홍수 후로 율법 안에서 죽어간 영혼에게는 처음 열매의 성도 중에서 예수 재림의 심판 때 들리지 않고 죽어있는 자들이 추수 군으로 가는 것이다.

예수 재림의 심판으로 들어간 사단이 천년의 무저갱에서 풀려날 때에 이들도 살아나니 사단은 이 세상을 속이러오고 저들은 영계의 복음전파자로 가는 것이다.

예수 재림의 심판 때 이마에 인 맞은 십사만 사천의 성도 중 죽은 자는 부활하여 산자들과 함께 들리니 이들 십사만 사천은 신랑예수의 신부며 신부 외에는 새 노래를 배울 자가 없다.

그때 십사만 사천의 신부 외의 성도로 살아있는 자들은 신부들과 함께 들림을 받았고 죽어있는 성도는 살지 못하고 천년 왕국의 왕 노릇이 끝날 때에 살아나는 것이다.

십사만 사천의 신부성도는 사단과 그의 짐승의 환란이 시작되기 전에 미리 인 쳐서 정결한 자로 구별한 것이니 인 맞은 성도 외의 다른 성도는 십사만 사천의 신부에 들지 못한다.

인 맞은 신부만 여자에게 더럽힘을 받지 않았고 거룩한 성 새 예루살렘에 속하며 성의 열 두문 위에 이스라엘 열두 지파의 이름들이 기록되었으니 이들 신부는 성곽과 같고 성안의 성전은 아바아버지와 아들인 것이다.

그러므로 거룩한 성 새 예루살렘을 어린양의 신부라 한다. 천국은 거룩한 성을 중심으로 만국을 이루며 영생의 자녀들이 온 지면에서 자기 집을 짓고 포도를 따며 영광의 빛에 사는 것이다.

(계 21:9-12,) 『[9] 일곱 대접을 가지고 마지막 일곱 재앙을 담은 일곱 천사 중 하나가 나아와서 내게 말하여 가로되 이리 오라 내가 신부 곧 어린 양의 아내를 네게 보이리라 하고 [10] 성령으로 나를 데리고 크고 높은 산으로 올라가 하나님께로부터 하늘에서 내려오는 거룩한 성 예루살렘을 보이니 [11] 하나님의 영광이 있으매 그 성의 빛이 지극히 귀한 보석 같고 벽옥과 수정 같이 맑더라 [12] 크고 높은 성곽이 있고 열두 문이 있는데 문에 열두 천사가 있고 그 문들 위에 이름을 썼으니 이스라엘 자손 열두 지파의 이름들이라

어린양의 아내는 거룩한 성 예루살렘이다. 성곽은 신부고 성 안의 성전은 예수님과 아버지시니 거룩한 성이 지어진 비밀이 있다. 계시를 보는 자가 이 끌려간 높은 산은 하늘의 시온 산이며 삼층 천 천국의 하늘에서 천국의 땅으로 내려오는 거룩한 성이며 천국은 바다가 없다.

□처음의 장수인 아담이 패한 것을 둘째 장수인 예수님이 이기고 회복하였으나 성령세대를 마친 후로 다시 이 세상도 사단이 먼저 미혹하기 때문에 지금까지 먼저 믿는 자마다 여자에게 더럽힘을 당하는 화가 미친 것이다.

여황이던 여자의 더럽힘 중에도 그의 열매로 영영히 익어버리지만 않으면 회개할 수 있는 것이니 완전한 증거의 복음전파를 만나면 돌이켜야 한다.

살아계시는 신에게 형상의 돈을 드린다는 헌금을 하는 것은 여자에게 더럽힘을 받는 세상교회인 것이다. 예수교회는 형상을 금한 아버지께 형상의 돈을 직접 드려 축복받을 일이 없고 오직 영혼이 잘됨으로 임하는 만복에 감사할 뿐이다.

하느님이나 하나님은 거룩한 성도의 아버지가 아니다. 사람이 이름지어서 부르는 신은 예수교회의 신일 수가 없다. 자기들이 이름 지은 신에게 형상의 돈을 드리는 것은 상관없는 일이다.

이제 예수교회의 복음전파는 두 세상 끝과 자기 때를 구분하여 우리가 사단의 고소에서 살아남아야 했을 때와 그 끝을 분명히 하고 예수십자가 후로의 성령세대 때와 복음세대의 때를 깨달아 두 세상의 두 심판으로 구별해서 전해야만 성도들이 사단을 발아래 두는 것이다.

성령세대는 옛 세상 끝에서의 임박한 종말을 당하고 기록으로 완성된 신약의 복음이 없이 내재한 성령이 알게 하심대로만 희미하게 믿다가 각인의 성도 안에서 자라고 익어진 복음을 기록하여 증거가 있는 완전한 복음을 영원한 복음으로 남긴 것이다.

성령세대는 옛 세상 끝에서 기록된 복음을 남긴 것으로 거기까지 믿음을 마친 것이고 거기서 예수 재림의 심판으로 들린 것이며 새롭게 시작하는 이 세상에는 일체 저들 성도와 믿음과 모든 성령의 능력이 끊기고 이 세상의 말세 때에 임하시는 성령으로부터 다시 성령 학이 있다.

사단이 임금이던 흑암의 나라를 예수 재림으로 심판하여 완전히 마치고 폐하여 되찾은 이 나라를 시작하듯이 옛 세상 끝까지로 익어진 성도는 거기까지로 거두고 다음 익을 열매의 성도는 역시 이 세상 끝에서 거두는 것이다.

사단은 지금 사람들로 예수를 못 믿게 하는 것이 아니다. 못 믿게 하는 것이 있으나 그것은 속이는 미혹일 뿐이다. 사단의 선교와 교회로 이끄는 인도가 있고 또 한편으로는 못 믿게 하는 것이니 이는 사단의 악한 영들이 나눠어서 자기 역할을 담당함인 것이다.

사단과 그의 악한 영들은 자기들이 예수의 완전한 복음을 속여서 부족하게 선교하니 힘이 나겠지만 그 부족하고 희미한 것이라도 결국은 주 아버지의 모든 것에 들어가고 온 세상에 퍼진 부족한 복음은 마지막 때의 완전한 복음전파에서 발판이 되는 것이다.

옛 세상에서 사단은 고소하고 주 아버지는 죄를 씻으면서 아들의 때를 기다렸듯이 지금도 사단은 예수를 믿게 하지만 성령이 난 자녀는 막는 것이고 주 아버지는 사단의 때를 공평하게 허락하시며 옛 세상에서 예수십자가의 날을 고대하심과 같이 아버지의 완전한 복음이 사단의 부족한 복음과 나란히 되는 때를 기다리시는 것이다.

사단의 미혹이 점차로 더욱 성하여 세상 지식은 도덕을 제하고 가정교육은 훈계와 교양을 폐하기 때문에 이웃이 없는 악한 세상으로 더욱 익어질 것이며 세상 지식의 열매로 피 없는 인간과 사람의 뜻으로 나는 인간으로 더불어 말세를 마칠 것이다.

사단이 속이고 미혹한 결국은 많은 사람으로 자기와 더불어 지옥가게 함이고 믿는 자들로는 물과 성령으로 난 자녀가 되지 못하게 함일 뿐 육신대로는 정말 열심히 믿으라 한다.

아담 한 사람으로 온 인류가 사단에게 넘어갔고 예수 한 사람으로 온 인류를 되찾았으나 여기로부터 자기 선택으로만 지옥 가는 자와 천국 가는 자로 나뉘기 때문에 사단은 새사람을 죄인으로 고소할 수가 없는 형편에서 오직 성령의 출산을 막는 것이다.

그러므로 교인들은 이것을 깨달아야 하니 사단이 부족한 복음으로 속이는 곳에는 일체 하늘 갓난이로 태어나는 잉태와 출산의 말씀이 하나도 없다는 것이다. 예수의 증거를 감춰버리기 때문에 사람이 물과 성령으로 나는 것이 있을 수가 없다.

□사람들은 열심히 지식을 사지만 세상지식은 사단이 부리고 사용목적은 하늘의 신과 맞서는 것이다. 사람들은 사단의 미혹을 모르지만 사단은 사람들을 미혹하여 시날 평지에서 못다 한 뜻을 이루게 하니 세상을 속인 과학으로 하늘에다 자기 보좌를 높이려는 것이다.

세상지식이 동력인 첨단의 과학은 최고의 로봇을 만들고 피가 생명이 아닌 로봇사람은 사단이 신의 창조와 대립하여 만드는 것이며 자기도 하늘에 보좌를 두고 끝까지 대적하려는 것이다.

사단이 로봇의 보좌에서 대적하려 함은 하늘의 신께서 네 생물의 보좌에서 행하시기 때문인데 네 생물의 보좌는 새 예루살렘 성의 새 보좌로부터 폐하는 것이니 사단은 항상 한 수 아래일 뿐이다.

온 세상을 미혹하여 높인 세상 지식의 과학으로 최첨단의 로봇을 만들어 하늘에 펼치고 자기 보좌를 삼으려는 것은 이 땅은 처음부터 저주를 받았고 뱀은 종신토록 흙을 먹어야하기 때문이다.

이 땅은 지옥이 되므로 이를 잘 아는 사단은 쫓겨난 하늘로 오르려는 것이니 사단의 속임은 이 땅이 새 땅이 되고 이 땅의 새 하늘이라고 선교하기 때문에 부족한 복음으로는 그리 믿는 것이다.

사람이 하늘에 가려는 것은 성경에서 육체는 하늘나라에 가지 못하고 흙이니 흙으로 돌아간다는 말씀에 대적하면서 하늘에서도 영영히 살아보려 하지만 육신사람이 갈수가 있는 하늘은 삼층 천에 계시는 신의 발등상일 뿐 육신사람은 결코 천국에는 이를 수가 없다.

사단의 때가 먼저라 지금까지 속이며 정해진 법과 선을 넘지만 못하게 하실 뿐 정말 공평하게 사단의 때를 허락하신 것이다. 그러므로 사단의 미혹마다 벌하고 세상의 범죄마다 심판하심이 아니다.

신의 때를 맞아 이 세상을 마치는 마지막의 심판장에서 모든 행위를 기록한 책을 펴시고 증거 적으로 공평하게 판결하여 선고하시니 이때에 선과 악으로 선명하게 갈리는 것이다.

사단은 세상을 미혹한 지식의 결국을 차지하는 것이며 속여서 만드는 인조인간도 사단의 소망을 좇아 사람과 이웃이 되고 사랑도 나눌 것이나 그때가 세상 종말인 것을 알지 못한다.

육천년이 넘는 세월을 선악 간에 살아온 사람과 인조인간이 절대 동등하지 못하나 사단은 신이 만든 사람처럼 자기도 로봇을 만들지만 사람의 생명을 주지 못하고 형상의 돈으로 사게 한 세상 지식을 넣을 뿐이다.

사람이란 만들었다는 것이고 이 명칭은 에덴동산으로부터 이어지는 신의 부르심이다. 신이 만든 첫 사람에게 악이 없으면 예수십자가의 도는 오지 못하고 선이 없으면 거룩한 지체로 천국에 들어가지 못하니 여기에 선악과나무의 비밀이 있다.

선악의 세상은 창세전의 예정에서부터 있는 것이며 예수 안에서의 자녀는 만든 사람일수가 없기 때문에 악에 속한 사망을 당한 후로 거듭나는 것이며 선에 속한 출산으로 영생하는 것이다.

※ 예수 안에서의 자녀가 되는 것이 창세전의 예정이지만 이 예정은 누구누구를 구원 한다고 정한 것이 아니라 흙으로 만든 첫 사람 아담의 혈통을 예수십자가에서 일체 폐하고 부활하신 예수 안에서 거듭난 새사람이 되게 하여 이방과 선민이 없이 누구나 자녀 될 자격을 동일하게 하여 누구나 자기 선택으로 자녀 되는 것과 안 되는 것을 자유롭게 하신 것이다.

창세전의 예정은 아담의 혈통을 예수의 새 혈통으로 옮기는 구원뿐만 아니라 선악과나무의 열매로부터인 선악 간의 온 세상 일이 다 창세전에 예정된 것임을 말하며 붉은 여황의 여자에게 더럽힘을 받지 아니한 십사만 사천의 신부는 미리 예정된 성도다.

예수신랑의 신부는 큰 환란 전에 미리 이마에 성령으로 인을 쳐서 구별한 것이니 이들을 인칠 때에 사단과 사단의 양인 짐승을 활동하지 못하게 천사들로 막아놓고 인친 것이다.

미리서 예정한 인침이 없이는 성령 받은 성도라도 여황인 여자에게 더럽혀지므로 미리서 더럽혀지지 않게 대처한 것이고 그때는 흑암의 나라로 임박한 종말이니 사단의 황권이 남았던 것이다.

그때의 종말은 사단도 큰 능력을 행하고 진짜 적그리스도의 짐승이 진짜 666의 수로 백성의 삶을 강탈하고 미혹하니 성도라도 세상을 좇는 왔다갔다 로 믿음이 흔들리는 것이다.

믿음은 오르락내리락 이지만 예수 안에만 있으면 결코 정죄함이 없기 때문에 칭 의가 유지되는 것이며 배도 없이는 천국에 이르는 것이니 적은 믿음은 상급이 적을 뿐이다.

□예수교회에서 개혁한 예수교회란 있을 수가 없기 때문에 예수 재림의 심판 후로는 거룩한 성도가 일체 없는 상태에서 세상 종교가 시작한 선교를 받아 지금에 이른 것이 분명하다.

사단의 무리가 예수 재림의 심판을 속일 수가 있음은 예수 재림이 밤에 속하기 때문이다. 세상의 밤을 말함이 아니라 사단의 어두움에 속한 때의 그 밤을 말한다.

　예수 재림이 밤에 속함은 신랑을 기다리는 열 처녀의 비유에서 잘 알려주고 있다. 예수 재림이 밤에 속하여 오심은 가나안 혼인에서 신부와 약혼한 신랑은 일 년 안에 신부를 데리러 와야 하고 밤에 오는 것이다.

　가나안의 약혼은 일 년 안에 오지만 신의 수로는 일백년도 일 년이고 천년도 하루일 수 있는 것이다. 그때 십사만 사천의 신부들은 임박한 종말에서 칠십년의 복음전파를 그 세상 끝까지 이루었고 예수님은 백년이 되기 전에 오신 것이다.

　아직 사단의 황권이 폐하지 아니한 어두움의 때에 예수 재림의 심판이 있었기 때문에 역사적인 세상 사건으로 나타나지 않았으며 이 세상을 남겨두고 흑암의 나라만 폐하는 심판인 것이다.

　그러므로 서기 육십 사년 대에 로마시가 불타는 환란이 있었고 칠십년에서 예루살렘 성전이 로마와 로마의 장군으로 무너지고 멸망하니 성이 무너지는 때로부터 예수 재림의 신판인 것이며 그때 칠십 년대 말에서 로마의 도시 색정의 타락에 빠진 폼페이가 베수비오 화산 폭발로 멸망하여 재림 심판의 증거를 남긴 것이다.

　그때 성도를 환란에 빠뜨린 로마의 화재는 큰 성 바벨론이 불탄 것이고 예루살렘 성전이 무너짐은 그림자 제사를 폐함과 함께 굳게 맺은 언약이 깨진 것이며 사치와 색정과 타락의 원천이 화산의 폭발로 멸망한 것은 예수 재림 신판의 확증인 것이다.

　예루살렘의 멸망으로부터는 예수 재림심판 후로의 이 세상이 시작되며 이 때에 사람의 아들들이 세상종교를 세웠고 일천년의 무저갱에서 풀려난 사단이 이들 위에서 종교개혁으로 생명의 빛과 진짜 복음인 것처럼 온 세상을 속인 것이다.

멜기세덱이 하늘성소의 제단에 제물로 드리지 아니한 십자가의 피만으로는 죄를 씻지 못한다. 하늘의 제사장 멜기세덱이 없이 어린양제물이 스스로 하늘 성소에 들어갈 수가 없고 제사장 없는 제사도 없는 것이다.

그러므로 지금 십자가의 피로만 믿으면서 십자가의 피로만 씻어가는 회개의 믿음은 사단이 개혁한 믿음이며 법적인 증거와 법적인 믿음과 하늘 갓난이의 출산을 숨긴 것이다.

먼저 속이는 사단의 훼방이 없이는 알곡의 성도가 되지 못한다. 악한 사단의 비바람 속에서 떨어지지 않고 가지에 잘 붙어서 때를 따라 익어진 열매의 성도라야 알곡으로 거두어진다.

예수님이 옛 세상 끝에서 죽어준 구원은 흑암의 나라에서 아들의 나라로 옮기는 것이고 되찾은 이 세상에서의 구원은 죄와 상관없는 사단의 훼방가운데서 영생의 구원을 받아 천국 가는 것이다.

아들의 나라로 옮기는 구원은 신의 일방적인 것이며 땅에서의 새 백성을 세운 것이고 이 세상에서 새 백성이 받는 구원은 자기가 선택하는 영생의 구원이다.

그러므로 새사람은 죄 사함과 거듭남의 구원을 받아가는 것이 아니라 이미 이루어진 구원 안에서 성령의 출산으로 영생의 자녀가 되는 것을 이루는 것이다.

아들의 나라로 옮긴 주님의 일방적인 구원에서 대표제도는 법대로 공평한 것이니 사단도 에덴동산에서 아담 한 사람으로 모든 사람을 죄의 종으로 삼았기 때문이다.

흑암의 나라와 세상 죄의 고소와 예수십자가의 사망도 아담 한 사람으로 시작한 것이며 사단이 하와로 아담을 이겨서 이모든 것을 얻었듯이 처녀마리아 한 여자로 둘째 아담을 세워 예수십자가의 도를 이룬 공평한 대결인 것이다.

우리가 옛 사람 안에서 사단의 고소를 받아 죄의 삯은 사망으로 영멸에 처하고 살 소망이 없이 율법에 이끌릴 때에 사단의 권세와 그의 미혹에 빠진 선민들이 어린양예수를 로마의 사형 틀에 못 박아 죽였다.

그때 세상 죄와 우리를 담당한 어린양제물이 죽으니 우리도 함께 죽은바가 되어서 흙으로 만든 아담의 혈통이 일시에 폐하고 장사되어 창세전의 흑암처럼 어두움만 남았다.

작은 광명 같은 흠 있는 언약의 때에 작은 광명 같은 빛으로 오신 예수가 큰 광명을 위한 예수십자가의 사망을 당한 것이며 세상은 다시 흑암만 남았었다.

우리가 일체 아담의 혈통으로 예수십자가에 죽은 것이 되어 살 소망이 끊어지고 살린다는 언약도 없는 삼일간의 장사지낸 것에서 절망의 무덤을 이루었다.

율법의 끝에서 살 소망까지 끊어진 우리가 장사 된지 삼일 째날 일요일 새벽에 아버지와 아들이 일하시어 작은 광명이 지고 흑암뿐인 세상에 큰 광명을 비추는 예수의 부활을 이루었다.

이제 우리가 생명의 빛을 받아서 살아나고 거듭난 새사람을 다시 살게 되었으며 산 소망이 있는 자로서 예수의 생명을 행하는 새로운 피조물인 것이다.

이것을 복음전파로 받을 때에 다시 산 소망을 얻은 자의 참 기쁨과 감사가 넘치는 것이니 사람이 복음전파를 받아 예수를 처음 믿을 때로부터 구주예수가 부활하심으로 거듭나서 산 소망이 있는 새사람을 다시 살아야 한다.

피 흘림이 없은즉 사함이 없는 세상 죄로 죽을 죄인이 예수와 합하여 죽은 것과 법과 증거 적으로 다시 산 것이 없이 물 뿌리는 세례를 받아 자기 믿음만 행하는 자칭 성도나 자칭 자녀로 믿는 것은 다 거짓광명의 부족한 복음에 속은 것이다.

□사단의 첫 미혹은 선악과를 바라보게 하여 보암직하고 먹음직한 것에 스스로 욕심을 잉태하게 만든 것이다. 주님도 이런 사단을 지혜롭다 하신 것이며 제자들에게도 세상을 뱀같이 지혜롭게 행하라 말씀한 것이다.

자기 지식으로 타락한 사단은 지혜롭게 세상을 받아서 흑암의 나라로 만들고 어두움의 임금을 행한 것이며 아담은 잉태한 욕심으로 선악과의 악을 행하는 죄인을 행한 것이다.

(약1:15,)『욕심이 잉태한즉 죄를 낳고 죄가 장성한즉 사망을 낳느니라』

하와는 욕심을 잉태한 첫 사람으로 선악과를 먹었고 남편을 죄인으로 만들었다. 에덴동산에서 이것이 없으면 아담과 하와는 세상나라에 들어오지 못한다.

에덴동산에서 동침이 없는 남녀로 남을 것이니 신의 영역인 에덴동산에서는 남녀의 육정이 동하지를 않기 때문이며 세상에 쫓겨나온 아담과 하와의 동침이 없이는 예수 안에서의 자녀도 없다.

그러므로 사단이 정말 지혜롭게 선악과를 권하여 여자로 남자를 넘어뜨리고 신의 법을 넘었으나 생명과를 먼저 먹이지 못한 사단은 신이 만든 피조물일 뿐이다.

사단은 선악과나무의 열매로 세상을 넘겨받았고 선악과의 악으로 죄가 관영한 흑암의 나라를 이루었으나 선악과의 선으로 행하는 세상을 시작하는 패망을 당한 것이다.

사단은 선악과의 악에 속한 세상과 선악과의 선에 속한 두 세상의 대적 자로 영멸에 이른다. 사단이 대적하며 속이는 세상이 두 세상이며 세상 끝이 둘임은 선악과에 속한 것이다.

흑암의 나라는 선악과의 악에 속한 것이고 아들의 나라는 선악과의 선에 속한 것이며 두 세상은 씨 뿌린 농사를 가꾸는 때와 그 결실을 거두는 때로 구별되며 사단의 대적은 씨 뿌린 때와 추수 때의 두 세상을 다 속이고 미혹하는 것이다.

두 세상은 다 어두움을 밝힌 빛이다. 천지창조에서 흑암의 깊음 위에서 밝힌 빛이며 흑암의 나라 끝에서 아담의 혈통을 폐한 장사로 흑암일 때에 예수의 부활로 광명이 떠오른 것이다.

항상 사단이 먼저며 주께서는 나중인 것은 주께서는 모든 것으로 합력한 선을 이루기 때문이며 성도는 다 사단을 발아래 밟고 천국에 올라가는 것이라 사단의 대적은 알곡의 성도를 세우는 것이다.

사단의 범사는 주 아버지의 뜻을 도울 뿐이며 처음 익은 열매인 성령세대가 그랬고 복음세대인 우리도 먼저 온 사단이 속이고 미혹하는 훼방을 당할 때에 완전한 복음전파를 통하여 사단을 발아래 둔다.

하늘에서 쫓겨나 땅에서 속이는 사단의 강한 무기는 형상을 새긴 돈이다. 신은 모든 형상을 금하시기 때문에 여기에 대적하는 사단이 육신을 유지하는 물질인 돈에다 형상을 넣은 것이다.

세상 모든 형상의 돈을 통합한 다른 돈이 이르면 그때는 겉으로 형상이 없어도 사단에게는 최고의 신무기인 것이며 인류는 그 돈의 종으로 세상을 마친다.

형상의 돈이 없으면 죽어야 하며 그 앞에는 공의가 폐하고 부모자식과 형제간도 없으며 친척과 이웃과 왕과 신하 간에도 공의를 폐하니 이는 형상의 돈 앞에 모두가 목숨이 달린 까닭이다.

성도라도 세상살이를 위한 돈을 벌 지만 성도는 돈을 밟는 삶이지 돈 아래의 삶이 아니다. 사람은 모이면 돈 이야기 땅 이야기 아파트이야기지만 성도는 욕심 부릴 이유가 없는 하늘 시민일 뿐이다.

형상의 돈을 신에게 드린다는 헌금은 구주예수의 교회와 상관없는 일이며 가이사의 것은 가이사에게 주라는 예수님의 말씀처럼 형상의 돈은 형상을 넣은 사단에게 헌금하는 것이다.

천국은 형상의 돈이 없고 하늘의 보물도 아니다. 오직 땅에서 육신사람에게 필요한 것이니 형상의 돈은 몸 된 교회에 부조하여 교회가 쓰면 되는 것이다.

성도들이 부조하는 헌금은 교회의 일만하는 자들을 돌보며 합심하여 동네마다 교회를 세워가는 것이니 힘껏 부조하여 교회를 도와 복음전파를 이루어야 한다.

하늘의 보물로 신에게 드린다는 헌금은 기름 파는 자들이 받는 것이며 사람의 아들들이 속아서 믿는 거짓광명에게 주는 것이고 거짓광명은 사람들의 빛이 아니므로 생명이 없다.

태양은 신께서 있어라 해서 생긴 빛이며 세상을 밝히는 이로운 것이나 태양신은 미혹이다. 어두움인 사단이 태양 빛으로 속이는 것일 뿐 태양신은 없으며 태양도 신이 아니다.

태양은 예수광명의 표상이다. 그러므로 세상 만물을 살게 하지만 영생을 주지 못한다. 작은 광명의 달은 흑암의 나라를 담당하고 큰 광명의 태양은 아들의 나라를 담당한 표상의 빛이니 달은 어두움이 공존하고 태양은 어두움이 없다.

그러므로 실상의 빛이신 아버지와 아들은 해와 달 같은 세상 빛이 아니며 해가 뜨면 어두움이 없듯이 죄악이 없는 영계의 영적인 빛이시며 아버지 빛은 하늘 만국을 밝히고 아들 빛은 사람들의 빛이라 거듭남과 영생을 이룬다.

그러므로 사람이 예수 안에서 죄 사함과 거듭남의 구원을 받으며 사단의 미혹에서 영생의 구원을 받는 것이니 아들 빛으로 영원한 생명을 받아 천국에서 아버지 빛 아래 영생하는 것이다.

□자기 교회만 키우는 헌금은 헌금대로 고르게 풍족하지 못하며 헌금대로 열배 백배의 축복이 넘치지 못하니 건물만 높이고 넓이는 교회는 마치 사람의 몸이 어느 한부분만 크게 자라남과 같아서 균형 없이 비정상적인 몸은 오래가지 못하고 쓰러질 뿐이다.

대중 앞에서는 도덕적 선행을 하지만 돈의 기운이 미치면 선에 이르지 못한다. 악을 보고 선을 행하는 자라도 그 마음에 새겨진 신의 법을 무시 한다면 도저히 욕심은 이기지를 못하기 때문이다.

돈은 굽은 것도 곧다고 말하게 만드는 것이므로 돈으로 이루는 세상이 선할 수가 없기 때문에 세상의 재판이 기울어진 저울이며 죄를 따라 법을 세우는 자들이 공평하지 못한 것이다.

그러므로 성경은 믿는 자들에게 돈을 사랑하지 말라 하였고 큰 직분 자는 더욱 돈을 사랑하지 못하게 당부한 것이며 예수님까지도 형상(화상)의 돈을 신께 드리지 말 라고 하셨다.

사단의 미혹이 끝이 없듯이 돈 이야기도 끝이 없지만 재물의 근본목적은 육신사람의 유지에 있다. 재물은 땀 흘린 대가대로 얻는 것이고 성도는 오직 영혼의 잘 됨을 좇아 임하는 복을 받는다.

평안의 때를 살다가 행복을 권하는 사단에게 속아서 세상 범사가 어그러진 욕심이 무성한 가지를 뻗은 것이다. 성령이 난 영의 성도가 성령 학으로 장성한 믿음이 아니면 욕심을 이기지 못한다.

성경에 전답을 팔아 사도의 발 앞에 두고 그들의 종말에서 교회가 그리 했으나 그때의 형편과 지금의 형편은 다르다. 그들은 임박한 말세를 만난 성령 세대였고 우리는 종말이 일천년의 세월이 남은 다른 세대다

그때도 그랬을 것이나 지금은 더 자기 것이 없으면 못 사는 세상이다. 교회를 돕는 부조금은 자기들 현재의 형편에 맞게 하고 헌금의 명칭과 이름과 금액과 바라는 것도 없이 연보함에 넣으면 된다.

오히려 형편이 어려운 성도는 몸 된 교회에 도움을 청해야 하고 형제의 부족함에 교회의 합력이 필요한 것이다. 성도가 욕심으로 헌금하거나 이목 때문에 하는 것은 없어야 한다.

구약 때의 것과 신약 때의 것이 다르다. 구약 때의 것을 이어서 할 것도 있으나 십일조나 예물은 교회를 위한 부조로 하면 된다. 새사람은 나라도 자격도 법도 다른 새것이니 구약 때와 똑 같이 할 필요가 없으며 오히려 어떤 것은 대적함일 수가 있다.

옛 사람을 벗지 않고 옛 것을 행하며 옛 세상을 이어서 사는 것은 성도의 삶이 아니다. 옛 사람을 벗은 성도는 완전히 새로운 피조물이며 흑암의 나라를 폐한 아들의 나라를 사는 것이다.

피조물을 벗은 새로운 피조물은 법과 영과 마음과 양심이 다 새것이며 새로운 나라를 받아 예수의 생명을 사는 것이니 흙으로 만든 아담의 혈통을 벗은 예수의 혈통을 살아야 한다.

세상 농사에서 작물의 열매를 거두는 것이지 대와 그 가지를 거둠이 아니듯 구약의 요구에 응답한 신약에서는 근본을 좇아 대와 가지의 꽃이 핀 열매를 따르기 때문에 구약에 있는 것이니 신약에도 그리해야 함이 아닌 것이다.

구약은 믿음의 뿌리를 삼아도 그 뿌리의 열매는 예수십자가 후로의 신약이며 구약에서 짐승으로 대속하였으니 지금도 십자가의 피로 씻어 감은 어그러진 것이다.

성경에 의인은 하나도 없다하여 성도가 스스로 죄인을 행하면 자기 죄로 예수죽인 양심이 없는 것이고 이는 다 새사람이 옛 사람을 벗지 못한 것이며 때늦은 재림을 기다리는 빗나간 믿음일 뿐이다.

□사단은 온 세상을 속인다. 믿는 자들만 미혹함이 아니다. 영계와 영적인 일도 속인다. 육신을 떠난 영혼은 일체 영계의 다스림에 들기 때문에 맘대로

세상의 후손들에게 들어가고 나오지 못하며 자손의 제사에 참여하지 못한다.

만약에 귀신으로 자손들의 상차림에 참여한다면 상만 받고 돌아가는 귀신도 없을 것이나 영혼은 영계의 다스림을 벗어나지 못한다. 귀신으로 자기 자손을 위한 힘을 행한다면 이 세상이 온전히 유지되지 못한다.

자기 자손 잘 되기 위한 귀신들의 열심과 다툼으로 온 세상에 가득하고 영계의 난리일 것이며 사람들은 알지도 못하는 횡재와 흉 재로 정신을 차리지 못할 것이다.

영계도 신의 다스림이 있고 사람이 죽으면 세상을 떠도는 귀신일 수가 없음은 육체는 썩어서 흙이니 형상으로 나타날 수가 없고 영혼은 영계를 벗어나지 못함이다.

성경에도 영매가 있어 혼령과 산사람의 매개가 있으나 영혼 맘대로 세상을 오고가지 못한다. 만약에 영매 없이 영혼들이 귀신으로 세상을 오가는 것이면 무당 박수 필요 없이 자기들 맘대로 자손들에게 임하고 도우며 간섭할 것이며 이 세상은 귀신세상이 될 것이다.

영계나 영매나 법적인 공평과 지킬 선이 있고 사단이 자기 때에 온 세상을 속이고 미혹할지라도 공평한 선을 넘지 못하는 것이며 사람을 속이는 미혹도 한계가 있는 것이다.

세상에서는 누구도 영계의 복음전파에 참여하지 못하니 기도나 재물이나 어떤 행위로도 영계의 복음전파에 영향을 끼치지 못하며 거룩한 성도라도 참여하지 못한다.

성도가 어떤 영혼에 대하여 영생의 구원에 이르기를 원하는 소망을 가질 뿐 영계와 그 복음전파에 참여하지 못하니 신의 마지막 심판장에서 소망의 궁금증이 풀릴 뿐이다.

밤에 더욱 죄악이 성한 것은 어두움의 사단을 좇아나는 것이며 사람들이 어두움에서는 죄악을 행하고 밝은 데서는 선으로 행하는 삶이 사람들 속에 익어지는 것도 다 악한 기운이 흐르는 탓이다.

사단의 소망을 이루는 미혹을 받아 인류의 문명까지도 세상을 부추기며 어그러지고 빗나가는 인생을 만드니 지금은 알지도 못하던 죄악을 배워가면서 행하는 것이다.

사람이 돈(재물)에 매이며 목숨보다 귀하게 여김은 절대 우연이 아니다. 사단의 거짓광명을 좇는 거짓 의의 일군들이 많고 사단아래 악한 영들이 합력한 속임과 미혹이 크기 때문이다.

세상에 지식과 지혜가 있으나 지혜가 없는 지식은 높이 크는 것일 뿐 열매가 없고 지식으로 지혜를 캐는 자는 옆으로 가지를 뻗으며 좋은 열매를 맺으니 세상과 모두에게 이롭고 높이 크기만 하는 나무와 같은 지식인은 말세를 예비하는 열매를 맺는다.

□성도가 아니면 예수 재림이 지난 것을 알지 못한다. 사단에게 잃었다가 되찾은 세상을 성도가 아니면 모르기 때문에 복음전파로 전해야 하며 왜 흑암의 나라며 빛의 나라고 세상을 신이 만들었는데 어찌 사단이 먼저 세상임금일 수가 있는 지의 법과 공평을 분명히 알려야 한다.

예수 재림의 심판 때는 사단이 짐승과 거짓선지자와 헤어지고 이 세상의 마지막 심판 때는 짐승과 거짓선지자가 먼저 가서 불타고 있는 불과 유황 못에서 다시 만난다.

성령세대의 종말은 예수 재림의 심판과 큰 환란과 짐승과 그의 수666이 거짓선지자와 함께 다 진짜며 이 세상의 종말에 속한 것은 다 가짜로 속인다.

그때는 붉은 여황이 어린양처럼 자기 양의로 짐승을 세운 것이고 신의 선지자처럼 거짓 선지자를 세운 것이니 흑암의 나라 끝에서 당시로 종말에 처음열매의 성도들이 사단의 진짜 능력에 성령의 능력으로 대립하여 싸운 것이다.

예수그리스도가 아직 어린양일 때의 옛 세상 끝은 어린양예수를 빙자한 거짓양의 짐승이 진짜 적그리스도를 행하였고 붉은 여황의 사단도 남은 황권을 놓지 못하고 세상 임금으로 행한 것이다.

예수 재림 후로는 예수님은 이제 어린양이 아니며 새 이름이 있고 담당한 직분도 제물이 아닌 대제사장이시니 지금 다른 세대의 것은 다 가짜로 나타날 수밖에 없다.

베드로사도 때의 예수교회는 교황이 아닌 짐승이 적그리스도로 미혹하며 사단은 세상의 임금 직을 놓지 않으려는 모든 능력으로 대적하고 훼방하는 때이니 베드로사도가 교황일 수가 없다.

교황은 사람의 아들들이 세운 세상교회의 왕일뿐 자녀들이 모이는 예수교회의 왕은 예수며 왕 중의 왕이신 아바아버지께서 주장하시니 예수교회는 아버지의 성령으로 나는 거룩한 씨의 친자녀가 모이는 것이며 성령의 출산이 아닌 자칭 성도는 일체로 없다.

성경이 밝힌 대로 사단은 용과 붉은 여황이니 교회의 임금인 교황은 사단을 좇는 것이며 사단이 세운 세상종교의 임금일 뿐이고 사단은 이제 자기가 직접 광명의 예수를 빙자한 거짓광명을 행하니 거짓광명의 사단이 지금의 적그리스도이지만 가짜다.

지금의 적그리스도는 사단이며 짐승을 세운 적그리스도는 세상에는 없다. 예수 재림의 심판을 받기까지는 사단이 임금 직을 포기하지 않았으니 그때는 짐승으로 적그리스도를 세운 것이고 그게 진짜다.

예수가 어린양일 때는 양을 흉내 내는 사단의 짐승이 적그리스도이지만 예수가 어린양의 임무를 마친 후로의 짐승 없는 적그리스도는 가짜인 것이며 이제 광명의 예수 앞에 거짓광명이 가짜 적그리스도다.

개신교에서 말하는 교황은 적그리스도가 아니다. 교황은 속이는 가짜 적그리스도며 사람의 아들들이 세운 세상종교의 교황일 뿐이다. 예수교회는 교황이 없는 것이니 상관없는 일이다.

예수교회는 아버지도 아들도 교황이 아니며 세상에서 사람이 행한 황제나 이미 사단이 붉은 여황을 행한 황제칭호는 쓰지 않는다. 교황은 마지막 심판에서 육체와 함께 영원히 없어질 것이다.

□예수 재림의 심판에 속한 처음 성도는 예수나무의 처음 난 가지며 이 세상의 우리는 다음 난 새 가지와 같다. 처음 가지의 열매는 왕권 자 예수님이 거두시고 다음 가지의 열매는 아바아버지의 마지막 심판으로 거두신다.

이 세상에서의 말세 휴거는 거짓이다. 백 보좌의 심판장에 생명책과 다른 책들이 놓이는 것이니 누구도 이 심판을 받지 않고 그냥 들려서 천국에 가지 못한다.

휴거는 예수 재림의 심판 때의 일이며 그때의 성도는 성령의 확증으로 들린 것이니 이는 생명책이 아니라도 이미 성령이 내재하여 알게 한 자들이며 신부는 이마에 인이 있기 때문이다.

그때의 제자와 성도들이 세상 끝까지 복음전파를 이루며 칠십년의 세월로 땅에서의 직분을 마친 것이다. 지금의 우리는 세상 끝까지 복음전파를 이룰 사람이 없이 다 죽어가는 것이며 죽은 자로 나아가 심판을 받는다.

예수님은 당신을 찌른 군병이 살아서 눈으로 보는 때에 오신다 하고 또 예수님 생전의 세대가 지나기 전에 오신다고 분명히 약속을 하시고 정말 속히 오신 것이니 우리는 이미 복음세대다.

구주를 아는 것도 어렵고 구주를 믿는 것도 어렵고 처음은 다 어렵다. 지금 사단의 때에는 온전한 복음전파도 어렵기 때문에 성령의 출산으로 성령학이 아니면 도무지 복음을 깨닫지 못한다.

옛 세상 끝에서는 예수님도 세상 끝에서 오시고 제자와 성도들도 임박한 종말을 당하여 보혜사 성령을 받았으므로 칠십년의 세월에 복음전파를 이루었으나 이 세상은 아직도 천년의 세월이 남은 것이니 이제 복음전파가 세움을 받는다.

성령세대는 사천년의 끝에서 처음 익은 열매로 거두어졌고 우리는 다시 시작한 세상에서 삼천년의 끝에서 거두어지니 이천년의 세월이 지난 지금은 완전한 복음이 세움을 받아야 하며 복음전파의 일군들도 세워져야 한다.

세상교회는 처음선교의 시작으로부터 말세를 외치며 믿는 자들을 미혹한 것이며 교인들은 금방 오실 것만 같은 믿음으로 이상한 구름만 봐도 예수님이 오실 것만 같다고 노래하며 재림예수를 기다리는 것이니 예수 재림을 기다리다 죽어가는 것이다.

그러므로 마지막 추수의 일군들이 합력해야 하므로 어디서 어떻게 성령의 출산을 받았던지 성령이 난 영의 성도는 서로서로 연락하고 만나며 연합한 복음전파를 이루어야 한다.

성경에 죄 사함의 통로도 하나며 영생하는 길도 오직 한 길이니 예수님이 다 이루신 복음대로 성령의 출산이 맞다 면 다 같은 말을 할 것이며 한 피와 한 물의 씻음으로 합력해야 한다.

□말씀이 육신이 되어 오신 주님은 외모만 우리와 같을 뿐 다른 사람이다. 예수의 인자됨은 우리의 출산과는 다른 통로로 오신 것이니 창세전의 예정에서부터 예비 된 통로다.

신이신 아기예수를 잉태하기까지는 거룩하고 신령한 처녀를 예비하였고 처녀의 출산을 마친 후로 요셉과 동침한 다른 출산 곧 사람의 출산을 하니 이제 마리아는 거룩하고 신령한 동정녀가 아닌 세상 여인의 한 사람으로 돌아간 것이다.

예수님의 육체는 뼈와 살과 피와 물이 다 하늘에서 왔고 우리 사람은 다 흙에서 났다. 이 사실을 덮는 세상교회는 마리아의 혈통적 친아들로 여기며 우리와 같은 인자라 한다.

우리와 같은 인격자로 외치지만 예수님은 영격이시나 땅에서는 인격으로 행하고 가르치신 것이며 마리아는 자기 난자를 보태지 아니한 잉태인 것이니 혈통적 친모가 아니다.

마리아가 자기 난자 안에 아기 예수가 될 씨를 받는 육정의 동침을 행한 것이어야 혈통의 친모인 것이다. 마리아의 난자는 성령의 능력으로도 뚫리지 않았고 다만 처녀의 태를 내어준 것 외에는 처녀로서 흠이 없는 잉태를 하였다.

그러므로 마리아는 흠 없는 처녀로 남편과 혼인한 것이니 예수는 하늘의 신으로서 마리아의 친자가 아니므로 예수님께는 마리아가 여자일 뿐이다.

우주와 세상만사가 그의 것이니 예수는 근본 신이시라 영격일지라도 능히 인격으로 우리를 가르칠 수가 있고 신성이시나 인성을 다 알고 계시시며 우리를 위한 인성을 쓰신 것이다.

우리사람과는 뼈와 살과 피와 물이 모두 다르고 하늘에 속한 육체인데 우리사람이 행하던 인격과 인성이 있을 수가 없고 우리가 근본 땅에 속한 사람이기 때문에 우리사람의 것을 들어 쓰신 것이다.

우리와 같은 인격의 인자로 땅에 속한 사람이면 세상 죄를 담당하지 못하며 그의 살과 피를 떡과 음료로 주지 못한다. 예수는 신이시며 하늘에 속한 실상의 육체로 이 땅에 오신 것이다.

실상의 예수님도 땅에 속한 육체처럼 피가 생명이지만 아담의 혈통인 우리의 피와는 다른 피라서 의로운 피로 죄인을 담당하여 보혈 흘린 사망을 당하시고 단번으로 세상 죄를 영속한 것이다.

예수님은 하늘에 속한 실상이기에 흙으로 만든 표상의 사람이 그의 육체를 좇아 하늘에 속한 새 혈통으로 천국 갈 자격을 가지는 것이며 그의 육체를 좇아 새사람으로 그의 생명을 사는 것이다.

예수님이 육체로는 죽고 부활하신 신령한 몸으로는 영원한 본체를 삼으신 것이니 믿고 성도가 되면 이제 예수의 육체를 좇지 않고 그의 신령한 몸을 좇아야 한다.

새사람일 때는 그의 육체를 예복으로 옷 입었으나 새사람이 물과 성령으로 나서 친자녀가 되면 이제 그의 신령한 몸을 좇아 믿음으로 예복을 바꾸는 것이며 장차 받을 신령한 몸을 기다리는 것이다.

무엇을 어떻게 믿든지 간에 예수님의 말씀대로 사람이 거듭나서 되찾은 아들의 나라를 보고 거기로부터 사람이 물과 성령으로 나서 천국 가는 것이다.

지금까지 세상교회가 구주예수를 사람의 육체로 전하는 것은 선교의 부족한 복음이라는 외침일 뿐 하늘에서부터 보혈의 육체로 오신 것과 흙으로 만든 아담의 피가 흐르는 우리사람의 육체와는 동일할 수가 없다.

하늘에 속한 육체와 땅에 속한 육체로 분명히 다른 것이니 우리와 같은 것은 그의 외모뿐이며 그가 실상이라 그 살을 떡으로 그 피를 음료로 능히 주실 수가 있었다.

(요8:23,) 『예수께서 가라사대 너희는 아래서 났고 나는 위에서 났으며 너희는 이 세상에 속하였고 나는 이 세상에 속하지 아니하였느니라』

하늘에서 말씀이 육신이 되어서 오신 인자인 것이지 땅에서 사람의 씨로 난 인자가 아닌 것이다. 사람의 외모도 사람이 그분의 모양대로 만든 표상인 것이지 그분이 인자라서 사람과 모양이 같은 것이 아니다.

세상교회 중에 지금 사람으로 온 예수를 행하는 사람이 있으나 혹 예수가 사람으로 다시 온다 해도 사람의 육정을 행한 잉태의 출산으로는 오실 수가 없는 것임을 분명히 알아야 한다.

자기 부모의 동침한 잉태의 출산과 사람의 씨인 것을 망각하고 죽으면 흙이 되는 육신으로 하늘의 신을 행함은 사단의 기운에 사로잡힌 것이다.

이 세상에서는 성경의 어느 인물을 대신하는 사람도 없는 것이며 직분 이전에 일체 성도인 것이니 예수 재림의 심판을 위한 대리자나 육신의 예수는 이 땅에 있을 수가 없다.

실상의 육체로 오실 때에 예수님이 벗은 본체로 아들이 아버지고 아버지가 아들이라는 믿음이 있으나 하늘에서 아버지의 본체가 있고 아들의 본체가 있다.

아버지는 몸을 벗고 인자된 일이 없기 때문에 몸에 대한 말씀이 없으나 아들은 몸을 벗고 인자가 되기에 벗은 몸은 본체며 육체로 죽었다가 부활한 몸은 새 몸으로 영원한 본체인 것이다.

아들 예수는 영원한 천국에서 아버지 앞에 우리성도와 함께 아들인 것이며 장자고 새 예루살렘 성전에서 예수님은 만국을 비추는 빛을 담은 등이시니 빛과 등이 하나로 비추지만 또 등불은 근본 등과 불이 분리되고 구별되는 것이다.

천국에서는 아버지가 빛이심은 아들은 사람들의 빛이라 땅에서 아버지의 뜻을 이루는 복음전파로 생명의 빛을 비춰서 영생의 구원을 완성하는 빛으로 임무를 마친 것이며 이제 천국에서는 빛이 아닌 아버지의 영광의 등이신 것이다.

아버지의 빛과 아들의 빛을 구분하지 못하므로 아버지가 아들이고 아들이 아버지라 하며 아바아버지가 예수고 일체라고 하지만 아들 빛은 백 보좌의 심판까지로 마치는 것이고 아버지의 빛은 천국에서 영원한 광명이다.

(요 1:4-5,) 『[4] 그 안에 생명이 있었으니 이 생명은 사람들의 빛이라 [5]

빛이 어두움에 비취되 어두움이 깨닫지 못하더라」

어두움이 깨닫지 못함은 죄인들이 그리스도를 몰라보는 것도 있으나 흑암의 나라에 빛이 왔음에도 악한 사단이 스스로 물러나지 아니함이다.

옛 세상이나 지금이나 성령의 알게 하심이 없이는 생명의 빛을 알지 못한다. 성령 학이 없이 생명의 빛을 아는 것이면 지금까지 거짓광명에 속을 리가 없다.

옛 사람 때는 죄 사함과 거듭남의 구원을 받는 것이고 새사람 때는 영생의 구원을 받는 것이니 옛 세상 끝에서 예수님이 빛으로 오심은 죄악의 어두움을 밝히는 빛이다.

흑암의 나라를 밝히고 부활하실 때는 생명이 있는 사람들의 빛으로 떠올라 온 세상에 광명을 밝히니 흑암의 나라가 폐하고 빛의 나라가 열리니 아들은 이 빛이시다.

아들이 육체로 오실 때에도 아버지의 영으로 잉태한 아기 예수며 예수의 영이 따로 있는 것이니 아버지는 아버지의 영으로 아들은 아들의 영으로 두 분의 분명한 구분이 있다.

아버지의 성령은 아들의 영을 씨로 넣는 친자녀를 세우기 때문에 아들의 영을 제한 아버지와 아들과 성령의 삼위일체는 성경과 무관하고 사단이 천년의 무저갱에 있을 때에 세상종교에서 사람의 아들들이 만든 것이다.

□아버지의 마지막 심판에서 지옥에 가는 자들은 어디서든 다 복음을 듣고도 내 인생은 내 것이라 거절한 사람과 열심히 믿었으나 사단의 열매로 익어진 자들이고 삼층 천의 천국에 이른 자들은 내 인생과 생명은 오직 예수의 것임을 깨달은 자들이다.

지금까지의 부족한 복음에서 돌이키는 것도 공평이며 여기에도 다 자기만의 선택이다. 제발 좀 믿어달라는 복음전파가 아닌 것이며 일체로 강제성이 없다.

우리교회로만 오라는 인도도 없고 오직 복음을 전하고 옳은 선택을 하게끔 도우며 기다리니 복음전파를 받아들인 자기 선택은 은혜를 깨달은 날로부터의 인생길이 화평의 안녕인 것이다.

세상이 어그러짐과 무성한 악을 인하여 신을 원망할 일이 아닌 것이니 전지전능한 신이시고 다 아시며 주관하시나 공의 하시며 공평한 심판자시라 악한 사단이라도 그의 때에는 지켜보실 뿐이다.

선을 넘지 아니한 미혹과 속임에는 사단의 때를 인정하시니 밤에는 해가 뜨지 않는 것과 같은 심판이며 또 낮에는 밤이 없는 것과 같은 신의 때도 다 가오는 것이니 끝을 봐야만 한다.

세상 법의 심판도 증거와 절차가 있다. 온 인류가 천국가고 지옥 가는 일인데 증거 없고 절차가 없겠으며 아직 세상살이 중인데 미리 판결하는 것이 아니라 인생 결국에서 판결하는 것이니 아담으로부터의 모든 죽은 자가 다 모이는 마지막 심판장이어야 한다.

하늘의 신께서 사천년을 행한 구약 때의 의문이 옛 세상 끝에서 예수십자가의 희생으로 풀렸듯이 세상사를 원망하는 사람들의 의문도 이 세상 말세의 심판장에서 분명히 풀릴 것이며 정말로 선한 자가 누구였는지를 역력히 알 것이다.

창세후로 첫 번째 세상은 마쳤고 이제 두 번째 세상의 마지막 심판이 남았다. 일천년이면 사람에게는 짧지 않지만 신께서는 하루같이 쓰시니 영을 씨 뿌린 하늘 농사의 마지막 추수기인 것이다. 세상만 살면서 세상 원망할 인생 여유가 없는 형편인 것이다.

인생동안에 시간을 내어 믿어야 할 이유를 들어보고 선택하여도 세상살이에 흠이 없을 것이며 학교에 돈 내고 배우는 역사가 있으나 천지창조로부터의 온 세상 역사를 그냥 듣기만 하면 자기만의 선택을 하는 것이다.

인생을 마친 결국에서 자기 선택의 결과를 보는 것이니 인생 동안에 선택을 했어야 천국이든 지옥이든 불평 없는 공평이고 자기 선택의 기쁨과 자기 선택의 후회로 분명할 것이다.

선교는 육신을 세우고 복음전파는 오직 영을 세운다. 선교는 십자가의 피를 전하고 복음전파는 하늘 성소의 제물 된 피를 전한다. 선교는 십자가의 피로 씻어가는 것이며 복음전파는 하늘 성소의 피와 물의 증거를 전한다.

선교는 일만 스승에 속한 목사며 복음전파는 양을 치는 목자다. 선교는 설교하는 예배고 복음전파는 성도의 신령과 진정으로 절하는 예배다.

그러므로 예수교회는 성도의 거룩한 예배를 행하고 받은 사랑과 은혜를 간증하여 서로 사랑하고 용서한 후에 모임을 마치는 끝에서 목자의 설교로 한주의 양식을 받는 것이다.

선교의 결국은 모든 것으로 합력하여 선을 이루시는 아바아버지의 모든 것에 들기 때문에 선교를 말리거나 훼방할 필요가 없고 믿는 자들에게 선교와 복음전파를 구별하여 알리면 된다.

복음전파는 온 인류가 예수의 피로 값 준 것이며 예수의 생명을 사는 동일한 새사람인 것을 분명히 하여 악한 감정이 없어야 하며 서로의 오른 것은 옳다고 인정해야 한다.

선교의 결국은 성도의 진과 사랑하시는 성을 두르는 것이니 선교의 무리는 이스마엘의 후손과 같고 복음전파의 성도는 이삭의 후손과 같은 것이니 선교의 열매로 익어버린 자는 복음전파를 받아도 결코 돌이키지 않는다.

성도는 주 아버지의 의와 공평을 깨달아서 공평한 기도와 공평한 삶이 되어야 한다. 사단이라도 공평하게 대결하시는 주 아버지의 뜻대로 성도의 삶에서도 범사가 공평해야 하고 자기 유익만 구하며 악한 자들의 부를 불평하는 믿음은 항상 고쳐야 한다.

옛 세상 끝에서 사단이 남은 자손의 성도들과 싸우려고 기다릴 때에 주 아버지께서 사단의 환란을 멈추게 하고 이마에 인 맞은 십사만 사천 인을 세워서 성령의 능력으로 싸우게 하였으니 이번에도 성령 학의 완전한 복음이 세움을 받아야 먼저 온 사단의 부족한 복음에 합당한 대립인 것이다.

남은 자손은 부활하신 예수가 올라가신 후로 그 세대에서의 남은 제자와 성도들이며 지금은 그때 있지도 않았지만 성도가 없는 사람의 아들들로 시작하는 세상에서 다음 열매로 익어질 성도인 것이니 우리는 예수가 떠나시고 남은 자손이 아니라 남은 세상에서 익어질 다음 열매인 것이다.

만약 이 세상의 처음부터 완전한 복음전파와 부족한 복음 선교로 나란히 대립한 것이면 개혁한 개신교회는 없을 것이니 몇 번을 말해도 예수의 몸 된 교회를 배도한 교회란 있을 수가 없기 때문이다.

흑암의 나라를 폐하는 종말이 없고 흑암의 세상을 행한 악한 자들을 심판하는 것이 없이 그냥 이어진 하나의 세상으로만 믿기 때문에 말씀이 얼기설기 뒤죽박죽이고 어긋나서 교회마다 사람마다 다른 외침인 것이다.

양의 목자이신 예수 앞에 먼저 와서 속이는 사단의 때에는 누구도 속임과 미혹에서 벗어나지 못한다. 흑암의 나라를 폐하는 예수 재림의 심판을 빛의 나라 끝에서 받으려하므로 폐단이 이는 것이다.

자기 때에 속이는 사단은 당연히 나라 잃은 심판을 감출 것이며 속은 믿음은 예수 재림을 알지 못하고 성령세대의 교회와 그때 그 믿음이 그대로 이어진 것으로 알기 때문에 당하는 것이다.

※ 예수 재림은 신랑이 될 남자가 약혼녀를 데려가는 것과 같이 부활승천하신 주님이 성도의 있을 곳을 예비 하시고 아버지의 승낙을 받아 오시는 것이니 옛 세상을 마치기 전에 반드시 오시는 것이며 옛 세상까지로 신부인 처음 열매의 성도를 다른 세대의 세상으로 이어지게 버려두지 않는다.

예수님이 머리인 거룩한 교회는 타락하지 않는다. 배도한 성도를 예수 밖으로 내어 쫓을 뿐이다. 지금의 개신교가 예수님이 머리이신 예수교회에서 개혁한 것이 아니라 사람의 아들들의 종교에서 나뉜 것이다.

만약에 개신교회가 개혁으로부터는 예수교회로 믿는다면 예수교회로서 예수의 증거를 가져야 하며 어린양예수가 하늘 성소에 단번으로 들어가신 대속의 피로 믿어야 한다.

부족한 복음의 부족한 믿음은 아버지와 아들의 사랑과 은혜가 온 세상에 떠도는 것일 뿐 그 사랑과 은혜를 깨달은 날로부터의 하늘 아기가 태어나지 못한다.

완전한 복음이 때를 따라 세움을 받아야 하고 하늘 갓난이로부터 신령한 젖으로 양육하는 성령 학이 있어야만 아바아버지의 사랑과 은혜가 거룩한 성도 안에서 결실하는 것이니 천하보다 귀한 한 영혼의 참 감사가 열리는 것이다.

성령 학이 없는 교회들은 다 선악 간에 나뉘고 끝까지 회개하지 않는 자들은 좁은 문으로 들어서기에는 욕심 부림과 세상 것으로 살진 몸이 너무나 큰 것이다.

믿음은 말씀을 들어서 생기는 것이니 의문 없이 깨 닫기까지 전해야 하고 잊어버리면 또 전해야 하며 몇 번의 잔소리라도 하고 또 해야 한다. 의문을 잉태한 믿음에는 성령의 열매가 없는 것이다.

갓난이가 크면서 귀가 열려야 하듯이 복음전파도 그러하며 그동안에 믿어온 고정관념 때문에 생소한 단어의 말씀을 알아듣지 못하고 의문이 일기 때문에 의문을 제하는 법적인 증거들을 전하고 또 전해야 한다.

땅에서는 육신사람이니 영계의 영적인 일은 알지 못함이 당연하지만 성령의 출산인 성도는 성령 학이 있기 때문에 성경에 숨은 뜻을 아는 것이며 믿음으로 장성하기 때문에 자기 믿음 안에서의 복음전파를 이루어야 한다.

신께서 성경을 주심은 당신의 형상대로 만든 사람을 사랑하신 것이다. 사단의 훼방뿐만 아니라 이 세상 모든 일과 하늘의 영생까지를 밝히고 사람 난 근본과 인생목적과 인생을 위한 세상시작으로부터 끝까지를 기록한 책 성경을 선물로 주신 것이니 온 세상 역사인 성경을 외면한 영벌을 면해주는 복음 전파가 되어야 한다.

사람이 처음은 피조물이고 다음은 새로운 피조물이며 피조물은 옛 밭이고 새로운 피조물은 새 밭이다. 옛 밭의 구원은 새밭에 이종한 것이고 새 밭에서의 구원은 이종한 새 싹의 맺은 열매를 거두는 것이니 두 세상 두 구원으로 자녀농사를 마친다.

7 장

천 하 보 다 귀 한 내 영 혼

―――――――

죄사함

(벧후 1:8-9,) 『[8] 이런 것이 너희에게 있어 흡족한즉 너희로 우리 주 예수 그리스도를 알기에 게으르지 않고 열매 없는 자가 되지 않게 하려니와 [9] 이런 것이 없는 자는 소경이라 원시치 못하고 그의 옛 죄를 깨끗케 하심을 잊었느니라』

보혈이 씻은 죄 사함은 옛 죄를 씻은 것이다. 옛 죄는 첫 언약 때 범한 죄며 반드시 피로 씻어야 했던 옛 세상 죄를 말한다. 지금의 우리에게 옛 죄는 우리가 옛 사람 안에 씨로 들었을 때의 죄를 말한다.

예수십자가와 그리스도의 부활 후로는 죄를 씻어주고 용서받는 일이 폐하여 없다. 예수십자가 전의 옛 세상에서 옛 사람일 때만 피 흘림이 없은즉 사함이 없는 죄의 삯으로 피를 드리고 용서받았으며 예수의 피를 마지막으로 죄 씻는 일을 폐한 것이다.

지금 세상교회가 십자가의 피로 자기 죄를 씻어가는 것은 악한 사단이 복음을 속이기 때문이다. 우리가 옛 사람일 때와 옛 사람이 예수십자가에 죽고 장사되어 그리스도의 부활하심으로 거듭나서 다시 사는 새로운 피조물의 새 사람인 것을 감추고 여전히 아담의 혈통으로만 믿게 함으로 생기는 일이다.

예수십자가 후로의 사람은 다 옛 사람 안에서의 죄인이었고 피 흘림이 없은즉 죄 사함이 없는 세상 죄로 함께 죄인인 것이니 피 흘림은 곧 사망을 말하며 죽기까지 피를 흘리는 것이다.

처음 익은 열매의 성도 후로 지금의 세상교회가 죄 사함을 받지 못하고 자기 죄를 따라서 십자가의 피로 씻어가는 것은 다 옛 죄를 씻은 죄 사함인 것을 깨닫지 못하기 때문이다.

어린양예수의 제물로 단번에 이룬 영원한 속죄의 제사를 온전히 알려면 아담으로부터의 죄와 피로 씻을 세상 죄와 세상 죄가 생긴 통로를 분명히 알아야 한다.

우주와 천지만물 전에 스스로 있는 자 하늘의 신이 계시고 신의 아들 예수가 나며 천군 천사들과 함께 하실 때에 천사를 지휘하는 천사장이 스스로 타락하였다.

천사가 신을 대적하므로 이때부터 선과 악이 대립하고 빛과 어두움이 있으니 악과 어두움은 타락한 천사장이 악한 사단으로 행하는 것이다.

태초에 땅은 혼돈하고 공허하며 깊은 물위에는 흑암이고 신이 물위를 운행 하시며 물속의 혼돈한 땅을 사람살기에 합당하게 설계하여 정리하신 것이다.

태초에는 아직 세상이 없었고 깊은 물속에 세상이 될 땅이 잉태하여 있으므로 신께서 물을 하늘의 물과 땅의 물로 나누어 하늘 아래의 물을 한곳으로 모아 바다를 만드니 뭍이 드러나고 이때부터 뭍을 땅이라 칭한다 말씀한 것이다.

신이 첫째 날 빛을 만들고 땅의 만물과 공중의 새를 다 만드신 후의 여섯째 날에 사람을 만드니 신이신 아버지와 아들의 형상과 모양대로 흙을 빚어 표상의 형상을 만든 사람이다.

신께서 첫 사람 아담을 나누어 처음 여자를 만들고 생육하고 번성하라 하시니 아담을 나누어 여자를 만들 때에 생긴 남녀의 육정을 행한 인류를 이룬 세상인 것이다.

신이 세상의 동방에 따로 에덴동산을 창설하여 만든 사람을 거기에 두고 동산의 모든 나무의 실과는 임으로 먹되 동산 중앙에 있는 나무의 열매는 먹지 말라 하시고 먹는 날에는 정녕 죽으리라는 법을 세워 아담에게 주신다.

흙으로 만든 형상이 신의 생기를 받아 생령이 되어 영혼이 있는 생령의 사람이 되었으니 첫 사람 아담과 이브는 아직 아무 인격이 없는 백지와 같은 사람이다.

첫 사람 아담과 이브는 아직 신이 만든 세상에 나가지 아니하고 별도로 창설된 에덴동산에서 빛과 어두움과 선과 악과 남녀의 이성도 모르는 상태에서 사단의 미혹을 받는다.

사단은 신의 법이 있는 아담을 이기고 신이 만든 사람을 종을 삼아 끝까지 대적하려는 것이며 사단이 아담을 이김은 곧 신의 법을 넘은 것이고 신은 에덴동산의 대결에서 처음 장수로 세운 아담으로 진 것이다.

자기 지식을 좇아 타락한 사단이 아담의 여자 이브를 꾀어 미혹하니 이브는 아담이 신의 법을 받은 후로 아담의 몸을 나눈 사람이라 이브는 신의 법이 없었다.

아담에게 내용을 들었을 뿐 신에게는 법을 받지 않은 것이라 사단이 신의 법을 넘기 위하여 법 있는 아담이 아닌 법 없는 이브를 꾀어서 법이든 아담을 쓰러뜨린 것이다.

(창3:1-6,) 「여호와 하나님의 지으신 들짐승 중에 뱀이 가장 간교하더라 뱀이 여자에게 물어 가로되 하나님이 참으로 너희더러 동산 모든 나무의 실과를 먹지 말라 하시더냐 여자가 뱀에게 말하되 동산 나무의 실과를 우리가 먹을 수 있으나 동산 중앙에 있는 나무의 실과는 하나님의 말씀에 너희는 먹지도 말고 만지지도 말라 너희가 죽을까 하노라 하셨느니라 뱀이 여자에게 이르되 너희가 결코 죽지 아니하리라 너희가 그것을 먹는 날에는 너희 눈이 밝아 하나님과 같이 되어 선악을 알 줄을 하나님이 아심이니라 여자가 그 나무를 본즉 먹음직도 하고 보암직도 하고 지혜롭게 할 만큼 탐스럽기도 한 나무인지라 여자가 그 실과를 따먹고 자기와 함께한 남편에게도 주매 그도 먹은지라 이에 그들의 눈이 밝아 자기들의 몸이 벗은 줄을 알고 무화과나무 잎을 엮어 치마를 하였더라」

아담의 여자 이브가 사단의 말대로 선악과를 쳐다보니 정말 탐스럽고 먹음직하니 이때에 사단의 꾐에 빠진 생각을 따라 이브의 마음에 욕심이 생긴다.

죄의 근원인 욕심이 사단의 뜻대로 처음 여자 이브에게 잉태한 결국으로 이브가 손을 내밀어 실과를 따먹으니 이는 욕심이 잉태한 죄를 낳은 것이다.

여자의 옆에서 바라본 아담이 이브가 선악과나무의 열매를 따서 먹고도 죽지 않는 것을 보고 그 마음도 의문이 생기며 여자가 열매를 권할 때에 아담은 신의 법을 놓은 것이다.

법을 범하여 의문을 쫓아 받아먹으니 사단의 말대로 정말 죽지 않고 눈이 밝아 져서 벗은 몸을 보았고 선과 악을 아는 사람이 되었으니 이는 사람의 첫 인격이다.

법 없는 여자는 실과를 따 먹어도 아무 증상이 없었으나 법을 받은 아담이 먹으므로 둘 다 눈이 밝아져서 자기들의 몸이 들여다보이는 맑은 몸인 것을 그때서야 깨달았다.

아담과 이브가 선악과의 목적대로 눈이 밝아져서 벗었음을 알자 신은 그들에게 가죽옷을 지어 입히고 이제 에덴동산에서 쫓아내어 세상으로 보내고 사람 난 인생목적을 이루기 위한 세상살이를 행하게 하신다.

(창 3:24,) 『이같이 하나님이 그 사람을 쫓아 내시고 에덴 동산 동편에 그 룹들과 두루 도는 화염검을 두어 생명나무의 길을 지키게 하시니라』

에덴동산에서 쫓겨나온 아담과 이브가 육정을 쫓아 동침한 후로는 창설한 동산을 거두는 것이며 아담과 이브로부터의 세상을 시작하며 사람의 씨로 생기는 잉태와 출산을 이룬다.

선악과를 먹으면 정녕 죽으리라 명한 신의 법은 정말 그대로 이루어 졌으니 이는 육신사람이 죽는 것이 아닌 육신을 처소로 삼은 영이 죽은바 되었으며 아담은 이제 육체뿐인 사람으로 세상에 쫓겨나온 것이다.

그러므로 법에 의한 사망은 영과 육이 온전한 사람일 때는 영이 그 육신의 주인으로서 죽는 것이고 영이 죽은 후로 육체뿐인 사람일 때는 이제 육체가 세상 죄로 죽는 것이라 이때는 육신의 생명인 피 흘림이 없이는 사함이 없다.

범죄로 영이 죽은 것은 에덴동산 죄로 그 동산에서 죽은 것이며 육체가 죽는 것은 세상에서 행한 세상 죄로 예수십자가에서 연합된 사망을 당하는 것이다.

예수십자가의 사망은 피 흘리고 죽는 것이며 피 흘림이 없은즉 사함이 없는 사망은 육체가 죽기까지의 피 흘림을 말하니 육체의 생명이 피에 있기 때문이다.

아담의 에덴동산 죄로는 아담의 영을 좇아 온 인류의 영이 죽은 것이며 아담이 세상으로 쫓겨 나와서 지은 세상 죄로는 예수의 육체를 좇아 온 인류의 육체가 예수십자가에서 단번에 죽는 것이다.

그러므로 아담 안에서는 영이 죽고 예수 안에서는 육체가 죽으니 아담은 영이 죽고 육체로 살았으며 예수는 육체로 죽고 영이 살아서 아버지 앞에 올라간 것이다.

아담 안에서의 사망과 예수 안에서의 사망은 노아의 홍수에 수장된 자들의 무덤이 된 사망의 물에 합하여 장사된 것이며 장사된 삼일 째날 일요일 새벽에 예수의 부활을 좇아 일시에 거듭나서 산 소망이 있는 새사람을 다시 살게 된 것이다.

피 흘리고 죽은 예수십자가에 연합한 우리의 사망은 예수가 피 흘린 것이 곧 우리가 피 흘리고 죽은 것이 되며 피로 씻을 세상 죄와 피로 씻을 세상 죄인이 일시에 폐한 것이다.

피로 씻을 세상 죄와 죄인이 예수십자가에 합하여 일시에 죽고 폐한 것은 흙으로 만든 사람이 없어진 것이니 만든 것은 예수의 표상이라 폐하고 예수의 생명을 사는 새로운 피조물로 다시 살게 하는 것이며 예수가 피 흘린 출산인 것이다.

이 비밀은 신의 아들 예수가 십자가에 못 박히고 피 흘리며 온 인류가 연합되어 죽은바 될 때에 풀리지만 믿는 성도가 아니면 세상 사람은 이것을 절로 알지 못하니 예수십자가의 도를 기쁜 소식으로 알리는 복음전파가 있어야 한다.

에덴동산에서 아담이 범죄 한 삯으로 영이 죽고 육체뿐인 사람으로 세상에 쫓겨나오니 이때의 아담은 선악과의 선과 악을 알고 사단의 미혹에 빠진 욕심을 잉태한 사람으로서 첫 세상살이를 시작한 것이다.

성경에 아담 한 사람으로 죄가 세상에 들어왔으나 아담의 에덴동산 죄는 거기서 영이 죽는 것으로 삯을 치른 것이고 욕심이 잉태한 사람으로 세상에 들어온 것이다.

선악과의 선과 악으로 들어온 것이라 욕심이 잉태한즉 죄를 낳는 그 죄를 말하는 것이지 아담의 에덴동산 죄가 세상에 들어옴이 아닌 것이니 에덴동산 죄는 거기서 그때 삯을 치렀다.

그러므로 사람은 다 자기가 세상살이에서 욕심 부린 세상 죄로 죽는 것이지 아담의 원죄로 죽는 것이 아니며 아담의 원죄로 행하는 세상 죄가 아니라 욕심으로 선악과의 악을 행하는 범죄인 것이다.

세상에서 갓난아이가 자라면서 배우지도 아니한 범죄를 하는 것도 아담의 죄가 있어서가 아니라 아담으로부터 이어지는 선과 악과 욕심을 따라 욕심이 잉태한 죄를 짓는 것이다.

그러므로 갓난이가 자라면서 죄를 배우지 않고 선하게 사는 가정교양과 학교의 교육을 받지만 욕심이 잉태한 죄를 낳는 범죄를 다 동일하게 행하는 것이다.

갓난이는 죄가 없으나 이미 잉태한 욕심을 부리면서 범죄 하니 갓난이가 처음 욕심을 부리는 그 처음의 죄가 갓난이의 세상 첫 죄며 세상살이에서 지은 세상 죄다.

세상 죄란 세상에서 지은 죄며 아담의 에덴동산 죄로 지은 죄라면 세상 죄가 아닌 에덴동산 죄일 것이니 사람은 다 자기가 지은 세상 죄로만 피 흘리고 죽는다.

에덴동산에서 아담의 죄를 따라 아담을 폐하고 새로 만든 형상으로 새사람을 다시 세우면 될 것인데 신은 왜 아담의 영을 죽게 하고 육체뿐인 사람으로 세상살이를 행하게 하신 것일까?

왜냐면 신은 영이시니 영의 자녀를 원하시고 흙으로 만든 육체는 신의 자녀를 얻는 하늘 농사의 밭과 같은 것이라 에덴동산 죄로 아담의 영이 죽은 것은 처음의 종자가 밭에 심긴 것과 같기 때문이다.

그러므로 흙을 뭉친 형상이 생령이며 종자의 영이 따로 없는 사람이면 육체가 죽어 흙이 되어버리면 거기까지로 아무것도 없이 끝나는 것이다.

그러나 육체는 흙이라 흙으로 가고 영혼은 위로 올라가는 것이니 육체가 생령이 아니라 불어넣은 영이 산영이 된 생령인 것이며 육체를 처소로 삼은 것이라 죽으면 나뉘는 것이다.

사단도 신께 지음을 받았으니 지혜와 지식이 좋을지라도 전지전능의 신을 능가하지 못하고 그 아래인 것이며 신이 계획한 창세전의 예정을 간파하지 못한 것이라 에덴동산의 훼방이 오히려 신의 씨 뿌림을 잘 도왔을 뿐이다.

그러므로 선악과는 육체의 피가 되고 살이 되는 것이 아니라 세상에 나타날 선과 악인 것이며 아담이 선악과를 먹으므로 선악간의 사람이 되는 것이다.

선악 간에 갈리는 천국과 지옥인 것이며 아담이 선악과를 먹은 에덴동산 죄는 선악과의 목적을 이루는 것이라 아담은 반드시 먹을 것이다.

아담의 에덴동산 죄는 신의 하늘 농사에서 처음 씨 뿌림인 것이며 새 밭에 옮기는 이종을 위한 예수십자가의 도를 이루는 시작과 근본이다.

종자의 영은 땅에 묻히고 썩어야 새 싹의 열매를 맺으니 처음 영이 에덴동산 죄로 죽어서 육체 밭에 묻힌 것이고 예수가 죽어준 삯으로 새 밭에 옮겨지는 구원을 받아 새 싹의 열매로 신의 자녀가 되는 것이다.

새사람은 예수가 부활하시므로 함께 거듭난 것이며 거듭난 사람이 옛 사람의 본성을 그대로 가지고 사는 것은 죄인들이 자기 죄로 직접 죽지 않고 예수가 대신 죽어준 것이기 때문이다.

그러므로 예수가 죽어준 새사람은 죄인이던 옛 사람이 새사람을 덧입은 것이니 구주예수를 믿을 때는 새사람을 세워서 옛 사람을 벗고 다시 사는 새로운 피조물을 살아야 한다.

새로운 피조물은 예수가 한 새사람은 지은 것이며 아바아버지가 주신 새 영과 새 마음과 새 마음의 새 법과 선한 양심이니 겉 사람과 속사람이 다 새 사람이며 새사람을 법과 증거 적으로 분명히 하여서 살고 옛 사람을 벗는 것이다.

옛 사람은 영이 죽고 굳은 마음이며 신의 법이 밖에 있는 악한 양심이다. 예수를 믿으면서도 옛 사람을 그대로 살기 때문에 악한 양심대로 자기 죄를 좇아 죄인을 행하며 십자가의 피를 구하는 것이다.

악한 양심은 두 가지니 옛 사람일 때의 악한 양심은 죄를 지어도 죄인지 아닌지를 모르는 것이었고 새사람일 때의 악한 양심이란 예수를 못 박아 죽인 죄로 여전히 죄인이 되는 것이다.

예수가 죽어준 사람이 여전히 죄인이면 예수는 로마의 사형 틀에서 형벌로 죽은 것일 뿐 세상 죄를 씻지 못한 것이다. 그러므로 예수의 부활로부터 보혜사 성령이 오시어 예수십자가의 도를 알게 하심으로부터의 믿음은 받은 칭 의를 유지하는 의인이어야 한다.

악한 양심은 죄를 지어도 죄를 죄로 깨 닫지를 못하는 것이며 선한 양심이란 죄를 지으면 양심의 가책을 받는 것이니 이는 신의 새 법이 새 마음에 있기 때문에 생기는 것이다.

그러므로 새 마음에 새 법이 있는 선한 양심으로 자기의 범하는 죄를 알지만 선한 양심상의 가책대로 죄인이 되는 것이 아니라 정말 법 있는 마음의 양심을 써야하니 예수가 죽어준 죄로는 다시 죄인이 되어서는 안 되는 것이다.

믿는 사람은 옛 사람을 벗고 새사람을 살아야 하며 마음에 있는 죄의 법을 좇아 행하는 죄와 욕심 부림의 악한 행실은 일체 죽은 행실로 여겨야 죄의 삯은 사망에서 구원받은 것이다.

사람 생각은 자기가 지은 죄를 죽은 죄로 여김은 참으로 악하고 양심이 없어 보일 것이나 예수가 씻은 보혈의 능력대로는 선한 양심이며 법과 증거대로 당연한 것이다.

예수십자가의 도는 자기 양심대로 믿는 것이 아니라 보혈이 씻은 결국과 보혈의 능력대로 믿는 것이며 받은 칭 의를 지키는 것이 양심 있는 것이니 보혈이 씻은 죄 사함을 깨달아야 한다.

사람의 죄는 처음부터 사단의 미혹을 받은 것이지만 신에게 사람의 죄를 용서받는 것은 율법의 요구를 이루려는 것이며 율법의 목적은 흙으로 만든 아담의 혈통을 예수십자가까지 인도하는 것이고 예수십자가의 사망은 흙으로 만든 아담의 혈통을 한 번에 폐하는 것이며 일시에 새로운 피조물로 세우려는 것이다.

그러므로 만든 사람을 않고 단번에 죽은 예수가 죽은 자에서 다시 사는 부활은 상대적으로 새로운 피조물을 세우는 것이며 한 새사람을 지은 것이니 죄로 죽은 우리가 일체 그리스도가 부활하심으로 거듭나서 산 소망이 있는 새사람을 다시 사는 것이다.

율법은 사람으로 세상 죄를 깨닫게 할뿐 선한 양심의 가책처럼 죄를 말리는 것이 없고 죄의 삯은 사망에서 벗어날 수 없게 만든 것이다.

율법 후로의 새사람은 신의 법이 마음 안에 들어와 새겨진 것이며 선과 악으로 대립한 두 법이고 죄의 법은 범죄를 원하지만 신의 법은 선한 양심의 가책으로 범죄를 생각에서부터 말린다.

신의 법만 있으면 대적 자 사단 앞에 공평한 대립이 아니므로 신의 법과 죄의 법이 함께 새겨진 것이며 이로서 사람은 다 선을 행하다가 악도 행하는 것이다.

그러므로 정말 믿음으로의 사람이란 선악 간에서 악을 밟고 선을 행하는 것이며 행하는 악으로 선을 더욱 분명히 알고 죄의 법을 좇아 악을 행하면 오히려 이 죄마져 미리서 용서하신 은혜를 깨닫고 감사하는 것이며 죄와 사망에서 해방하고 자유를 주는 생명의 성령의 법을 지키는 것이다.

선과 악의 두 법이 함께 새 마음에 있기 때문에 범죄도 하며 또 사람의 마음에서부터 죄의 법을 좇는 죄가 동하기만 하여도 선한 양심이 신의 법에 가책을 받는 것이다.

선한 양심을 무시하고 범죄 하는 것도 자기 선택이지만 거룩한 씨의 성도는 죄의 법을 참고 선한 양심을 행하는 것이니 이것이 믿음인 것이며 신의 거룩한 씨를 좇음이고 신의 법을 지켜 선한 양심의 가책을 인정하여 지키는 것이다.

□이제 흙으로 만든 사람이 거듭나서 새사람이 되고 새사람이 성령의 출산으로 하늘 갓난이가 되기까지의 과정을 법적인 증거로 밝히며 믿음의 법적인 믿음으로 믿기까지를 밝힌다.

예수의 피 흘린 죄 사함은 아담의 에덴동산 죄를 씻는 것이 아니라 피 흘림이 없은즉 사함이 없는 사람들의 세상 죄를 씻는 것이다. 아담의 죄로 원죄를 삼은 죄 사함은 이루지 못한다.

아담의 처음 죄는 에덴동산 죄며 에덴동산 죄는 에덴동산에서 값을 치르고 세상 죄는 세상에서 값을 치른다. 아담의 에덴동산 죄는 영이 죽는 것으로 값을 치렀고 육체뿐인 사람으로 세상에 쫓겨나온 것이니 세상 죄는 아담의 원죄가 아니다.

세상에서는 세상 죄를 씻는 것이고 예수님도 세상 죄를 담당하여 씻었다. 옛 세상 끝에서 오신 예수님이 담당한 세상 죄는 옛 죄며 우리에게는 옛 세상의 옛 죄고 우리가 옛 사람 안에 씨로 있을 때의 우리 죄며 우리 죄로 우리가 다 죽었다.

예수십자가 후로 지금의 행하는 죄는 살 죄든 죽을죄든 일체 씻지도 못하고 용서도 없다. 왜냐면 사람의 죄를 씻는 일은 옛 세상 끝까지로 마쳤기 때문이고 새로운 정죄는 불신 죄로 지옥에 보내는 것이기 때문이다.

예수가 어린양 제물이 되어 하늘 성소의 제단에 드려지며 피로 씻을 세상 죄를 단번으로 영원히 씻어놓았기 때문에 보혈의 씻음으로 세상 죄 씻는 것을 끝낸 것이다.

십자가에 흘린 피로 씻어가게 하는 죄 사함이 아니라 예수십자가의 피까지로 더 이상의 죄를 씻는 죄 사함은 폐한 것이다. 사람이 다시는 죄를 씻어갈 일이 없도록 다 이루신 예수십자가의 도를 온전히 알아야 한다.

죄 사함과 피의 씻음만 마친 것이 아니라 피로 씻을 죄인과 죄 씻는 세상을 영원히 폐한 것이며 예수의 부활로부터는 아들의 나라를 새롭게 열어놓았다.

※ 예수부활로부터는 온 인류가 일시에 거듭나서 새로운 피조물이며 잃었던 세상을 되찾아 왕권이 예수에게 있으나 당시는 옛 세상 끝이라 사단이 임금이던 흑암의 나라를 마치는 예수 재림의 심판이 있기 전에는 사단의 황권이 남아서 끝까지 발악하는 것이니 이는 대통령 선거 때와 같이 새 대통령이 당선 되었으나 준비기간이 있고 전임 대통령의 임기가 남은 것과 같아서 예수부활로부터 일백년 안에 예수 재림의 심판을 마치기까지는 옛 세상인 것이다.

예수 재림과 죄 사함과 성령세대와 지금의 복음세대를 깨닫지 못하고 자기 믿음만 열심히 행함은 다 옛 세상 끝을 이해하지 못함이다.

사단의 황권과 그의 나라를 폐하는 옛 세상 끝에서의 예수 재림의 심판이 없이 그냥 이어진 세상으로 믿으면서 사단의 나라와 아들의 나라로 구분하지 않기에 옛 사람과 새사람도 구분이 없이 육체대로만 믿는 것이다.

죄 사함에서 옛 세상과 옛 죄를 구분하여 깨닫지 못하면 영원한 속죄 안에서 자기 죄를 다시 씻어가는 불법을 행하는 것일 뿐 죄 사함을 이루지 못하며 아들을 죽이고 거저주시는 아바아버지의 칭 의를 걷어차는 것이다.

빛을 밝힌 아들의 나라에서는 죄 씻을 일이 없기 때문에 죄와 상관없이 믿으면서 사람이 물과 성령으로 나는 것을 이루어 영생의 구원을 받아 마지막 심판을 받기까지 이루어가는 것이다.

영생의 구원을 이루어감에도 처음 익은 열매의 성도가 이루어가는 것과 지금 다음 익을 열매인 우리가 이루어가는 것은 구별을 해야 한다.

처음 열매의 성도들 때에는 옛 세상 끝까지 이루어가는 것이며 예수 재림까지로 끝이며 다음 익을 열매의 성도인 우리는 이 세상 끝까지 이루어가고 아버지의 백 보좌 심판까지로 끝이다.

예수십자가 후로의 사람이 예수십자가전의 옛 죄를 씻고 용서받는 방법은 옛 사람 안에서 함께 흑암의 나라에 속한 죄인이 되어야 하며 옛 세상 끝에서 오신 어린양제물의 예수께 세상 죄를 넘겨야 한다.

온 인류는 아담 한 사람으로부터며 예수십자가 후로의 사람은 다 옛 사람 안에 씨로 있었기 때문에 우리가 옛 사람 안에서 함께 죄인으로 옛 죄를 단번에 용서받을 수가 있는 것이다.

우리는 믿음으로 옛 사람 안에서 함께 예수십자가에 연합되어 못 박히고 피 흘려서 죽는 죄인의 사망을 당해야 하며 죄인이 피 흘리고 죽기까지의 모든 과정을 깨달아서 거기에 참여하고 죄인으로는 죽고 의인으로 다시 사는 거듭남을 이루어야 한다.

창세전의 예정에서부터 예수 안에서의 자녀며 예수 안에서 자녀를 얻는 시작이 천지창조며 사단의 대적과 선악과나 율법은 자녀를 얻는 신의 도구인 것이다.

신은 영생의 자녀를 얻는 예수십자가의 도를 온 인류로 쉽게 깨닫게 하시려고 예수에게 사람들의 세상 죄가 어떻게 넘어가서 단번에 씻어지는 지를 구약의 제사법으로 교육을 하셨다.

율법을 좇아 드리는 구약의 제사는 하늘 참 성막의 그림자인 땅의 성막에서 하였고 각 사람이 살면서 행하는 자기의 죄를 깨달을 때에 대속의 용서를 받았다.

자기 죄를 대신하여 피 흘리고 죽어줄 제물을 짐승으로 하여 그 제물의 머리에 죄인이 직접 안수하여 죄를 넘기고 죄를 넘겨받은 양이나 염소의 피를 제사장으로 드려서 거기까지의 죄를 용서받은 것이다.

이렇게 죄 씻는 용서의 방법을 이어서 어린양제물인 예수로 죄 사함을 받을 때에도 죄인이 일체 제물인 예수의 머리에 안수하여 죄를 넘기고 예수의 피를 하늘 참 성막의 제단에 하늘의 제사장으로 드려야만 완전한 용서를 받는 것이다.

그러므로 악한 사단은 대표 제도를 감춘 것이며 세례요한이 어린양제물인 예수의 머리에 안수한 세례를 온전히 알지 못하게 속이는 것이다. 그때 이스라엘 백성의 대표 고백과 세례와 그때의 세례 받은 물이 사망의 물인 것을 일체 숨긴 것이다.

□그때 온 지면에 사람이 번성하고 각 사람마다 죄 사함을 받는 짐승의 피를 흘리니 신께서 수양의 번제와 살진 짐승의 기름에 배부르다 하시고 단계별로 쉬운 제사법을 세우신다.

성경에는 백성 한사람의 용서로부터 족장과 제사장과 회중과 이스라엘 전체와 온 인류의 죄를 한 번에 용서받는 대표 제사법이 있다.

처음은 백성들 각자가 자기 죄를 깨달아 죄에 대한 제물을 양이나 염소와 비둘기로 정하여 그 제물의 머리에 자기 죄를 넘기는 안수를 직접 하여 제사장으로 피를 드리고 용서를 받는다.

다음은 개인적인 죄 사함을 폐하고 단체로 죄 사함을 받으니 만일 제사장이 범죄 하여 백성까지도 범죄 함이 되게 했다면 백성들은 제물을 드리지 않고 제사장만 드리면 일체 용서를 받는 것이다.

또 이스라엘 온 회중이 죄를 짓고 살다가 죄를 깨달으면 회중의 장로들이 수송아지의 머리에 안수하여 죄를 넘기고 온 회중이 한 번에 용서를 받는다.

이렇게 같은 대표제로 다음은 온 이스라엘 전체가 그해 칠월 십일에 일 년치의 죄를 한 번에 용서받는 것이며 이날의 대속은 어린양예수에게 온 세상 죄를 넘기는 바로 전 단계며 땅의 성막에서는 마지막 단계다.

우리가 예수의 부활로 다시 산 것도 법적인 대표 제도를 좇는 것이다. 법적인 대표제는 에덴동산에서 이브를 통한 아담으로부터며 사단이 먼저 사용한 것이다.

사단이 아담 한사람으로 나라와 인류를 차지한 것이라 나라를 잃을 때도 대표제도며 나라를 되찾을 때도 대표제도다. 그러므로 죄 사함의 과정도 대표제로 하는 것이다.

이제 대표제로 죄 씻는 과정을 이해하기 쉽게 한 나라로 예를 들면 각 가정의 모든 사람이 개인적인 용서를 받다가 한 단계위로 한 가정이 한 번에 용서를 받는 것이니 그 집 가장이 대표로 안수하여 죄를 넘기고 가족이 일시에 용서를 받는 것이다.

이때에 가족이 많든 적든 제물은 한 마리며 매일의 제사가 아니라 며칠씩 살다가 온 가족이 자기 죄를 깨닫고 가장 앞에 고백하면 가장이 가족의 죄를 모아 제물의 머리에 안수하여 온 가족이 단번으로 용서를 받는 것이다.

다음단계는 한 마을 모든 사람이 살다가 죄를 깨달으면 그때 제물의 머리에 마을의 대표자가 안수하여 죄를 넘기고 마을 사람 모두가 일시에 용서받는다.

이것은 비유이니 지금처럼 시군별로 예를 들지 않아도 이해할 것이라 다음은 온 나라의 전체백성이 하루에 일 년치의 죄를 넘겨 용서받는 것이며 그해 대제사장이 안수하여 죄를 넘기고 일 년의 죄를 한 번에 용서받는 것이다.

일 년치의 대속은 땅의 성막에서는 마지막 단계의 죄 사함이며 이때는 성경대로 그해 칠월 십일의 하루에 용서를 받고 그 후 곧 칠월 십일로부터 남은 일 년이 되기까지는 백성들이 범죄를 하면서도 죄 없이 사는 것이니 여기에 어린양예수를 마지막의 제물로 드리는 비밀이 있다.

그해 첫날부터 칠월 십일까지는 백성들의 죄가 피로 씻을 세상 죄인 것이며 칠월 십일의 속죄 후로 십이월 끝 날까지의 죄는 피로 씻어놓은 세상 죄인 것이니 칠월 십일 후로 행하는 백성들의 죄는 죽은 행실의 죽은 죄인 것이다.

그러므로 아담에서 예수십자가까지는 피로 씻을 세상 죄며 예수부활로부터 이 세상 끝까지의 세상 죄는 보혈에 씻긴 죽은 죄인 것이니 죽은 행실을 깨달아야 한다.

칠월 십일의 대속은 땅에서는 마지막 단계며 하늘 참 성막의 온전한 제사를 위한 어린양예수에게 세상 죄를 넘기기 직전의 교육과정이다.

이제 인류의 대표자 세례요한이 어린양예수의 머리에 안수하면 피 흘림이 없은즉 사함이 없는 세상 죄가 한 번에 넘어가서 많은 사람이 일시에 용서를 받지만 이 요한은 성경이 말하는 전에 지은 죄는 넘기지 못한다.

율법 전에 지은 세상 죄와 율법으로부터 지은 세상 죄로 나뉘는 것이며 세례요한이 이스라엘 백성의 자백한 죄를 모은 것은 사단의 고소권에 드는 율법에 속한 세상 죄다.

그러므로 율법 전에 지은 세상 죄는 세례요한이 안수하여 넘기지 못하므로 전에 지은 죄는 마지막의 제물인 예수님이 직접 거두어야 하고 수장된 죄를 손수 거두신 것이다.

죄 사함은 처음부터 하늘 성소의 대속을 믿어야 하며 하늘 성막의 제사장 멜기세덱이 제단에 드린 어린양예수의 피를 영원한 속죄의 피로 믿어야 죄 사함에 속한 통로를 아는 것이다.

동일한 죄 사함의 통로를 지나도 어린양예수의 머리에 부족한 세상 죄를 넘기며 예수의 세례가 어긋나면 죄 사함에 이르지 못하여 예수의 증거를 받지 못한다.

부족한 세상 죄란 세례요한이 넘긴 세상 죄로만 용서받는 것이다. 세례요한이 안수하여 어린양 제물에 넘긴 세상 죄는 율법으로부터의 세상 죄일 뿐 전에 지은 죄가 간과된 것이다.

율법 전의 노아홍수에 수장된 한 세대의 죄와 노아홍수 전에 법이 없을 때의 죄는 세례요한이 넘기지 못한다. 노아홍수 전에 법이 없을 때의 죄는 죄가 죄로 나타나지 못하기 때문이다.

그러나 율법이 없을 때에도 신 앞에서의 모든 죄에는 사망이 왕 노릇을 하였다. 법이 있는 세상 죄든 법이 없는 세상 죄든 죄의 삯은 사망이니 율법전의 세상 죄도 예수십자가에 못 박히고 죽어야 한다.

율법 전에 법이 없는 세상 죄는 사단에게 고소권이 없으며 성경은 이를 전에 지은 죄라 하고 사단 앞에서 전에 지은 이 죄가 간과된 것이라 이 죄도 단번에 씻을 날을 기다린 것이다.

세례요한이 넘긴 세상 죄는 이스라엘 백성들이 다 나아가서 세례요한 앞에 자백하며 회개한 세상 죄며 사단이 고소권을 행사한 법적인 정죄다.

그러므로 죄 사함의 통로가 비슷할지라도 부족한 세상 죄와 사망의 물에 장사한 예수의 세례를 깨닫지 못한 것은 그리스도가 부활하심으로 거듭나는 것이 없는 것이며 이로써 물의 증거와 피의 증거가 성령의 증거로 나타나지 못한다.

□일 년 중의 칠월 십일은 세상 중에서 예수십자가의 날과 같은 것이니 예수십자가의 날 세상 죄를 씻고 예수의 부활로부터는 피로 씻을 죄가 없는 자로 다시 사는 세상이다.

죄 사함에서 이것을 깨닫지 못하면 항상 십자가의 피로 씻어가는 것이며 씻어가는 죄가 모이고 쌓여가는 것일 뿐 결국은 용서받지 못한 자기 죄를 두고 죽어가는 것이다.

이스라엘의 일 년을 나누어 죄 사함 전과 후로 구분한 것이며 이처럼 온 세상도 예수십자가를 분기점으로 그 전은 피로 죄를 씻는 세상이었고 그 후는 보혈로 세상 죄를 씻어놓은 세상이다.

예수십자가의 날을 칠월 십일로 하고 그 후로 일 년이 되기까지는 되찾은 이 세상으로 이해하면 영원한 속죄가 보인다. 칠월 십일까지는 피로 씻던 사천년 동안이며 그 후로는 되찾은 세상의 삼천년의 세상이다.

천지창조 후 신께서 칠일 째날 쉬셨으니 온 세상의 총 칠천년 중에서 예수십자가의 날까지로 사천년이고 예수부활로부터 삼천년의 세상이 남은 것이다.

그러므로 이스라엘의 일 년 중에 칠월 십일까지가 예수십자가의 날 사천년과 같은 것이며 칠월 십일 후로 말일 까지는 삼천년의 세월과 같은 것이니 삼천년의 세월은 죽은 행실일 뿐 피로 씻을 죄가 없고 오직 새로운 정죄로 지옥 가는 죄가 있을 뿐이다.

피로 씻는 죄의 용서는 예수십자가 전의 옛 세상에서만 하였고 어린양예수로 옛 세상의 옛 죄를 옛 세상 끝에서 씻은 것이며 옛 죄만 피로 씻는 세상 죄였다.

지금도 십자가의 피로 죄를 씻어 감은 옛 죄를 씻은 보혈과 보혈의 능력을 깨닫지 못한 것이며 처음의 믿음에서부터 옛 사람을 벗지 못하고 앞에서 가르치는 대로 열심히만 믿기 때문이다.

죄 사함의 통로를 간과하고 자기가 십자가의 피로 씻어가며 구원받으려하니 법적인 죄 사함을 받지 못하는 것이며 이미 씻어놓은 예수의 증거도 받지를 못한다.

그해 일월 일일부터 칠월 십일 까지의 지은 죄를 용서받고 그 후로 일 년이 차기까지는 죄 없는 사람으로 사는 것이니 예수십자가까지의 옛 죄를 단번으로 용서받고 예수의 부활로부터는 용서받을 죄가 없는 새것으로 살아가는 것이다.

한마디로 그리스도의 부활하심으로부터는 이 세상에 피로 씻을 세상 죄가 없다. 피로 씻을 죄는 죽어있고 씻어놓은 죄며 죄인으로 죽은 자들이 죽은 세상 죄를 짓는 죽은 행실일 뿐이다.

죄 없이 사는 것은 피로 씻을 죄가 없는 자로 산다는 것이며 이 기쁜 소식을 전하여도 믿지 않는 것은 새로운 정죄를 받아 영원히 용서가 없는 죄인으로 지옥에 간다.

피 흘림이 없은즉 사함이 없는 죄 사함에서 악한 사단이 속이는 부족한 복음의 선교는 앞에서와 같은 내력을 감추기 때문에 자기 죄로 예수를 죽이고도 여전히 죄인인 것이다.

칭 의가 괜한 칭 의가 아니며 죄가 더한 곳에 은혜가 더함은 법과 증거적인 죄 사함이 분명하기 때문이다. 칭 의대로 의인을 살지 못함은 옛 사람을 살기 때문이다.

씻어놓은 실상보다. 육신의 형편과 자기 생각을 좇아 칭 의가 부끄러워 죽은 죄를 스스로 정죄하며 이단을 행하는 것일 뿐 법과 증거는 피로 씻을 죄가 없는 의인이며 새로운 피조물이다.

흑암의 나라 끝에서 예수가 부활하고부터는 사단의 임금 직과 고소권이 폐하고 예수가 왕권을 받은 것이니 예수부활까지로 흑암의 나라를 폐하는 광명이 밝혀지기 때문에 되찾은 새 나라에 새사람으로 다시 사는 새로운 피조물이다.

광명은 부활하신 예수며 사람들의 빛이고 생명의 빛이라 십자가에서 예수와 합하여 죽은 죄인들이 장사된 흑암의 사망에서 생명의 빛을 받아 살아난 것이며 이제는 피로 씻을 죄와 상관없는 새로운 피조물로 거듭난 것이다.

예수의 부활로 거듭난 새사람은 예수십자가 후로의 사람만 아니라 그 전의 아담까지도 거듭남에 연합하는 것이니 저들이 옛 사람일 때는 우리가 그 안에서 함께 죄인이고 우리가 새사람일 때는 저들도 우리와 함께 새사람이다.

그러므로 복음을 듣지 못한 옛 사람이나 우리가 다 동일한 복음전파를 받는 것이니 영계에서도 동일한 복음전파를 받는다는 것이다.

저들과 우리가 함께 복음전파를 받은 자로서 신의 거룩함에 참여하는 자격을 가지는 것이고 그들도 우리도 불신하면 동일한 지옥인 것이다.

예수부활로부터는 사람들이 죄를 지으면서도 은혜로 죄 없이 사는 것이 곧 예수십자가의 도며 예수십자가 전의 세상 죄만 피 흘림이 없은즉 사함이 없는 세상 죄다.

예수십자가 후로는 보혈이 씻은 죽은 죄라 사람이 자기 죄를 지으면서도 피로 씻을 죄가 없고 피로 씻을 일도 없으며 피로 씻을 죄인도 피로 씻을 세상도 없는 것이다.

□하늘 참 성소에서 한 번의 제물로 온 인류의 세상 죄를 단번에 씻고 용서하는 영원한 속죄를 이루기 위한 마지막의 피를 흘릴 마지막의 대표 제물인 어린양예수에게 세상 죄가 넘어간 확증의 그림자로 보여주는 말씀이 있다.

어린양예수가 세상 죄를 넘겨받아 짊어진 그림자는 바로 아사셀염소다.

아사셀 뜻은 여러 견해가 있으나 아사셀염소는 온 백성의 모든 불의와 그 범한 모든 죄를 머리에 이고 사막의 광야로 가는 것이니 아사셀염소는 아사셀과 염소를 구분해야 하며 광야의 아사셀에게 나아가는 염소인 것이다.

(레 16:7-10,) 『[7] 또 그 두 염소를 취하여 회막문 여호와 앞에 두고 [8] 두 염소를 위하여 제비 뽑되 한 제비는 여호와를 위하고 한 제비는 아사셀을 위하여 할지며 [9] 아론은 여호와를 위하여 제비 뽑은 염소를 속죄제로 드리고 [10] 아사셀을 위하여 제비 뽑은 염소는 산 대로 여호와 앞에 두었다가 그것으로 속죄하고 아사셀을 위하여 광야로 보낼지니라』

백성의 모든 죄를 담당한 그 염소가 아사셀이 아니라 광야의 아사셀에게 나아갈 염소를 아사셀염소라 하니 백성들의 모든 불의와 모든 죄를 담당한 염소는 어린양예수의 그림자인 것이며 아사셀이 광야의 마귀다.
어린양예수가 세상 죄를 짊어지고 광야로 나아가서 사단에게 시험을 받는 것이니 아사셀염소가 이것을 짝으로 보여주는 것이며 백성의 불의와 모든 죄를 넘기는 과정도 어린양예수가 세례요한의 안수로 세상 죄를 넘겨받는 것의 그림자인 것이다.

(마 4:1-10,) 『[1] 그 때에 예수께서 성령에게 이끌리어 마귀에게 시험을 받으러 광야로 가사 [2] 사십 일을 밤낮으로 금식하신 후에 주리신지라 [3] 시험하는 자가 예수께 나아가서 가로되 네가 만일 하나님의 아들이어든 명하여 이 돌들이 떡덩이가 되게 하라 [4] 예수께서 대답하여 가라사대 기록되었으되 사람이 떡으로만 살 것이 아니요 하나님의 입으로 나오는 모든 말씀으로 살 것이라 하였느니라 하시니』

어린양제물의 예수가 세례요한의 안수로 세상 죄를 짊어졌기 때문에 사십일 금식으로 광야에 나아가 붉은 여황 사단에게 시험을 받는 것이며 시험을 이기면 온전한 제물이 되는 것이다.

예수가 세상 죄를 짊어지는 제물이기 때문에 예수를 어린양예수라 하며 어린양예수도 스스로 세상 죄를 지는 것이 아니라 안수하여 넘겨주는 대표자의 안수로 짊어지는 것이니 아사셀 염소가 백성들의 죄를 머리에 받은 것이다.

옛 세상 끝에서 예수보다 육 개월 먼저 태어난 아이가 있었고 그가 온 인류의 대표자로 예수의 머리에 안수할 자며 그 이름이 요한이고 세례자 요한이다.

성경에서 세례요한은 여자가 낳은 자 중에 큰 자라하고 예수 앞에 와서 예수의 갈 길을 예비하는 자며 예수의 머리에 안수하여 세상 죄를 넘기고 예수의 마실 잔을 채워준 것이다.

여자가 낳은 자 중에서 큰 자는 요한이지만 요한은 육정의 동침한 잉태로 난자며 예수는 오직 성령으로 처녀의 태에 들어간 잉태의 출산이니 이 세상에 남자 없이 여자가 낳은 자는 예수뿐이고 모든 사람은 남자의 씨로 잉태한 출산이다.

이제 세례요한이 어린양제물인 예수에게 안수하여 세상 죄를 넘긴 대표 안수자임을 증명하기 위하여 예수의 세례 다음날 세례요한은 멀리 오는 예수를 보고 크게 외친 것이니 이것을 성경이 확증을 한다.

(요 1:29,) 『이튿날 요한이 예수께서 자기에게 나아오심을 보고 가로되 보라 세상 죄를 지고 가는 하나님의 어린 양이로다』

피로 씻어야하는 세상 죄를 한 번에 넘길 수가 있는 인류의 대표자 세례요한과 이 요한에게 세상 죄를 자백하여 넘기는 인류의 대표 백성은 선민 이스라엘이다.

세상 죄를 넘겨받을 대표 제물은 어린양예수며 세상 죄를 짊어진 예수를 하늘 참 성소의 제단에 드리는 제사장은 멜기세덱이 고 하늘 성소의 제사가 마지막 대속이다.

온 인류의 대표 안수 자 세례요한 앞으로 이스라엘 백성이 나아가 온 인류를 대표하여 세상 죄를 자백하고 세례요한은 자백한 세상 죄를 모아서 어린양제물의 머리에 안수하여 넘긴다.

어린양제물인 예수가 세상 죄를 단번으로 넘겨받는 이것은 이스라엘의 일년 일차로 드리는 대속을 이어서 단번으로 세상 죄를 영속하는 마지막 제물로서의 안수를 받는 것이다.

세례요한의 안수로 세상 죄가 어린양예수의 머리로 넘어갈 때에 이스라엘 백성의 자백한 죄가 온 인류의 죄가 됨은 땅의 성막에서 대속한 대표제 그대로 이어지는 것이다.

죄 사함은 죄를 깨달을 때 제물에 안수하여 넘기고 그 피로 용서받는 것이니 이스라엘 백성이 세례요한 앞에 죄를 자백함은 죄를 깨달음이고 대표 백성이니 세상 죄를 깨달은 것이다.

(출 19:5-6,) 『[5] 세계가 다 내게 속하였나니 너희가 내 말을 잘 듣고 내 언약을 지키면 너희는 열국 중에서 내 소유가 되겠고 [6] 너희가 내게 대하여 제사장 나라가 되며 거룩한 백성이 되리라 너는 이 말을 이스라엘 자손에게 고할지니라』

이스라엘은 온 세상 중의 제사장 나라다. 온 세상의 제사장 나라는 온 인류의 죄를 씻는 피를 드리는 것이다. 예수의 보혈을 온 인류의 죄 값으로 드리기 위한 죄를 인류의 대표로 자백하고 그 해 특별 대제사장 세례요한으로 세상 죄를 모아 어린양제물의 머리에 안수하여 넘기게 만든 것이다.

(벧전 2:9,) 『오직 너희는 택하신 족속이요 왕같은 제사장들이요 거룩한
나라요 그의 소유된 백성이니 이는 너희를 어두운 데서 불러내어 그의 기
이한 빛에 들어가게 하신 자의 아름다운 덕을 선전하게 하려 하심이라』

대표제도와 제물의 머리에 죄를 넘기는 안수가 없이는 죄를 씻지 못하고
죄 사함을 이룰 수가 없다. 하늘 성소의 제단에 마지막 제물로 드리는 마지
막 제물과 세상 죄를 마지막으로 안수하여 넘기는 땅의 대표제사장과 하늘
성소에 마지막 제물을 드리는 제사장 멜기세덱이 법대로 예비 된 것이다.

죄 사함의 법도 없고 길도 없고 통로의 문도 없이 십자가의 피로만 씻어가
는 믿음은 예수교회의 믿음이 아니며 물과 피로 짝을 이룬 예수십자가의 도
와는 상관없는 다른 믿음이다.

그때 이스라엘 백성이 세례요한에게 나아가 받는 세례가 자기들이 용서를
받는 세례가 아니라 온 인류로 죄 사함을 받게 하는 세례인 것은 당시의 세
례를 주는 물에 비밀이 있다.

세상의 물은 노아의 홍수로부터 사망의 물이다. 사망의 물이 풀려서 회복
되고 구원하는 표가 되는 것은 어린양예수가 사명을 감당하고 죽은 자에서
부활함으로부터다.

(벧전 3:21,) 『물은 예수 그리스도의 부활하심으로 말미암아 이제 너희를
구원하는 표니 곧 침례라 육체의 더러운 것을 제하여 버림이 아니요 오직
선한 양심이 하나님을 향하여 찾아가는 것이라』

그러므로 이스라엘 백성이 세례 받을 때의 물은 사망의 물이며 사망의 물
로는 용서받는 세례를 받을 수가 없다. 사망의 물에 임하는 세례는 사망을

위한 세례인 것이다.

그때 사망의 물에서 받는 이스라엘 백성들의 세례는 예수십자가의 사망에 합하려는 세례며 온 인류를 예수십자가의 사망에 연합하는 대표세례를 받은 것이다.

예수는 대표제물이니 죄를 고백할 세례를 받을 일이 없다. 사망의 물속에 들어갈 일이 없는 예수제물이 사망의 물에 들어가심은 인류를 합한 예수십자가의 사망을 미리서 장사지낸 것이다.

노아홍수의 사망이 수장된 사망의 물이니 예수십자가의 사망한 인류를 합하여 수장하는 것이고 예수십자가의 사망 후로는 흑암일 뿐 아무도 없으니 주님이 미리서 장사지낸 것이다.

(롬 6:4,) 『그러므로 우리가 그의 죽으심과 합하여 침례를 받음으로 그와 함께 장사되었나니 이는 아버지의 영광으로 말미암아 그리스도를 죽은 자 가운데서 살리심과 같이 우리로 또한 새 생명 가운데서 행하게 하려 함이니라』

어린양 예수가 우리를 담당하여 세상 죄와 함께 사망의 물속으로 들어가심은 제물인 예수도 죽을 몸인 것이며 그의 몸에 넘겨진 우리는 미리 죽어서 장사된 것이며 그때 물속에서 노아의 홍수 때에 죽은 자들의 죄도 거두어 연합한 것이다.

사단의 대적 앞에서 법적인 실상의 대속은 예수십자가의 사망으로부터는 세상에 아담의 혈통이 폐하였고 예수제물도 죽어 장사된 것이니 주님은 우리를 위하여 미리서 장사지낸 것이다.

피로 씻을 죄인이던 아담의 혈통이 일시에 폐하고 예수제물도 석실에 장사되니 사단이 임금인 흑암의 나라에 흑암뿐인 삼일간은 살 소망이 끊어진 것이다.

사단의 흑암뿐인 삼일 째날 일요일 새벽에 그리스도의 부활하심으로 새 언약의 광명이 뜨고 생명의 빛이 수장된 사망에 비취니 아담으로부터의 온 인류가 살아서 거듭난 새사람이 되었다.

이제 온 인류는 구원을 받은 것이며 어린양예수는 구주가 되었다. 그러나 이때의 구원은 흑암의 나라에서 아들의 나라로 옮기는 것이고 새 백성을 세운 것이니 성도와 자녀가 아니다.

죄 사함과 거듭남의 구원이 이루어지고 구원의 확증으로 피의 증거가 세워지는 것이니 새 백성이 피의 증거를 받아 구원의 투구를 쓰고 보혈의 씻음을 유지하는 보혈의 능력을 힘입어야 하며 사람이 물과 성령으로 나야만 비로소 성도와 자녀다.

※ 어린양제물이 땅에서 들려 예수십자가에 못 박히고 물과 피를 흘린 것은 그곳에서 하늘 성소의 제단에 드릴 제물을 준비한 것이지 그 십자가에 드려진 제물이 아닌 것이니 이것을 분명히 하지 못하면 영원한 속죄를 이루지 못하고 씻어가는 것이다.

□이제 어린양예수가 세상 죄를 담당한 공공의 제물로 세워짐과 대적 자 사단 앞에서 흠 없는 제물이심은 어린양예수가 세상 죄를 짊어진 후 사십일을 굶고 사단의 시험을 이긴 것이다.

사십일 금식으로 광야에 가서 붉은 여황 사단에게 시험을 받으니 이는 피로 씻을 세상 죄를 단번의 피로 씻어버릴 하늘 참 성소의 온전하고 공식적인 제물이 되려는 것이다.

세상 시작부터 대적한 사단과의 대립한 싸움이며 예수십자가 전의 처음 세상을 사단이 넘겨받아 흑암의 나라로 어두움의 임금을 행한 것이니 사단의 나라에서 사단의 시험을 받는 것이다.

그 흑암의 나라 끝에서 사단의 황권을 폐하고 세상 죄를 씻어 없애는 온 인류의 대표 제물을 세우는 것이니 대립한 상대에게 공공의 제물로 인정을 받는 것은 공평한 것이다.

하늘 성소의 마지막 제물로서 대적 자의 시험을 받고 그의 미혹을 이겨야 하므로 어린양예수가 사십일을 금식하고 광야에서 사단에게 시험을 받음은 먹는 것으로 패한 아담의 대신이다.

첫 사람 아담이 선악과를 먹고 패하여 나라와 온 인류를 사단에게 내어주었고 어린양예수는 사십일을 굶고도 사단의 미혹을 이겨 온 인류와 나라를 되찾는 마지막 제물이 되었다.

이제 어린양예수는 사명대로 땅에서 들려 예수십자가에 달리고물과 피를 흘려 멜기세덱으로 하늘 성소의 제단에 드려지면 피 흘림이 없은즉 사함이 없는 세상 죄가 씻어지는 것이며 여기까지로 세상 죄 씻는 일을 영구히 마치는 것이다.

(눅23:33,) 『해골이라 하는 곳에 이르러 거기서 예수를 십자가에 못 박고 두 행악자도 그렇게 하니 하나는 우편에, 하나는 좌편에 있더라』 / (눅23:46,) 『예수께서 큰 소리로 불러 가라사대 아버지여 내 영혼을 아버지 손에 부탁하나이다 하고 이 말씀을 하신 후 운명하시다』

예수의 운명하심으로 피로 씻을 세상 죄가 영속된 것이며 사람이 다시는 자기 죄를 십자가의 피로 씻을 일이 없게 되었다. 이제는 자기 죄를 예수에게 넘기지 못한 자는 없을 것이다.

대속한 새사람이라 죽은 행실의 범죄가 있고 마음과 생각에 죄가 있으며 행한 죄는 기억에서 지워지지 않아서 육체대로는 여전히 죄인일 지라도 실상은 법과 증거 적으로 의인이다.

피로 씻을 죄에서는 영원히 해방이라 죄에서 자유 한 성도에게는 칭 의를 주시니 받은 칭 의를 유지하는 법과 증거적인 믿음이 필요하고 칭 의를 받을 자로 나타나는 자기 믿음도 필요하다.

□신이신 예수가 온 인류의 세상 죄를 담당하여 대신에 죽어주었다 해도 사람이 천하보다 귀한 자기 영혼을 알지 못하면 겉 사람 육체로만 믿다가 사단의 뜻대로 망하고 만다.

하늘의 해 달별과 세상 만물을 보고도 살아계시는 신이심을 알 수가 있는 것이니 신의 어리석음만도 못한 세상 지식이나 사람의 생각으로 구주의 은혜를 불신하지 말고 죄 사함의 통로를 자세히 살펴보고 정말 복음이 아니면 그때 불신하여도 될 것이다.

천하보다 귀한 내 영혼의 생사가 달린 것이니 성경에 비춰보고 복음전파를 들어보는 것은 아까운 시간이 아니며 허비하는 세월이 아닌 것이다.

육신사람으로만 성도를 행하는 믿음은 그 육신에다 새 영을 묻은 것이다. 새 영을 주심은 성령이 난 영으로 모든 영의 아버지를 찾아서 영생의 자녀로 오라는 것이다.

아담 안에서 영이 죽은 자로는 육체의 소욕대로 살았으나 새 영을 받고부터는 영이 주인이며 영의 주관이 있어야 한다. 새 영을 받고도 육신으로만 믿는 것은 예수와 상관이 없다.

복음에는 죄 사함의 통로와 증거가 있고 거듭난 새사람의 새 영이 영생의 자녀가 되는 통로와 증거가 있다. 길과 증거를 모르고 행하는 믿음은 자기 믿음일 뿐이다.

□성경에는 회개하여 세례를 받고 죄 사함을 얻으면 성령을 선물로 받는

다. 세례전이든 후든 복음을 듣는 것이며 깨닫고 믿어야 세례를 받으며 먼저 세례를 받아도 이어서 죄 사함의 도를 듣고 깨달아서 믿어야 죄 사함을 받은 것이다.

죄 사함의 도를 알지 못하고 예수이름으로 세례를 받을 수는 없다. 세례를 받고 죄 사함을 얻어라 함은 죄 사함의 복음을 깨달아 믿고 세례를 받아 죄 사함을 받은 자로 구별됨이다.

세례로 죄 사함을 받는 것이 아니라 세례로 죄 사함을 받은 자로 구별하여 세우는 것이다. 그러므로 세례는 물속에 잠기면서 죄인이 죽어 수장되며 물에서 나올 때는 거듭난 새사람으로 나타나는 것이니 몇 방울 물 뿌림으로는 이루지 못할 것이다.

˙ 세례를 받아 칭 의가 임하면 성령을 선물로 받는 것이니 성령의 증거로 밝힌 물의 증거 안에서 사람이 물과 성령으로 나는 것이며 여기서부터 양자의 영을 받은 자녀인 것이다.

성령의 씻음으로 양자의 영을 받은 거룩한 씨의 자녀로부터는 신령한 젖의 성령 학이 있고 아버지와 영적인 교통을 이루는 확신을 가지는 것이다.

땅의 성막으로부터 하늘 성소의 제사까지로 죄 사함의 통로를 지나왔으나 믿는 사람들이 오늘의 죄에 매이므로 자기편에서의 죄 사함을 이루지 못하니 이때에 옛 사람 안에서 죄인으로 죽고 산 것을 분명히 해야 한다.

보혈 후로는 세상이 다르고 무슨 죄든지 피로 씻는 법이 없고 피로 씻을 사람도 없다. 새로운 피조물은 오직 영생의 구원을 받는 것이며 신령한 몸을 받기까지 이루어가는 구원이다.

죄 사함과 거듭남의 구원을 받아가는 것이 아니라 그 구원 안에서 자기 선택으로 영생의 구원을 받는 것이며 끝까지 배도하지 않고 믿음을 지켜 이루는 것이다.

아들의 나라는 천국과 지옥을 선택하는 곳이며 이제는 사단도 사람들의 범죄를 고소하는 것이 아니라 사람이 거룩한 씨의 자녀가 되는 것을 막으려는 죄 사함을 속인다.

옛 죄만 피로 씻는 것이고 그때 담당한 죄만 씻은 것이며 하늘 제사장 멜기세덱이 옛 죄를 씻는 마지막의 피를 드린 것이다. 옛 죄를 담당한 피는 옛 죄를 씻는 것으로 임무를 마치는 것이며 제단에 피가 남아있지도 않고 새로운 죄를 씻어주지도 못한다.

그러므로 보혈이 씻은 죄 사함이 영원한 속죄다. 피를 흘려놓고 씻어가는 것이면 영원한 속죄가 아니다. 단번에 씻은 죄의 영속이 영원한 속죄며 더 이상 죄 씻을 일이 없는 것이다.

성경에서 예수십자가 후로의 영원한 속죄와 새로운 피조물의 두 단어만 분명히 알아도 다 이루신 예수십자가의 도를 쉽게 깨달을 것이다.

사람이 물과 성령으로 나야만 천국에 간다는 예수님의 말씀을 지킨다면 어떠한 미혹에도 넘어가지 않을 것이나 속이는 대로만 믿기 때문에 구주의 말씀은 성경에 기록된 글씨일 뿐이다.

어린양제물이던 예수님이 제물의 사명을 이루고 하늘에서 새 직분의 대제사장일 때는 예수님도 새로운 정죄는 씻어주지 못하니 되찾은 아들의 나라부터는 죄를 씻어주는 법이 없다.

새로운 정죄는 용서하는 법이 없이 일체 지옥이다. 새로운 정죄를 용서한다면 새로운 정죄를 단번에 씻고 다시 새로운 나라를 열어야 죄와 상관없이 믿으며 성령의 출산을 이룰 것이다.

예수님이 두 번째 육체로 오실일도 없지만 두 번째 육체로는 오시지 못한다. 처음 오실 때에 물과 피의 육체로 오신 후로의 다른 육체는 없기 때문이다.

신은 아담의 혈통이나 남녀의 육정을 행한 동침으로는 잉태하여 오실 수가 없기 때문에 마리아 때와 같이 신령한 동정녀를 또 예비해야 하나 그럴 수는 있어도 그럴 일이 전혀 없다.

예수님은 하늘 성막의 대제사장과 대언의 영인 예수의 증거로도 능히 영생의 자녀를 세우는 것이니 그때 땅에서 다 이루신 예수십자가의 도에서 성령의 증거로 밝히는 피의 증거와 물의 증거로 충분하다.

예수님의 대제사장 직분은 하늘 성막의 제사장이던 멜기세덱의 반차를 좇아 받은 것이며 사람의 범죄를 씻어가는 것이 아니라 이미 씻었음을 확증하는 대언의 직분이다.

마지막 심판은 불신하고 배도한 새로운 정죄는 씻을 법이 없기에 지옥으로 보내는 것이지 새로운 정죄도 씻어주는 것이면 심판장이 아니라 마지막 죄 사함을 받는 곳이 될 것이다.

백 보좌의 마지막 심판장은 죄를 씻지 못하니 이는 생명책의 기록대로 법을 지키는 것이며 대적 자 사단과 만인 앞에 공평한 심판이 되어야하기 때문이다.

생명책의 기록대로가 아니면 자기 선택이 필요가 없으며 새로운 정죄도 씻어주는 것이면 심판장 앞에서 누가 씻지 아니할 사람이 있겠는가?

그러므로 자기 인생동안에 자기만의 선택을 하는 것이며 마지막 심판장에서는 선택한 그대로 판결하니 참으로 공평한 심판인 것이며 누구도 불평하지 못하는 것이다.

마지막 심판장에서 오른 편의 천국인과 왼편의 지옥 인으로 나뉨은 베드로사도가 사람을 낚는 어부가 되기 전에 고기를 잡던 배의 오른 쪽 물고기와 그 왼쪽과 같은 것이다.

베드로는 구주의 말씀대로 사람 낚는 어부라서 오직 복음을 전하는 자라 오른쪽에 속하는 고기를 잡아야 하므로 왼쪽에 던지는 그물은 허사인 것이다.

왼쪽이던 오른쪽이던 베드로가 밤 세도록 던진 그물은 사단에게 속한 어두움의 때라서 죄 사함의 복음이 없는 그때는 고기를 한 마리도 잡지 못하는 것이다.

새벽이 오고 해가 뜰 무렵이 되어야 하니 해가 뜨면서부터는 빛을 밝힌 아들의 나라에 속하는 것이기 때문에 그때 배 오른 쪽에 그물을 던지면 많은 고기를 잡는 것이다.

여기의 말씀은 고기 잡는 이야기가 아니다. 아버지의 마지막 심판장에서 오른쪽의 양과 왼쪽의 염소를 알게 하심이고 흑암의 나라 때와 되찾은 아들의 나라 때를 말씀한 것이다.

베드로가 성령을 받고부터 복음전파를 이루어 하루에 오천 명 삼천 명을 믿게 함은 빛을 밝힌 아들의 나라에 속한 그물을 오른 쪽에 던진 것이다.

그러므로 이 세상도 먼저 온 사단이 거짓광명으로 속이는 때라 지금은 누구도 빛 가운데의 성도를 세우지 못하는 것이며 참 광명이신 예수님의 완전한 복음을 받아야만 오른 쪽에 속한 성도를 세우는 것이다.

예수 재림으로부터 지금까지는 어두움의 사단이 거짓광명으로 속이는 때며 앞으로 영원한 복음이 완전한 복음전파로 나타나야만 비로소 오른쪽에 속한 양의 성도를 세우는 것이다.

그러므로 열 처녀의 비유에서 다른 새 기름을 준비한 다섯 처녀는 신랑을 맞이하고 오른 쪽인 것이며 기름 준비가 없이 등불만 가진 다섯 처녀는 신랑을 만나지 못하는 왼쪽인 것이다.

새로 넣을 기름이 없이 등불만 가진 것은 옛 세상 흑암의 나라에 속한 것이다. 등불이 꺼지고 다시 넣어야 할 기름은 보혜사 성령으로부터 임한 것이다. 선민 이스라엘이 참으로 열심히 믿고 섬겼으나 작은 광명에 속하여 구원을 받지 못하는 것이니 처음의 등불만은 작은 광명과 같은 것이다.

구원을 기다리는 옛 세상 끝에서 처음등불의 작은 광명의 빛이 지고 사람들의 생명이든 새 광명의 빛을 밝혀야 한다. 신랑예수를 기다리는 자들은 보혜사 성령으로부터 성령 충만을 받아 새 기름을 가진 자로 빛의 자녀가 되어서 새로운 등불을 밝혀야 어두움에 속한 흑암의 나라를 폐할 때에 주님을 맞이하는 것이다.

□가짜도 진짜와 비슷하지만 비슷한 것은 진짜가 아니다. 동일한 성경과 믿는 일이 비슷하고 복음이 비슷하여도 완전한 진짜가 아니면 누구도 심판장 오른편에 서지 못한다.

완전한 복음에는 법과 증거가 있고 죄가 들어온 통로와 죄가 씻어지는 통로가 있고 거룩한 씨의 자녀가 되는 확실한 길이 정해져 있으니 사단이 흠 잡지 못할 법적 증거의 통로다.

예수부활전의 세상은 추수를 위한 자녀농사를 지은 것이고 부활후의 세상 부터는 옛 세상의 농사지은 열매를 거두는 것이며 처음 익은 열매와 다음 익을 열매로 구분된 것이다.

처음 익은 열매의 성도는 예수님이 세상 끝에서 오신 옛 세상 끝까지로 거두는 것이며 다음 익을 열매의 성도는 이 세상의 끝에서 추수하니 때를 따라야 한다.

지금 세상교회는 말세에 부어주신다는 성령을 이 세상의 말세에서 받으려고 하니 어그러진 것이다. 남종과 여종에게 부어주시는 말세의 성령은 옛 세상의 임박한 종말에 받는 것이다.

그러므로 말세의 성령을 받는 저들이 먼저 받은 성령 학으로 신약을 기록하여 우리에게 주었고 우리는 저들이 기록한 복음을 영원한 복음으로 받아서 성령 학으로 믿는다.

이 세상은 세상 죄가 나뉘어 있다. 신 앞에서의 범죄와 세상 법 앞에서의 범죄가 있고 또 죄를 지어도 살 죄가 있고 죽을죄가 있으며 전체적으로는 살 죄와 죽을죄로 나뉜다.

살 죄는 예수가 죽어준 옛 죄가 죽은 행실로 나타나는 세상 죄며 죽을죄는 예수가 죽어준 소식을 불신하는 죄와 성도가 배도하는 죄다.

세상 법에 의한 죄로는 신 앞에 죄인이 아니다. 신 앞에서의 정죄는 피 흘림이 없은즉 사함이 없던 옛 세상의 옛 죄뿐이며 흑암의 나라에서 피로 씻을 세상 죄만 사단이 고소하였고 사단의 고소에 공평한 심판을 예수십자가의 사망으로 치렀다.

새로운 정죄 외의 세상 죄는 신자나 불신자나 일체 죽은 행실로 정죄가 없고 세상 법은 신과 상관없는 심판인 것이니 성도라면 더욱 세상 법을 잘 지켜야 한다.

신 앞이든 세상 앞이든 일체 신의 새 법이 마음에 있어 모든 범죄에 선한 양심의 가책이 오니 살 죄의 죽은 행실이라도 양심의 가책을 무시함은 새 법을 범하는 것이나 정죄는 없다.

이것이 믿는 사람들에게 참으로 어려운 일이다. 행하는 범죄가 양심의 가책을 받고 믿기 전에부터 의 범죄가 기억에 남으니 양심상으로 칭 의를 버리며 죄인을 행하기 때문이다.

그러나 정말 거룩한 성도라면 자기 죄로 예수죽인 양심을 써야 하고 단번의 피로 씻은 깨끗함을 유지하는 법적인 믿음이어야 한다. 내 양심으로 믿는 것이 아니라 보혈의 씻음대로 믿는 것이며 보혈의 씻음을 유지하는 보혈의 능력을 따르는 것이다.

교인들이 자기 믿음만 세우기 때문에 예수죽인 양심이 없는 것이며 오히려 보혈이 씻어놓은 죄로 보혈의 능력을 덮는다. 마음에 있고 항상 생각나는 죄를 씻어 없애는 죄 사함이 아니라 그 죄를 정죄하지 못하게 씻었다는 죄 사함이다.

육체가 있고 새 마음에 죄의 법도 있으니 당연히 마음에 죄가 있고 범한 죄는 생각나지만 그 죄가 보혈로 씻어놓은 것이며 죽은 죄의 죽은 행실로 나타난다는 것이다.

기억하고 생각나는 마음의 죄를 씻어내는 죄 사함이 아니라 씻어놓았다는 죄 사함이고 씻었다는 증거를 드는 법적인 믿음으로 거룩한 성도를 행하라는 것이다.

사람들의 세상 죄가 깨끗하게 씻어지고 희어진 상태를 보는 것은 오직 아들을 내어주신 아바아버지시며 직접 사명을 감당하신 아들 예수님이실 뿐 우리 사람들은 법과 증거 적인 믿음으로 깨끗함을 유지하는 것이며 범죄 하는 양심상으로도 능히 보혈의 능력을 힘입어 보혈이 씻어놓은 깨끗함을 감사하는 것이다.

그냥 믿음이 아니라 믿는 법이 있기 때문에 법적인 믿음이 있는 것이다. 양심상으로의 믿음을 증거적인 믿음으로 옮겨서 믿는 것이 법적인 믿음이며 이것을 깨닫지 못하면 예수가 죽어준 죄로 다시 죄인이 되는 것이다.

로마의 사형 틀인 십자가의 피만 구하는 죄 사함은 누구도 이루지 못한다. 십자가의 피로 씻기에는 너무나 때가 늦었고 또 그때 십자가 밑에 있었다 해도 그 피로는 죄를 씻지 못한다.

예수십자가의 피가 하늘 성소의 제단에 제물로 드려져야만 단번에 세상 죄가 씻어지는 것이며 오직 피로 씻을 세상 죄만 씻어지는 것이며 옛 세상의 옛 죄만 씻는 것이다.

예수십자가의 도에는 죽은 행실로 인한 스스로의 정죄를 폐하는 생명의 성령의 법이 있고 보혈이 씻은 깨끗함을 영원히 유지하는 보혈의 능력이 있다.

사람이 예수를 처음 믿을 때에 피의 증거를 받는 것이며 복음의 아비들이 피의 증거를 권하는 죄 사함의 도를 밝히는 것이니 피의 증거는 구원의 투구다.

□흙으로 만든 사람은 예수 안에서의 친자녀가 될 표상일 뿐 만든 것은 자녀가 되지 못한다. 표상을 실상으로 옮기는 구원을 받아 예수 안에서의 자녀가 되는 것이니 실상으로 옮긴 구원으로는 자녀의 믿음을 행하지 못한다.

지금까지의 세상교회는 표상을 실상으로 옮긴 그 구원만 받으면서 그 구원으로만 성도와 자녀를 행하는 것이니 이는 다 자칭 성도와 자칭 자녀일 뿐 거룩한 씨로 난 친자녀가 아니다.

처음의 믿음에서부터 실상의 형편에 참여하는 것이 없이 그냥 믿기 때문에 죄인으로 죽고 의인으로 다시 사는 것이 없어서 여전히 아담의 혈통을 사는 것이다.

아담 안에서의 표상은 영생할 씨를 심은 하늘 밭인 것이며 예수의 혈통은 묻힌 종자가 새싹을 돋은 새 밭인 것이니 새 밭에서 영생의 자녀를 거두는 추수를 받아야 한다.

종자를 뿌린 밭에서 이종한 새 밭의 새 싹이 가지를 뻗어 열매를 위한 꽃이 피는 것이며 벌 나비가 오가는 영적인 일이 있고 꽃 아래의 열매가 맺히면 영생의 자녀로 추수하는 것이다.

그러므로 옛 세상 때는 종자의 영을 씨 뿌린 것이라 썩음을 당하는 사망이 었고 거듭난 구원은 새 밭에 이종한 것이니 이는 농부가 봄에 씨 뿌린 모를 새 논으로 옮겨서 심음인 것이다.

아담이 받은 에덴동산 법은 세상살이의 자격을 갖추는 것이고 악한 사단이 자기 꾀에 빠져서 도운 것이며 창세전의 예정대로 예수 안에서의 자녀가 될 종자의 영이 법대로 죽었다.

아담 안에서 썩음을 당한 종자의 영은 하늘 농사기간 사천년의 끝에서 새 싹을 돋았으니 거듭난 새사람인 것이며 새사람이 구주를 믿고 자녀가 되는 것이니 이것의 깨달음이 필요하다.

아담의 에덴동산 죄는 육체가 피 흘리고 죽는 세상 죄가 아니다. 에덴동산 죄는 영이 죽는다. 영이 죽은 아담이 육체뿐인 사람으로 세상에 쫓겨나와야만 세상에서 세상 죄를 짓는 것이며 온 인류는 세상 죄로만 피 흘리고 죽어서 용서를 받는 것이다.

피 흘리는 용서라 예수십자가에 합한 피 흘린 사망으로 장사 된 것이며 여기서 살리심을 받아야 죄 사함과 거듭남의 구원인 것이니 죄 사함만의 구원이나 죄 사함만의 거듭남은 없다.

그리스도의 부활 없이는 피 흘리고 죽은 것일 뿐 거듭남도 구원도 받지 못한 것이다. 그러므로 예수부활을 간과한 죄 사함의 구원과 죄 사함만의 거듭남은 다 부족한 복음이다.

거듭난 사람은 영과 육이 다 자기 죄로 죽은 것에서 살리심을 받은 것이며 새사람은 이제 예수 안에서 성령이 난 영으로 영생의 자녀가 되는 것이니 이 선택을 할 자격을 갖춘 것이다.

□천국과 지옥의 양단간에서 자기 선택이 영생이면 예수의 증거를 가져야 한다. 성령으로 밝힌 예수의 증거는 피의 증거와 물의 증거며 피의 증거는 아담에서 새사람까지의 구원한 내력이다.

피의 증거는 앞에서 밝힌 죄 사함과 거듭남의 구원이 담긴 것이며 물의 증거는 성령의 출산을 이루어 빛의 사자로 행하게 하는 내력이다.

자기 안에 예수의 증거를 가지는 것은 죄 사함 거듭남의 구원과 사람이 물과 성령으로 나는 것을 이루어야 한다. 거룩한 자녀는 거룩한 씨가 드는 것이니 증거대로 이루어야 한다.

예수의 피는 마지막 제물이니 하늘 성소의 제단에 드린 것으로 믿어야 하며 피의 짝인 물은 하늘 성막의 물두멍에 채운 것으로 믿어야 하며 믿음으로 깊은 물에 잠겨야 한다.

죄 사함에서 피는 죄를 용서받기 위한 제물인 것이며 제물을 받으시는 신께서 용서하는 것이고 피 흘림이 없은즉 사함이 없다하신 법대로 피를 받으시고 용서하신 것이지 예수십자가에서 피 흘렸다고 그냥 용서받은 것이 아니다.

사람이 십자가의 피를 구하고 받아서 자기 죄를 씻는 것이 아니며 십자가의 피로 씻어 달란 다고 씻어주고 용서하는 것도 아니다. 정해진 제물은 정해진 제단에 드려져야 하고 온전한 제물일 때에 받으시는 분께서 법대로 용서하시는 것이다.

거짓광명이 속이는 부족한 복음의 선교에서나 십자가의 피로 자기 죄를 자기들이 씻어가는 것일 뿐 예수의 증거가 있는 완전한 복음전파에서는 하늘 성소에 보혈을 드린 영원한 속죄를 믿는 것이며 씻어놓았다는 피의 증거를 받는 죄 사함이다.

예수십자가의 도가 물과 피로 짝을 이룬 것은 죄를 지은 피를 씻어 헹구며 피 흘린 출산을 물로 헹궈서 흰 옷의 예복을 입히는 것이고 두 증거는 각각 구원의 투구와 성령의 검을 권한다.

성도의 예복은 땅의 예복과 천국의 예복으로 나뉘고 땅에서의 예복은 믿음으로 옛 사람을 벗기 때문이며 거룩한 지체로서 입는 것이고 천국에서는 영원한 예복으로 신령한 몸을 입는다.

땅의 예복은 죄인이 죽고 새사람이 될 때에 입는 옷이 있고 이는 예수의 육체를 좇는 것이며 다음은 새사람이 자녀가 되어서 입는 예복이니 예수의 신령한 몸을 좇아서 입는 예복이다.

이 땅에 육신사람이 있을 동안은 예수신랑과 신부 성도가 하늘 성막에서 대제사장과 제사장으로 일하고 물과 피를 대언 하시니 다음 열매의 성도가 흠 없는 복음으로 영생의 구원을 받는 것이다.

죄 사함과 거듭남의 구원은 온 인류가 일시에 동일하게 받았으나 영생의 구원은 자기 뜻대로 선택하는 것이라 사단이 성령과 물과 피의 증거를 감추고 속이며 성령의 출산을 훼방하기 때문에 여기로부터의 구원인 것이다.

그러므로 영생의 구원을 모르고 죄 사함과 거듭남의 구원만 받으려는 것과 성도까지도 행하는 것은 크게 속은 것이며 죄 사함과 거듭남의 구원인지도 알지를 못하는 것이다.

예수를 믿음으로 구원을 받았다고 하면서도 또 자기 죄를 씻어가며 용서 받으려는 것은 예수십자가의 도에는 없는 것이다. 구원받았으면 예수의 생명으로 나아가 물과 성령으로 난 영생의 자녀가 되어야 한다.

온 인류에게 동일하게 이루어진 구원을 다시 받아가기 때문에 죄 사함이 어그러지고 예수 믿는 평생을 죄만 씻다가 영생의 구원은 알지도 못하고 인생을 마치는 것이다.

새로운 피조물로부터는 일체 자기를 벗고 대신 죽어 준 자 예수의 생명을 사는 것이니 예수 안에 감춰진 새 생명을 다시 사는 기쁜 소식을 온전히 깨닫고 믿어야 한다.

아직 안 믿거나 처음의 믿음에서는 이것을 이해하기는 어려운 것이며 나를 죽인 죄를 벗고 예수의 부활에 합한 거듭남으로 새사람을 다시 사는 것은 법과 증거적인 복음이 아니면 깨닫지 못하고 이루지 못하는 것이다.

어린양예수를 하늘 성소의 마지막 제물로 드린 영원한 속죄 후로는 십자가의 피로 죄를 씻어가는 용서가 아니라 죽은 행실을 회개하는 것이니 거룩한 성도의 회개를 깨달아서 하늘 잿물을 뿌림 받아 보혈이 씻은 깨끗하고 선한 양심을 유지하는 것이다.

부족한 복음 선교는 보혈의 능력과 선한양심을 알지 못하므로 죄를 짓는 양심상으로 칭 의를 잃는 것이며 기억하고 생각나는 자기 죄로 죄인인 것이니 범죄 한 양심상으로도 능히 의인을 행할 수가 있는 보혈의 능력을 힘입고 하늘 잿물을 쓰는 성도의 회개를 깨달아야 한다.

피로 씻을 죄가 없는 자만이 보혈의 능력을 찬송하는 것이며 선한 양심으로 보혈이 씻은 깨끗함을 영원히 유지하는 것이 곧 보혈의 능력이니 입으로 찬송만 잘할 것이 아니다.

선한 양심은 새 마음에 새 법이 있는 새 양심이며 법 앞에 있는 양심이라 기억되는 범죄로 가책을 받으나 보혈의 능력을 힘입은 양심은 생각나는 내

죄가 중한 것이 아니라 내 죄를 위하여 죽어주신 보혈의 씻음이 중하고 먼저
인 것이다.

내 죄로 내가 피 흘리고 죽을 것을 예수가 대신 피 흘리고 죽어준 것이라
대속함을 받은 나는 당연히 범한 죄가 다 기억되고 항상 생각나는 것이며 또
죽은 행실로 범죄도 하는 것이다.

살아가면서 범죄도 하고 행한 죄가 생각이 나서 양심상으로 의인일 수가 없
고 죄인이라면 대신 죽어준 예수와 그의 보혈은 어디에 쓰인 것인가?

보혈의 씻음을 받지 않았고 보혈의 능력을 힘입지 않기 때문에 생각나는
범죄로 죄인이고 양심상으로 죄인인 것이지 보혈이 씻었고 보혈이 씻은 깨
끗함을 영원히 유지하는 보혈의 능력을 힘입었다면 생각나는 범죄로 죄인일
수가 없는 것이다.

보혈의 씻음과 상관없이 그저 양심상으로의 죄인이라면 가장 먼저는 예수
와 나의 관계를 분명히 해야 한다. 예수는 나를 대신해 죽어준 구주며 나는
영멸에서 살리심을 받은 것이니 생명을 빚진 자로 믿어야 하고 구주의 생명
을 살아야 한다.

□창세로부터 사람 난 내력은 첫 사람 아담만 흙으로 만들었고 아담의 아
내는 흙을 뭉치지 않고 아담의 살과 뼈로 만든 것이며 그 후로의 사람은 일
체 씨로 출산된 것이다.

씨의 출산으로부터는 여자가 낳은 사람이지만 첫 사람 아담은 여자의 출산
이 아니며 아담의 아내도 여자의 출산이 아니라 남자에게서 난 것이다.

여자의 모든 출산은 남자의 씨에 여자의 살을 입힌 잉태로 나는 것이니 근
본 남자의 몸이 나뉜 것을 보태는 것이다. 출산의 근본은 다 남자로부터며 모
든 성도도 아비의 출산이며 복음의 아비고 지금의 처음 아비도 성령이시다.

남편의 씨에 아내의 뼈와 살을 입힌 잉태의 출산은 갓난이가 첫 울음으로

그 숨통을 열고 눈을 떠서 인생을 시작하듯이 복음의 아비로 잉태한 출산은 하늘 갓난이의 울음을 간증하는 것이며 받은 은사대로 교회에 세워지는 것이다.

나면서부터 앞 못 보는 사람에게 예수님이 침으로 흙을 개어 그의 눈에 바르고 실로암 못에 가서 씻으라 하시니 그가 그대로 행하여 눈을 뜬 것인데 나면서부터 앞을 못 보는 것은 신의 뜻이 있으나 온전한 출산이 아닌 까닭이다.

그러므로 예수님은 흙을 개어 그의 눈에 발라서 아직 눈을 뜬 적이 없는 갓난이와 같은 처음의 상태로 눈을 만들었고 그가 물에 씻을 때에는 갓난이가 처음 눈을 뜰 때처럼 보게 하신 것이니 이는 이미 장성한 사람은 첫 울음을 울 수가 없기에 실로암 연못의 물로 울음을 대신한 것이다.

모든 출산이 처음에 우는 눈물로 첫 눈을 뜨는 것이며 처음 우는 울음으로 첫 호흡을 하는 것이니 아이가 울지 못하면 생명을 잃는다.

모든 갓난이는 처음 울음으로 인생을 시작하듯이 하늘 갓난이도 첫 울음으로 교회에 자신을 알리는 것이며 교회는 그의 간증을 듣고 그가 하늘 아기로 태어난 것인지를 분별하는 것이다.

하늘 아기로서 첫 울음의 간증이 예수의 증거를 말하지 못하면 성령의 출산으로 세우지 못한다. 예수의 증거가 분명하지 못하고 성령이 난 영을 밝히지 못하면 성도가 아니기 때문이다.

교회는 하늘 갓난이의 첫 울음을 알아듣는다. 사람이 믿고 하늘 갓난이가 되기까지의 문과 길을 지나지 않고 그냥 열심히만 믿는 것은 하늘 아기를 밝히지 못한다.

새로운 피조물이 되기 전에는 피조물이며 피조물은 아담 안에서 에덴동산의 미혹에 빠졌고 이제 새로운 피조물은 되찾은 세상에서 또 사단의 미혹에 빠졌다.

피조물이 첫 사람 안에서 사단의 미혹에 빠짐은 에덴동산의 아담과 이브는 아직 세상을 살지 않았고 선도 악도 모르며 아무 인격이 없는 상태라 사단이 계획한 미혹에 빠진 것이다.

이 세상에서는 먼저 온 사단의 미혹에 빠진 것은 선교 안에서 부족한 복음을 먼저 받았기 때문이다. 아담이 에덴동산에서 아무 인격이 없이 미혹에 빠졌듯이 비교할 복음이 없이 일방적인 선교를 생명의 빛으로 받아들인 것이다.

흑암의 나라에서는 어두움의 임금인 사단이 빛의 나라에서는 어두움으로 나타날 수가 없어서 거짓광명을 행하는 것인데 처음 오는 선교가 생명의 빛보다 먼저 오기 때문에 세상교회가 거짓광명을 생명의 빛으로 받은 것이다.

거짓광명의 부족한 복음은 영을 세우지 않는다. 영을 세우면 물과 성령으로 나는 성령의 출산을 이루기 때문에 예수의 증거를 숨기고 육신사람으로만 열심히 믿게 하는 것이다.

흑암의 나라에서 육체뿐인 사람일 때는 영이 죽은 무덤이었고 새사람일 때는 새 영을 담은 새 처소의 육신이다. 그러므로 진정한 성도는 육신의 주인인 영을 세우고 영혼으로 육체를 주관하는 삶이 되어야 한다.

사람의 육체는 영혼을 나타내는 화면이며 영혼의 뜻을 말하는 스피커의 입이다. 눈도 손도 발도 다 영혼을 표현하는 것이니 자기 영혼을 세우지 아니한 사람은 육체가 다 인줄로 안다.

믿지 않을 때의 육체뿐인 사람일 때는 심령으로 육체의 요구를 행하는 것이며 믿고 성도가 되면 심령이 영을 좇아 영혼으로 성령의 요구를 행하는 것이니 성령의 소욕에 육체의 소욕이 덮이는 것이다.

천하보다 귀한 것은 영혼이며 육신은 갈아입는 옷이다. 인생 목적이나 영혼의 목적도 다 영생을 받아 본향으로 돌아가는 것이니 육신은 땅이 본향이라 하늘의 옷을 다시 입는 것이다.

사람이 영혼을 깨달아서 근본의 자기를 세워야만 영도 육도 사는 것이며 영혼이 신령한 새 몸을 받을 때에 육체가 있은즉 신령한 몸을 받는 그 육신

때의 모양대로 받는 것이다.

육체는 천국에 가지 못하나 육체가 있어서 그 육신 때의 모양대로 임하는 신령한 몸을 받는 것이며 성도로 행한 심령의 인격이 모든 기억을 않고 영격으로 성화한 영원한 심령에 이르는 것이다.

성도의 영혼이 하늘 본향으로 돌아가는 첫째의 조건은 예수가 죽어준 구원 안에서 사람이 물과 성령으로 나는 것이며 이것을 이루기 위한 예수십자가의 도가 세워진 것이다.

세상교회는 예수가 못 박히고 피 흘린 것만 생각할 뿐 물과 피를 쏟은 비밀을 알지 못한다. 어린양제물은 물과 피를 흘리려고 물과 피로 오신 것이며 물과 피의 증거를 이루신 것이다.

□사단이 하늘에서 항상 고소한 옛 죄를 공평하게 심판한 결국이 예수십자가의 사망이다. 예수십자가에 합한 사망으로 만든 사람이 일체 폐한 것이며 아담의 혈통을 마친 것이다.

옛 사람이 예수 안에서 자기 죄로 죽은 것이며 사망의 물에 장사된 것이다. 피로 씻을 세상 죄로 피 흘리고 죽어야할 죄인이 죽어서 장사된 이것을 간과한 죄 사함은 없고 구원도 없다.

죄인으로는 죽고 의인으로는 산 것이 거듭난 것이며 그리스도의 부활하심으로 거듭나서 산 소망이 있는 새사람이다. 이제 거듭난 새사람은 사단이 고소하지 못한다.

고소권이 폐한 사단이 아들의 나라에서 거짓의 아비로 거짓임금을 행하는 것이니 죄인으로 죽고 의인으로 다시 산 것을 분명히 하지 않으면 거짓에 속은 믿음일 뿐이다.

흑암의 나라와 사단의 황권을 폐하고 아들의 나라일 때에 창세전의 예정대로 예수 안에서의 자녀를 거두는 것이니 거듭남으로부터는 성도와 자녀에 이르는 영생의 구원을 받아야 한다.

자녀 되는 성령의 출산을 간과하고 죄인이던 옛 사람을 벗지 못하므로 흑암의 나라 때와 같이 죄를 씻으며 보혈의 씻음을 대적하는 것이니 예수 안에서의 믿음이 아닌 것이다.

옛 사람이 죽은 새사람까지는 예수의 육체를 좇는 것이며 새사람이 예수의 육체를 떠나 성령이 난 영으로 영생의 자녀가 되면 이제 혈통이 아닌 영통이며 예수의 영과 한 영을 이룬 거룩한 씨의 친자녀인 것이니 여기까지를 이루어야 성도다.

거룩한 씨가 없는 자칭 성도는 다 옛 죄를 용서받지 않고 지금 행하는 자기 죄를 십자가의 피로 씻어가는 것이며 옛 사람 안에서 옛 세상 죄인으로 죽은 것을 모르는 것이다.

옛 죄는 세상 첫 죄를 정죄함으로 시작이다. 세상 시작에서 선악과의 악에 속한 가인이 선악과의 선에 속한 아벨을 죽이므로 그때 의인 아벨의 피가 땅에서 소리친 호소로부터다.

세상 첫 죄는 신께서 정죄한 첫 죄를 말한다. 아담의 에덴동산 죄는 선악과의 악을 행한 것도 아니며 세상에서 행한 세상 죄도 아닌 것이니 아담의 죄는 에덴동산에서 신의 법을 범한 죄며 범죄 한 영이 죽은 것이다.

세상에서 처음 정죄한 죄는 가인이 선악과의 악을 행한 것이며 그때 죄 없이 억울한 피 흘림의 소리친 요구에 예수 십자가의 보혈이 응답하였고 예수의 부활로 광명이 떠서 생명의 빛을 발하니 선악과의 선이 새 싹을 돋은 것이다.

죄를 씻어 감은 옛 사람 안에서 자기 죄를 어린양제물의 머리에 안수하여 넘기지 아니한 것이니 이는 세례요한의 안수에 믿음으로 자기 손을 합하지 못한 것이다.

하늘 성막이나 땅의 성막이나 안수하여 죄를 넘기지 아니한 죄 사함은 없다. 대속은 죄인이 직접 죽지 않고 제물이 죽는 것이니 자기 죄를 담당할 제물의 머리에 안수하여 죄를 넘겨야 한다.

그러므로 믿음의 법적인 믿음이 얼마나 좋은지를 깨달아야 한다. 두 세상의 가운데에 예수십자가가 섰으니 전에 죽은 자나 우리가 시공간 적으로 예수의 머리에 세상 죄를 넘기는 세례요한의 안수에 참여하지 못하므로 법적인 믿음이 필요한 것이다.

법적인 믿음을 세워주심은 법적인 믿음을 행하라는 것이다. 죄 넘기는 안수에 동참하지 않고 하늘 성소에 드린 피도 없이 십자가의 피로만 씻으면서 입으로만 내 죄를 씻으신 구주라고 찬송을 하면 죄가 절로 씻어지는 것이 절대 아니다.

죄 사함을 받으려면 죄를 사하는 문으로 통로를 지나야 하고 내가 참여할 것은 참여하고 믿을 것은 믿어야 한다. 이것을 이루는 법과 증거가 다 이루어져 있는 것이다.

죄만 씻으면 절로 자녀가 되는 것이 아니다. 죄 사함에서처럼 하늘 갓난이로 태어날 잉태로부터 의문을 제한 출산을 거쳐야 한다. 예수 안에서 아비 없는 자녀는 없는 것이니 복음전하는 자 아비의 직분을 세워주신 것이다.

사람이 절로 생겨난 것이 아니듯 에덴동산에 선악과와 생명나무가 괜히 있는 것이 아니며 신이 능력부족으로 사단의 미혹을 바라만 보신 것이 아니다.

선악과는 육체에 피와 살이 되는 열매가 아니라 두 세상에서 행할 선과 악이며 아담이 먹고 선과 악이 있는 사람으로 되는 것이다.

세상 첫 사람 아담과 이브가 처음 잉태한 출산으로 선악과의 악인 간인과 선악과의 선인 아벨을 낳아 선과 악이 있는 세상을 이룬 것이라 처음 세상의 임금인 사단을 좇아 악이 선을 죽인 것이니 여기로부터의 죄 사함의 길을 걸어야 한다.

예수십자가 전의 옛 세상은 선이 죽고 악이 산 세상이라 악을 행한 죄의 삯을 치러야 했고 죄의 삯이 피 흘림이라 죄를 담당한 피로 씻은 것이며 인류의 죄를 담당한 예수의 피로 단번에 씻은 것이다.

이 세상에 우리가 믿으면서 씻어갈 세상 죄는 없다. 다 나은 상처의 흉터처럼 죽은 죄가 있고 나타나 보이지만 이미 나은 흉터와 같은 것이다.

그러므로 지금 자기 죄를 씻어가는 믿음은 흉터를 없애려는 어긋난 믿음의 부족한 복음이다. 상처를 싸매고 약을 발라 낳게 한 은혜를 모르는 것이다.

예수이름으로 세례를 받고 죄 사함을 얻은 자는 이제 사망의 물이 회복한 것의 구원하는 표를 받은 것이니 세례로 성도를 행할 것이 아니라 표를 들고 신을 향하여 찾아가야 한다.

세상교회에서 세례이상의 성도를 행하는 세례가 아니라 구원하는 표를 들고 자녀가 되기 위하여 주를 찾아가는 자격을 가지는 세례인 것이며 여기까지로 새 백성이 구별된 것이다.

법과 증거대로 세움 받는 하늘 갓난이로부터 자녀인 것이니 에덴동산에서 범죄 한 영이 죽을 때에도 법대로인 것이며 신이 세운 대표자와 대결하여 이긴 대로 사단에게 나라를 내어줌도 공평과 법대로인 것이다.

창조한 나라를 잃을 때도 법 대로며 잃은 나라를 되찾을 때도 공평한 법대로다. 구주를 믿는 믿음도 법 대로며 믿음의 삶이 다 공평을 좇아야 한다.

□신께서 사람 안에 심령을 지었으나 옛 사람일 때는 육체를 좇아 굳은 마음의 악한 양심이라 스스로 죄를 깨닫지 못하였고 율법도 제사장에게 나아가야 보는 것이니 성막에 가서 행한 죄를 깨달아야 용서를 받았다.

새사람일 때는 새 마음의 선한양심이라 심령으로 영을 좇아 살게 되었으나 이 소식을 알지 못하므로 사람들이 영을 세우지 않고 육체를 좇는 심령으로만 사는 것이다.

옛 사람은 율법 앞에서의 행한 죄를 깨달으면 지은 죄를 따라 흠 없는 제물을 준비하고 반드시 제물의 머리에 안수하여 죄를 넘겨서 피 흘린 죄 사함을 받는 것이며 새사람은 죄를 깨달으면 보혈의 능력을 힘입고 피의 증거를 드는 것이다.

율법의 목적은 그때 범죄를 벌하려는 것이 아니라 유치원의 선생님처럼 죄인을 이끌어 예수십자가에 넘기는 것이며 이는 사단의 대적에도 공평한 법이다.

율법은 예수로 십자가에서 마실 잔을 채우게 하여 흙으로 만든 아담의 혈통을 일시에 폐하게 하는 것이니 율법이 정죄한 결국은 우리가 새로운 피조물에 이른 것이다.

율법이 선한 것이란 악을 숨기지 않고 드러냄이며 율법의 선은 선악과의 선에 속한 것이 아니다. 사람의 선은 선악과의 선이지만 율법의 선함이나 사단의 대적에 대립한 선은 오직 신의 선이며 사람에게는 신의 선이 없다.

자기 죄를 씻어 감은 여전히 율법아래 있는 것이다. 율법의 요구를 예수님이 응답하여 이루었고 새 나라의 새 법으로 다시 살게 하신 구원으로 영생을 권하시는 것이다.

그러므로 예수 안에서의 성도가 되려면 어린양 제물이신 예수께도 안수하여 자기 죄를 넘겨야 하니 언제라도 믿음으로 세례요한의 손에 연합해야만 한다.

그때 세례요한이 대표로 다 했고 어린양예수도 대표 제물로서 세상 죄를 넘겨받아 씻었으나 지금 믿을 때에 복음을 좇아 믿음으로 참여하지 않으면 마음에서부터의 죄 사함이 이루지지를 않기 때문이다.

예수의 머리에 안수하여 자기 죄를 넘기는 세례요한의 손에 참여하지도 않고 십자가의 피로 씻어가는 죄 사함은 죄 사함의 복음에서 빗나간 것이며 예수를 계속 못 박을 뿐이다.

죄를 고백만하고 죄 넘기는 안수가 없으면 용서도 없다 죄가 절로 씻어 질

수도 없지만 씻어주는 주님도 넘겨받지 아니한 세상 죄는 씻지 못한다.

그러므로 지금은 때가 늦었지만 믿음의 법이 있어 법적인 믿음으로 안수에 참여하고 옛 사람 안에서 함께 안수한 자로 구별되고 죄에서 해방한 생명의 성령의 법을 지켜야 한다.

지금은 옛 죄를 넘기는 안수에만 믿음으로 참여하는 것일 뿐 이 세상에서 지은 죄를 넘기거나 씻음을 받는 것이 절대로 아니다. 보혈의 씻음 후로 이 세상 죄는 씻지 못한다.

옛 세상 끝에서 옛 죄를 씻을 때에 어린양제물인 예수는 안수하여 넘겨주는 대로 짊어지는 것이고 하늘 성소의 제단에 드려지면 예수님이 담당한 거기까지의 죄만 씻어지는 것이다.

어린양제물이 그때 담당한 세상 죄 외의 이 세상 죄는 예수에게 넘기지도 씻지도 못하지만 씻어줄 법도 피도 없고 씻어줄 일도 없으며 피로 씻을 죄인도 없다.

죄 사함에서 일 년 일차의 대속인 칠월 십일의 용서만 온전히 깨닫는 다면 쉽게 영원한 속죄를 이루어 죄 씻을 일이 없을 것이나 사단의 미혹이 강하다.

살 죄와 죽을죄를 설명하고 죽은 행실을 밝히는 성도의 회개와 죄의 종일 때의 형편과 종이었던 표시를 가진 그대로 행방된 의인을 사는 것의 예수 죽인 양심을 말하여도 여전히 지은 죄에 매이는 것이니 칠월 십일의 대속을 깨달아야 한다.

멜기세덱이 직분을 행한 하늘 성소의 대속 후로는 새로운 세상의 새로운 정죄가 오는 것이며 새로운 정죄의 삯은 오직 지옥 일뿐 용서하고 씻어주는 것이 없다.

용서가 없는 새로운 정죄란, 보혈로 씻어주었다 해도 안 믿는 죄다. 속은 믿음은 양단간에 비교할 복음이 없어서 이미 씻긴 것을 또 씻어가지만 완전한 복음을 만나면 돌이켜야 한다.

죽은 행실의 죄는 용서받을 죄가 아니라 이미 용서받은 죄며 죽은 행실은 구원의 불신과 배도와 성도가 성령의 운행하심 중에도 부러 계획하는 범죄 외의 세상 죄가 다 죽은 행실이며 죽은 행실이란 예수가 대신 죽어준 자로 행하는 죄다.

죄인이 직접 죽지 않은 대속이니 사람은 여전히 죄를 짓고 살지만 예수가 죽어준 사람이니 예수가 죽어준 대가대로 의인인 것이며 예수가 죽어준 죄이니 죽은 죄로는 다시 정죄가 없다.

영원한 속죄 안에서 죄인을 살며 주신 칭 의를 부끄러워하는 것이 오히려 정죄 받을 범죄인 것이니 자기 죄로 예수 죽인 양심을 바로써야 예수의 생명이 보이는 성도와 자녀인 것이다.

□속담에 피는 못 속인다는 말이 있다. 거룩한 성도는 보혈을 힘입은 예수의 혈통이며 보혈의 능력으로 의인이다. 새사람은 예수가 피 흘리고 낳은 것이며 예수의 생명을 사는 것은 예수의 핏줄인 것이다.

핏줄로는 천국에 가지 못한다. 예수님도 피가 생명인 육체로는 천국에 이르지 못하며 육체가 변한 신령한 몸으로 올라가셨으니 믿는 자도 예수의 육체를 좇지 말고 그의 영을 좇아야 한다.

처음 돌이켜서 믿을 때는 예수의 육체를 좇아 새사람이 되는 것이며 피의 증거로 이루는 것이다. 피의 증거를 받고 물의 증거 안에서 사람이 물과 성령으로 나고부터는 예수의 육체를 떠나 예수의 영을 좇아 영생의 구원에 이르는 것이다.

그의 영을 좇아 한 영을 이루고 땅에서는 예수의 신령한 몸을 믿음으로 옷 입어 예복을 갖추고 천국에 갈 때는 각인의 신령한 몸을 영생의 예복으로 다시 받는 것이다.

신령한 예복을 입는 하늘 아기로 잉태의 과정은 복음의 아비들과 변론하며 의문을 제함에 있고 하늘 갓난이로의 출산은 물의 증거 안에서 성령으로 행구는 세례에 있다.

하늘 갓난이의 출산은 법과 증거 적인 것이며 사람이 마음으로 믿으면 심령이 영을 좇아 영혼으로 육신을 주장하여 예수를 구주로 시인 하는 것이니 성령이 난 영으로부터의 시인이다.

세상교회처럼 성령이 난 영에 이르지도 않고 육신의 입으로 구주라고 시인만 하고 세례교인이 되는 것은 예수십자가의 도와 상관없는 일이다.

믿기 전에 육체를 좇던 심령이 믿으면서는 영을 좇는 것이니 새사람에게 주신 새 영이 성령으로 나야하고 구주예수의 영과 한 영을 이루어서 영이 세움을 받아야 심령이 따른다.

죄 사함에서 자기 죄를 깨닫고 죽어 마땅한 죄인임을 깨닫는 것은 자기 생전에 지은 죄가 아닌 것이며 죽을 죄인이 되는 것도 현재의 자기를 죄인으로 시인하는 것이 아니다.

죄 사함은 오직 옛 세상 끝에서 어린양제물의 예수에게 안수하여 넘긴 옛 죄를 용서받는 것이며 옛 사람 안에서의 죄인으로 용서를 받고 거기까지로 피로 씻을 죄에서는 행방인 것이다.

옛 사람 때는 율법 앞에 죄를 지어서 죄인이지만 이미 구원을 받은 우리 새사람 때는 지금 내가 지은 죄로 죄인이라서 예수의 피로 씻음 받는 것이 아니다.

예수부활 후로는 자기가 태어나서 죄를 짓기도 전에 이미 보혈로 씻고 구원하여 새사람으로 다시 살게 한 것이다. 그러므로 옛 사람 때와 새사람 때를 구분하지 못하면 세상교회처럼 이 세상에서 지은 죄로 죄인이 되어 용서를 받아가는 것이다.

옛 세상 끝에서 물과 피로 오신 예수가 물과 피를 쏟아준 구원이 벌써 이천년의 세월이 지났고 우리는 이미 구원받은 새로운 피조물로 이 세상을 아들의 나라로 살아온 것이다.

아들의 나라에서 자기가 지은 죄를 이제 어떤 제물에 안수하여 넘기고 피 흘린 용서를 받을 것인가? 아들의 나라에서는 죄 사함을 받는 일이 없고 오직 영생의 구원을 받을 뿐이다.

이 세상 죄는 용서할 수가 없어서가 아니라 용서할 수가 없는 죄라서 지옥에 보낸다. 예수가 죽어준 대가를 불신하고 대적한 이 세상의 정죄를 용서한다면 대체 누가 지옥에 갈 것인가?

그리고 이 세상의 정죄는 옛 죄처럼 피로 씻을 세상 죄가 아닌 것이다. 지금의 정죄는 피로 씻을 죄도 아니고 사단이 고소하는 죄도 아니다. 이런 죄를 용서받는 것은 성경 어디에도 없다.

지금의 새사람이 받는 죄 사함은 자기가 태어나기도 전에 깨끗하게 씻어 놓고 용서하신 증거를 법대로 받는 것이며 죄 사함의 구원으로 끝이 아니라 사람이 물과 성령으로 나는 영생의 구원을 받아야 하는 것이다.

예수의 증거인 물과 피의 증거는 성경대로 밝힌 것이다. (요일5:8,) 「증거 하는 이가 셋이니 성령과 물과 피라 또한 이 셋이 합하여 하나이니라」 말씀대로 증거 하는 이가 셋이고 성령과 물과 피니 이는 성령의 증거와 물의 증거와 피의 증거로 셋이다.

증거 하는 이가 셋이란, 예수의 증거는 대언의 영이기 때문이다. 성령의 증거와 함께 물의 증거와 피의 증거도 대언하는 영으로 증거 하므로 대언의 영을 인하여 증거 하는 이라 함이다.

예수님이 대제사장이며 신부들이 제사장인 하늘 성막에서 예수십자가의 증거를 대언하는 두 영을 세운 것이며 각기 물의 증거와 피의 증거를 대언하는 영이니 성령과 대언하는 두 영으로 함께 셋이라 증거 하는 이가 셋이라 말한 것이다.

(계 19:10,) 『내가 그 발 앞에 엎드려 경배하려 하니 그가 나더러 말하기를 나는 너와 및 예수의 증거를 받은 네 형제들과 같이 된 종이니 삼가 그리하지 말고 오직 하나님께 경배하라 예수의 증거는 대언의 영이라 하더라』

물의 증거와 피의 증거가 말로만 있고 기록으로만 있는 것이 아니라 물로 이루는 내력을 담당하여 증거 하는 영이 있고 피로 이룬 내력을 담당한 영이 있어서 이를 예수의 증거를 대언하는 영이라 한다.

그러므로 증거 하는 이가 셋이 맞고 셋의 증거에서 한 증거만 받아도 다 받을 수가 있으며 또 셋의 증거에서 한 증거만 없어도 성도에 이르지 못한다. 왜냐면 이 셋의 증거는 합하여 하나이기 때문에 한 증거만 빠져도 부족한 증거가 되기 때문이다.

셋의 증거가 아버지의 큰 증거며 이 셋의 증거가 아버지 앞에 있으므로 대적 자 사단 앞에서 흠 없이 거룩한 자녀를 얻는 것이며 이 셋의 대언자로 예수십자가의 도가 완전한 복음으로 서는 것이고 대제사장이신 예수님이 흠 없는 변호를 하신다.

종교개혁으로부터 육백년이 넘었으나 피의 증거 하나 깨닫지 못한 것은 예수교회가 아닌 까닭이다. 물과 피로 짝을 이룬 예수십자가의 도를 알지 못한 예수교회는 없다.

먼저 비추는 거짓광명에 영안을 뜨지 못하여 아들의 영은 빼고 아버지와 아들과 성령으로 삼위일체를 만든 것이니 삼위일체 안에서는 아들의 영이 없고 아들의 영이 없이는 예수 안에서의 자녀를 얻지 못한다.

성경에 아버지와 아들과 성령은 셋이 함께 아들의 영을 거룩한 씨로 넣은 성령의 출산을 이루는 것이지 셋이 한 몸이라는 일체를 말함이 아니다.

만약에 셋이 한 몸을 이루는 일체라면 아들의 영도 있어야 하니 사위일체일 것이다. 아버지는 아버지의 영이 있고 아들은 아들의 영이 있기 때문이다.

양자의 영인 아들의 영과 아버지의 영은 구별이 되고 등과 등불처럼 하나 되지만 등과 불은 따로 인 것이며 아들은 등이고 아버지는 불이다.

성경에서 아들도 빛이고 아버지도 빛이신데 왜 아들은 등이고 아버지는 빛일까? 이는 아들은 세상을 위한 사람들의 빛이고 구원하는 광명이라 그 빛의 임무를 마친 것이다.

아들 빛은 땅에서의 구원을 이루었고 아버지의 영광은 천국에서 영원하니 이제 아들은 아버지의 영광을 비추는 등이시고 아버지의 영광은 아들 안에서 천국을 비추는 것이다.

그러므로 빛과 등으로 함께 일 때도 아버지의 영과 아들의 영이 있는 것이며 서로 떨어져도 두 분의 영이 각각 있는 것이니 삼위일체식이면 삼위가 아닌 사위라야 한다.

삼위일체를 부인함이 이단이 아니라 삼위일체로 믿는 것이 진짜 이단이고 삼위일체는 사람이 맘대로 세운 것이며 양자의 영을 제한 것이니 삼위일체 안에서는 거룩한 씨를 심는 성령의 출산을 이루지 못한다.

삼위일체만 아니라 신의 이름을 사람이 지어주고 성경을 사람이 맘대로 고치며 아버지와 아들이 새벽같이 일하신 일요일을 옮겨서 안식일로 삼고 둘째 날인 월요일을 첫째 날로 쓰는 것은 사단의 대적에 동참함이 분명한 것이다.

□지금까지의 자기 믿음에서 하늘 갓난이에게 임하는 신령한 젖의 성령 학이 없었고 성령 학으로 장성함이 없다면 이는 다 십자가의 피만 믿을 뿐이다.

제사장 멜기세덱으로 하늘 성소의 제단에 드려진 어린양예수의 피가 씻어 놓은 깨끗함과 그 깨끗함을 유지하는 보혈의 능력을 힘입지 못한 것은 다 자기 믿음이다.

그림자 성막에도 제사장이 있고 제사장이 속죄제의 피를 들고 성소에 들어갔듯이 하늘 참 성소의 제물도 제물스스로는 제단에 드려지지 못하니 어린양예수를 영원한 속죄의 제물로 드리는 제사장이 있는 것이다.

땅에서 들린 어린양 제물을 하늘 제사장 멜기세덱이 하늘 성소의 제단에 드린 것이니 멜기세덱은 어린양예수를 위하여 있는 신의 제사장이다.

(히 7:1,) 『이 멜기세덱은 살렘 왕이요 지극히 높으신 하나님의 제사장이라 여러 임금을 쳐서 죽이고 돌아오는 아브라함을 만나 복을 빈 자라』

살렘 왕 멜기세덱은 주 아버지의 제사장이니 하늘 성소에서 자기 직분을 행할 것이며 이 땅의 그림자 성막에서 죄의 삯을 짐승의 피로 드리는 제사를 이어서 피의 씻음을 끝내는 마지막의 제사를 예수의 피로 드려 단번에 영원한 속죄를 이룬 것이다.

멜기세덱은 아비도 없고 어미도 없고 족보도 없고 시작한 날도 없고 생명의 끝도 없어 주 아버지의 아들과 방불하여 항상 제사장으로 있는 것이니 이는 아담의 혈통이 아님을 말하는 것이다.

땅의 제사장은 죽어가는 사람이나 하늘 성막의 제사장은 죽지 않고 영원한 것이며 영원한 제사장에 영원한 제물로 영원한 속죄를 하루날 단번으로 이룬 것이니 이 후로 예수 안에서는 죽은 행실일 뿐이다.

(시 110:4,) 『여호와는 맹세하고 변치 아니하시리라 이르시기를 너는 멜기세덱의 반차를 좇아 영원한 제사장이라 하셨도다』

영원히 죽지 않는 아버지의 제사장 멜기세덱을 이어서 하늘 성소의 영원한 대제사장이 되어야 할 아들 예수에 대한 말씀이며 예수님은 어린양제물의 사명을 이룬 것이니 이제 죄 씻는 일을 마쳤으므로 멜기세덱의 반차를 좇아 하늘 성소의 제사장을 행하시는 것이다.

땅의 성막인 그림자에서도 제사장이 있고 대제사장이 있어서 대제사장이 제사를 담당하듯이 하늘 제사장 멜기세덱을 이어 대제사장이신 예수님이 피의 증거로 대언하시며 왕 노릇을 마친 성도의 제사장들과 함께 영원한 속죄를 아뢰며 죄 없음을 확증하는 것이다.

땅의 성막에서도 제사장이 있고 대제사장이 있듯이 하늘 참 성막에도 제사장이 있고 대제사장이 있으니 대제사장은 예수님이시고 제사장은 십사만 사천의 신부된 성도다.

제사장인 신부성도만 이마에 성령으로 인치고 아버지와 아들의 이름이 있고 하늘 성막과 제사장 직은 이 세상을 폐하여 육신사람이 없어지기까지 행한다.

(계 20:6,) 『이 첫째 부활에 참예하는 자들은 복이 있고 거룩하도다 둘째 사망이 그들을 다스리는 권세가 없고 도리어 그들이 하나님과 그리스도의 제사장이 되어 천 년 동안 그리스도로 더불어 왕 노릇 하리라』

계시록 이 십장 육 절의 제사장은 하늘 성소에서 천년동안 일함이고 땅에서의 다른 세대를 위한 영원한 복음을 세우는 것이다.

(계 5:10,) 『저희로 우리 하나님 앞에서 나라와 제사장을 삼으셨으니 저희가 땅에서 왕 노릇 하리로다 하더라』

여기의 계시록 오장 십 절의 제사장과 땅에서의 왕 노릇은 옛 세상의 종말에서 그때 성령세대의 사도들이 행한 것이며 큰 무리의 성도가 따르는 복음의 제사장이었다.

이마에 인 맞은 이들은 예수 재림의 심판으로 들림 받아 하늘 성막에서도 대제사장인 예수님과 함께 우리의 영원한 복음을 위한 제사장인 것이며 하늘과 땅의 이 두 제사장 직을 감사함이 아래의 말씀이다.

(계 1:6,) 『그 아버지 하나님을 위하여 우리를 나라와 제사장으로 삼으신 그에게 영광과 능력이 세세토록 있기를 원하노라 아멘』

□멜기세덱은 하늘 성소의 영원한 제사장이다. 멜기세덱이 영원한 제사장이 아니고 땅의 제사장처럼 죽어가는 것이면 멜기세덱의 반차를 좇아야 할 예수는 영원한 대제사장이 되지 못하는 것이다.

하늘 성막의 제사장은 새 예루살렘성전이 임하기까지 임무를 행하여 마친다. 새 예루살렘 성전부터는 하늘에 백성이 있는 천국이며 죄인이 없이 거룩한 자녀만 영생하니 속죄의 제단이 필요 없고 피의 증거로 변호하며 죄 사함을 증명할 일이 없기 때문이다.

네 생물의 성전에서 새 예루살렘 성전으로 옮기기까지는 대제사장 예수님이 항상 우리를 위한 피의 증거를 아바아버지 앞에 아뢰시고 물을 증거 하시므로 사단의 대적에 흠이 없는 거룩한 성도의 삶을 이루는 것이다.

예수님이 멜기세덱의 반차를 좇아 대제사장이 될 때에 죽은 자를 좇는 반차가 아니라 아버지의 유일한 제사장이며 항상 살아있고 영원히 사는 멜기세덱의 반차인 것이다.

그러므로 멜기세덱은 아담의 혈통이 아니다. 멜기세덱이 구약에서 살렘 왕으로 있었으니 우리와 같은 아담의 혈통으로 잘못 알 수도 있을 것이나 영원히 사는 혈통은 없다.

또 멜기세덱은 예수님의 그림자나 상징이 아니며 이 땅에 예수가 오신 멜기세덱이 아니다. 예수님이 하늘 성막에서 대제사장인 지금도 멜기세덱은 따로 있고 영원히 있을 것이니 아들과 방불하다 함이다.

성경에서 분명히 멜기세덱은 아담의 혈통이 아님을 밝혔듯이 신이신 예수님을 아버지의 참 성막에 영원한 속죄의 제물로 드리는 제사장이 죄와 사망에 빠진 아담의 혈통일 수가 없다.

예수의 머리에 안수하여 세상 죄를 넘긴 세례요한도 특별히 엘리야의 심령으로 보내심을 받아 잉태한 출산으로 임한 것이니 하늘 성막의 제사에는 아담의 혈통이 참여하지 못하나 요한은 온 인류의 대표로 여자가 낳은 자 중에서 큰 자인 것이며 땅에서 일한 것이다.

멜기세덱이 땅에 왔었지만 땅에서 죽어 없어진 사람이 아니며 땅에 속한 사람이 아니다. 하늘 성소의 그림자인 땅의 성막과 성전이 없던 아브라함 때에 그가 살렘에서 왕을 행한 것은 장차 있을 땅의 성전을 예비함이다.

그때 살렘은 장차 예루살렘인 것이니 하늘의 예루살렘에 보좌가 있고 아버지가 거기서 행하시므로 땅의 백성들을 위한 땅의 예루살렘이 필요하므로 멜기세덱이 와서 살렘 왕으로 장차 있을 예루살렘 성전을 미리 구별하여 정한 것이다.

하늘 성소의 영원한 속죄 후로 땅에서는 성도가 제사장인 것은 복음의 제사장이지 성막에서 행하는 그 제사장이 아니다. 땅에서는 더 이상 성막의 제사장이 필요 없기에 성전이 무너져 폐한 것이다.

예수십자가 후로는 땅에도 하늘에도 제물을 드리는 성전은 영원히 폐하고 없다. 땅의 성전이 무너진 것을 사람들이 다시 세우려하지만 대적일 뿐 제사하는 성전의 때가 아니다.

요한 계시록에서 마지막 심판에 나오는 사랑하시는 성은 옛 세상의 제사하던 그런 성전이 아니라 하나의 성이며 어느 지역일지 나라일지는 아직은 모른다.

하늘의 예루살렘은 아버지의 보좌가 있고 땅의 예루살렘에는 아버지의 언약 궤만 있다. 땅의 성도가 들리기 전의 하늘 예루살렘은 네 생물로 된 성전이며 왕래하는 성전으로 땅으로도 왔었다.

피로 씻을 세상 죄를 영속한 후로 땅의 예루살렘성전을 폐하는 것이고 자녀농사를 마칠 때에는 하늘에서 새 예루살렘이 완성되어 삼층 천위의 하늘에서 삼층 천의 땅으로 내려오는 것이다.

새 예루살렘도 왕래하는 성이며 새 예루살렘은 신부되는 성도로 지어진 성이고 천국의 만백성이 거하는 어디든지 운행하며 백성들과 기쁨의 포도주를 나눌 것이다.

어린양예수가 땅에서 들리고 한 군병이 창으로 찌를 때 쏟아지는 물과 피는 멜기세덱이 하늘 성소의 제단에 마지막의 제물로 드린 영원한 속죄의 제물이며 땅에서 들린 예수는 하늘 성소에 들어가심이다.

멜기세덱이 하늘 성소에 드린 제물이 되지 못한 십자가의 피로만 믿는 것은 어린양예수의 다 이룬 것을 일체 받지 못하니 제물은 제단에 드려져야 하고 마지막 제물은 하늘 성소의 제단에 드려져야 한다.

(요 10:1,) 『내가 진실로 진실로 너희에게 이르노니 양의 우리에 문으로 들어가지 아니하고 다른 데로 넘어가는 자는 절도며 강도요』

양의 우리에 문으로 들어가지 않고 다른 데로 넘어감은 좁은 문의 예수가 없는 다른 문으로 들어감이고 예수의 증거가 없는 자칭 스승으로 가르치는 것이다.

하늘의 제사장 멜기세덱이 없는 십자가의 도는 양의 문이신 예수와 좁은 문이신 예수를 따르지 못한다. 물과 피로 짝을 이룬 예수십자가의 도는 피 뿌린 구원 안에서 물 뿌리는 행굼으로 영생하는 것이니 하늘 성소에 드린 물과 피가 있어야하기 때문이다.

(히 6:20,) 『그리로 앞서 가신 예수께서 멜기세덱의 반차를 좇아 영원히 대제사장이 되어 우리를 위하여 들어가셨느니라』

예수님이 땅에서 들려 나무에 달리심은 어린양제물로서 하늘 성소에 드려짐이고 멜기세덱은 아버지 앞에 예수십자가의 물과 피를 드리니 물은 거기 물두멍에 채우고 피는 속죄 제단에 드렸다.

예수십자가에서 쏟아진 물과 피가 땅을 적시고 온 인류를 향한 피와 물 뿌림이 될 때에 제사장 멜기세덱이 하늘 성소에 어린양제물을 드린 영적인 대속을 깨달아야 한다.

멜기세덱은 예수님과 방불하여 거의 비슷하나 멜기세덱은 예수가 아니며 예수로 오지도 않고 예수의 일을 하지도 못한다. 멜기세덱은 하늘 성막의 제사장이며 하늘 성막의 제사장이 있어야 부활의 예수가 이어서 대제사장일 수가 있는 것이다.

멜기세덱을 이어서 예수님이 하늘 성막의 대제사장이고 신부성도는 제사장이며 다음 열매인 우리를 위한 제사장이다. 땅에서 영원한 복음을 받아 다음 열매로 익어질 성도가 있기 때문에 하늘 성막에 제사장이 필요한 것이다.

(히 5:11,) 『멜기세덱에 관하여는 우리가 할 말이 많으나 너희의 듣는 것이 둔하므로 해석하기 어려우니라』

이와 같은 말씀대로 멜기세덱이 직분을 행한 하늘 성막의 영원한 속죄를 밝힌 말씀이 없기 때문에 이것은 비밀이 되어서 지금까지도 알지 못하고 악한 사단의 미혹에 속은 것이다.

말씀에서 너희의 듣는 것이 둔하므로 해석하기 어렵다 하심은 거룩한 지체로 성령 학을 받는 장성한 성도까지도 해석하기가 어렵다는 말이 아니라 어린 믿음의 성도들에게 하는 말이다.

성령은 아버지의 영이니 아버지의 마음을 다 아시므로 성령 학으로 해석하기 어려운 것은 없으나 성도의 믿음을 행하는 그 나이에 맞게 거기까지만 알게 하신다.

□예수님은 물과 피로 오신 것이니 물로 포도주를 만든 것이며 물과 피를 쏟아 물과 피의 복음을 이루시고 공중 혼인잔치에서 물과 피로 성도의 잔을 채운다.

가나안 혼인잔치의 물로 된 포도주는 예수의 흘린 물과 피가 짝을 이루는 것이며 여섯 항아리의 포도주는 모든 육신사람이 예수 믿을 때에 자기 잔을 채우는 것이다.

공중 혼인잔치는 예수 재림의 심판에서 산자와 죽은 자가 함께 들려서 물과 피로 씻은 자들이 물과 피의 잔을 들고 물과 피를 찬송한 것이다.

물과 피의 증거가 없는 자들은 왼편에 서서 부러워할 것이니 좁은 길을 외면함이었고 마지막 길에서 서러운 눈물뿌림은 영생의 구원을 받지 못함이니 법과 증거를 외면한 결국이다.

성도는 법적인 믿음으로 의문을 제하나 법을 안 지켜 증거가 없는 믿음은 옛 사람의 굳은 마음과 악한 양심으로 육체뿐이던 소욕이 율법에 부딪치고 새사람의 새 영과 선한 양심이 새 마음의 법에 가책을 받는 것이니 자기 믿음만은 한계가 오는 것이다.

예수십자가는 하늘 성소의 제단에 바칠 제물을 준비하는 곳이니 십자가 밑에서 십자가의 피로는 죄를 씻지 못한다. 창세로부터 한 번도 제물을 드린 적이 없는 하늘 성소의 제단에 처음이자 마지막의 제물을 드린 어린양의 피로 씻어야 한다.

그 뿌리에 그 나무는 같아도 처음 익은 열매로 따는 때가 있고 다음 익는 열매로 따는 때가 따로 있다. 만약에 우리가 처음 익은 열매가 되면 이 세상 종말 후로의 다른 세대를 위한 세상이 남아있어야 한다.

성령의 능력과 사단의 능력이 대립한 싸움은 옛 세상 말세에서 이룬 것이고 우리는 속이는 복음을 밝히며 복음의 능력으로 싸우는 것이니 사단의 선교 대 구주의 복음전파다.

선교의 믿음은 공평이 없다. 성도는 사단의 대적 앞에서도 거룩해야 하고 사단도 인정할 거룩한 의인의 증거를 가져야 한다. 사단과의 대립에서 주 아버지 앞에서만 믿는 것은 공평이 아니다.

선과 악의 대립에서 선과 악의 앞에서 다 온전한 것이어야 하니 죽고 산 것을 명확히 하고 영광이신 아버지의 선과 흑암인 사단의 악을 구분하고 새싹 난 선악과의 선과 이제는 죽은 선악과의 악을 구별한 온전한 선악간의 삶을 이루어야 한다.

성도는 달밤의 때를 넘어서 해가 뜬 대낮보다 더 밝은 예수 광명아래 사는 것이니 되찾은 세상에 해 밤은 없는 것이나 사단의 때가 먼저라 거짓 해 밤인 것이며 속은 믿음도 거짓광명을 좇아 이상한 해 밤처럼 성도와 죄인을 함께 행한다.

선교의 복음에는 자기 죄로 예수 죽인 양심이 없다. 천년을 믿어도 구원받은 죄인이고 이천년을 믿어도 죄를 씻을 뿐이다. 예수의 핏줄인 새사람만 되어도 양심상 죄인일 수는 없으니 구원받은 의인이 맞다.

□잉태한 욕심을 부림은 속에서 동한 죄를 밖으로 드러내는 것이니 선악간의 싸움에서 악이 이긴 것이다. 사람의 세상살이가 시작이 되면서부터 선이 지고 악이 승한 것이니 그 악이 뿌리를 내린 나무처럼 가지가 무성할수록 선을 아는 범죄의 열매가 가득한 것이다.

갓난이가 부모의 교양과 학교의 교육을 받으며 오직 선한 행위만 배워도 결국은 다 양심의 가책을 무시한 죄를 지으며 동일한 욕심을 부리니 이는 근본의 씨가 욕심을 잉태한 사람이기 때문이다.

사람들이 형상의 돈으로 지식을 사면서 가정교육과 회초리의 훈계를 폐하기 때문에 부모공경이나 이웃사랑이 지워지니 돈으로 행하는 효도는 부모의 마음에 허공을 만들뿐이다.

사람은 다 심법과 세상 법을 지킨다. 심법은 마음속에서부터 죄를 막지만 세상 법은 사람이 죄를 행한 후에 벌하는 것이며 새로운 죄악을 따라 만들어가는 법이다.

사람 안에 법을 새긴 신 앞에는 사람의 양심상 가책이 이는 것은 다 범죄이나 세상 법은 드러나고 들킨 죄만 심판하는 것이며 큰 죄와 작은 죄로 나누지만 심법은 크든 작든 동일한 죄며 동일한 가책을 받는 동일한 죄의 삶을 치르니 신이 보시는 세상과 세상 법은 죄인이 죄인을 심판함인 것이다.

인격은 욕심과 악을 감싼 것이다. 어려서부터 교양과 교육으로 인생살이 익히지만 사람은 다 욕심 부리고 악을 행한다. 그러므로 대중 앞에서는 자기의 흠과 악을 감추고 이목과 체면 때문에 선을 행하지만 보는 눈이 없을 때에는 다 근본을 드러내기 때문이다.

사람의 갖춘 인격은 포장지와 같다. 포장한 두께에 따라 악이 쉽게 나오거나 더디 나오고 죄악이 약하면 인격에 막히지만 인격이 두꺼운 만큼 양심을 지켜 잘 참는 사람도 많다.

양심을 지키는 선한 사람도 욕심과 악은 속에 들어있고 형편과 때를 따라 선도 행하고 악도 행하며 욕심 부릴 수밖에 없다. 그러므로 악이 인격을 뚫지 못하고 막혔어도 그 속에서는 이미 악이 동한 것이며 인격이 얇은 사람은 발동한 악을 막지 못하는 것이다.

쏜 화살이 방패를 뚫어도 여러 개는 힘들고 마지막의 방패에 막힌다면 목적을 이루지 못함이듯 사람의 욕심과 악이 인격을 뚫고 나가다가 어느 인격에서 막히면 나간 죄가 마음으로 되돌아오는 것이며 한번 동한 마음은 시간이 흘러야 가라앉는다.

사람마다 인격이 다르고 표시도 없으며 겪어봐도 잘 알지 못하나 사람도 나무와 비슷하니 나무의 겉이 거칠고 가시가 있으면 오히려 그 속은 색과 문양이 아름다운 것이듯 사람의 선행도 외형에만 있지 않는 것이다.

그러므로 신은 사람의 속을 보실 뿐 외모로 판단하지 않으시며 겉 사람이 아닌 속사람과 사귀시고 영혼의 자녀로 세우시기 때문에 믿는 자는 영혼으로 성도를 행하되 땅에서는 육체로 표현하는 것이다.

사람들의 세상살이 선악은 사람의 눈과 세상 법의 기준에 대한 것일 뿐 하늘의 신이 보시는 사람의 선악은 선악과의 선과 악이다. 사람은 처음부터 신의 선하심에 이르지를 못한 것이다.

처음부터 선이 있는 사람으로 만들어진 것이 아니라 백지 상태로 선악과의 선과 악이 들었기 때문에 사람은 선악과의 선 그 악을 행할 뿐이다.

사람 쪽에서는 자기 맘대로 사는 것이 맞을 것이나 아들을 내어준 신에게는 영적인 선과 악이 대립한 세상은 사람의 영혼이 죽고 사는 일이기 때문에 복음전파로 알리는 것이다.

그리스도의 부활로 살아난 선악과의 선을 행하라는 것이며 흑암의 나라일 때 악이 살고 선이 죽었기 때문에 살리신 선이며 성령의 출산으로 행하는 선이라 믿는 자들에게 거룩한 씨를 권하는 것이다.

선악과의 비밀을 알지 못하니 보이는 대로의 착한 것과 악한 것으로 구별하는 것이고 왼쪽에서 악을 행하고도 오른쪽에서는 선을 행하면 그대로 선인데 왼쪽의 악을 들키지만 않으면 본인은 양심의 가책을 받을지라도 보는 눈은 선하다 칭찬하는 것이다.

선악 간의 삶이라 인격대로 선악 간에 행하니 사람의 한두 번 잘못을 영구히 벌할 수가 없음은 세월 따라 인격이 더하기 때문이며 한번 착하다고 선으로 못 박을 수도 없는 것이니 사람살이 근본이 욕심을 잉태한 선악간의 삶이라 시시때때로 선악이 오락가락인 것이며 어제는 선행이나 오늘은 악으로 드러나기 때문이다.

성도의 선은 예수 안에서 거룩한 씨가 들었기 때문에 자녀로서 아버지 앞에 선한 것이지 세상 앞에는 다 선악 간에 오락가락인 것이다. 거룩한 성도는 선한 씨의 자녀이나 세상 법은 정죄하는 것이니 성도는 복음전파를 위한 선행으로 살아야 한다.

영적인 싸움에서 사람을 만든 신의 선과 사람을 죄에 빠뜨린 사단의 악이 대립하였고 사람은 세상에서 선악과의 선과 악으로 신의 선과 사단의 악에서 양단간에 선택하여 선한 열매가 되든지 악한 열매가 되는 것이니 아담이 선악과를 먹고 눈이 밝은 선악의 사람이 됨은 선악의 양단간에서 공평한 자기 선택을 하려는 것이다.

※ 에덴동산의 선악과나무열매는 선과 악으로 이루는 세상을 위한 것이니 첫 사람의 마음에 아무것도 들은 것이 없을 때 선악과를 먹어 선과 악을 아는 선악 간의 사람이 된 것이며 후손으로 전가하는 것이라 에덴동산의 선악과나무의 열매는 육신의 피와 살을 위한 것이 아니라 아무 인격이 없는 아담에게 세상눈을 뜨고 선악을 아는 인격으로부터 살게 하는 것이다.

□사람의 선악 간의 삶을 알리는 성경의 증거는 새 마음에 새겨진 두 심법이다. 선에 속한 신의 법과 악에 속한 죄의 법이 있어서 사람은 항상 두 법대로 선악 간에 사는 것이다.

지금은 악한 사단이 자기 때에 속삭이기 때문에 달밤에 속한 죄악이 온 세상에 성하지만 성도라면 선한 양심의 법으로 죄의 법을 덮어야 한다.

사단의 미혹을 허락하심은 달밤으로 속삭이며 권하는 악에서 스스로 돌이켜 선한 양심을 행한 알곡의 성도를 거두시기 위함이다. 이제 악은 예수십자가까지로 죽었고 선은 예수의 부활로부터다.

어린양예수의 대속은 세상 죄를 죽였으나 세상 법은 죄가 드러나는 대로 벌하는 것이라 새로운 죄가 끝이 없이 날로 번성하고 무성하여 세상에 넘치니 세상 법은 세상 죄를 열심히 좇아갈 뿐이다.

범죄를 기다리는 세상 법은 죄악을 이기지도 못하며 새로운 죄를 따라 만드는 법이니 세상에 죄악이 자랄 뿐이고 악한 기운으로 더욱 미혹하는 사단은 참으로 기쁨을 금치 못할 것이다.

세상 법으로는 죄를 없애지 못하나 옛 세상에서 신의 율법도 죄를 없애는 것이 아니었으며 사람이 법을 지키지도 못하였다. 그때 율법은 범죄 하는 사람을 이끌어 예수에게 넘긴 것이다.

그때 율법이 아니면 죄를 죄로 깨 닫지도 못하고 만든 사람의 혈통으로 예수십자가에 연합되어도 무슨 까닭인지를 알지 못할 것이라 율법이 인도자로 세워진 것이며 세상 끝에서 목적지 예수에게 넘긴 것이다.

사람의 범죄는 다 양심을 거치며 가책을 받지만 죄의 법이 이기는 것은 육신에든 법이라서 육체의 소욕대로 욕심 부리는 죄를 원하기 때문이고 선한 법도 함께 있으나 강제성이 없어 가책이 무시당함이다.

그러므로 육체의 주인인 영을 깨달아서 세워야 하며 성령 학을 좇는 영혼의 소욕으로 육체의 소욕을 덮어가야 한다. 주인 없는 육신사람만 살기 때문에 이 세상의 지금 형편에 이른 것이다.

사람에게 선악의 두 법이 함께 있음은 옛 사람이 새사람을 다시 살기 때문이고 선한 양심의 자유 한 선택을 위함이니 이는 스스로가 선을 택하든 악을 택하든 마지막의 심판장에서 자기 선택을 불평하지 못하고 원망하지 못하게 하심이고 대적 자 사단 앞에서 공평한 심판을 마치려는 것이다.

7 장

다른
세대의
성도

(엡 3:4-7,) 『[4] 이것을 읽으면 그리스도의 비밀을 내가 깨달은 것을 너희가 알 수 있으리라 [5] 이제 그의 거룩한 사도들과 선지자들에게 성령으로 나타내신 것 같이 다른 세대에서는 사람의 아들들에게 알게 하지 아니하셨으니 [6] 이는 이방인들이 복음으로 말미암아 그리스도 예수 안에서 함께 후사가 되고 함께 지체가 되고 함께 약속에 참예하는 자가 됨이라 [7] 이 복음을 위하여 그의 능력이 역사하시는 대로 내게 주신 하나님의 은혜의 선물을 따라 내가 일꾼이 되었노라』

다른 세대란, 예수님과 제자들이 행하던 세대가 아닌 그 세대가 지나버린 후로의 다른 세대며 지금 이 세상의 우리가 다른 세대이니 옛 세상 끝에서의 처음 성도들에게 우리는 다른 세대다.

다른 세대는 흑암의 나라인 옛 세상 끝에서의 성령세대와 되찾은 아들의 나라인 이 세상의 복음세대로 구분되며 성령세대는 처음 오신 보혜사 성령이 내재하여 알게 하신 복음으로 믿었고 복음세대는 성령세대가 아는 것을 기록한 복음으로 믿는다.

예수님 제자들 때의 성도들은 흑암의 나라 끝에서 말세를 만났으니 저들은 아들의 나라로 시작하기 전의 옛 세상의 종말을 당한 것이고 큰 환란을 거쳐서 예수 재림의 심판으로 들린 처음 성도다.

우리는 처음 성도가 들린 후로 옛 세상을 심판하여 마치고 되찾은 아들의 나라로 시작한 이 세상의 종말을 향하는 세대며 백 보좌의 마지막 심판으로 천국에 이르는 것이다.

그러므로 저들은 예수님이 약속한 보혜사 성령을 처음에 받은 세대로 성령세대며 우리는 저들이 성령으로 아는 것을 기록으로 남겨준 신약의 복음을 받아서 믿는 다른 세대다.

성령세대와 다른 세대는 세대만 다른 것이 아니라 나라도 다르고 종말이 다르며 심판도 다르고 동일한 예수십자가의 도에서 복음을 깨닫는 것도 다르다.

성령세대는 예수님이 육체로 임하신 옛 세상에 속하고 다른 세대인 우리는 예수 재림의 심판 후로 새롭게 시작한 아들의 나라에 속하며 성령세대는 옛 세상을 폐하는 심판이고 우리 복음세대는 육체의 세상을 영원히 마치는 심판이다.

성령세대는 옛 세상 끝에서 부어주시는 성령으로 복음을 받아 택한 백성으로 그때 말세의 복음전파를 이룬 것이며 새로운 세상에서의 다른 세대인 우리는 되찾은 세상의 처음에서 성령으로 아는 것이 없이 부족한 복음을 먼저 받은 것이니 이는 이 세상의 처음은 성도가 없이 사람의 아들들뿐이기 때문이다.

다른 세대의 복음은 성령세대가 성령으로 아는 것을 장성한 믿음 안에서 기록한 것이며 영원한 복음으로 받는 것이다. 다른 세대는 택한 백성의 성도가 들린 후로 성도가 하나도 없는 상태에서 시작하는 것이며 예수교회가 아닌 세상종교를 사람의 아들들이 세운 세상교회가 먼저 시작한 것이다.

옛 세상 끝에서 그때 사도가 한 비밀을 깨달았으며 그 비밀은 그때의 사도들과 선지자들에게 성령으로 알게 하신 것과 같이 다른 세대에서는 사람의 아들들에게는 성령의 알게 함이 없다는 것이다.

옛 세상 끝에서 처음 익은 열매의 성령세대와 그 후로 이 세상 끝에서 다음 익을 열매의 다른 세대를 구분한 것이며 예수 재림의 심판을 분기점으로 성령세대와 다른 세대로 구별한 것이다.

옛 세상 끝에서 말세에 부어주시는 성령을 받은 제자와 사도들 때에 다른 세대는 시작되지 않았고 비밀을 깨달은 사도가 볼 때에 다른 세대부터는 성도와 자녀가 없이 사람의 아들들뿐이었다.

다른 세대의 시작부터는 성도가 없이 사람의 아들들뿐이라 마음에 죄 사함을 이루지 못한 사람에게는 거룩한 성령이 함께하지 못하므로 성령 학이 없는 것이다.

옛 세상 끝에서 흑암의 나라가 여전히 이어지는 상태에서 그때의 성령 받은 성도가 함께 세운 세상종교가 아니라 처음 익은 열매의 성도가 일체 없는 상태에서 사람의 아들들로만 세워진 종교며 예수 이름을 빙자한 종교라 예수의 증거를 숨기고 대적하는 것이다.

성령 받은 거룩한 성도로 이어진 예수교회는 사람이 개혁하기까지 타락할 일이 없고 개혁당할 일도 없는 것이다. 성도가 없는 사람의 아들들이 세운 세상종교라 사단이 천년의 무저갱을 풀려나 세상종교를 타고 거짓종교개혁으로 미혹한 것이다.

예수십자가의 지불과 예수부활로 나라를 되찾았으나 제자들 때는 되찾은 세상을 열지 아니한 흑암의 나라 끝이며 임박한 종말을 당한 것이고 말세의 성령을 받은 성령세대를 처음 열매의 성도로 거둔다.

흑암의 나라 끝에서 처음 익는 열매를 위한 복음전파가 그때의 세상 끝까지 이루어지고 거기서의 땅 끝까지 복음이 전파되어 성령세대에 속한 성도를 모은 것이니 칠십년의 세월이 흐른 것이다.

신랑 예수님이 신부성도와 혼인 약속 후로 일백년 안에 신부를 데리러 와야 하니 신랑예수 부활승천 후로 백년 안에 오셔야 하고 가실 때 온다고 약속하신 대로 언약한 기일 안에 오셔야 한다.

예수님은 그때 세상 끝에서 정말 속히 오시어 약속을 지키신 것이고 신부성도들은 칠십년 세월을 복음전파에 협력한 것이다. 신부성도를 데리러 오시는 예수 재림은 밤에 속한 흑암의 나라 끝에서 오시는 것이라 이 비밀을 알지 못한 세상교회는 속이는 대로 미혹을 당하고 이미 이루어진 예수 재림의 심판을 기다리고 있는 것이다.

흑암의 나라 끝이라 밤에 오신다는 것이고 어두움의 때라서 열 처녀의 신부가 등불을 들고 기다리지만 말세에 부어주시는 성령을 받지 못한 자들은 재림 예수를 만나지 못한다.

옛 세상에서 흑암의 나라일 때에 사단이 어두움의 임금으로 우리를 고소하고 말세에서 예수님이 구원하였듯이 되찾은 빛의 나라인 이 세상도 사단이 먼저 부족한 복음 선교로 속이고 말세에서 주님의 완전한 복음전파를 이루는 것이다.

선진국으로 먼저 믿은 나라가 많지만 다른 세대에서는 다 사람의 아들들로 부족한 복음 선교를 받기 때문에 우리나라에 처음 들어온 복음 선교가 부족한 복음이었고 부족한 복음의 선교라 신의 이름을 자기들이 지어서 고친 것이다.

옛 세상을 마치고 다른 세대를 시작한 처음 믿음에서는 일방적인 선교를 따르기 때문에 예수의 증거가 없이 그저 설교와 먼저 믿는 자들의 간증을 좇아 믿은 것이 지금에 이른 것이다.

옛 세상 끝에서 말세의 성령을 받아 모든 능력으로 행한 처음의 성도가 들리고 없는 다른 세대에서는 일방적인 미혹이라 물과 피로 짝을 이룬 예수십자가의 도가 나타나지 못한다.

다음 열매의 세대가 처음 익은 열매 때의 것을 그대로 받고 이루고 행하려 하니 거짓으로 드러나는 것이며 끝까지 속일 수밖에 없고 속이는 자기들도 복음에 의문이고 이상할 것이다.

성경에 분명히 말세를 만난 성령세대와 그 후로의 다른 세대가 기록이 되어있어도 숨기는 미혹을 받기 때문에 다른 세대는 인쇄된 글씨일 뿐 비밀을 깨닫지 못한다.

오직 복음으로 믿어야 하는 다른 세대에서 성령세대의 것을 욕심 부리고 받지도 못하고 이루지도 못하므로 거짓 능력을 행하는 것이며 때늦은 성령의 불과 성령 충만을 외칠 뿐이다.

다른 세대는 오직 복음으로 믿는다 함은 성령세대처럼 내재하신 성령이 알게 하심으로 믿는 것이 아니라 이미 성령으로 아는 것을 기록한 복음으로 믿는 것이니 성령세대는 예수십자가의 도가 기록된 것이 없을 때에 성령으로 복음을 받았고 우리 다른 세대는 저들이 기록하여 준 복음을 성령 학으로 깨닫는 것이다.

지금의 다른 세대에서 성령의 능력을 행함은 다 사단이 돕는 거짓이다. 예수가 다 이루고 죽어준 증거는 받지도 않고 예수이름으로 병을 고치며 다른 세대에는 폐한 성령의 능력을 행하려고 하니 속일 수밖에 없다.

세상교인들이 이런 것을 믿고 따르는 것은 성경에 기록이 되어있는 분명한 말씀이기 때문이다. 그러나 성경은 성령세대의 믿음과 종말이 있고 우리 다른 세대의 믿음과 종말이 구분이 되어있어 자기 세대의 믿음이 다른 것이다.

성경에 기록되었으나 이미 이루어진 것과 이룰 것이 구별된 것이니 지나간 성령세대의 것을 욕심 부릴 것이 아니라 다른 세대에서 받고 이룰 것을 좇아야 한다.

옛 세상을 폐하는 종말 때의 성도가 새롭게 시작될 이 세상을 향하여 다른 세대에서는 사람의 아들들에게 성령으로 알게 함이 없다고 분명히 밝힌 것인데 이 말씀은 간과하고 다른 말씀만 믿는 다면 이상한 것이니 이것이 다 속이는 미혹에 빠진 것이다.

다른 세대는 성령세대의 믿음을 본받고 그들이 기록하여 넘긴 영원한 복음을 받아 완전한 복음으로 믿는 것이니 다른 세대는 성령세대의 것을 뿌리로 삼을 것이나 그때의 것을 그대로 받지는 못한다.

영원한 복음을 받아 완전한 복음으로 믿는 것은 다른 세대를 위한 복음을 받아 법과 증거 적으로 흠 없이 믿는 것이다. 영원한 복음은 더 이상의 다른 복음이 없는 마지막의 복음이니 백 보좌 심판의 말세에서 받는 복음이 곧 영원한 복음이다.

성령세대 때는 구약이 있었으나 기록된 신약이 없이 내재하신 성령의 알게 하심으로 자기 믿음과 받은 은사대로 깨달은 것이니 각인의 성도 안에 있는 것이라 희미하였으나 그들 안에서 익어진 것을 기록하여 모은 신약은 구약의 요구에 응답한 것으로 완전한 복음이고 이 세상 말세로부터 전파될 것이니 영원한 복음인 것이다.

□요한사도가 밧모 섬에서 계시를 받아 일곱 교회에 전한 것과 감람나무의 가지가 꺾이고 이방인이 거기에 접붙임을 받는 일은 성령세대에서 다 이루어진 일이다.

다른 세대에서 장차 세워질 성도의 진에서는 그때의 일곱 교회를 믿음의 근본으로 삼고 그들의 잘하고 못한 것을 구별하여 참고하는 것일 뿐 그때의 일곱 교회로 행하는 것이 아니며 다른 세대는 일곱 교회로 인도하지도 않는다.

다른 세대에서는 선민이나 이방민의 구분이 없이 믿으며 다른 세대에서 받는 영원한 복음으로 예수의 증거를 받고 다른 세대에서는 성령의 능력이 없으며 오직 복음을 깨닫는 성령 학으로 믿는다.

(마 21:18-22,) 『[18] 이른 아침에 성으로 들어오실 때에 시장하신지라 [19] 길 가에서 한 무화과나무를 보시고 그리로 가사 잎사귀 밖에 아무 것도 얻지 못하시고 나무에게 이르시되 이제부터 영원토록 네게 열매가 맺지 못하리라 하시니 무화과나무가 곧 마른지라 [20] 제자들이 보고 이상히 여겨 가로되 무화과나무가 어찌하여 곧 말랐나이까 [21] 예수께서 대답하여 가라사대 내가 진실로 너희에게 이르노니 만일 너희가 믿음이 있고 의심치 아니하면 이 무화과나무에게 된 이런 일만 할뿐 아니라 이 산더러 들려 바다에 던지우라 하여도 될 것이요 [22] 너희가 기도할 때에 무엇이든지 믿고 구하는 것은 다 받으리라 하시니라』

성경은 성령의 감동으로 되었고 비유가 많다. 예수님이 무화과나무를 말려 죽이는 것은 큰 일이 아니다. 또 예수님이 제 철도 아닌 때의 무화과나무가 열매를 맺지 않았다고 죽게 하신 것도 아니다.

여기의 이야기는 나무 죽은 이야기가 아니라 사람 죽는 이야기다. 성경은 나무를 사람으로도 표현하며 감람나무이야기는 우리 이방에는 큰 복음이다.

예수님은 포도나무시고 성도는 그의 가지다. 무화과나무와 그 열매는 이스라엘의 대표 나무과일이며 이스라엘 사람은 온 세상 인류의 대표사람이다.

때가 아니어서 열매를 맺지 아니한 무화과나무는 흙으로부터 난 아담의 혈통과 같다. 아담의 혈통은 일체 선한 열매를 맺지 못하고 죽어 없어질 것이며 예수님은 이것을 이루고자 오신 것이니 흙으로 만든 사람을 일체 폐하고 예수의 피 흘린 출산으로 다시 세우려는 것이다.

그러므로 예수님 생전의 그때는 아직 구원을 이루지 아니한 때라서 사람들이 흙으로 만든 표상일 뿐이고 예수 안에서의 자녀가 될 새로운 피조물의 새사람이 없기 때문에 새 영으로 맺히는 영생의 자녀를 기다리시는 주님은 심령의 배가 고픈 것이다.

사람이 선한 열매를 맺는 것은 아담의 혈통으로는 죽고 보혈을 힘입는 예수의 새 혈통으로 거듭나야만 가능하다. 그러므로 예수십자가에서 예수와 함께 아담의 혈통은 일시에 일체 죽었다.

그때 제자가 예수님께 왜 나무가 말라 죽었냐고 물을 때에 예수님은 이런 영적인 일을 믿음도 없는 그들에게 설명하실 때가 아니므로 제자들에게 의심 없는 기도를 하라 하신다.

구하는 것에 의심이 없으면 다 받을 것이고 이보다 더한 일도 하리라 하셨으나 이러한 믿음도 당시의 제자는 누구도 이루지 못할 일이니 이는 장차 보혜사 성령을 받아야하기 때문이다.

그때 예수님이 시장하심은 영적인 일이다. 예수님이 죽어주기 전에는 누구도 예수님의 시장하신 마음을 채우지 못하며 흑암의 나라에 팔린 죄의 종을 멸하고 새로운 피조물로 세워야 그때 믿는 자들로 기쁘게 하심을 받아 만족하시는 것이다.

예수님은 하늘에서 신이실 때 아버지께 맹세하고 순종하여 이 땅으로 오셨고 이룰 사명을 위한 길을 가고 마실 잔을 위한 일을 하시니 세상살이의 예수로 보아서는 사명 자를 알지 못한다.

예수님은 육체로 오셨으나 우리 육체와 다르고 또 시장하실 때 안 드셔도 우리처럼 기진하지 않으시며 육신 배고픔으로 열매가 없다하여 나무를 죽이시진 않는다.

우리의 옛 사람인 아담의 혈통이 죽어 없어지지 않고는 거듭난 새사람의 선한 양심으로부터의 맺히는 좋은 열매가 열지 못함을 아시기에 만든 혈통을 폐하는 일에 열심 하시고 받은바 사명대로 아담의 혈통을 예수십자가에 못 박는 일을 서둘러 하실 뿐이다.

옛 세상이나 이 세상에 예수십자가 전에는 영생하는 구원은 없는 것이며 거룩한 씨의 자녀도 없다. 그리스도의 부활로부터 생명의 빛이 밝혀지고 보혜사 성령의 증거가 있어야 그때부터 구원도 영생도 자녀도 온전함에 이르는 것이다.

예수님 생전에 죄를 용서하고 병을 고쳐주며 죽은 자를 살렸을지라도 또는 구약에서 특별히 택한 자라도 일체 예수 십자가 후로 그리스도가 부활 하시고 생명의 빛을 밝혀야만 다 온전함에 이르는 것이니 사람은 누구나 예수 안에서 자기 선택이 있어야 한다.

내가 지금 새로운 피조물이라면 이는 내가 옛 사람 안에서 나도 함께 옛 사람으로 죽었기 때문이다. 성령의 감동으로 성경을 기록한 자는 성령으로 숨은 속뜻까지는 다 알지 못하나 기록된 성경을 성령 학으로 배우는 성도는 숨은 것을 깨닫는 것이다.

그러므로 성령 세대 때는 희미하던 복음도 다른 세대의 성령 학으로 분명히 나타나는 것이니 성령세대는 보혜사 성령이 직접 내재하시어 다 이루어 주시고 알게 하지만 그때는 기록된 증거의 신약이 없기 때문이다.

그때는 법적인 믿음으로 증거를 받지 않아도 이미 성령으로 확증을 받고 배도만 없으면 생명록에 대조하지 않아도 성령의 확증으로 들리지만 다른 세대는 저들이 기록하여 남긴 복음 안에서 예수의 증거를 받아야 한다.

그러므로 성령세대는 성령이 알게 한 복음으로 증거를 가지며 다른 세대인 우리는 성령세대가 깨달은 복음이 그들의 속에서 익어지며 기록으로 남긴 신약 안에서 증거를 가지는 것이다.

성령세대와 다른 세대는 처음 익은 열매의 성도와 다음 익는 열매의 성도로 구별되지만 한 뿌리의 나무에서 열리는 같은 열매다. 저들은 이른 비의 열매로 이미 거둔 것이며 우리는 늦은 비의 열매로 맺히는 다음 익을 열매다.

지금은 다른 세대인 것을 분명히 깨달아야 하고 다른 세대에 속한 것을 성령 학으로 받아야 한다. 성령세대에서 이미 이루고 받은 것을 때늦게 받으려는 것은 속은 믿음일 뿐이다.

다른 세대에서 다른 세대인 것을 알지 못하고 일만 스승의 가르치는 대로만 믿는 것은 성도의 믿음이 아니며 구주 예수와 상관없는 세상 종교의 믿음일 뿐이다.

성령세대에서 임박한 종말로 큰 환란을 당하며 사단의 능력과 적그리스도의 횡포로 많은 성도가 죽고 상하고 배고프며 헐벗었으니 그때는 진짜 적그리스도가 대적한 것이다.

적그리스도란 그리스도예수가 아버지의 어린양으로서 제물이고 사단의 나라에 죄의 종으로 팔린 우리를 대신하여 죽어 구원한 것이니 악한 사단도 이를 흉내 내어 자기 양을 세운 것이 적그리스도다.

양은 동물이며 짐승이니 그때 사단이 자기 양으로 세운 자를 짐승이라 하고 짐승은 666의 수가 들어있는 이름을 가진 사람이다. 그러므로 사단의 짐승이 진짜 그리스도를 모방한 적그리스도인 것이다.

적그리스도는 사단이 임금인 흑암의 나라를 폐하지 아니한 그 세상 끝에서 나타난 것이며 그때 예수 재림의 심판으로 흑암의 나라를 폐하고 아들의 나라를 세운 후로는 예수도 더 이상 양이 아니며 사단의 양인 짐승도 있을 이유가 없으니 지금은 짐승이 없다.

사단의 짐승이 있을 때는 어린양예수의 사명을 마치지 아니한 옛 세상의 끝이며 어린양예수와 같은 사단의 양으로 짐승이 있었고 짐승의 이름의 수가 666이다.

사단이 짐승으로 세운 사람의 이름 안에 666수가 들어 있는 것이며 지금의 다른 세대에서는 짐승이 없기 때문에 짐승이 없는 666의 수만은 절로 나타날 수가 없다.

성령세대에서는 진짜 적그리스도가 있었고 다른 적그리스도가 많이 나타나서 속이고 미혹하였으나 진짜 적그리스도가 나타난 말세는 그때뿐이다.

지금 다른 세대에서의 적그리스도는 일체 가짜며 속임이다. 그러므로 다른 세대는 거짓광명에 적그리스도까지도 가짜며 영원한 복음을 받기까지는 세상교회의 복음과 믿음이 다 가짜다.

그때는 붉은 여황의 사단이 자기 양을 세운 진짜 적그리스도에게 모든 능력을 주었으며 어린양예수가 백성을 구원하고 나라를 되찾았듯이 자기도 그렇게 자기 양을 세워 흑암의 나라를 유지하려 했으나 아버지께 왕권을 받아온 어린양예수에게 패하고 말았다.

사단의 가짜 양 짐승이 산돌에 맞아 산산이 부서지고 영벌에 들어간 것이며 여황사단도 무저갱에 빠졌으나 지금은 풀려나서 다시 우리를 속이고 미혹하는 것이다.

다른 세대를 시작하기 전에 일천년의 무저갱에 들어간 사단이 그 천 년의 무저갱을 풀려나와서 가짜 빛으로 거짓광명을 행하는 것이니 이는 예수광명이 밝혀진 세상이라 더 이상 어두움으로 행할 수가 없음이다.

그러므로 사단이 무저갱을 풀려나고부터는 악한 사단이 거짓 적그리스도 인 것이니 이는 예수는 새 언약의 광명이시고 이 광명 앞에 먼저 와서 거짓 광명을 행하기 때문이다.

그러나 분명히 해야 할 것은 그리스도와 적그리스도의 때는 오직 흑암의 나라를 폐하는 옛 세상의 종말인 것이다. 예수 재림의 심판까지로 예수와 그 리스도의 사명을 마치는 것이며 심판 후로 되찾은 아들의 나라로부터는 구 원을 이룬 후이니 이제 새 언약의 큰 광명이시고 이 광명을 거짓으로 행하는 사단을 거짓광명이라 하는 것이다.

그러므로 다른 세대에서는 그리스도와 적그리스도가 아니라 참 광명과 거 짓광명인 것이다. 지금 거짓광명의 부족한 복음에 속은 세상교회는 속아서 믿기 때문에 이런 미혹을 알지 못한다.

성령세대 때는 흑암의 나라를 폐하는 종말의 세상이며 아직 예수광명의 나라를 시작하기 전이라 그때는 흑암의 세상 끝에서 사단이 최후의 발악을 행한 것이니 모든 것이 진짜 대적이었다.

지금은 짐승도 없는 666을 외침이 속은 것이며 사람이 물과 성령으로 나 지 아니하면 하늘나라에 가지 못한다는 예수님의 말씀을 따르지 않는 것이 부족한 복음이며 가짜로 속이는 선교다.

예수 안에서의 자녀가 되는 성령의 출산이 없이는 천국 가지 못하며 다른 세대에서는 육체로 행하는 성령의 능력과 성령의 불이 없는 것이니 자기 때 를 알지 못하는 욕심일 뿐이고 다른 세대에서도 불로불로를 외침은 빗나간 믿음인 것을 스스로 밝힘일 뿐이다.

□아담으로부터 예수십자가까지의 세상 끝이 없이 지금의 이 세상 끝만 세상 끝이라 알기 때문에 두 세상으로 나뉜 형편과 두 심판을 깨닫지 못하므

로 복음의 문이 잠긴 것이고 악한 사단은 힘이 나서 더욱 속이니 온 세상에 부족한 복음의 열매가 바다모래 같은 것이다.

물과 피로 짝을 이룬 예수십자가의 도를 기록한 복음이 없이 성령으로 자녀를 거두는 흑암의 나라 끝과 예수의 증거를 기록한 복음으로 자녀를 거두는 이 세상 끝을 알아야 다른 세대를 안다.

다른 세대에서 사람의 아들들에게는 성령으로 알게 하는 것이 없는 사단의 때에는 부족한 복음으로 속이는 사단의 거짓광명에 영의 눈이 부시어 완전한 복음을 보지 못한다.

다른 세대에서 성령 학이 없는 세상교회가 옛 세상 종말에서 받고 이룬 것을 이 세상 끝에서 똑같이 받고 이루려고 하니까 도무지 받을 수도 이룰 수도 없어서 속이는 것이며 사단이 돕는 것이다.

예수의 증거가 없이 기도하고 병 고친 것은 예수와 상관없고 다른 세대에서 방언도 거짓이며 물 뿌림의 세례와 유아세례와 성령이 난 영이 없이 행하는 성도와 자기 믿음이 다 거짓이며 속임이다.

다른 세대에서는 성령의 감동으로 숨은 것을 깨닫는 성령 학이 없이는 인쇄된 글씨대로도 그 뜻을 알지 못하니 방언과 귀신 쫓고 병 나은 것이나 천국가고 지옥 간 사람의 간증으로 증거를 삼을 뿐 예수의 증거가 없다.

사단의 소망은 온 인류를 속이고 자기 열매를 만드는 것이다. 사단은 하늘에서 땅으로 쫓겨난 분함을 이기지 못하고 다시 하늘에 오르려는 것이다.

시 날 평지의 못다 한 바벨탑을 이어서 하늘까지 가려는 것이고 육체는 하늘나라에 가지 못함의 말씀에 대하여 대적함인 것이나 결론은 아버지의 발등상에 이를 뿐이다.

거룩한 성도는 다 자기를 하늘 아기로 낳아준 복음의 아비가 있으며 복음의 아비로 의문을 제할 때에 성령의 출산에 이르는 것이고 성령 학이 임하는 것으로 하늘 아기가 확정되는 것이다.

복음의 아비가 없이 십자가의 피로 씻어가는 믿음은 거짓광명과 거짓의의 일군들에게 철저히 속은 것이며 아까운 세월과 재물과 수고와 헌신이 헛된 것이며 몸과 마음까지도 빼앗긴 안타까운 역사를 남길 뿐이다.

□옛 세상 끝에서 말세의 성령을 받은 성도로부터 예수 재림의 심판까지가 처음 익은 열매의 성령세대고 그때의 종말에서 칠년의 큰 환란을 당하며 그때에 세상 끝까지 복음전파를 이룬 큰 무리의 성도가 손에 종려나무가지를 드는 것이다.

그때는 사단이 임금인 흑암의 나라 끝이며 아직 사단의 황권이 남은 때이니 베드로사도가 밤새도록 그물을 던졌지만 한 마리의 고기도 잡지 못한 것이며 때가 밤이라서 그랬듯이 지금은 어두움의 사단이 거짓광명을 행하는 때라서 거룩한 성도가 없는 것이다.

사단이 임금이던 흑암의 나라에서도 빛과 어두움의 대립이고 흑암의 나라를 폐하여 되찾은 빛의 나라에서도 빛과 어두움의 대립이다. 흑암의 나라에서도 말세에 광명이 떠올랐고 이미 광명을 밝힌 이 세상에서도 말세가 되어야 광명을 비추니 지금은 거짓광명이다.

그러므로 베드로사도가 밤에 그물을 던진 것과 같이 거짓광명의 때에는 거룩한 성도가 세움을 받지 못한다. 동이 트는 아침이 되어야 하듯 광명을 비추는 말세의 때가 시작이 되어야 한다.

거룩한 성도와 자녀는 빛에 속하기 때문에 밤에 속한 때에는 세움 받지 못하며 복음전파를 이루지 못한다. 사람 낚는 어부로 세워지는 베드로가 날이 새는 새벽으로부터 그물을 던져야 하듯이 광명의 때를 좇아야 한다.

그때 예수님이 새벽에 오시어 사람 낚는 어부 베드로에게 배 오른 쪽에 그물을 던지라 하심은 광명의 때가 이른 것이며 배의 오른 쪽은 영생할 자녀들인 것이다.

심판장의 왼쪽은 불신한 자들로 어두움에 속하여 지옥에 가는 자들이고 오른쪽은 믿고 거룩한 지체가 되어 천국에서 영생할 자녀인 것이니 오른쪽에 세우는 복음전파는 이 세상 말세로부터다.

그러므로 광명을 비추는 낮에 속한 때가 이르고 영원한 복음이 세움을 받으면 배 오른 쪽의 물고기와 왼쪽의 물고기처럼 예수교회의 성도와 세상교회의 성도로 분명히 구별되는 것이다.

이 세상의 마지막 심판장에서 심판대 오른쪽의 천국 가는 자와 왼쪽의 지옥 가는 자로 나뉘듯이 영원한 복음전파에서도 오른쪽에 세워질 성도로 분명한 인도를 하고 성령의 확증을 확인해야 한다.

물과 성령으로 난 성도가 분명한지를 살피지 않고 그저 물 뿌리는 세례로만 성도를 세우면 거룩한 씨가 들지 못하여 열심히 믿은 결국이 심판장의 왼쪽으로 구별되는 것이다.

사단이 임금인 흑암의 나라는 사천년의 끝에서 일 백년이 남은 세상 끝에서 칠십년의 복음전파를 이루었고 빛에 속한 아들의 나라는 삼천년의 끝에서 일천년의 세상을 남겨두고 완전한 복음이 세움을 받아 사단의 부족한 복음과 대립하는 것이다.

예수 재림의 심판까지로 흑암의 나라를 폐하고 그때 사단이 붙잡혀 일천년의 무저갱에 들어간 것이며 거기서 일천년을 마치고 나와서 또 일천년이 지났으니 이천년의 세월이 흐른 것이며 이제 일천년의 세월동안에 성도의 진과 사단의 무리가 부딪치는 것이다.

이제 거짓광명의 부족한 복음 선교와 영원한복음의 완전한 복음전파가 대립하면 분명히 보이는 것은 그동안의 부족한 복음 선교는 굳은 마음으로 행한 죄인이며 완전한 복음전파는 주 아버지의 금강석 철필로는 죄를 새길 수가 없는 부드러운 마음으로 의인이다.

스스로의 정죄도 죄인이고 구원받은 죄인도 다 죄인일 뿐이다. 죄인은 새 마음을 쓰지 않기 때문이다. 예수 부활로부터 온 인류가 부드러운 새 마음이지만 세상교회는 부족한 복음으로 굳은 마음을 여전히 지키는 것이다.

그러므로 거짓광명의 때는 옛 사람대로 굳은 마음이라서 죄가 새겨지는 죄인이며 죄를 씻는 십자가의 피를 구하는 것이니 자기 죄를 자기가 씻으려고만 할뿐 어린양예수의 대속한 용서를 받아들이지 못하고 있는 것이다.

굳은 마음은 선한 양심과도 부딪치는 것이다. 새사람은 다 이미 선한 양심이기 때문에 부족한 복음으로 믿는 굳은 마음은 선한 양심의 가책으로 죄인이 되는 것이며 이것이 어그러진 것임을 알지 못한다.

그러므로 부족한 복음을 좇는 굳은 마음은 보혈의 씻음과 보혈의 능력과 죄에서 해방하고 자유를 주는 생명의 성령의 법과 다 이루신 예수의 증거대로 되어서 나타나지 못하는 것이다.

지금은 다른 세대인 것을 깨달아 사단이 먼저 와서 속이고 미혹하는 선교에서 돌이켜야 하고 예수님이 다 이루어 주신 것을 잘 유지하고 잘 쓰는 것이 선한 양심상의 옳은 믿음이다.

죄와 상관없다는 것은 예수 안에서 배도만 없으면 자녀의 범죄는 정죄가 없고 기억하고 생각하는 죄와도 상관없이 거룩한 성도로 칭 의를 유지하는 성도의 믿음을 행하는 것이다.

부족한 복음 선교 안에서는 다 죄인으로 죄를 씻어가는 것이며 스스로 칭의를 잃고 스스로가 정죄하는 스스로의 이단인 것이다. 선교에는 복음의 아비가 없기 때문에 영원한 속죄를 유지하는 보혈의 능력을 힘입지 못함이다.

선교에는 아비가 없음은 복음전하는 자 아비를 폐하고 자기들이 세운 전도사를 쓰며 그 위에 양을 가르치는 일만 스승의 목사로 예수님이 세운 직분을 폐하기 때문이다.

예수님이 직접 세운 교회의 직분은 복음전하는 자 아비와 다음의 목자로 짝을 이루니 목자는 양육하는 어미인 것이며 아비들의 출산을 받아서 어미들이 양육하는 것이다.

그러므로 예수교회의 직분에서 복음전하는 자 아비는 세 번째며 어미인 목자는 네 번째다. 아비들은 성령이 난 영으로 세우는 성령의 출산에 전념하고 어미들은 하늘 갓난이로부터의 장성하기까지를 양육하는 일에 전념하는 것이다.

영원한 복음의 예수교회는 처음부터 물과 성령으로 난 성도를 세워서 인격의 장성함이 거듭난 영격의 성화를 이루게 하며 부족한 복음의 세상교회는 영격이 아닌 자녀가 되는 것을 성화로 이룬다는 것이니 이는 성령이 난 영과 사람이 물과 성령으로 나는 것을 폐함이다.

사람이 믿으면서 점점 성화되는 성도와 거룩한 씨의 자녀는 있을 수가 없다. 처음 믿을 때로부터 단번에 거룩한 씨로 나는 것이며 물과 성령으로 나는 성령세례로 되는 것이니 예수교회는 성령이 난 영이 되기 전에는 성도와 자녀로 세우지 못한다.

하늘에나 땅에나 구원받은 죄인은 없고 오직 세상교회만 구원받은 죄인이 있다. 구원받은 의인인 것이며 구원받은 죄인으로 행하는 믿음은 보혈의 씻음이 성경의 기록일 뿐이고 자기 믿음은 세상 형편과 옛 사람을 좇는 것이다.

구원받았어도 죄인이면 지옥이다. 이 세상 끝에서 마지막 심판은 다 새로운 정죄의 죄인이다. 구원받고 성령의 출산으로 자녀가 되어 거룩한 성도를 행할지라도 배도하면 새로운 정죄로 지옥 가는 것이니 구원을 받았어도 죄인이면 지옥인 것이다.

천국인은 예수의 피 흘림에 합하여 죽고 장사되었다가 예수의 부활에 붙어서 거듭난 새사람이며 새사람이 믿고 물과 성령으로 나서 영생의 구원을 받은 것이다.

구원이 주님 편에서 일방적으로 이루어졌으나 사람이 이 소식을 듣고 자기 마음에서도 구원이 이루어져야 하니 마음에 구원이 이루어지기 전은 다 죄인을 살지만 구원을 이룬 후는 의인이어야 한다.

성도는 현재의 범죄로 죄인일 수가 없다. 왜냐면 예수 안에서는 다 죽은 행실일 뿐이며 하늘 성막에서 예수님이 대제사장으로 피의 증거를 분명히 밝히시니 아버지도 흠을 잡지 못하신다.

예수의 증거를 가진 온전한 믿음의 성도는 아버지도 흠 없는 의인으로 보시고 대적하는 사단도 고소하지 못하는 죽은 죄로는 다시 정죄하지 못한다.

그러므로 죽은 행실로 스스로가 죄인이라며 씻어 감은 예수의 대언을 걷어차는 것이고 아버지의 고대하신 대속을 업신여기니 이를 보는 사단이만 기쁠 것이다.

믿으려면 분명하게 구원 받은 의인과 구원받지 못한 죄인으로 바르게 양심을 써야 하며 죄의 삯은 사망에서 건진 구원과 성령의 출산을 훼방하는 미혹에서 돌이켜야 한다.

거짓광명이 먼저 와서 속이는 미혹은 공평하지만 속은 믿음으로 행하는 죄인은 이 땅에서 입어야할 성도의 예복을 입지 못한다. 옛 사람을 벗고 그리스도를 옷 입어 예복을 갖춘 성도이면 법과 증거 적으로 도저히 죄인일 수가 없기 때문이다.

거룩한 성도는 새로운 피조물로부터의 거룩한 씨의 자녀일 것이나 옛 사람을 벗지 못한 달밤 같은 자기 믿음만 행하기 때문에 구주를 열심히 믿으면서도 구원받은 죄인을 사는 것이다.

□온 인류는 일체 옛 사람과 새사람이 하나가 된 사람이며 성도는 복음대로 옛 사람을 벗고 새사람을 살지만 세상 사람은 옛 사람이나 새사람의 구분이 없이 살기 때문에 죽은 행실의 구분이 없다.

죽은 행실의 범죄는 세상 법에는 정죄가 되고 죄가 밝혀지면 심판을 받지만 또 들키지 않으면 세상 법은 심판이 없다. 그러나 예수 안에 있으면 죽은 행실로는 영원히 정죄함이 없다.

예수 안에서의 성도는 오히려 생명의 성령의 법을 지켜 참 자유를 누리는 것이니 스스로 죄인이며 죄와 상관하며 씻어가는 교인이면 이것을 분명히 하고 생명의 성령의 법을 지켜야 한다.

예수부활로부터는 두 법과 두 마음과 두 양심으로 거듭난 새사람을 살기 때문에 죄의 삯은 사망으로 죽은 나와 예수의 생명으로 다시 사는 나를 구분해야만 옛 사람이 죽은 것의 죽은 행실이 보인다.

한 사람 속에 두마음이라 옛 마음은 자기 요구를 주장하고 새 마음은 악에서 돌이키려 할뿐 선악 간에 정함이 없는 오락가락의 믿음이 죽은 행실을 모르는 믿음이다.

죽은 행실을 알면 죄에서 해방된 선한 양심을 쓰는 것이며 자유를 권하는 생명의 성령의 법을 감사할 수가 있다. 죽은 행실은 오직 옛 사람과 피로 씻은 옛 죄에만 해당한 것이다.

부족한 복음 안에서 죽은 행실을 모르는 믿음은 한 마음으로 악도 행하고 선도 행하는 것으로 잘 못 알기 때문에 옛 사람과 새사람의 구분이 없고 죽은 행실로 스스로를 정죄하는 것이다.

새사람 안에서의 마음은 한 마음이 아니라 두 마음이다. 옛 사람의 굳은 마음과 새사람의 부드러운 마음이며 옛 사람을 벗지 못하면 두 마음이 서로 나타나기 때문에 믿음까지도 왔다갔다가 되고 만다.

악을 좇는 마음과 선을 좇는 마음이 한 육체로 행하는 것이며 이 육신에서는 죄의 법대로 악을 좇는 마음이 강하여 선을 좇는 마음과 선한 양심이 사로잡힌다.

그러므로 사도는 이 상태에서 오호라 나는 곤고한 사람이로다. 이 사망의 몸에서 누가 나를 건져내랴 외쳤으나 이는 자기만 아니라 성도로 이런 형편을 깨닫게 하려 함이고 죄의 법과 굳은 마음의 것은 이미 죽은 행실인 것을 그 뒤에서 밝힌다.

예수 안에서 생명의 성령의 법을 지키는 성도는 배도와 부러 계획한 죄가 아니면 일체 정죄가 없기 때문에 은혜위에 은혜가 넘치는 것이며 만약 세상 살이의 결국이 복음전파를 위한 것이면 복음에 합당한 축복이 임하니 오직 네 영혼이 잘 됨같이 범사가 잘 되고 강건함이다.

성도라도 죽은 행실은 행하는 것이니 이것을 회개할 성도를 위한 하늘 잿물이 어린양제물의 예수로 준비 된 것이며 성도는 오직 어린양제물의 살을 먹고 강건하며 그 피로 죄에서 자유하며 그 물을 마시고 씻으면서 정결한 의인을 유지하는 것이다.

성경공부나 설교에서 내가 굳은 마음으로 듣는 것인지 부드러운 마음으로 듣는 것인지를 알아야 하고 새 마음의 선한 양심에 아멘이 되는 것으로 믿어야 한다.

예수님은 좁은 문 협착한 길이지만 그 길로 시온의 대로에 이르기 때문에 큰 문의 넓은 길을 행하는 큰 무리만 보고 믿는 자의 아멘은 자기 멸망의 요구에 대답함인 것이다

좁은 문에서부터 시온의 대로와 같은 큰 길에 이르는 성도의 길에서 가끔씩 샛길로 빠지며 얼마간 방황할지라도 성령 학을 좇아서 항상 돌이키는 것이니 예수 안에 있는 성도는 배도만 없다면 결국은 천국 문에 이르는 큰 길에 이른다.

사람이 좁은 문에 이르기까지는 피의 증거며 협착한 길을 지나 시온의 대로에서 천국에 이르기까지는 물의 증거 안에서 이룬다. 큰 문의 형편에서 볼 때는 좁고 협착하겠으나 큰 문의 교회는 넓은 길의 끝에서 지옥이다.

옛 세상 때의 죽은 선과 되찾은 세상 때의 죽은 악을 깨닫지 못하고 옛 세상과 되찾은 세상을 모르기 때문에 물과 피로 짝을 이룬 예수십자가의 도가 임하지를 못한다.

피로 씻는 구원과 물로 씻는 영생의 구원을 구분하지 못하므로 사람이 거

듭나서 아버지의 나라를 보는 것과 사람이 물과 성령으로 나서 아버지의 영원한 나라로 들어가는 것도 구별하지 못하는 것이다.

사람이 성령이 난 영의 자녀가 되면 이 세상에서 악을 행하던지 선을 행하던지 아버지 앞에는 거룩한 씨의 선한 사람이지만 성령의 출산이 아닌 종교인이나 모든 불신자는 일체 죽은 악과 죽은 선을 여전히 행할 뿐이다.

복음전파에서 선과 악을 온전히 알리는 것이 중요하다. 예수십자가 후로는 악이 죽은 선을 행할 수가 있어야 하나 성경과 상관없이 살기 때문에 구분 없이 그냥 살고 육신의 소욕대로만 행하는 것이다.

새 영을 자녀의 영으로 세우지 못한 육신으로는 선을 행하다가도 악을 행하고 악을 행하다가도 선을 행하여 세상 법까지도 기울어진 저울일 뿐 죽고 산 선악에 대한 이해가 없다.

사람들이 선악 간에 구분이 없고 형편대로 행함은 악이 있는 선을 행함인데 이는 자기 기분이 나쁘면 악으로 행하고 기분이 좋으면 선으로 행하는 것이다.

이렇게 자기 형편대로 오락가락 행하는 것은 온전한 선이 아니며 또 온전한 악도 아니고 옛 사람을 새사람으로 다시 사는 구분이 없기 때문이다.

선악과의 선을 모르는 선행은 자기선일 뿐이며 현재의 행하는 악도 신 앞에는 이미 죽은 것이니 사람의 선악 간으로는 천국가고 지옥 가는 일이 없는 것이며 오직 우리를 건진 구주의 구원을 믿느냐 거절하고 안 믿느냐로 결정되는 것이다.

이러한 복음은 지금의 다른 세대에서 중요하며 그동안의 거짓광명으로 속인 부족한 복음에 대하여 거울처럼 비춰보고 양단간에서 분명한 자기 선택을 할 수가 있는 것이다.

□사단이 예수광명인 것처럼 속이는 거짓광명을 행하니 생명이 아닌 어두

움을 품은 것이라 그의 속이는 복음으로는 거룩한 성도를 세우지 못한다.

어두움은 해가 뜨면 없어지는 것이나 사단은 거짓의 해 밤을 행하는 것이다. 그러므로 속은 일군들은 거룩하게 전하지만 십자가의 피에서 그치는 것이며 스스로도 못한 것을 가르치고 있다.

다른 세대의 처음부터 영원한 복음이 서기까지는 사단이 먼저 속이는 때이니 세상과 사람의 형편이 어두운 밤에 속해야 하나 이미 새로운 세상의 새사람이며 광명을 밝힌 아들의 나라이기 때문에 어두움의 사단은 거짓광명으로 해밤 같은 이상한 세상을 이룬 것이다.

다른 세대에서는 거짓광명에 의의 일군으로 가장한 선교라 십자가의 피 외에는 물과 피로 짝을 이룬 예수십자가의 도가 나타나지 못하고 주여 주여 하지만 달밤 같은 믿음일 뿐이다.

달밤 같은 믿음은 새사람에도 이르지를 못한 것이다. 신령과 진정으로 하는 예배가 없이 설교로 예배를 대신하며 예배와 설교를 구별하지 못한다.

예배는 거룩한 성도가 신령과 진정으로 절하는 것이고 설교는 온 성도의 예배를 마친 후에 진리의 말씀을 목자들이 전하는 것이다. 예배는 주님께 엎드림이고 설교는 신령한 양식의 공급이다.

신령과 진정으로 하는 예배 없이 설교로만 헌금하고 마치는 것이 부족한 복음에 속한 것이다. 목자들의 설교는 진리로 하는 것이 옳으며 예배는 신령한 성도가 진정으로 엎드리는 것이니 성경을 영과 진리로 고친 것은 영과 진리가 엎드린다는 것일 뿐 성도의 예배가 아니다.

예배는 성도가 신령과 진정으로 절하는 엎드림인 것이지 영과 진리가 절하는 엎드림이 아닌 것이다. 영과 진리로 설교하는 것은 되지만 영과 진리로 예배하는 것은 아니다.

영과 진리로 설교함에도 성령이 난 영의 성도가 진리로 하는 것이지 물과 피의 증거도 없는 사람의 아들들이 하는 것은 아니다. 사람의 아들들은 성령이 난 영이 없이 육신을 좇는 심령으로 믿는 것이다.

성령이 난 영으로 양자의 영을 받은 거룩한 성도라면 형상의 돈을 하늘의 신에게 드리지 못한다. 사람의 아들들이기 때문에 속아서 거짓 신을 행하는 거짓광명에게 헌금하고 있다.

그러므로 세상교회가 자기 몸만 늘리고 합력하지 않으며 자기들의 하나님을 세워서 그의 방석이 되고 하늘에 계시는 아버지와 아들의 일하심에 대적하는 것이니 믿는 일이 다 거짓광명일 뿐이다.

신령과 진정으로 하는 예배는 새 영이 성령이 난 영으로 예수의 영과 한 영을 이루어 양자의 영을 받은 자녀로 신령한 아버지께 엎드리는 것이며 그리스도의 마음으로 절하는 것이다.

예수님이 우물가의 여인에게 신령과 진정으로 예배하는 때가 온다 하심은 그때는 거룩한 성도와 자녀가 없을 때 백성으로서 신을 섬기며 육체로만 예를 갖추어 절하기 때문이다.

그들의 후손과 구약을 좇은 믿음은 지금도 여전히 육체로 예를 갖추어 예배하는 것이며 피는 없으나 물로 씻고 하지만 하늘 성막의 물을 알지 못하고 세상의 물로 씻을 뿐이다.

성도의 신령과 진정으로 하는 예배는 육체로 나아갈 때도 그리스도를 옷 입고 땅에서의 예복을 갖추어 육신의 절이 아닌 자녀의 영과 법이든 새 마음의 진정한 엎드림인 것이다.

성령의 감동한 것을 사람이 맘대로 고치며 신령과 진정을 영과 진리로 고쳐서는 안 되며 이때의 고친 영은 어떤 영이며 왜 진리가 진리에게 절하는지를 분명히 밝혀야 한다.

사람의 영은 에덴동산에서부터의 종자의 영이며 그리스도의 부활로부터는 종자가 싹을 낸 새 영이다. 새 영일 때로부터 새사람이며 거룩한 씨의 친자녀가 되는 자격을 가진 것이다.

성령이 난 영은 양자의 영을 받은 거룩한 씨로서 천국의 상속권 자에 속한 것이니 영과 진리로 절하는 그 영은 무슨 영이며 영과 진리가 어떻게 엎드리는 절인지를 밝혀야 한다.

그때 육체로 하던 예배는 예수 밖에서의 행함이고 택한 백성으로서 육체로 절하였으나 이제 예수 안에서의 예배는 육체가 아닌 거룩한 씨의 신령한 영과 그리스도의 마음을 가진 진정으로 절하는 것이다.

예배 없이 설교로 예배를 대신하는 것은 예수교회의 성도와 전혀 상관없는 일이다. 설교로 예배를 대신함은 거짓광명이 세상교회로 속이는 것일 뿐 예배가 아니다.

처음 번역에서 사단의 역사가 있었다 해도 사단은 성령의 감동까지는 고치지 못하므로 성령의 감동으로 숨은 뜻은 항상 그대로인 것이며 하늘 갓난이로부터의 임하는 성령 학으로 깨닫는 것이고 믿음의 나이대로 아는 것이다.

사람이 거듭나서 보는 나라는 되찾은 이 세상이고 사람이 물과 성령으로 나서 들어가는 나라는 천국이다. 이렇게 성령 학으로 깨닫는 것이니 예수님이 두 가지로 말씀한 것을 합하여 물과 성령으로 거듭난다는 것은 빗나간 것이다.

우리가 다 예수십자가에 합하여 죽었고 예수의 세례에 합한 수장으로 장사된 것이니 여기의 장사된 것으로부터 예수의 부활을 좇아 거듭나는 것이라 사람이 거듭나야 흑암의 나라를 폐한 후의 아버지의 나라를 본다는 것이다.

사람이 거듭나서 보는 나라와 사람이 물과 성령으로 나서 들어가는 하늘 나라를 구별하지 못하고 둘을 합하여 하나로 전하기 때문에 교인들이 알지 못하고 하늘 갓난이의 때가 없는 것이다.

사람이 거듭나는 것은 오직 그리스도의 부활하심으로 이루며 사람이 물과 성령으로는 나는 것은 물의 증거 안에서 이룬다. 그러므로 사람이 물과 성령으로 거듭나는 것이 아니라 물과 성령으로 나는 것이다.

거듭남은 옛 사람이 죽은 것에서 새사람으로 살리심을 받은 것이며 물과 성령으로 나는 것은 새사람이 믿고 아바아버지의 씨를 받아 하늘아기로 출산된 것이다.

그러므로 살리심을 받은 것과 씨로 낳은 것을 구분해야 하니 거듭남은 되찾은 이 세상 나라를 보는 것이고 물과 성령으로 나는 것은 천국에 들어가는 것이다.

사람이 거듭나지 못하면 예수십자가의 사망으로 장사된 것에서 끝이다. 노아홍수에 수장된 저들과 함께 사망의 물에 묻혀서 아담의 혈통이 폐한 것으로 끝이기 때문에 주님은 사람이 거기로부터 거듭나야 다시 사는 새 나라를 볼 수가 있다는 것이다.

사람이 거듭나는 것은 예수의 증거에서 피의 증거에 속하고 사람이 물과 성령으로 나는 것은 피의 짝인 물의 증거에 속한다. 물의 증거와 피의 증거를 담당한 대언의 영이 있어 이를 확증을 한다.

새사람을 물의 증거 안에서 성령이 씻기시고 헹구시는 세례로 정결한 자녀가 되는 것이니 여기에 비밀이 있고 또 피는 죄를 씻기 때문에 죄 씻은 피를 맑은 물로 씻겨 헹구는 것이다.

이전에 (물과 성령으로 난 성도)의 책에서 보혈은 죄를 씻는 비누와 같이 보혈로 죄를 지운 피 자국을 보혈의 짝인 물로 씻어 헹구는 것이라 밝혔으니.

(겔 16:9,) 「내가 물로 너를 씻겨서 네 피를 없이 하며 네게 기름을 바르고」

죄 사함에서 피로 죄를 씻고 물로 그 피의 씻음을 헹구지 아니하는 죄 사함은 없고 죄 사함 없이 성령을 받지 못한다. 피의 씻음을 물로 헹군 후라야 기름을 바르고 예복의 흰 옷을 입힌다.

이것을 이루기 위한 예수십자가의 도가 물과 피로 짝을 이룬 것이며 이것을 성령세대의 처음 성도들에게 성령의 증거로 밝혀서 아버지의 큰 증거로 삼은 것이다.

옛 세상에서 사망의 물일 때는 죄인을 수장한 무덤이고 예수부활로부터 구원하는 표의 물일 때는 새사람을 세우는 것이니 구원하는 표를 받고부터는 영생의 구원을 받으러 신에게 나아가야 한다.

그러나 부족한 복음의 세상교회는 구원하는 표를 받는 것으로 성도와 자녀를 행하며 양자의 영도 없이 아바아버지라 부르는 것이니 속은 믿음을 스스로 밝히는 것이다.

현재로 세상교회가 하늘 갓난이로부터의 자녀를 행하지 못하고 하늘 아기에게 임하는 성령 학이 없는 것은 구원하는 표를 받는 세례가 아니라 사람이 물 뿌린 성도를 세우기 때문이다.

세례로 구원하는 표를 들고 신을 찾아 나아가서 거룩한 씨의 자녀가 되는 것을 이루어야 그때로부터 하늘 아기의 성도며 신령한 젖의 양육을 받는다.

성경의 거듭남은 아담의 혈통에서만 예수의 혈통으로 다시 사는 거듭남이 있다. 세상교회들처럼 마음 고쳐 교회 다니는 것의 거듭남이나 열심히 잘 믿는 그런 변화의 거듭남은 그리스도가 부활하심으로의 거듭남에 이르지를 못한다.

그러므로 그리스도의 부활에 연합한 거듭남이 없이 세상적인 거듭남으로만 성도를 행하는 것이라 이를 자칭 성도라 한다. 사람이 거듭나서 아버지의 나라를 볼지라도 여기까지는 아직 새것일 뿐 자녀가 아니기 때문에 아버지의 씨로 나는 성령의 출산을 받아야 한다.

성령세대와 다른 세대가 구분이 없으면 두 세대의 것이 섞이고 얽혀서 분간이 어렵고 속이는 복음이 먼저라 의문이 쌓이며 마음의 갈피를 잡지 못하는 것이다.

그러므로 성경을 모르고 가르치는 대로만 따르는 때가 오히려 자기 믿음은 좋을 것이나 성경을 알아가며 의문이 일면 신이 정말 있을까를 반복하면서 인정사정에 매인 믿음을 이어가는 것이니 법적인 증거가 없는 믿음은 다 한계에 이르는 것이다.

□땅에서는 완전한 성도의 삶이 없기 때문에 장성한 성도라도 확신을 유지하기는 쉽지가 않다. 성령 학으로 비밀을 알지라도 믿음의 나이에 맞게 거기까지만 깨닫게 하시기 때문이다.

그러므로 영생의 구원은 믿음을 지킨 결국으로 완성이니 천국에 들어가는 믿음을 마치기까지는 오르고 오르며 구원을 이루어가는 것이라 성경은 너희 구원을 이루어가라 한 것이다.

영생의 구원을 이루어가는 데에는 성도의 회개를 온전히 알고 흠 없는 회개를 이루어 죄와 상관없는 정결한 마음을 항상 유지할 수가 있어야 한다.

거룩한 성도는 양심을 지켜서 의를 유지하는 것이지 예수를 죽인 죄인을 유지하는 믿음이 아닌 것이다. 물과 피로 짝을 이룬 예수십자가의 도를 온전히 못하므로 보혈이 씻은 것을 다시 씻는 것이다.

생명의 성령의 법과 보혈의 능력대로는 오히려 예수 안에서의 범죄는 감사함이고 은혜를 느끼는 것이다. 미리 씻어놓은 죄가 아니면 새로운 정죄로 지옥이기 때문이다.

의인이 하나도 없다 할 때는 옛 세상의 보혈이 씻기 전이다. 보혈의 씻음 후는 오히려 피로 씻을 죄인은 하나도 없다가 되었지만 기록된 성경이 그대로일 뿐이다.

그러므로 성경에는 여전히 의인은 없고 죄인이지만 이것을 이룬 적이 있는지와 없는지를 가려야 하고 죄인을 의인 되게 한 일이 있다면 성경은 여전할지라도 현실로 실상은 의인인 것이니 성경을 바꿀 필요는 없으나 보혈의 능력대로 나타나야 하는 것이다.

악한 사단이라도 정죄하지 못하고 고소하지 못하는 것이니 말씀이 어느 때의 것인지와 이미 이루어진 것인지 아니면 앞으로 이루어야 할 것인지를 가려야 한다.

그리스도가 부활하신 후로는 믿으나 안 믿으나 다 의인이다. 피로 씻을 세상 죄에서 의인인 것이며 옛 사람이나 새사람이나 온 인류가 일시에 동일하게 된 의인이다.

예수가 죽어준 의인은 보혈을 힘입고 예수의 생명을 사는 것이니 진짜 의인이다. 옛 사람을 벗지 않았기에 죄인이며 구원받은 의인이 부끄러워서 구원받은 죄인인 것이다.

그 피로 속죄함 받았네. 찬송을 잘하면서도 여전히 죄인이면 그 피를 우롱함이다. 사람은 다 죄를 짓기 때문에 죄인인데 주께서 의인이라 칭하여 주신 것이라 스스로는 양심상 의인일 수가 없다는 것일까?

세상 죄가 보혈에 씻긴 상태를 영원히 유지하는 힘이 보혈의 능력인데 죄인으로 보혈의 능력을 찬송함은 보혈에 씻긴 적이 없다는 것이 되니 속이는 사단을 기쁘게 함일 뿐이다.

성도는 보혈이 씻은 의인으로 감사하며 보혈의 능력을 찬송함이 옳은 것이니 죄인이면 성도로 행하지를 말거나 성도가 되려면 보혈이 씻은 의인이 되거나 분명한 것이 있어야 한다.

(계 3:15,) 『내가 네 행위를 아노니 네가 차지도 아니하고 더웁지도 아니하도다 네가 차든지 더웁든지 하기를 원하노라』

네가 차든지 더웁든지 하라는 말씀은 세상교회의 부족한 믿음에도 해당하니 죄인도 아니고 의인도 아닌 것은 예수십자가의 도와 상관없는 것이다. 구원받은 죄인으로 믿는 것은 칭 의가 부끄러운 것인데 성도는 오히려 죄인이 부끄러워 야 한다.

□거룩한 씨로 양자의 영을 받은 자녀일 때에 비로소 성령의 소욕과 육체의 소욕이 있는 것이며 양자의 영이 없는 사람은 죄의 법과 선한 양심의 부딪힘일 뿐이다.

새사람을 놓아두고 옛 사람을 고쳐서 거룩한 지체에 이르는 것이 아니라 새사람을 세우기 위한 옛 사람을 벗어야 한다. 옛 사람을 벗음은 육신을 벗음이 아니라 새로운 피조물로 나타나는 것이다.

온 인류가 하루날 일시에 새사람으로 선한 양심을 받았고 죄의 법과 대립한 선한양심의 가책이 있으나 거룩한 씨가 들은 성화로부터 선한 양심의 열매를 맺는다.

세상교회는 아버지의 씨로 나지 않고 성화를 이루어가며 옛 사람과 새사람의 구분이 없기 때문에 믿음에서 의문이 오락가락인 것이며 거룩한 씨가 없이는 그리스도의 마음을 가진 성도일 수가 없어서 교회에 범죄가 일고 탐욕과 욕심을 부리는 것이다.

예수님 생전에 말씀하여 사람이 물과 성령으로 나지 아니하면 아버지의 나라에 들어가지 못한다 하심은 아버지의 씨 없이는 영생의 자녀일 수가 없기 때문이다.

세상교회는 세상도 사람도 세대도 구분이 없이 하나뿐이고 믿음과 종말과 심판도 하나뿐이다. 지금 다른 세대에서 사람의 아들들로도 성령으로 알게 함이 있고 성령의 능력을 행하는 것이면 억지로 능력을 행하려고 애쓸 필요가 없을 것인데 애써서 속이는 것은 성령을 받지 못한 까닭이다.

우리의 다른 세대에서는 방언이 없고 필요도 없다. 성령세대 때는 신약으로 증거가 없었기에 방언이 믿는 자의 표적이 되었으나 다른 세대 때는 아바 아버지도 복음의 능력이며 성도는 성령 학으로 깨닫는 복음전이 능력이고 믿는 일이 다 기록에 있다.

성도는 양심을 지켜 보혈이 씻은 만큼의 깨끗한 의인으로 복음전파를 이루어서 누구도 아버지의 큰 구원을 몰라서 지옥 가는 억울함을 없게 하는 것이니 아버지의 뜻도 이루게 하고 상급도 받아 지옥을 면한 영생의 형제자매들과 함께 천국 문을 지나야 한다.

□현재의 개신교는 개신한 본교의 이단이 되었고 예수교회와는 상관없는 종교다. 본교든 개신교든 모든 세상교회든 예수의 증거를 성령으로 밝힌 주 아버지의 큰 증거가 없이는 구주 앞에서 일체 이단일 뿐이다.

현재로 세상교회는 예수님의 세우신 직분을 쓰지 않는다. 목사와 전도사와 선교사는 세상교회의 직분이다. 목사는 목자를 고친 것이며 선교사와 전도사는 없는 것을 만든 것이다.

아바아버지께서 모든 영의 목자시며 구주 예수님이 양들의 목자이시니 예수님의 양을 치는 일군도 다 목자다. 양을 치는 자이면 목자인 것이지 스승인 목사가 아니다.

성경에 딱 한번 목사가 나오지만 이는 사람이 목자를 목사로 고친 것일 뿐 목사는 없고 목사는 일만 스승과 같다. 복음전파에서 목자는 양육의 어미와 같고 복음의 아비와 짝을 이룬다.

그러므로 양을 먹이는 예수교회 안에는 복음전하는 자 아비들과 양육하는 목자들이 함께 하고 복음의 아비들은 성령의 출산을 도와 양을 세우고 어미인 목자는 하늘 아기를 받아 각인의 은사와 믿음대로 신령한 양식을 공급하는 것이다.

선교 안에서 목사를 좇는 믿음은 법적인 믿음이 없으며 성령 학이 없는 의문을 감당하지 못하나 안면이나 체면으로 유지하고 천국과 부를 향한 자기 욕심이 믿음 줄이다.

다른 세대에서 성령의 불을 받는 것도 미혹이다. 소멸하는 영의 불은 성령 세대에서 제자들이 다락방에 모여서 받은 후로는 성령의 불은 폐하기 때문이다.

다락방의 불세례 후는 이들의 복음전파로 죄 사함을 받아 성령을 받는 것이니 더 이상 불세례가 필요 없음이고 여기 다른 세대에까지 있어야할 불세례가 아닌 것이다.

예수이름의 선교도 예수를 온 세상에 알리는 것은 분명하다. 예수이름의 선교는 사단도 적극적이지만 예수를 믿되 잘 못 믿게 하는 것이니 예수를 잘 못 믿고 영원히 망하게 하려는 미혹이다.

온 인류가 예수이름으로 아무리 열심히 믿은들 천국 길이 아닌 다른 길에 이르면 사단은 자기 뜻을 이루기 때문에 부족한 복음 선교를 열심히 하는 것이다.

□성령세대나 다른 세대나 구원은 같다. 새로운 피조물로 다시 살게 하는 구원은 주님 편에서 이루어주신 것이고 거룩한 씨의 자녀로 영생하는 구원은 저들이나 우리나 다 이루어가는 것이다.

영생의 구원은 천국에 들어가기까지 이루어 가는 것이니 도중에 배도하거나 열매처럼 벌레 먹고 물러 떨어지면 안 되고 가지에 붙어서 잘 익고 맛이 들어야하기 때문이다.

(빌 2:12,) 『그러므로 나의 사랑하는 자들아 너희가 나 있을 때뿐 아니라 더욱 지금 나 없을 때에도 항상 복종하여 두렵고 떨림으로 너희 구원을 이루라』

말씀에서 말하는 구원은 아들의 나라로 옮기는 구원이 아니라 이루어가는 영생의 구원이며 그리스도가 부활하심으로 거듭난 새 백성들이 오직 자기 선택으로 받은 것이다.

온 인류가 하루날 동일한 자격으로 받은 구원은 사람이 폐하지 못하나 영생의 구원은 받는 것도 자기 선택이고 폐하는 것도 자기 선택이니 이것을 온전히 깨달아야 한다.

아직도 처음의 구원을 받아가는 믿음이라서 영생의 구원은 알지도 못하나 복음전파에 의문이 없는 믿음으로 예수십자가에 연합하고 이루어진 구원에 이르면 죽고 사는 것을 마친 후의 거룩한 지체에 이르는 좁은 문의 길을 만나는 것이다.

다른 세대인 우리는 처음 만나는 복음 선교로 부족한 복음의 부족한 믿음이었고 말세의 때가 되면서부터 완전한 복음전파를 이루기 때문에 마지막 심판 때에는 부족한 복음의 맺은 열매의 무리와 완전한 복음전파의 맺은 열매의 성도로 분명히 나뉜다.

양과 염소로 나뉘어 자기 선택에 이르는 것이니 그동안의 부족한 복음 선교에서도 완전한 복음전파를 받아야 하고 이때의 자기 선택이 정말 공평한 것이다.

성령세대는 옛 밭의 세상에서 알곡으로 이어진 열매고 다른 세대인 우리는 새밭의 세상에서 익어질 열매다. 처음 열매가 익어진 옛 세상도 예수부활 후로는 예수님께 왕권이 있으나 그때는 아직 사단이 임금을 행한 흑암의 나라를 폐하지 않은 종말의 때였다.

그러므로 처음 익은 열매의 성도가 당한 종말에서 악한 사단은 남은 황권으로 대적하며 성령의 능력 대 사단의 능력으로 싸운 것이며 그때 성도를 잠간 이겼으나 예수 재림의 심판을 받은 것이다.

흑암의 나라 끝에서 익은 처음열매의 성도는 그 수가 적고 이 세상 끝에서 다음 익은 열매의 성도는 수가 많다. 처음 열매는 사단의 황권을 폐하고 그의 임금인 나라를 마치는 것이라 거기에 속한 십사만 사천과 이들이 복음전파를 이룬 큰 무리의 성도가 있으나 이들만으로는 천국의 수에 이르지 못한다.

다른 세대에서 다른 세대임을 아는 것이 중요하다. 성령세대는 예수님이 약속한 성령이 오셔서 친히 복음의 아비가 되어주셨고 다른 세대인 우리도 처음은 성령이 아비다.

성령세대에서 성령으로 처음의 일군들이 세워지듯이 지금의 다른 세대에서도 처음 일군들에게 복음의 아비는 성령이시며 성령 학의 아비다.

다른 세대도 처음 일군들로부터 성도의 진마다 복음의 아비들이 일하고 아비들의 출산을 받아 양육하는 어미의 목자들이 합력하여 일하는 것이니 아비 없는 교회는 사람의 아들들일 뿐이다.

하늘에서의 싸움은 아담으로 잃은 나라와 백성을 되찾는 것이었고 땅에서의 싸움은 하늘에서 진 사단이 땅으로 쫓겨나서 온 세상을 직접 속이는 것이니 사람이 자녀가 되는 것을 훼방하는 것이다.

성도는 다 복음의 아비를 만나 영생의 자녀로 태어나는 산통을 겪어야 하고 영이신 아버지의 씨로 난 영의 자녀로 세움을 받아야 하니 성령의 출산이 없이는 성도가 아니며 자기를 성령의 출산으로 인도한 복음의 아비가 없는 성도는 없다.

그러므로 예수 안에서 일만 스승이 있으되 아비는 많지가 않다고 하였으니 복음의 아비를 만나 아담으로부터 그리스도가 부활하심으로 거듭난 새사람까지를 이루고 이어서 거룩한 씨의 친자녀가 되는 것을 이루어야 그때부터 거룩한 성도다.

성령의 소욕에 육체의 소욕이 덥이어 가는 것이 성도의 삶인데 보혈의 능력이 있으면 성도는 죄를 마구 지어도 되느냐고 의문을 갖지만 죄를 지어라는 보혈의 능력이 아니라 피로 씻어놓은 죄에서는 항상 의롭게 함이다.

죄가 더한 곳에 은혜가 더욱 넘침은 피로 씻어놓은 죄에 대함이지 새로운 정죄에는 은혜가 없다. 새로운 정죄는 아버지의 마지막 심판에서 영멸에 던지는 것이니 일체 용서가 없다.

온 인류가 일시에 새사람인데 새사람이 믿으면서도 마음에 새겨지는 죄로 죄인이 됨은 보혈을 힘입지 못한 마음이며 선한 양심이 없는 것이다.

보혈의 능력을 힘입으면 부드러운 새 마음을 쓰며 부드러운 마음에는 신께서도 죄를 새기지 못하니 배도와 계획한 죄가 아니면 마음에 있고 기억하는 죄로는 죄인이 아니다.

굳은 마음을 제하고 부드러운 새 마음을 주심은 새사람부터는 죄를 새길일이 없기 때문이다. 죄를 새기던 굳은 마음은 신의 금강석 철필로 그어 죄를 새긴 것이고 부드러운 마음은 철필로도 연필로도 죄를 새길 수가 없다.

그러므로 새로운 정죄 외에는 예수 안에서 의인이지만 마음은 사람 안에 있는 것이라 행한 죄를 알고 기억하는 것이니 보혈의 능력을 알지 못하고 힘입지 못하면 다 스스로 정죄하는 것이다.

마지막 심판에서 지옥 가는 새로운 정죄는 마음에 새길 일이 없이 생명록과 다른 책의 기록대로 공평한 심판을 하신다. 새로운 정죄는 예수의 죽어준 구원을 믿어라 해도 불신한 것이다.

의를 주어도 도로 죄인이고 옛 사람을 벗어라 해도 그냥 믿으며 법적인 증거도 안 받고 예수님의 말씀에 사람이 물과 성령으로 나야만 천국에 간다 해도 그냥 믿으니 성도가 아닌 것이다.

한 영혼이 천하보다 귀하다 하심은 한 영혼도 만들지 않았고 하늘이 본향이며 자녀 될 종자로 씨 뿌린 것이라 그렇다. 한 영혼을 성도로 세우기가 정말 어렵고 큰 산통을 겪어야 한다.

전하는 자와 듣는 자가 함께 산통을 겪는 것은 두 세상과 두 심판과 신분이 바뀐 두 사람에 대한 복음전파에서 듣는 자의 의문을 제하고 받아들이기까지를 이루기가 쉽지 않기 때문이다.

인쇄된 글씨의 성경에 성령의 감동으로 숨은 것을 깨닫는 것이 아니면 하늘 갓난이로부터의 세움을 받지 못한다. 하늘 아기로 나지 않고 육신으로 거룩한 성도를 행하려니 믿을수록 의문인 것이다.

성경을 알수록 의문이 쌓이는 것은 성령 학이 없기 때문이다. 사람이 지어준 이름의 신에게 형상의 돈을 주며 심은 대로 거두는 축복을 바라는 자기 믿음일 뿐 신령한 것을 받지 못한다.

□예수교회 안에서도 남녀평등을 외침은 아담의 아내를 흙으로 만들지 않고 아담을 나눈 뜻을 알지 못함이다. 성경에 여자는 교회에서 잠잠 하고 만일 무엇을 배우려거든 집에 가서 남편에게 물어라 한다.

여자가 교회에서 말하는 것은 부끄러운 것이라 하니 여기의 교훈은 형제 자매간의 교제를 말함이 아니라 여자가 교회 위에서 가르치는 것을 금하는 것이다.

땅에서 여자가 교회위에 서는 것은 성도가 예수 위에서 행하는 것이 되기 때문에 예수 믿는 질서와 머리를 좇아 남자를 먼저 세우는 것일 뿐 여자를 낮춤이 아니다.

성도는 여자며 교회고 구주의 몸이다. 구주의 몸인 여자가 낮으면 몸의 머리인 구주도 낮은 것이다. 남자의 머리는 구주 예수며 여자의 머리는 남자고 교회에서 남녀로 천국을 표현한 것이다.

천국에서는 신랑 예수 앞에 성도는 일체 여자다. 그러므로 땅에서 믿는 동안에 하늘에서 영생하는 여자 노릇을 하는 것이며 땅에서는 남녀로 나눠서 실상의 삶을 익히는 것이다.

땅에서의 교회는 남자와 여자로 믿기 때문에 머리인 남자 위에서 가르치지 못하는 것일 뿐 성도간의 교제와 초신 자와 장성하지 못한 믿음을 돕는 일에는 흠이 없다.

남자에게서 여자가 난 것은 예수의 피 흘린 구원과 같고 남자에게만 씨가 있으니 예수가 아바아버지의 씨다. 그러므로 예수 안에서 여자는 남자가 나눠준 뼈와 살인 것이고 남자를 앞서지 못한다.

여자가 남자위에서 가르치거나 무시함은 교회가 구주를 무시함이고 남자가 여자를 무시함은 구주가 교회를 무시함이다. 예수교회는 머리를 좇아 남자를 세우고 여자는 사랑 안에 합력하는 것이다.

교회는 구주의 몸이니 남녀의 성도는 한 지체며 서로 높지 않고 서로 낮지도 않다. 남녀로 나뉘고 남편과 아내로 나뉜 것은 세상살이를 위한 것이며 남녀로 머리와 몸을 깨닫게 함이다.

교회의 머리인 예수와 그의 몸인 성도는 씨가 있는 남자와 씨가 없는 여자와도 동일하게 예수의 몸이고 남녀가 다 같이 예수의 영을 거룩한 씨로 받아서 자녀인 것이니 천국에서는 일체 거룩한 씨를 받은 여자며 남자는 아버지와 아들 예수이시나 세상에서와 같은 남녀가 아닌 것이다.

천국은 육정으로 동침하고 잉태하여 출산하는 그런 남녀나 또는 혼인하여 신랑과 각시로 사는 그런 남녀가 아니라 땅에서 혼인한 남편과 아내처럼 하나 된 영생이며 구주를 떠나서 자기를 따로 사는 영생이 아닐 뿐이다.

천국은 땅에서의 인생동안에 행한 욕심과 시기질투 같은 세상의 것이 없는 오직 사랑만 하는 것이며 사랑도 세상 사람이 하던 것이 아니라 거룩한 씨로부터 싹을 낸 영원한 사랑이다.

그러므로 하늘의 삶을 위하여 땅에서의 삶을 남녀로 나누어 씨 있는 남자가 씨 없는 여자의 머리인 것이니 땅에서는 남녀가 같아질 수 없고 인생목적대로 자기 몫을 감당하면 되는 것이다.

(벧전3:5-8,) 『전에 하나님께 소망을 두었던 거룩한 부녀들도 이와 같이 자기 남편에게 순복함으로 자기를 단장하였나니 사라가 아브라함을 주라 칭하여 복종한 것 같이 너희가 선을 행하고 아무 두려운 일에도 놀라지 아

니함으로 그의 딸이 되었느니라 남편된 자들아 이와 같이 지식을 따라 너
희 아내와 동거하고 저는 더 연약한 그릇이요 또 생명의 은혜를 유업으로
함께 받을 자로 알아 귀히 여기라 이는 너희 기도가 막히지 아니하게 하려
함이라 마지막으로 말하노니 너희가 다 마음을 같이 하여 체휼하며 형제를
사랑하며 불쌍히 여기며 겸손하며」

□사람이 인생 목적을 좇아 본향을 찾는 영혼의 영생을 위하여 육신으로
사는 세상동안에 영혼의 영생을 얻어야만 영혼이 육신을 의복같이 벗을 때
에 하늘의 본향 길에서 한 평생 잘 살았다 외칠 것이다.

육신사람의 세상을 폐하는 신의 마지막 심판이 이르도록 악한 사단이 사
람을 다 이기면 신은 사단에게 패하나 말세를 맞아 예수교회의 거룩한 성도
가 세움을 받는 것이다.

예수교회의 성도는 믿음의 법적인 믿음으로 사단을 발아래 두기 때문에
결국은 신의 승리가 자명하지만 신의 공평한 허락 하에서 사단의 때에는 온
세상이 미혹에 빠짐도 당연한 것이다.

흙을 뭉쳐서 남녀를 따로 만들면 서로가 이끌리는 것과 내 살(몸)처럼 아
끼고 사모하는 것이 없는 것이며 육정이 없으면 혼인하고 동침하는 아름다
운 잉태의 출산이 어렵기 때문에 동일한 혈통적 충만을 위하여 남자를 둘로
나눈 남녀일 뿐이다.

한 몸이 둘로 나뉜 것이니 평등할 일이 없는 것인데 이를 시기하고 훼방하
는 악한 사단이 남녀평등을 요구하는 세상형편을 만들며 형상이든 돈의 힘
으로 혼인과 육정의 동침한 출산을 막는 것이다.

남녀가 혼인하지 않으면 인생결국이 가련한 후회뿐이며 육신의 고통과 이
별하고 가는 길에서 원통한 눈물만 흐를 것이니 때늦은 아쉬움으로 사단의
미혹을 원망하지만 그 때는 이미 때가 늦기 때문에 생전에 믿고 혼인하고 출
산하며 화목해야 한다.

여자는 흙을 뭉친 형상이 아니고 남자를 나눴기 때문에 살결이 부드럽고 고우나 남자를 움직이는 강한 힘은 육신의 근력이 아니라 선악과 나무아래서 행한 여자로부터 타고난 사교성과 욕심을 잉태한 지혜며 처음 여자가 처음 남자를 움직인 에덴동산의 역사를 좇는 것이다.

여자는 세상범사에 빠짐없이 참여하고 세상처음 사건에서부터 남자를 움직인 것이니 남자는 다 여자의 부름에 응하는 것이고 인류 최초의 세상사 대화를 시작한 여자는 붉은 여황의 사단이 들어간 뱀의 지혜에 빠진 것이다.

사단의 미혹대로 욕심을 잉태한 여자는 뱀으로 얻은 지혜를 남자에게 자랑하였고 남자는 여자의 말대로 신의 법을 범하니 에덴동산에서영이 죽고 육체뿐인 사람이 되어 인생살이를 위한 세상으로 쫓겨나온 것이다.

그러므로 여자는 신이 만든 나라를 시작하기도 전에 사단에게 넘어가게 하였으나 아담과 자신이 세상살이의 근본을 온전히 갖추게 하였으니 이제 선악과를 먹음으로 아담부부는 에덴동산에서 쫓겨나와 근본 된 경작을 시작한 것이다.

에덴동산에서 여자가 미혹에 빠지고 남자를 넘어지게 했으며 장차 살아갈 세상까지도 사단에게 넘긴바가 되었으나 신 앞에 죄인은 오히려 아담이었다.

그러므로 우리가 사단의 미혹에 빠지고 우리가 세상 죄를 지은 죄인이며 우리가 우리 죄를 죽을 것인데 오히려 예수님이 세상 죄를 짊어지고 세상 죄인이 되어 우리를 대신하여 죽어주신 것이니 이 내력과 이 비밀을 깨달아야 한다.

법을 받은 아담의 범죄로만 여자도 함께 눈이 밝아진 것이니 신 앞에 여자가 행한 세상사의 책임도 남자에게 있는 것이며 신에게 직접 법을 받지 못한 여자는 남자에게 속하니 이런 일이 다 예수 안에서 자녀를 얻는 예정의 일들인 것이다.

여자가 먼저 금지된 실과를 먹었으나 남자가 신의 법을 지켜 선악과를 받아먹지 않는다면 소용없기 때문에 이것을 미리서 아는 악한 사단은 꾀를 낸 것이며 여자는 속았고 사단은 여자로 신의 법을 넘었으니 이것이 곧 뱀의 지혜다.

남자를 먼저 만들고 신의 법을 주었고 여자는 나중에 남자를 나눈 뼈와 살로 나기 때문에 직접 법을 받지 못하였다. 이것을 이용한 뱀의 지혜는 예수님까지도 인정하였고 성도는 뱀같이 지혜로우라 하셨으니 하와로부터 여자는 남자 부리는 지혜가 뛰어난 것이다.

그러나 모든 것은 창세전의 예정에든 것이다. 남자를 먼저 만든 것은 우리보다 예수님이 먼저 계심이고 창세전의 예정이 예수 안에서의 자녀인 것이다. 아담이 피 흘린 여자가 생겨나듯이 우리는 예수가 피 흘린 새로운 피조물로 세워진 것이다.

천지창조가 창세전에 부터의 예정으로 된 것을 깨닫는 다면 남자를 먼저 만들어 법을 주신 후로 남자를 잠재워 여자를 나중 만든 비밀이 풀릴 것이다.

세상에서 여자의 잘못이 남자의 범죄가 되어 심판을 받는 일이 많고 여자의 약함이 남자의 강함으로 채워지며 힘든 난관을 해결하여도 여자의 역사로 나타남은 세상이 선악과나무 아래와 같기 때문이다.

남자로 난 여자이기에 여자의 잘못도 그 머리인 남자에게 돌아가는 것이며 남자는 자기 뼈와 살의 여자를 지켜야 한다. 여자도 남자의 죄를 따라 함께 죄인이 되었고 함께 죄의 삯은 사망으로 영이 죽은 육체뿐인 사람이 되었다.

남자를 나눈 것 말고도 법적인 것으로도 여자는 남자에게 속한 것이고 사람을 세는 수에 여자가 많거나 적거나 간에 남자의 수만 세는 것이니 여자는 남자와 하나이기 때문이다.

신의 수에 여자를 빼는 것은 남녀가 다 혼인하는 것이니 둘이 하나인 여자를 따로 셀 필요가 없음이다. 남자나 여자나 어린이를 신의 수에 넣지 않음은 아이들에게는 아직 사람의 씨가 들지 않았기 때문이며 여자와 어린이는 다 성인 남자에게 속한 것이다.

세상을 만들고 사용하기도 전에 여자의 손으로 사단에게 넘어갔으니 여자는 그 대가로 출산의 고통이 큰 것이며 영을 묻은 무덤 같은 육신을 낳고 낳아서 지면을 채우고 예수십자가에 이른 것이다.

□세상에 위선과 짝을 이룬 악이 더욱 무성하고 사람이 자기 선을 세우지만 되찾은 세상에 합당한 선이 아니다. 성도가 아니면 선악과의 새싹 난 선을 알지 못한다.

사람의 선은 선악과에 속한 선이어야 하고 죽었다가 다시 산 것이라야 한다. 성도가 선악과의 선을 행함은 여자가 선악과나무 아래서 속은 것이 회복된 것이다.

선악과의 악은 예수십자가에서 죽었고 지금은 사단의 때를 좇는 범죄가 왕성하다. 복음을 몰라서 못 믿는 자들은 선악 간에 알바 없이 자기를 살지만 다 사단의 악과 미혹에 속한 삶이다.

이제 신께서도 예수 안에서의 자녀를 위한 복음전파를 위하여 추수 군을 세우시며 예수광명이 뜨는 공평한 대립에서 원하는 자들은 누구나 생명의 빛을 보는 영안을 여는 일에 합력하게 하신다.

복음전파로 영안을 열어 육신살이 에서 영생살이로 옮겨지고 육신사람의 소임이 끝날 때는 영혼을 떠나는 육신은 자기 본향 흙으로 돌아가지만 자기 영혼이 영생에 이를 때에 육체가 있은즉 신령한 몸을 입는 것이니 그때 신령한 몸은 생전의 형상을 좇아 난 것이며 심령으로 행한 나를 담은 것이다.

사람은 육신에 영과 혼을 담았고 나와 내 몸이라 말할 때의 나는 곧 속사람인 영혼이며 육신이 함께 나를 행한 것이니 육신은 근본이 흙이라 떨어져 나갈지라도 혼으로 행한 나는 신령한 몸 안에서 영원한 것이다.

영계의 영격도 함께 영혼으로 갖추는 것이며 천국에서도 영생의 몸이 이생 때의 나를 유지하는 것이니 예수 재림의 심판 때에 살아서 들리는 자들이 신령한 몸을 덧입음과 같은 것이다.

덧입음은 신령한 몸이 생전의 나를 품은 것이며 품을 때에 육신만 제한 것이라 육신에서 받은 사랑과 은혜의 큰 구원을 영원히 감사하는 것이다.

그러므로 성도는 능히 이 땅에서도 거룩한 성도와 하늘살이를 행하는 것이며 성령 학으로 임하는 영격을 담아 영생의 천국에서 영원히 나를 사는 것이다.

그러므로 자기 영혼이 영생의 구원을 받았으면 참으로 잘 산 인생인 것이고 못 받았으면 정말 못 산 인생인 것이다. 성도는 영생이니 세상을 나누어 살 필요는 없으나 세상도 초년 중면 말년이 있다.

지금은 말년의 노후 된 세상이 시작되었고 첨단의 과학과 문명의 끝은 사단의 거짓생물이 하늘에까지 오르며 사단의 거짓생물은 사람을 통한 제작물일 뿐 신의 네 생물에까지는 이르지를 못한다.

세상 지식이 높아지고 때를 따라 이동하는 지식은 오직 사단의 로봇을 향한다. 사단의 미혹이 단계적이며 사람의 지식도 순서대로 첨단에 이르니 앞쪽의 지식은 폐하는 것이다.

사단의 뜻대로 로봇세상을 만들고 사람들이 로봇을 이웃과 가족처럼 여기는 초보의 삶을 동물사랑으로 익히는 것이니 사람보다 개 팔자가 좋다는 말이 나는 것이다.

□성경에서의 이단은 자기 죄로 자기를 죄인이라 말하는 것이다. 스스로의 정죄는 구주 앞에서의 고백이며 믿는 자로서의 행함을 말한 것이니 스스로 죄인은 예수 밖이다.

세상이야 스스로 정죄하든 안 하든 상관없으나 구주를 열심히 믿으면서도 스스로 정죄한 죄인은 보혈의 씻음과 보혈의 능력을 무시함이고 다 이루신 예수십자가의 도를 불신함이다.

(딛3:10-11,) 『[10] 이단에 속한 사람을 한두 번 훈계한 후에 멀리 하라 [11] 이러한 사람은 네가 아는 바와 같이 부패하여서 스스로 정죄한 자로서 죄를 짓느니라』

자기 죄로 예수를 못 박은 자로서 죄 있는 죄인으로 사는 것이 스스로 정죄함이며 새 마음의 선한 양심을 쓰지 못하는 부패한 양심이라 스스로 정죄하는 죄를 짓는 것이니 정죄하는 것은 죄다.

스스로 정죄하며 이 죄인을 용서해 달라는 사람도 다 구주예수를 믿는 사람이지만 영생의 구원에 이르지 못한 것이다. 믿는 사람은 예수 안에 있어야 하고 예수 안에서는 결코 정죄함이 없으니 스스로의 정죄는 죄를 짓는 것이며 이것이 성경의 이단이다.

생명의 성령의 법이 죄와 사망에서 해방하였으니 성도의 의는 새 법적인 것이며 받은 칭 의는 배도하지 않는 한 잃지 않는다. 사단의 대적 앞에서 공평하게 이룬 용서로 법과 증거를 좇아 주신 칭 의를 내어던지며 죄인을 행함은 대적이지 믿음이 아니다.

칭 의는 천하보다 귀한 것이다. 아들 예수를 못 박은 것이며 구약을 거치며 기다리고 기다린 마지막 대속의 결실이다. 칭 의는 신이시라도 아버지 맘대로 주신 것이 절대 아니다. 사단의 대적 앞에서 공평하게 대가를 주고 내리는 은혜며 예수 죽인 삯이다.

예수 믿고 교회 다니며 죄인이라니 있을 수가 없는 말이다. 아직 구주를 몰라서 안 믿는 사람도 다 피로 씻을 죄에서는 의인인 것이며 불신 죄를 회개하지 않는 죄로만 새로운 정죄다.

그러므로 믿는 자로 죄인인 것은 보혈의 능력과 예수 밖이며 부패한 양심의 불신인 것이니 사단의 때에 먼저 들어온 선교를 받아 부족한 복음인 것을 모르고 환영한 것이다.

예수십자가로부터 예수의 부활까지로 이룬 죄 사함과 거듭난 구원의 근본 목적은 흙으로 만든 사람을 폐하고 예수 안으로 옮겨서 전혀 새로운 피조물로 다시 살게 함이다.

피로 씻을 세상 죄는 만든 사람들을 못 박아 폐하는 예수십자가로 보내는 것이며 사단의 고소를 폐하는 것이다. 흙으로 만든 사람은 신의 자녀 될 자격이 없기 때문이다.

자녀는 창세전의 예정에서부터 예수 안에서의 자녀며 만든 사람은 예수 안으로 옮겨지는 구원을 받아야만 자녀 될 자격을 가지며 구원받을 자로 만든 것은 오히려 피로 씻을 세상 죄였다.

피로 씻을 세상 죄를 고소하여 만든 사람을 폐하는 일에 협조한 것은 사단이니 사단은 예수의 부활로부터 자기 잘못에 분통이 터지며 새사람이 자녀 되는 것을 훼방하는 것이다.

그러므로 이제는 세상교회가 왜 스스로 정죄하며 십자가의 피로 죄를 씻어가는 지를 넉넉히 아는 것이다. 속은 믿음은 속은 줄을 모르기 때문에 악한 것이 아니며 돌이킬 기회도 있지만 분명한 것은 예수 죽인 죄 사함이 도로 죄인이라니 황당한 것이다.

새사람 안에서는 일체 죄 사함과 피의 씻음이 없으니 이는 옛 사람 안에서의 죄 사함이 이 세상 끝까지 유효하기 때문이며 옛 죄를 씻은 깨끗함을 영원히 유지하는 보혈의 능력이 있기 때문이다.

그러므로 죄를 씻어가는 것은 옛 죄를 씻은 적이 없기 때문이고 자기 죄를 용서받는 복음의 통로를 지나지 못한 것이며 아비 없는 곳에서 부족한 복음을 먼저 만난 것이다.

다른 세대에서 부족한 복음으로만 교인들이 자기 죄를 씻어가는 것이며 부족한 복음에는 의문이 산처럼 쌓이는 것이니 하늘 아기로 난 적이 없음이다.

엡2:15, 원수 된 것 곧 의문에 속한 계명의 율법을 자기 육체로 폐하셨으니
이는 이 둘로 자기의 안에서 한 새 사람을 지어 화평하게 하시고.

땅에서 들린 예수가 어린양 제물로 흘린 보혈이 멜기세덱으로 하늘 성소
의 제단에 드려지고 죽은 예수가 부활하면 온 일류가 일시에 새로운 피조물
로 거듭나는 것이며 이를 예수님이 지은 새사람이라 하고 새사람은 이미 아
버지와 화평한 것이니 불신자라도 옛 죄에서는 자유하고 의로운 것이다.

세상은 이 구원을 모를 뿐이고 부족한 복음으로 믿는 자들은 속아서 죄인
일 뿐 이 세상에 피로 씻어야 할 죄인은 없는 것이니 스스로 정죄하며 씻어
가는 믿음은 부족한 복음인 것을 드러낼 뿐이다.

성령세대는 직접 내제한 성령께서 알게 하시니 가진 증거가 명확하고 의
문이 적을 것이나 다른 세대인 우리도 영원한 복음을 받아서 세상 시작과 끝
까지를 다 보고 알기 때문에 하늘 갓난이로부터의 성령 학을 받는다면 받은
은사와 자기 믿음에 합당한 모든 것을 알 것이다.

(고후5:17,) 「그런즉 누구든지 그리스도 안에 있으면 새로운 피조물이라
이전 것은 지나갔으니 보라 새 것이 되었도다」

예수 재림과 짐승 없는 짐승의 수666을 기다리며 이미 들린 십사만 사천
인에 들려는 믿음은 일체 이단이며 자기들 간의 이단을 넘어서 구주 앞에 참
이단인 것이니 이왕에 믿는 것이면 법과 증거 적인 믿음으로 돌이켜야 하고
새로운 피조물과 새것을 분명히 깨달아야 한다.

믿으나 안 믿으나 인생 나그네 길을 행한 후에는 자기인생 동안에 선택하
고 이룬 결국에 이르는 것이니 기쁨으로 가는 길과 눈물로 가는 두 갈래 길
에서 때늦은 깨달음으로 후회한들 아무소용이 없으며 자기가 맺은 열매를
거둘 뿐이다.

8장

살아계시는
신

(출 3:14,) 『하나님이 모세에게 이르시되 나는 스스로 있는 자니라 또 이르시되 너는 이스라엘 자손에게 이같이 이르기를 스스로 있는 자가 나를 너희에게 보내셨다 하라』

홍해를 가른 모세의 기적은 살아계시는 신이심을 말한다. 애굽에서 종살이하는 택한 백성을 신의 이름으로 해방하는 인도자 모세가 신의 능력으로 애굽 왕 앞에서 열 가지의 재앙을 내린다.

모세로 행한 신의 열 가지의 재앙은 애굽의 왕에게 너희의 신이 어디 있느냐는 물음이다. 애굽 왕이 믿는 형상의 신 앞에서 너희 신이 참으로 살아 있느냐를 묻는 것이며 살아서 역사하는 신은 오직 모세의 신이심을 알린 것이다.

스스로 계시는 신께서 재앙마다 애굽 왕의 마음을 강퍅케 하여 열 가지의 재앙에까지 이르게 되고 애굽 왕은 결국 살아계시는 신 앞에 패자로 신의 뜻에 굴복하여 신의 선민을 애굽의 종에서 놓아주니 살아계시는 신이심이 드러났다.

모세가 백성을 인도하여 홍해에 이르고 애굽 왕이 다시 마음을 강퍅케 하여 놓아준 이스라엘 백성을 뒤 좇으니 이때에도 모세는 백성을 이끌어 육지로 돌아갈 수도 있었으나 홍해를 지나는 것은 백성을 도우 시는 신의 뜻을 따른 것이다.

홍해가 갈라지고 바람에 휘날리는 물보라에 백성들이 젖음은 신께서 베푸는 세례를 받음이고 이 세례는 애굽의 종살이를 벗고 새로운 백성으로 나타나는 것이며 뒤좇던 애굽 군병이 수장당한 것은 이스라엘 백성과 함께하시는 신이 살아계심을 확증함이다.

모세가 육지로 돌아가지 않고 홍해를 가름은 지어낸 신화가 아니며 살아계시는 신에게 순종함이다. 백성으로 바다를 지나게 하심은 종에서 자유 한 새 백성이 되는 세례와 함께 신의 인도를 그들 마음에 새긴 것이다.

살아계시는 신은 한분뿐이며 스스로 계신님이시다. 여자가 낳은 사람은 신일 수가 없다. 사람의 보기에 훌륭하여 신이라고 섬기는 자도 있고 사람들이 만든 신도 있지만 실상이던 가상이던 남여가 육정을 행한 동침의 출산은 다 신이 아니다.

영계의 영적인 선과 악이 있고 사람이 행하는 세상살이의 선과 악이 있다. 영계의 선과 악은 빛과 어두움으로 대립한 것이고 사람의 선과 악은 에덴동산의 선악과에 속한 것이다.

에덴동산의 역사는 실상이며 에덴동산은 세상에 있지 않고 세상을 위하여 별도로 창설한 신의 영역이며 신이 거두면 세상에서는 보지 못하는 것이다.

사람이 세상살이로 행하는 선악과의 선과 악은 영계의 선과 악을 깨닫고 결국은 신의 선에 이르기 위함이다. 선은 빛이고 스스로 계신님께 속하고 악은 신을 대적한 사단의 어두움이며 흑암에 속한다.

스스로 있는 신이 아니면 사람이 만든 것이고 일체 사단에게 속한 것이다. 용이 있는 집의 형상은 사람의 손으로 만든 것이고 귀신은 사람 죽은 것일 뿐이다.

신이 영으로 사람의 영과 교통하고 사귀며 공평한 기도의 요구에 응답하는 신이어야 살아있는 신이며 우주와 천지 만물을 주관하며 사람살이에 이롭게 하는 신이 살아계시는 신이다.

□사람의 하루는 낮과 밤으로 되었고 낮과 밤은 선과 악을 표현한 것이라 어두움에는 악이 더욱 성하여 많은 사람이 범죄하고 밝은 낮이면 죄악을 감추는 것이다.

사람들은 선악의 비밀을 모르는 세상살이라 위선과 죽은 악의 구분이 없고 각인의 뜻대로 많은 신을 섬기지만 빛에 속한 신이 있고 어두움에 속한 악령으로 구별될 뿐이다.

빛에 속한 신은 스스로 계신님이며 악한 영은 사단이고 사단은 스스로 계신님의 피조물이다. 그 외의 신은 일체 거짓이며 사람이 지어낸 것과 사람으로 태어났다가 죽은 것이다.

사람이니 많은 신을 찾는 것이야 그럴 만도 하지만 사람이 사람의 손으로 만든 형상을 신으로 섬기며 비는 것은 너무나 많이 속은 것이다. 알지 못하는 신에게 구함은 그 신이 살아있다면 만날 수도 있겠지만 사람이 만든 신이라면 사람만도 못한 것이다.

인생길은 누구나 한번만 자나가는 곳이며 세상이 그대로 돌고 도는 것은 사람은 다 동일한 인생임을 말함이고 신의 수에 합당한 영혼이 말씀대로 번성하고 충만하기를 바라시는 신의 뜻대로 운행하기 때문이다.

육체는 흙으로 영혼은 위로 가는 동일한 인생을 마치는 세상으로 돌아가는 것이며 누구나 세상살이 동안에 영생을 얻는 기회는 공평하게 한번뿐이며 영멸과 영생에 이르는 심판도 한번이고 한번 뿐인 심판으로 칠천년을 돌고 돌아간 인생살이가 멈추는 것이다.

세상을 마치는 심판자만이 살아계시는 신이시며 천지만물을 지으신 신이시니 시작하신 세상을 또한 마치는 것이다. 세상을 마침은 세상을 시작한 뜻을 다 이루었기 때문이다.

세상은 오직 육신사람 밭에서 하늘 종자의 영을 길러냄이며 많은 영혼이 스스로 선악 간에 선택하여 영생의 구원을 받아 모든 영의 아버지가 계시는 본향으로 귀한하게 하심이다.

그러므로 복음전파를 받아 믿고 인생을 돌이킨 자는 복이 있는 사람이다. 아무도 스스로는 속은 인생임을 알지 못하고 그저 태어났으니 돈 벌고 행복하게 잘 살자는 것일 뿐 근본 된 인생의 끝을 점치지는 못하나 하늘의 신께서는 영생을 권하시는 것이다.

스스로는 알지 못하는 인생길을 위한 복음전파가 있는 것이며 믿는 자에게는 천국 가는 표가 임하고 표는 천국 가는 믿음을 유지하는 것이니 천국의 법과 증거다.

사람이 사람을 알기만 해도 사람을 만든 신이 있고 살아계심을 능히 알 수가 있다. 살아계시는 신이 아니고 어떻게 이런 정밀한 사람이 절로 생길 수가 있겠는가?

우주와 천지만물 중에 신이 만들지 않은 것이 없고 세상에 주인 없는 것은 없으나 신이 만든 것은 사람이 만들지 못하고 사람이 만든 것은 생명이 없다.

만물 중에 으뜸인 사람이 왜 신을 찾고 신으로부터 임하는 복을 비는 것인지를 살핀다면 이해를 얻을 것이며 스스로는 희미하겠으나 영이 깨어 그 영안을 뜬다면 분명한 사귐의 교통으로 확신할 것이다.

신을 열심히 믿는데도 아무 교통이 없다면 그 신은 없는 것이며 신이 있는데 교통이 없다면 믿음이 모자라고 자격을 갖추지 못한 것이다. 신은 육신이 아니기 때문에 사람이 영으로 행하며 믿음이 신의 요구대로 행할 수가 있어야 한다.

모든 동물에게 없는 영이 어찌 사람에게는 있으며 신을 알지도 못하면서 사람은 왜 신을 찾는 것일까? 이는 사람이 있다면 신도 있기 때문이다.

그러나 사람이 신을 구할 때에 세상살이의 것으로 증거를 삼아서 믿으면 헛된 것이다. 우리가정 우리자녀 잘되게 해달라는 기도를 하고 살다보면 잘되기도 하는 그런 것은 다 운수소관적 일일 뿐이다.

돈의 형상으로부터인 행복 또한 좋은 운수 적이고 항상 만족하는 기쁨의 상태를 유지할 수가 없는 것임에도 추구하는 운수소관적인 것이니 이는 다 미혹이다.

믿는 종교가 없는 사람도 그 마음에 신이 없는 것은 아니다. 수면 중에 꿈을 꾸는 사람이면 다 그 마음에 신이 있고 자기 영을 깨 닫기만 하면 마음에 숨은 신을 만날 수가 있다.

악한 사단이 속이는 세상 풍파에 마음 문이 닫혀서 겉 사람의 표현만 자기에게는 신이 없고 믿는 종교도 없다 함일 뿐 육신에 잠든 영이 깨어난다면 인생 목적을 아는 것이다.

동일한 예수 이름으로 믿는 교회도 성령이 난 영이 없는 교회는 안 믿는 사람과 같이 겉 사람만 사는 것이니 이는 영생하는 천국을 욕심냄일 뿐이며 천국 가는 자격자의 증표가 없는 것이다.

살아 있는 신을 믿는 자에게 확증은 신이 보내시는 성령이다. 신의 영이 임하여 교통하는 것이 있어야만 그때 비로소 신이 살아계심을 아는 것이며 생전의 믿음에 어그러짐이 없는 것이다.

사람이 예수를 믿고 죄 사함을 받은 자로 성령이 임하면 성령으로 감동한 성경의 숨은 뜻을 은사와 믿음대로 깨닫는 것이다. 아무도 가르칠 필요가 없이 성경을 보는 것으로만 비밀한 복음을 깨닫고 영격을 채워가지만 말로만 성령을 받은 교인은 성경을 인쇄된 글씨로만 읽을 뿐이다.

□어느 신이 천지를 창조하고 만물을 있으라 했으며 우리 사람을 손으로 만들었다고 분명하게 기록을 하였는가? 만약에 세상의 많은 신들이 자기들도 신이라면 이렇게 신이라는 증거를 내어놓아야 한다.

천지만물과 사람을 만든 신이 아니라면 사람들의 신은 아니다. 사람을 만든 신과 사람이 신이라고 불러주는 신과는 구별을 해야 하고 사람을 만들었다고 주장하는 신에게 아니라는 증거를 가져야 한다.

(사 41:21,) 「나 여호와가 말하노니 너희 우상들은 소송을 일으키라 야곱의 왕이 말하노니 너희는 확실한 증거를 보이라」

항상 살아서 하늘에 계시는 신의 말씀이며 항상 살아계심은 그의 성령으로 성도의 새 영과 사귀는 교통으로 확증함이다. 확증은 성령 학이며 성령 학이 있는 성도와 성령 학이 없는 교인은 분명히 다르고 다른 것은 성경에 숨은 것을 깨닫는 것이다.

성령 학이 없는 믿음은 우상의 머리를 좇는 것이니 속은 것이다. 동상처럼 세운 것만 우상인 것이 아니라 형상의 돈을 사랑함처럼 마음으로 섬기는 신과 거짓 신을 속아서 믿는 것도 다 우상 숭배다.

믿으나 안 믿으나 속은 것은 다 미혹하는 거짓 신에게 이끌리는 것이다. 거짓신은 신이 아닌 사단이며 사단은 신을 대적하여 하늘에서 땅으로 쫓겨난 악령이다.

하늘에서 신이신 스스로 계신님은 사람들이 만들어서 믿는 우상을 향하여 누가 진짜 신인지를 가리는 소송을 하라는 것이며 그 소송에는 확실한 증거가 있어야 한다는 것이다.

그러므로 하늘의 신을 믿는 교인은 성도에게 임하는 아버지의 성령이 알게 하는 성령 학이 있어야 한다. 주께서 소송을 권하는 신은 우상뿐만 아니라 그 우상을 믿는 사람도 포함한 것이다.

하늘에서 스스로 계신님은 당신의 명확한 증거를 칠십 권의 성경으로 적어서 온 세상에 주셨고 처음부터 천지만물을 지으신 창조주이심을 명확하게 밝힌 것이며 확증으로 분명한 성령 학을 주신다.

신이시며 스스로 살아 계신님은 자기를 믿는 성도들과 성령으로 교통하며 사귀시고 나 외에는 다른 신이 없다고 하신다. 그러므로 누가 자기도 신이라면 신의 증거를 대라는 것이다.

만약에 사람으로 나서 죽었거나 사람이 손으로 만든 우상들도 신이라면 이 말씀에 도전하여 소송하고 증거를 대며 긴지 아닌지를 분명히 해야 하며 속은 믿음과 모든 불신자도 여기에 대답이 있어야 한다.

□예수십자가 전의 세상은 신이 택한 백성과 이방백성으로 구분이 되었으나 둘 다 살아계시는 신이심을 온 세상으로 깨닫게 하는 일에 쓰인 것이며 예수십자가 후로는 둘의 구분이 없이 통일 되어 온 인류가 동일한 자격으로 영생의 구원을 받게 되었다.

선악을 알게 하는 신의 법이 사람의 마음에 새겨진 것은 예수십자가에 죽은 예수가 능력으로 다시 사는 때로부터며 여기서부터 사람이 심법을 좇아 선악대로 양심을 행하는 것이다.

세상살이에서 자기의 행위를 따라 양심의 가책이 있으면 이는 선한 양심으로 심법에 부딪친 것이고 평안한 양심이면 사람의 선행에 이른 것이다.

사람이 마음의 법 앞에 양심적 가책을 받으면서도 그 행위를 멈추지 않는 것이 곧 범죄다. 여기서의 범죄는 크고 작음을 나누지 않고 일체 범죄며 죄의 삯이 동일한 것이다.

양심의 가책을 인하여 모든 범죄는 마음의 평안을 얻을 수가 없기 때문에 행하는 범죄를 멈추게 되지만 사람 안에는 선한 법과 악한 죄의 법도 함께 있어서 할까 말까 망설임도 있으나 죄의 법은 악한영의 기운을 받기 때문에 죄의 법에 사로잡힌 마음으로 범죄에 이르는 것이다.

사람 안에 선한 법과 죄의 법이 함께 있음은 신께서 법을 마음에 두었기 때문이다. 신께서 심비에 새긴 법은 온 인류의 마음에 동일하여 신께서 지으신 사람인 것을 증거 하는 것이다.

예수십자가 전의 옛 사람을 알아야 심법이 있는 새사람을 아는 것이다. 죄의 삯은 사망으로 죽을 죄인이 죽지 않고 예수가 대신 죽어준 새사람으로 다시 살 때는 속사람을 바꾼 것이다.

영과 마음과 양심이 새것이고 사람 밖에 있던 법이 사람 안으로 들어왔으나 이러한 새사람을 살면서도 사람들이 옛 사람 때의 형편을 알지 못하므로 은혜의 구주를 불신하는 것이다.

사람이 선과 악을 함께 행하고 세상이 밤과 낮으로 돌아가는 것은 창조주 신과 대적한 사단이 분명히 있음이다. 믿는 일에서도 신이 있고 사단이 있음은 분명히 드러난다.

믿는 일에서 부족한 복음으로 행하는 거짓능력은 속이는 것이지만 역으로는 신이 계심을 말함이니 이는 사단이 속이는 것이 있음은 신을 훼방함이기 때문이다.

하늘에 계시는 신은 영이시며 육신사람이 볼 수가 없기 때문에 사람들이 믿을 수가 없으나 사람의 영이 성령이 난 영이 되면 영적인 교통을 인하여 알 수가 있다.

바다가 잔잔하면 바람이 없음이고 파도가 일면 바람 부는 것이니 바람은 보지 못하나 파도를 보고 바람을 알 듯이 육신사람이라 영의 신을 눈으로 보지 못하나 천지만물의 상태를 보고 능히 신을 아는 것이니 천하 만물이 다 사람살이에 맞춰진 것이며 사람이 사는 것에 따라 만물이 반응하는 것이다.

신께서 세상의 악을 따라 즉시로 심판하실 것이면 이 세상에 누가 살아남아 영생에 이르는 구원을 받을 것인가? 신은 공평하시고 의로우시니 악이 성한 사단의 때에는 행한 죄를 기록하시지만 돌이키는 자들은 용서하시고 모든 선악간의 행위는 이 세상을 마치는 마지막의 심판장에서 행한 그대로 선악 간에 갚으실 것이다.

만약에 악한 사단의 미혹과 훼방이 없이 신의 선과 평안한 인도만 받으며 모든 신의 것으로만 인생을 행하는 것이라면 이는 선악 간에 비교가 없이 신을 보고 믿는 것이 되므로 이런 자들은 도저히 잘 익고 여문 알곡의 성도로 나타날 수가 없다.

농부가 추수 때에 알곡을 거두는 것은 작물을 괴롭힌 병충해와 비바람과 혹독한 가뭄이라도 잘 견디고 끝내 익어서 여문 것으로 알곡을 얻는 것이니 하늘 농사인 자녀를 세우심도 악한 사단의 비바람을 견디고 끝까지 믿음을 지켜야 한다.

의문 없이 믿어준 성도라야 선악 간의 인생에서 선의 반대편인 악을 깨닫고 악을 떠나 선을 선택한 결국에 이르는 것이니 오직 자기가 깨닫고 자기가 선택하여 영생과 영멸에 이르며 자기 선택의 결국이 서러운 자라도 공평하신 신께 원망하지 못하는 것이다.

같은 논과 밭에서 추수한 곡식이지만 타작마당에서 여물지 못하고 벌레 먹은 것을 골라내고 불사른다 하여 이런 농부를 악하고 사랑이 없는 자라 말할 수가 없듯이 자기 선택으로 악을 좇아 영멸하는 자들을 천국에 들이지 않는 다며 심판 주를 탓하지는 못할 것이다.

□신은 신령한 본체가 있으나 사람처럼 육신이 아니라 영으로 행하시니 육신사람도 새 영을 좇아 희미하게 신을 느끼지만 성경을 불신함으로 근본 없는 탄생의 거짓 신을 만들뿐 실상은 뿌리 없는 나무와 같은 것이다.

지금 구세대와 신세대가 맞물리고 겹쳐서 서로가 지나쳐가고 있는 세상이니 구세대가 사라지고 신세대의 세상을 이룰 때면 사람이 크게 실수한 첨단의 과학과 낳지 않고 만든 인간으로 세상을 폐할 것이다.

범사가 시작하면 끝이 있고 태어나면 죽듯이 세상도 만든 때가 있고 폐하는 때가 있으나 지옥을 위한 땅으로 남는 것이며 세상을 미혹한 사단이 영원토록 흙을 먹을 땅이니 육체가 있는 세상을 심판하여 마칠 때에 이 땅은 영원한 불 못의 지옥을 이룬다.

그러므로 악한 사단은 자기의 지옥을 숨기고 이 땅이 새 땅이 되어 새 하늘 아래 영생의 천국을 이룬다고 속이고 있지만 때가 이르면 분명히 드러나는 것이다.

새 하늘과 새 땅은 이 세상이 변한 새것이 아니라 이 세상 이 땅이 아닌 다른 곳을 말하며 천국이니 하늘에 있고 하늘에서의 새 하늘과 새 땅인 것이며 그러므로 천국이고 천국 복음인 것이다.

새 하늘과 새 땅은 그때 이끌려서 계시를 보는 자가 처음 보는 하늘과 처음 보는 땅이라서 새 하늘과 새 땅이라 말한 것일 뿐 이 땅의 새 하늘과 새 땅이라 말한 것이 아니다.

하늘이 두루마리처럼 떠나가고 변한 것도 분명 새 하늘이지만 해 달 별을 치운 하늘은 이 땅의 지옥을 위한 것이며 더 이상 사시사철로 돌아가는 세상이 필요 없고 더 이상 생명 있는 것이 필요가 없기 때문에 지옥에 맞는 하늘을 만든 것이다.

천국도 모든 영의 아버지와 자녀들이 영생하는 곳이니 그곳의 땅이 있고 하늘이 있으니 계시를 보는 자가 화면처럼 보이는 천국은 새 하늘의 새 땅인 것이다.

생명수가 흐르고 생명과가 열리며 신령한 포도를 따는 천국이며 신께서 항상 계시고 장차 만국을 이룰 천국인데 천국을 버리고 이미 저주한 이 땅에다 조그마한 천국을 새로 세울 리가 없다.

이 세상의 땅과 하늘도 마지막 심판이 이르면 땅도 하늘도 분명히 변하지만 땅은 지옥으로 변하고 하늘은 지옥의 하늘로 큰 구렁을 이룰 뿐 아무 생명이 없는 것이니 흙도 물이 없는 흙이 된다.

안 믿는 자라도 내가 모르는 신이니 없다고 말 할 수는 없다. 신에 대한 이야기를 들어본 후에 자기 지식만도 못한 것이며 자기와 전혀 상관없다면 그때에 거절하여도 손해를 볼 일이 없다.

우리 조상 대대로 믿어온 많은 신이 있고 예수와 그의 아버지는 안지가 이제 겨우 일백년이 조금 넘었을 뿐이니 익숙하지 못할지라도 오래전부터 아는 것이 중요한 것이 아니라 우리가 어떤 세상을 살았는지 가 중요하니 우물 안의 개구리에 대한 교훈이 있기 때문이다.

구세대와 신세대로 살고 옛것이 사라지며 새것이 올 때에 신세대가 못 마땅한 구세대라도 모든 새로운 것에 놀라면서도 인정하고 받아 들이 듯이 조상 대대로 내려오며 섬긴 신들만 고집 할 것이 아니라 알아보고 신이 아니면 안 믿으면 그만이다.

천지창조로부터의 온 세상 역사인 성경에는 하늘에서 스스로 계시는 신외의 다른 신은 없고 오직 신을 대적한 사단이 있을 뿐이다. 사단이 살아서 신을 대적하니 사단은 거짓사단이 아니다.

세상에는 사람이 만든 신이 많고 하늘에 계시는 신을 모르는 사람이 많기 때문에 온 세상의 역사인 성경을 알아야 살아계시는 신은 오직 스스로 계신 자 뿐이며 신을 대적하는 사단이 거짓 신으로 속이는 것임을 아는 것이다.

인생 끝까지 가본 후에는 때가 늦다. 사람은 신이 만든 형상이며 유일하게 영혼이 있어서 영이신 창조주를 믿을 수가 있으니 복음전파를 외면하지 말고 사람 손으로 만든 형상의 신들과는 정말 비교도 안 되게 우수한 형상이 바로 신께서 만든 우리 사람인 것을 깨달아야 한다.

사람이 많은 형상의 신을 만들되 그중에 스스로 계신님의 형상이 없는 것은 스스로 계시고 살아계시는 신이 있음을 증명함이다. 이 세상에서 사람이 많은 신을 만들지만 살아있는 신을 만든 것은 없는 것이니 사람은 누구도 살아계시는 신을 만들지 못함이다.

사단이 세상 지식의 첨단을 좇아 말하고 생각하며 움직이는 로봇사람을 만들지만 신이 만든 사람처럼 피가 생명인 로봇은 만들 지를 못하는 것이다.

어느 신이 살아서 자기의 영을 주어 사람의 영으로 교통하고 사귀며 미래를 예언하여 영생을 약속하는가? 사람이 만든 신은 다 죽은 것이며 사람으로 나서 죽은 것과 사람이 상상하여 만든 죽은 신이다.

오직 천국에 계시는 신만이 성경으로 세상시작과 끝을 예언하여 그대로 이루어가고 영생의 나라를 예비하신 것이니 이런 신을 사람이 형상으로 만들 수 가 없는 것이다.

신을 형상으로 만들지는 못하나 사람이 신으로 나타나는 것도 역시 신은 죽지 않고 살아계신 신이심을 확증함이니 이는 사람은 살아있는 신의 형상이기 때문에 신인 것처럼 교만할 수가 있고 사단처럼 착각하기 때문이다.

불신자라도 신의 형상은 만들지 못하며 악한 사단이라도 신을 형상으로 만들지는 못하기 때문에 사람이 신을 행하는 것이고 사람이 신으로 행하는 것은 신의 모양대로 만든 사람이니 신을 흉내 내겠으나 영멸의 대상일 뿐이다.

하늘에 신이 있고 땅에 사람이 있는 한 어떤 다른 신이란 없다. 스스로 계신님 외에는 다 사람이 만들어낸 것이며 만일 우리 사람이 그것들을 폐하면 없어지는 것이다.

그러나 누구도 스스로 계신님은 폐할 수가 없으며 그의 입김만으로도 만물이 진동하는 것이니 세상이 진동할 때마다 사람들은 신을 찾고 원망하면서도 그 신을 믿지는 않는 것이니 사단이 비추는 거짓광명에 영안이 먼 까닭이다.

선과 악이 존재하는 이 세상이 있는 한 악한 사단의 미혹도 함께 있고 속은 인생을 후회하는 영멸의 길에서 다시 한 번 세상을 뒤돌아보는 슬픈 영혼의 고통은 계속 될 것이다.

성경에 있는 신의 증거는 누구에게나 확신의 빙거며 자기 아들에 관하여서 성령으로 밝힌 것이고 역사적 증거 적으로 분명하므로 모두가 한번은 들어보고 스스로가 판단하여 자기 영혼의 생사를 결정해야만 인생을 마치는 순간에 후회와 원망이 없고 신의 심판에 원망과 의문이 없는 것이다.

그러므로 사람이 만들고 지어낸 신들과 사람이 스스로 신이라고 주장하는 자들은 성경이 거짓이라는 확증을 가져야만 스스로 존재하는 신일 수가 있으나 세상을 창조하고 사람을 만든 내력의 증거를 밝히지 못하는 신이란, 다 사람의 출산일뿐이다.

□첫 사람 아담의 범죄로 사람이 신과 멀어졌으나 이는 범죄로 영이 죽은 것이라 영적인 사귐이 끊어진 것이며 육신사람은 여전히 인도하시고 보전하여 예수십자가에 이른 것이다.

예수가 죽어준 새사람부터는 새 영으로 사귐을 회복한 것이며 예수의 영을 받아 거룩한 영의 친자녀에 이를 수가 있게 되었고 아바아버지의 성령으로 빛 가운데서의 교통을 이룬다.

흙으로 지은 사람은 처음부터 영생 밖이었고 폐하여 없어질 것이라 사단의 고소대로 폐하고 아들의 나라에서 새로운 피조물로 다시 살게 하여 성령의 출산을 이루는 것이다.

아담으로부터 사람들이 온 지면에 퍼지고 번성한 옛 세상의 끝에서 벌어진 예수십자가의 사건은 영생 밖에서 소망이 없는 사람들을 새사람으로 구원하여 누구나 영생을 소망하게 하였다.

하늘에서 신이시며 아버지의 아들인 예수가 땅에서 들리고 창에 찔려 물과 피를 쏟아준 결국은 모든 사람이 신의 씨로 나서 친자녀가 되는 자격조건을 완벽히 갖춘 것이다.

사람을 위한 이런 모든 일은 살아계시는 신이시라 일하시는 것이며 아버지와 아들이 함께 일하시니 아버지의 영으로는 성도의 영혼을 인도하시고 아들의 영은 거룩한 씨로 들어 함께 아버지의 친자녀를 행하게 만든다.

사람들이 이 복음을 모르는 것일 뿐 신과 사단이 대립한 세상 형편은 법과 증거 적으로 천국 문이 열린 것이며 누구나 믿고 성령이 난 영으로 영생에 들어가게 되었다.

온 인류를 위한 주 예수의 순종하심과 은혜의 희생을 모르고 내 인생은 내 것이라며 안 믿는 다면 마지막 심판으로 영혼의 영멸에 이를 때에 후회의 설움일 뿐이다.

믿는 자에게는 하늘 갓난이로부터 성령 학의 신령한 것을 공급하여 받는 은사와 행하는 믿음대로 직분을 받아 합력한 복음전파를 이루는 것이니 사람의 몸이 하나지만 여러 지체이듯 눈의 역할 손의 역할 발의 역할의 합력한 복음전파를 이루는 것이다.

믿고 성도가 되면 일체 구주의 몸 된 교회며 성도 한 사람씩이 많은 지체로 담당한 일을 이루어야 하니 성도의 세상 범사는 오직 천국을 위한 복음전파를 돕는 것이 되어야 한다.

영생의 통로를 동일하게 지났으나 모든 성도가 복음의 아비일 수가 없으니 자기의 받은 은사대로 일하며 교회로 인도한 사람은 복음의 아비를 만나 성령의 출산으로 세워지기까지를 함께 돌보며 기도하고 힘쓰는 것이다.

그러므로 예수교회의 직분은 교회 안에서 교회가 합한 마음으로 세우되 그가 받은 은사대로 장성할 때에 세우는 것이니 교회에서 드러난 은사대로 세우되 예수님이 정한대로 하며 성경에 없는 직분은 폐하고 복음전하는 아비와 아비의 짝인 어미의 목자라야 한다.

살아계시는 신이시기 때문에 성도를 세우고 각 사람에게 맞는 은사를 주시어 은사에 합당한 교회의 직분을 받게 하시니 성령세대 때는 아버지가 세운 직분이고 다른 세대에서는 아들이 세운 직분이다.

(엡4:11,) 『그가 혹은 사도로, 혹은 선지자로, 혹은 복음 전하는 자로, 혹은 목사와 교사로 주셨으니』

여기의 말씀은 아들이 세운 직분이다. 아들이 정한 직분은 다른 세대에게 알맞게 하신 것이며 성령세대를 마치고부터 현재로 세상교회에는 없는 직분이다.

지금 성경을 많이 고치고 있으며 여기의 목사도 목자를 고친 것이니 본대로 회복한 목자라야 맞고 목사를 목자로 회복하면 세상종교의 본 교회나 개신교회나 일체 예수님의 정한 직분을 쓰지 않는다.

성경에서 목사는 이곳에 한번 뿐이고 다 목자다. 여기의 목사는 초기 선교과정에서 목자가 목사로 바뀐 것이니 사람의 뜻대로 고친 것일 뿐 예수교회는 양을 치는 목자가 맞다.

목자는 양치는 사람이고 목사는 양들의 스승이다. 이 스승은 성경에서의 일만 스승과도 다른 것이다. 목사는 복음의 아비들이 성령의 출산으로 세운 하늘 아기를 가르치지 못한다.

아비와 산통을 겪고 신령한 젖으로부터 양육하는 하늘 갓난이로부터는 성령 학이 임하기 때문이고 부족한 복음으로는 완전한 복음을 알지 못하기 때문에 양을 치지 못하는 것이다.

사람이 하늘 아기로 나기까지의 성령의 출산을 인도하는 복음의 아비들은 하늘아기가 맞다 하는 성령의 증거를 확인하여 양육하는 어미인 목자에게 맡긴다.

(고전4:15,) 『그리스도 안에서 일만 스승이 있으되 아비는 많지 아니하니 그리스도 예수 안에서 복음으로써 내가 너희를 낳았음이라』

그리스도 안에서의 일만 스승은 지금의 목사와는 다르다. 이들은 복음의 아비는 아니지만 성도로서 복음전파에 합력하는 자들이며 이들은 복음전하는 자로 직분을 받은 아비처럼 온전한 성령의 출산으로 인도하는 자는 적은 것이다.

그러나 지금 세상교회의 목사는 복음의 아비도 아니고 또 양육하는 어미도 아니며 세상 학으로 사람의 세움을 받아 자기 교회의 스승이지만 실은 황권을 좇아 왕인 것이다.

그리스도 안에서 일만 스승이 있으되 아비는 많지 아니함은 양을 가르치는 스승은 많지만 성령의 출산까지로 하늘 갓난이를 세우는 자는 적다는 것이니 교회 안에 먼저 된 자가 많아도 복음의 아비로 세움을 받은 자는 적음인 것이다.

□예수 안에서 성령세대의 희미한 복음이든 다른 세대의 영원한 복음이든 복음을 형상의 돈으로 사는 것은 없으며 형상의 돈으로 산 것은 부족한 복음이라 열 처녀 중 미련한 다섯 처녀처럼 기름이 없고 파는 자들에게 사러간 사이에 주님이 오신다.

예수님의 말씀대로 제자를 삼아서 스승일 수는 있으나 전체적으로 그리스도의 몸인 양을 침은 스승이 아닌 목자다. 예수님도 모든 양의 목자며 교회마다 양육하는 자들도 다 목자다.

목자는 모든 양의 목자이신 예수님을 좇는 것이며 이 땅에서 복음전하는 자 아비들과 짝을 이룬 어미와 같고 아비들의 출산을 받아 양육하는 어미인 것이다.

하늘의 아버지도 아들도 목자며 땅에서 양을 치는 자도 다 목자이니 복음의 아비가 목자이신 아버지와 아들보다 더 높으냐고 의문일 수가 있으나 이는 땅에서 알곡의 성도를 세워야 하는 교회의 직분인 것이며 성령의 출산을 돕는 자와 하늘아기를 양육하는 자로 나눴을 뿐이고 아비와 어미는 짝인 것이다.

아비와 어미로 교회를 이룬 온 세상의 성도와 하늘의 성도가 일체 모든 영의 목자이신 아버지의 양이며 온 세상 성도가 하나 된 교회의 머리이신 예수님이 목자이시니 성도를 세우는 교회의 직분으로는 머리를 좇는 몸일 뿐이다.

예수의 몸 된 교회는 아비도 어미도 다 양이며 목자이신 예수님을 따르고 교회에서 성도의 은사대로 행하는 목자는 직분을 행할 때에 양들을 스스로 가르치는 것이 아니라 성령 학으로 받은 것을 각 성도의 은사와 믿음과 성장을 따라 공급하는 양육이다.

그러므로 모든 것을 알게 하는 참 스승은 성령이시며 사람이 물과 성령으로 나는 것도 성령의 이루심이다. 교회에서 복음의 아비들이 출산으로 인도하지만 이루시는 이는 성령이시다.

물과 피로 짝을 이룬 예수십자가의 도를 증거 하여 밝힌 성령께서 친히 세례로 거룩한 성도를 세우는 것이니 예수교회의 참 스승과 아비는 성령이시며 직분 자는 그의 뜻을 전파하는 입이다.

사람을 만들고 결국은 자녀로 세우는 이런 신은 오직 하늘에 계시는 우리 아버지뿐이며 아버지와 아들과 아버지의 성령과 아들의 영이 하나로 오직 성도를 위한 일을 하신다.

만약에 천하에 이런 신이 또 있다면 양단간에 선택할 수가 있을 것이나 스스로 신이라고 증거를 가진 신은 없으며 그저 사람들이 세우고 만들어서 섬기는 신은 많고 많은 것이다.

성령 학을 받는 하늘 아기로 세우는 성령의 출산은 복음의 아비들이 담당하니 세 번 째의 직분에 있는 복음전하는 자며 다음의 네 번째가 양육 담당자 목자다.

목자는 일정한 기간을 담당한 교회에서 일하지만 복음의 아비들은 몸담은 교회뿐만 아니라 동네마다의 교회를 다니며 성령의 출산을 도와 합력하는 것이며 그리스도의 몸 된 교회면 세상 어디나 가지만 세상교회처럼 부흥강사도 부흥회도 아니다.

어디든지 처음 세워지는 교회는 먼저 있는 교회의 인도자들이 분담하여 거기 교회의 일군들이 서기까지 합력하고 또 그렇게 일하며 일손이 부족한 교회면 어디든지 가서 일하며 일한 보수는 그 교회의 형편대로 주는 것을 받고 혹 모자람이 있으면 몸 된 교회에 청하면 된다.

온 세상 모든 교회는 그리스도의 한 몸이며 예수님이 정한 직분대로 일하며 어디서든지 한 지체로 일하는 것이니 우리교회 너희교회가 아닌 것이며 그리스도의 몸이 나뉠 수가 없는 것이다.

모든 직분은 예수님의 뜻대로 차례를 좇아야 하고 사람의 뜻대로 다시 만든 세상교회의 직분은 예수교회 안에는 없어야 하나 세상교회의 직분을 보면 알 수가 있듯이 선교에 맞춘 것이다.

모든 직분 자는 목자가 세우는 것이 아니다. 예수교회는 하늘 갓난이로부터 각인의 은사가 교회 안에 나타날 때에 행하는 믿음을 따라 교회가 합심으로 성령의 운행 중에 축복하여 세운다.

□복음전파에서 사람들이 신을 보이면 믿겠다고 말하나 이는 바람을 보이면 바람인줄 믿겠노라는 억지인 것이듯 살아계시는 신이 주관하시는 세상임을 사람들은 다 느끼지만 마음 쓰지 않고 외면하기 때문에 확신이 없을 뿐이다.

첨단의 의술에서도 사람같이 정밀하고 완전한 형상이 절로 생기지 못하며 동물이 절로 진화한 사람일 수가 없다. 자연적인 세상과 흐름이 정한대로 되는 것을 다 느낄 수가 있으나 먼저 미혹하고 속이는 쪽으로 생각할 뿐이다.

자기가 자기를 알지 못하면서 돈으로 산지식으로 맺는 과학으로만 외침은 그 주장의 시작이 틀린 것이다. 틀린 과학은 다른 과학이 입증을 하고 어그러진 과학을 또 다른 과학이 드러내는 것이다.

과학은 사람의 한계를 보이지만 온 인류의 역사인 성경은 변함없이 천지창조와 세상 말세와 영원한 천국을 밝히고 있으며 예정하여 지은 세상대로 흐르는 것이다.

성경에서 사람의 육체는 흙으로 그 영은 하늘로 올라감을 밝히고 세상은 그대로 흘러 사망의 육신을 흙에다 묻고 그의 영혼을 하늘로 보내면서 하늘의 별이 되었다고 믿는 것이다.

사람들은 성경대로 살면서도 사단이 속이는 자들의 미혹으로 속은 것이며 급할 때만 신을 찾고 자기 미흡의 실패로 신을 원망할 뿐 그 신으로부터 임한 자기 영혼이 천하보다 귀한 뜻을 잘 알지 못한다.

육신사람의 생명이 피 에 있으나 피 속에든 생명을 보지 못함이듯 우주만물의 운행 중에 신은 살아계시나 그의 형상을 볼 수가 없고 그의 주관하심을 만날 때는 깨 달지를 못하는 것이다.

전지전능의 신이시라도 옛 세상에서는 사단이 어두움의 임금이기 때문에 그의 고소 앞에 흠 있는 언약으로 겨우겨우 우리를 지키시며 예수십자가에 이르렀으니 예수십자가의 일은 신께서 아들 예수를 내어주고 사단에게 죄의 종으로 팔린 우리를 값 주고 되찾는 것이다.

죄인으로 팔린 것을 되찾을 때는 흑암의 나라를 폐하고 아들에게 왕권을 주신 빛의 나라로 새롭게 여는 것이며 만든 것을 낳은 것으로 세우는 이종의 구원을 하신 것이다.

그러므로 믿고 성도가 되면 이제 하늘에 속한 씨를 받은 새밭의 임무를 깨달아야 한다. 예수십자가에 합한 죄인의 죽음은 육체인 것이며 우리의 영은 아담 안에서 죽었으니 예수의 부활에 붙은 거듭남은 영과 육이 다 생명의 빛을 받아 새로운 피조물로 다시 살았기 때문이다.

소망이 없던 생명이 예수가 대신 죽어준 은혜로 소망이 있는 새로운 피조물의 새사람이 되었으니 이것을 알리는 성도의 복음전파를 받아야 하고 외면하지 말 며 들어보고 자기 선택만 하면 된다.

왜 소망이 없는 사람인지와 죄의 종으로 영멸에 이른 사람이 어떻게 새로운 피조물로 다시 사는 지의 과정을 법과 증거 적으로 분명히 하고 사단이 대적하여 대립한 영계의 형편을 소상히 밝히는 것이다.

세상의 사람들은 구주예수가 죽어준 대속의 은혜를 알지 못하므로 영을 묻은 육신사람만 사는 것이며 사단의 낚시 밥인 형상의 돈을 좇아 목숨까지 매인 것이다.

지금 아들의 나라에서는 사단이 신의 눈치를 봐야 하나 악한 사단은 거짓의 아비답게 불법을 행하니 구주의 해방한 자유가 무색한 세상이며 미혹의 죄와 악으로 차고 넘치는 것이다.

신은 공평하시니 대적한 사단이라고 자기 때를 행하는 도중에 사단을 멸하지는 않으시니 자기 생각대로 왜 신이 있으면 악을 벌하지 않고 구경만 하느냐고 분개할 것이 아니라 때를 알아야 하고 믿는 자들도 세상일에만 힘쓰지 말고 오직 복음전파를 위해야 한다.

성도는 지금이 어느 때의 세상이 지나는 지를 살펴야 한다. 선악간의 세상에는 선의 머리와 악의 머리가 분명히 있고 악의 머리인 사단이 먼저 세상을 속이기 때문에 현재의 때를 아는 것이 중요하다.

때도 중요하지만 세상살이의 선과 악도 온전히 알아야 한다. 모든 사람은 자기 뜻과 상관없이 일체 선 악간에 하나를 선택해야만 하고 자기 선택의 결국에 이르기 때문이다.

사람 난 목적이 있고 사람은 다 영혼의 영생을 얻어야 하나 인생살이의 선악 간에서 분명한 선악을 알아야 선택이 옳은 것이다. 선한 일들 중에도 악한 사단이 속이는 위선이 있기 때문에 악을 온전히 알아야만 참 선을 온전히 아는 것이다.

사람이 세상지식으로만 일생을 마칠 것이 아니라 정말 적은 세월을 내어서 하늘 지식을 깨닫는 다면 인생의 마지막 길에서 자신을 원망하는 후회는 없을 것이다.

세상지식의 열매도 아름다운 것이 많고 좋은 법과 함께 세상살이에 유용하나 근본적 영생과는 상관이 없다. 세상 지식을 하늘 지혜를 캐는 도구로

쓴다면 이는 지식이 열매를 맺은 것이나 돈으로 산지식으로 돈만 버는 것이면 지혜를 캐지 못한 것이라 세상열매만 맺을 뿐이다.

□사람의 씨는 사람이 만들지 못하며 오직 스스로 계시는 신께서만 씨가 진 만물을 만들며 당신의 씨가 있어 그 씨로 영생의 자녀를 세우는 것이니 이 세상에 어떤 신이 자기 씨가 있어서 그 씨로 영생의 자녀를 낳을 수가 있겠는가?

사람이 씨 없는 만물을 만들어도 사람의 것에는 부작용의 화가 따르고 신의 창조에 해를 끼친다. 의학의 발전으로 오래 사는 것이 좋지만 출산이 없는 장수는 결국 만 가지 화를 부르니 젊은 혼인의 출산이 번성하면서 이루는 장수가 복된 것이다.

세상이 말세에 이르며 인간지식의 열매가 높은 차원에 이르지만 사람들은 그것들을 따라 살기에도 힘에 겨운 것이며 그것들의 종이 되니 인정이 식은 황폐한 세상이며 사단의 미혹대로 반응하는 독한 세상을 이룰 뿐이다.

사단의 미혹은 사람들에게 검이 되며 검에 찔린 아픔은 대포로 터진다. 사단의 소망은 높은 보좌에 앉아 천사와 사람을 부리는 신이 되고픈 것이다.

그러나 사단은 전지전능하지 못하므로 대적마다 패하고 결국은 망할 것이나 발악하는 사단의 훼방은 온 세상에 큰 진동이 일고 고통을 주며 아픔의 비명이 세상 전파에 가득 차게 만든다.

예로부터 천복과 천벌과 천수를 인정하며 천신이 계심을 알고 만물보다 사람을 귀하게 여겨서 이웃과 정을 트고 더불어서 살았으니 만 악의 뿌리인 형상의 돈이 사단의 무기며 돈의 열매가 악한 세상을 이룰지라도 사람이 신의 피조물임을 깨 닫기만 하면 돈의 뿌리가 맺은 악한 열매는 다 신의 승리를 위한 도구일 뿐이다.

사단의 미혹은 사람들의 세상 지식과 과학의 진화를 육신의 편리로만 쓰게 하며 세상살이를 더욱 바쁘게 하여 천하보다 귀한 영혼은 챙기지 못하게 만들고 육신으로는 하늘에까지 오르게 하여 육체는 하늘라에 가지 못한다는 말씀에 대적하게 만든다.

사람이 달에 가 고 별에 간다 해서 신의 보좌에 이른 것이 절대로 아닌 것이니 육신으로는 이를 수가 없는 삼층 천위의 보좌에 계시기 때문이고 해 달 별의 하늘은 사람의 하늘일 뿐 신에게는 발등상이기 때문이다.

땅에 속한 육신사람이 하늘의 화성에 가고 달에 가는 것은 결코 자랑하고 뽐낼 일이 아닌 것이니 우주에 기지를 건설함은 종말을 가깝게 알리는 것일 뿐 결국은 만 악의 뿌리인 돈의 힘이 하늘에 닿아 하늘 보좌를 찌르려는 것이기 때문이다.

□천지창조에서 만물을 먼저 만들고 나중에 우리 사람을 지었으니 이는 사람으로 만물을 다스리게 하심이다. 그러므로 세상지식의 과학이 말하는 공룡의 때는 수 억 년이 아니며 창세에서 만들어진 것이고 조물주의 뜻대로 사용한 동물일 뿐이다.

공룡이란. 후세의 사람이 붙인 이름이며 두렵게 하는 용이니 사단을 좇는 것일 수도 있으나 공룡이라도 짐승은 다 사람에게 다스려지는 것이니 두렵고 사나운 짐승으로 쓰였을 뿐이고 사람보다 오래된 동물이 아니다.

세상은 그리 믿어도 성도는 오직 성경을 믿어야 한다. 모든 동물은 사람의 식물인 것이며 그 이름을 지은 아담도 신의 법이 있는 자로서 공룡이란 이름을 지을 수는 없다.

공룡은 용중에서 두렵게 하는 용이며 옛 뱀의 용으로 나타나는 악한 사단이 사납고 두려운 짐승으로 이용 했을 수도 있으나 신의 말씀에 보면 사나운 짐승이 있으니.

(레26:22,) 『내가 들짐승을 너희 중에 보내리니 그것들이 너희 자녀를 움키고 너희 육축을 멸하며 너희 수효를 감소케 할지라 너희 도로가 황폐하리라』

들짐승이 사람들의 자녀를 움키고 육축을 멸하며 사람들의 수효를 감소케 하는 짐승은 정말 두려운 용일 것이니 이때의 사람들이 그런 짐승을 공룡이라 불렀을 것이며 오늘 날의 표현인 것이다.

(레26:6,) 『내가 그 땅에 평화를 줄 것인즉 너희가 누우나 너희를 두렵게 할 자가 없을 것이며 내가 사나운 짐승을 그 땅에서 제할 것이요 칼이 너희 땅에 두루 행하지 아니할 것이며』

사람을 두렵게 하는 사나운 짐승을 하늘의 신께서 제하시고 사람들로 그 땅에서 평화를 누리게 하셨으니 두렵게 하는 용의 짐승을 폐한 것은 신이시다.

성경에서 용은 옛 뱀으로부터 시작이며 용으로 하늘을 날기 까지는 필요한 세월이 있고 온 세상 중에서 용에 속한 나라가 있으며 처음부터 하늘을 나는 독수리의 나라가 있다.

용에 속한 나라는 지금까지 하늘을 나는 준비를 하였고 독수리에 속한 나라는 이미 하늘을 날고 있으나 용이 깨어서 날 으는 때가 되면 사단의 힘이 첨단에 이른다.

용으로부터 최고의 로봇사람이 나고 피가 생명이 아닌 사람이 피가 생명인 우리 사람을 주관하며 또 사단의 소망인 네 생물의 보좌를 좇아 하늘에 펼칠 것이니 창조주를 흉내 내는 것이다.

이제 잠자던 용은 꿈틀대고 비상하던 독수리는 심히 경계하지만 용이 날아오르면 대결의 대립이 분명하고 둘이 싸우는 승패와 상관없이 완전한 복음전파를 이룬 마지막 심판으로 용이 잡힐 것이나 용의 발악에 상처 난 세상이 아플 것이며 용의 권세에 빠져서 지옥 갈 사람이 바다모래 같은 것이다.

아직까지는 먼저 온 사단이 온 세상을 미혹하며 육신사람만 이끄는 선교를 이루고 있으나 언제까지나 사단의 때만 있는 것이 아니므로 신이 영혼을 부르시는 때가 있는 것이다.

모든 사람이 신의 선과 사단의 악을 비교하여 알 수 있는 때가 있지만 아직은 밤에 속한 세상이고 밤이 지나고 새벽이 오듯이 신의 영적인 빛과 낮에 속한 때가 이르는 것이다.

□세상 땅이 물속에 잉태되어 나왔듯이 그 흙으로 만든 사람의 출산도 여인의 태속에든 물에 잉태하여 나는 것이며 처음의 울음으로 호흡의 길을 터서 육체의 생명인 피를 돌리며 그 눈물은 처음의 눈꺼풀을 뜨게 하는 것이니 갓난이가 울지 않으면 세상을 보지 못하고 죽는 것이다.

갓난이가 울지 않고 죽는 것과 울지 않아 눈을 뜨지 못한 채 죽는 것은 갓난이로 죽는 사람은 세상도 보지 말아야 함이다. 세상을 보지 못한 자의 영은 다른 육체를 받지만 그 눈을 떠서 세상을 본 자의 영혼은 어려서 죽으나 늙어서 죽으나 다 자기 선택을 해야 하며 살아 서든 죽어서든 선악의 양단간에 자기 선택을 하는 것이다.

신이 흙으로 만든 첫 사람 아담으로부터 약 사천년의 세월동안에 영이 죽은 육체뿐인 사람이 출산되었고 예수가 죽어준 은혜로 영이 살리심을 받은 새사람으로의 출산을 이룬 것이다.

새사람의 출산이 이천년 전으로부터 지금에 이르렀으나 결혼과 출산과 인격의 교육이 훼방을 받는 것이며 악한 영들의 훼방하는 힘이 너무나 강하고 무성하기 때문에 사람의 근본까지도 해친다.

사람의 번성과 충만을 훼방함은 천국 백성인 영생의 구원받을 영혼의 출산을 막는 것이며 온 세상을 속이고 미혹하여 천국에 이를 자를 없게 하는 대적이지만 오히려 모든 것으로 합력한 선을 이루시는 신의 뜻을 더욱 창대하게 도울 뿐이다.

악한 사단이 영멸에 이르는 심판이 열리면 사단이 행한 속임과 미혹이 오히려 자기를 묶는 밧줄일 것이며 그 때가 이르면서 먼저는 온 세상이 하나 되어야 한다.

나라마다 각국의 사람이 섞이고 식물성 동물성과 언어와 문화와 자유가 온 세상에 고르게 되어 하나로 통일된 세상을 이루며 모든 나라의 돈이 하나 되어 형상의 돈을 합한 큰 우상이 세움을 받아 사단의 거짓짐승일 것이니 사람의 목숨이 돈에 달린 세상은 종말인 것이다.

하늘의 신께서 창세 때로부터 사람과 세상의 발전을 미리서 보시고 정한 것이니 세상 문명과 과학의 결실은 신의 발등상을 넘지 못하며 우주선이 머무는 정거장까지의 하늘만을 허락하셨고 거기까지로 육신세상이 폐한다.

사람은 육신에 영을 묻고 살기 때문에 영혼의 소망은 아련하고 꿈결 같아서 희미하다가 마는 것이니 누구라도 한번은 복음전파를 들어보고 육신이 아닌 영혼의 소망을 찾아 나그네 길의 인생이 복을 받아야 한다.

육신은 이 땅이 본향이고 영혼에게 세상은 타국이다. 영혼을 깨달아 타향살이 동안에 사람 된 목적을 이루어 천국의 본향에 이르거나 육신에 묻혀서 지옥에 이르거나 자기 선택에 달렸다.

사람이 천국에 가고 지옥에 가는 것은 누가 보내는 것이 아니라 생전의 자기 선택한 결과인 것이다. 믿고 영생을 얻으면 천국의 신령한 예복이 임하고 불신하면 지옥의 고통이 임한다.

신께서 태초에 천지를 창조하심은 없는 하늘과 없는 땅을 만든 것이 아니라 이미 하늘이 있었고 땅도 있었으나 땅은 물속에 잉태하였으며 하늘에는 세상을 위한 해와 달과 별들이 아직 없었기에 사람을 위한 세상과 하늘을 밝힌 것이다.

사단이 타락하여 대적한 후로 물속의 땅이 나왔고 세상을 위한 하늘이 창조 되었다. 육신사람을 폐하는 마지막 심판에서 대적한 사단을 지옥에 던지면 만든 세상을 영원히 마친다.

하늘과 땅이 하나의 수레바퀴처럼 돌아가는 세상은 절로 난 세상이 아니며 천국에서 영생할 자녀농사를 마치기까지 기한이 있는 것이니 세상 농사의 넉 달이면 추수를 하듯이 자녀농사 사천년의 끝에서 예수십자가까지로 농사를 지었고 남은 삼천년의 세월에 추수하여 이 세상을 마치는 것이다.

사람 사는 세상과 세상을 위한 하늘은 일층 천이며 그 위로 이층 천이고 이층천위에 삼층 천의 하늘나라가 있어서 이를 천국이라 부르며 천국 백성이 완성되면 이 세상은 사단이 저주를 받아 영원히 흙을 먹는 지옥을 이룬다.

※ (신의 수로 볼 때 하늘은 칠층 천일 것이나 성경에는 삼층 천만 있고 사람이 우주선으로 가는 하늘은 일층 천이다. 마지막 심판 때는 일층천의 모든 것이 사라지고 하늘의 불인 태양도 이 땅에 내려와 영원한 불 못의 지옥을 이룬다. 세상지식의 과학이 태양의 크기가 지구의 일백구배나 된다고 하니 태양이 바다에 박혀 물을 말리고 온 땅을 말리며 화기가 약화될지라도 영원한 불 못을 이루기에는 넉넉하고 바다를 말린 태양불이 바다 쪽의 땅 아래로 자리 잡고 바다가 마른 엄청난 소금이 세라믹을 대신하여 바다를 받히고 있던 암반이 터지지 않고 지탱하며 불 못을 이루니 이 땅에서 영혼의 영생을 거절한 자들이 영원한 고통을 당하는 유황 불 못의 지옥인 것이다. 만약에 태양이 불 못을 이루지 않으면 지구는 어름덩이일뿐 불 못의 지옥일 수가 없으며 태양이 지구로 내려와도 이상 없음은 바닷물이 없어지고 이미 육신사람이 지구상에 일체 없기 때문에 땅의 중심은 여전하여 지옥을 유지함에 문제가 없다.)

세상을 살다가 육신이 죽는 것으로 끝이라면 수단방법가리지 않고 잘 살

아도 되겠지만 육신이 죽은 후 영으로 사는 영계가 있기 때문에 육신동안에 영혼의 영생을 예비하는 것이며 이 세상의 인생동안에 이루는 것이니 인생을 마친 결국의 심판이 반드시 있고 심판자는 곧 스스로 계시고 살아계시는 신이시다.

신의 마지막 심판에는 온 세상의 모든 사람이 다 죽은 자로 나아가서 자기의 선택대로 영생과 영멸에 이르니 그동안에 신으로 섬겨진 자나 왕과 왕자와 대장군이라도 그가 사람이었다면 누구도 빠짐없이 죽은 영으로 나아가 스스로 계신님 앞에서 자기 선택의 결국을 심판 받아야 한다.

9 장

천 하 보 다 귀 한 내 영 혼

욕심의
결국

한 부자가 있어 자색 옷과 고운 베옷을 입고 날마다 호화로이 연락하는데 나사로라 이름 한 한 거지가 헌데를 앓으며 그 부자의 대문에 누워 부자의 상에서 떨어지는 것으로 배불리려 하매 심지어 개들이 와서 그 헌데를 핥더라. 이에 그 거지가 죽어 천사들에게 받들려 하나님의 사람 아브라함의 품에 앓기고 날마다 잔치하던 부자도 죽어 장사되매 저가 음부에서 고통 중에 눈을 들어 멀리 아브라함과 그의 품에 있는 나사로를 보고 불러 가로되 아버지 아브라함이여 나를 긍휼히 여기사 나사로를 보내어 그 손가락 끝에 물을 찍어 내 혀를 서늘하게 하소서 내가 이 불꽃 가운데서 고민하나이다. 아브라함이 가로되 얘 너는 살았을 때에 네 좋은 것을 받았고 나사로는 고난을 받았으니 이것을 기억하라 이제 저는 여기서 위로를 받고 너는 고민을 받느니라. 이뿐 아니라 너희와 우리 사이에 큰 구렁이 끼어 있어 여기서 너희에게 건너가고자 하되 할 수 없고 거기서 우리에게 건너올 수도 없게 하였느니라. 가로되 그러면 구하노니 아버지여 나사로를 내가 살던 집에 보내소서. 거기는 내 형제 다섯이 있으니 저희에게 증거 하게 하여 저희로 이 고통 받는 곳에 오지 않게 하소서 아브라함이 가로되 저희에게 하나님의 종 모세와 선지자들이 있으니 그들에게 들을지니라. 가로되 그렇지 아니 하니 이다. 아버지 아브라함이여 만일 죽은 자에게서 저희에게 가는 자가 있으면 회개 하리이다. 가로되 모세와 선지자들에게 듣지 아니하면 비록 죽은 자 가운데서 살아나는 자가 있을지라도 권함을 받지 않으리라

말씀속의 부자는 조금도 베풀지 않고 자기만 아는 그런 부자를 말하지만 거지처럼 가난한 사람은 무조건 천국에 가고 부자는 다 지옥에 간다는 말은 아니다.

부자라도 이웃과 나누면서 선을 행하고 구주를 믿으면 천국에 이르겠으나 여기의 부자는 이웃이 발아래고 욕심이 잉태한 재물 쌓기와 자기 육신만 즐기다가 영혼이 망한 것이다.

참 인생을 모르고 돈생만 행하다가 결국에 후회하는 부자를 깨달아야 하고 또 그가 아직 세상에 있는 자기 형제들을 염려하여 간구함에서 우리는 크게 깨달아야 한다.

영원한 고통에 들어간 부자는 자기가 죽어서 가본 후에야 영계의 실상을 알았고 세상살이는 영계의 영생을 위한 잠간의 나그네 인생인 것을 깨달았기 때문에 지금도 이것을 모르고 욕심 부리며 돈생만 행할 세상의 형제들을 생각한 것이니 자기 형제들은 이런 고통의 세계로는 제발 오지 않았으면 좋겠다는 것이다.

또 신을 믿고 낙원에 이른 성도는 생전에 자기 가족 중에 안 믿는 자가 있었다면 부자가 자기 형제를 생각하듯 안 믿는 가족이 제발 좀 믿고 이런 평안의 나라로 왔으면 하는 간절한 마음이 있는 것이니 이는 다 이생을 마친 결국의 소원일 뿐이다.

이런 소원은 다 복음전파를 위한 비유일 뿐 누구도 죽은 후 바로 천국과 지옥에 가지는 못한다. 죽은 자나 산 자나 일체 세상을 마치는 심판을 받아야 하며 생명록의 대조를 거쳐야 한다.

사람이 죽어서 영계를 아는 때는 너무나 늦었다. 살아생전에 복음전파를 받아 신이 살아계심을 알면서도 부러 외면한 결국을 감당하지 못하니 다른 길이 없는 영멸이기 때문이고 영멸이어서 슬픈 후회가 있음은 죽고 보니 영생이 있음을 알았기 때문이다.

사람이 신을 아는 것은 꼭 신을 보아야 함은 아니다. 어느 손재주가 있는 사람이 보이지 않는 물속의 풀숲에서 맨손으로 더듬어 고기를 잡아내는 것을 본다면 보지 못하는 것을 더듬어서 잡듯이 사람은 보지 못하는 신이라도 영혼의 손발인 마음으로 더듬어 알기 때문이다.

자기 영혼을 아는 사람이면 세상살이에서 신의 주관을 깨닫는 것이니 천지만물이 하나로 사시사철을 이루며 자기 때의 인생을 마치게 함을 우연으로 생각지 말 것이다.

□영원한 지옥은 이 세상 마지막의 심판을 거쳐서 있지만 이야기는 이것을 다 생략한 것이며 또는 심판 후의 일을 말함이다. 사후에 뜨거운 불 못으로 들어간 부자는 생전에 풍족하게 누린 인생과는 반대로 영원한 고통을 당하니 육신으로만 세상을 마치면 영혼의 영생이 망한다는 교훈을 주는 것이다.

영생을 얻은 거지나사로도 그 영혼이 낙원에 이르고 믿음의 조상 아브라함의 품에 안겼으나 생전에 돈이 없었기에 절로 영생이 얻어진 것이 아니라 신을 믿었기 때문이다.

천국에는 다 아브라함의 품에 안기는 것이 아니며 나사로가 아브라함의 품에 안긴 것은 이 이야기가 믿음의 일이기 때문이며 믿음을 권함인 것이다. 부자와 거지나사로의 이야기는 복음전파를 위한 것이라 믿음을 위한 믿음의 조상을 세운 것이다.

나사로가 만약에 신을 몰랐다면 거지로서 생각할 때에 날마다 음식을 먹고 배고프지만 않으면 정말 좋겠다고 생각하겠지만 그가 정말 날마다 배부르게 먹으면 욕심이 없을까?

날마다 배불리 먹으면 더 좋은 음식을 원할 것이고 좋은 옷과 집과 자가용과 탐욕의 아름다운 대상을 탐할 것이며 욕심은 계속해서 다함이 없고 채우지 못할 것이다.

신을 믿되 영혼이 잘 되어야 하고 만약에 육신의 소욕에 이끌린 다면 성도라도 사단의 소망을 이루는 것이니 천국에 가져가지 못하는 땅의 것에 영혼을 팔아 서는 안 된다.

세상을 빈부로 살지만 둘 다 욕심은 동일하다. 욕심 부림의 결국은 천하보다 귀한 영혼을 망치고 육신살이만 행하다가 부자처럼 물 한 방울을 구하는 가련한 영혼이 되는 것이니 성도의 복음전파를 살피고 내 영혼을 위한 선택이 있어야 한다.

영혼의 영생 길은 길이시며 진리와 생명이신 예수를 만나는 것이고 하늘에서 아바아버지의 뜻을 좇아 순종하신 예수십자가의 도를 믿어야 하니 칠십 권의 성경에 지도로 그려진 하늘 통로가 있으며 밝은 길 내내 사랑과 긍휼과 은혜가 넘치고 있다.

큰 은혜의 구원은 하늘 아버지의 씨 뿌린 영혼의 알곡을 거두시려 함이고 창세전에 예정한 예수 안에서의 자녀를 얻으시는 것이다. 사람의 농사가 땅에 묻혀 썩은 종자로부터 새 열매를 거두듯이 자녀 농사도 사람 밭에 씨 뿌린 종자의 영을 새 영의 열매로 거두는 것이다.

세상 농사가 새싹을 내어 꽃피고 열매를 맺어 농부의 몸에 피가 되고 살이 되듯이 사람의 영도 물과 피로 짝을 이룬 예수십자가의 도를 통하여 영생에 이르면 예수의 몸 된 교회를 이루며 서로의 안에서 아바아버지 안에 드는 것이다.

아담으로부터 예수십자가까지의 옛 세상은 종자의 영이 심겨서 썩음을 당한 것이었고 예수십자가 후로의 되찾은 세상은 예수의 구원으로 다시 살게 된 새사람의 새 영이 새 싹을 낸 새 열매의 자녀로 나타나서 구주와 한 영을 이루고 영생의 자녀가 되는 것이다.

이것의 이해는 지금의 우리가 다 옛 사람 안에 있었고 옛 사람은 새사람인 우리를 좇아 함께 새사람인 것이니 우리가 옛 사람의 씨로 들어서 그들이 후손으로 낳고 낳고 낳아진 새사람이기 때문에 옛 사람은 죽고 없으나 우리가 새사람이 되므로 한 줄기인 저들도 함께 동일한 자격에 이른 것이다.

새사람은 새 싹 난 영을 담았고 새 싹의 영이 신의 자녀가 되면 거룩한 열매로 맺힌 것이다. 신의 열매는 하늘 갓난이로 부터며 하늘의 신령한 양식으로 장성하는 것이다.

영혼의 영생에는 인격이 아닌 영격이며 신은 영이시니 역시 영격인데 세상교회들이 신을 향하여 인격 대 인격이라 함은 육신사람으로만 성도를 행함인 것이며 성령이 난 영의 신령한 젖을 받지 못함인 것이다.

□자기 생전에 복음전파를 무시하고 사후에 불멸의 몸을 받아 영원한 불지옥에서 고통하며 후회하는 것은 오직 자기 욕심에 빠진 것이며 영혼을 무시하고 욕심 부린 죄악의 끝인 것이다.

성경에 욕심 부리며 돈을 좇아 모으기만 하는 부자들에게는 신의 말씀이 들어가지 못하고 가난한 자들에게는 하늘의 기쁜 소식이 전파된다 하였다.

사람이 땀 흘려서 먹는 것을 좋게 여기시는 신 앞에서 인생은 없고 돈생만 행하면 그 말로가 허무하고 그 망자의 영혼이 서러운 눈물만 뿌리게 된다.

예수십자가 전에는 하늘에서 대적하던 사단이 지금은 땅으로 쫓겨나서 온 세상을 속이며 미혹하기 때문에 세상 도덕과 질서가 깨지며 형상의 돈이 사람 위에 있으니 혼사와 잉태와 출산과 이혼이 다 어그러지는 것이다.

사람은 자기 안에 잠든 영을 깨워야 한다. 옳은 인생은 영이 깨어 영안이 열리고 영혼의 소욕으로 육신의 소욕을 덮어서 살아야 하나 오히려 육신의 소욕에 영이 덮인 것이고 영혼의 소욕은 알지도 못한다.

돈을 쌓아두고 죽어도 영혼의 가는 길에는 쓰지 못하니 돈만 벌 다가 영혼을 무시한 서러움이 있는 것이며 사람 난 목적을 이루어서 영혼이 잘된 사람은 천국 문이 열리는 기쁨을 만난다.

세상에 지식이 넘쳐도 악은 더욱 성하며 세상에 재물이 풍족하여도 혼인과 출산이 감하는 것은 형상의 돈을 부리는 사단의 기운이 세상 형편을 흔들기 때문이다.

사단은 돈으로 황금방패를 삼은 것이며 사단의 방패는 신과 사람사이를 가로막고 영혼을 깨우는 생명의 빛을 막는다. 사단의 황금방패로 사람들의 영안을 가리기 때문에 육신의 소욕만 좇는 것이다.

형상의 돈만 아니라 눈으로 보고 욕심내는 것은 다 사단으로부터며 처음 여자 이브를 통하여 남자에게 임한 것이고 욕심은 영멸의 근원으로 아담의 혈통을 하루날 일시에 예수십자가에다 못 박은 것이다.

지금도 욕심 부린 돈을 좇아 악한 세상을 이루고 돈의 노예로 돈만 벌 다가 자기 인생을 잃는다. 사람이 인생을 잃고 돈버는 돈생을 살게 되지만 세상은 선과 악이 분명하다.

선악간의 대립에서 선한 양심을 쓰는 사람이 많고 돈으로 얻은 세상지식 일지라도 인류번영을 위한 사용자들이 있기 때문에 살만한 세상이 유지가 되지만 신의 마지막 심판의 종말이 가까울수록 사단의 발악에서 큰 고통에 빠질 것이다.

사람 난 목적은 돈을 좇는 육신살이가 아니라 천하보다 귀한 영혼이 구원을 받아 어린 영혼이가 아닌 장성한 영혼으로 본향에 이르는 것이니 이생에서 육신살이 동안 영혼의 영격을 갖춘 어른이 되려는 것이다.

□교회에 연보를 하되 신의 씨로 나서 거룩함에 이른 지체로 해야 하고 아직 거룩한 성도가 아닌 자들에게는 돈을 받아서는 안 된다. 어떤 경우에도 돈 내고 말씀을 사고 파는 형식은 없어야 한다.

예수의 몸 된 교회는 영혼의 영생을 돈으로 사고 파는 것과 같은 형국이 없으며 완전한 복음전파에서는 자녀가 아닌 사람들의 돈으로 이루는 복음전파일 수가 없다.

예수교회가 아직 거룩한 성도도 아닌 자들에게 받은 돈으로 복음전파와 세상을 향한 선한 사업을 이룬다면 이를 보시는 신께서도 기뻐하실 수가 없는 것이며 예수교회의 일일 수가 없다.

세상교회는 물과 성령으로 난 하늘 아기로부터의 성령 학을 받는 성도가 없기 때문에 누구의 헌금이든 상관이 없으나 예수교회는 성령이 난 영이 없이는 성도가 아니기에 사람이 물과 성령으로 나기 전에는 헌금에 참여하지 못하게 하는 것이다.

형상의 돈을 신에게 드린다 하고 그것으로 자기 배를 채우는 모든 종교와 신께 직접 돈을 드린다는 헌금을 하는 교회는 다 악한 사단에게 쓰일 뿐이고 만 가지 악에서 헤어나지를 못하니 그들의 열매와 행사와 결국을 보면 다 아는 것이다.

돈은 이 세상에서 육신사람이 쓰는 것이고 선하게 쓰인 열매가 나타날 때에 그 영적인 것을 하늘 창고에 쌓는 것이지 형상의 돈을 직접 드려서 하늘에 쌓는 것이 아니다.

그러므로 세상교회에서 일요일마다 헌금하고 축복을 받지만 교인들이 고르게 잘 살지 못하는 이유를 깨달아야 하며 왜 만나를 그날의 양식만 거두게 했는지도 깨달아야 한다.

(눅 12:18-20,) 『[18] 또 가로되 내가 이렇게 하리라 내 곡간을 헐고 더 크게 짓고 내 모든 곡식과 물건을 거기 쌓아 두리라 [19] 또 내가 내 영혼에게 이르되 영혼아 여러 해 쓸 물건을 많이 쌓아 두었으니 평안히 쉬고 먹고 마시고 즐거워하자 하리라 하되 [20] 하나님은 이르시되 어리석은 자여 오늘 밤에 네 영혼을 도로 찾으리니 그러면 네 예비한 것이 뉘 것이 되겠느냐 하셨으니』

성도는 욕심을 밟고 발아래 두지만 영혼이 잘됨으로 임하는 축복이 있다. 어느 부자처럼 재물을 쌓아두지 않아도 넘치게 하시며 예수교회의 복음전파에 부족함이 없게 하신다.

이 세상에 복음전파가 아니면 성도가 이 땅에 있을 일이 없으며 재물을 쌓아두고 내 영혼아 평안히 쉬고 먹고 마시며 즐기자 할 성도의 삶이 이 땅에서는 불필요한 것이다.

이 세상뿐이면 육신의 요구대로 행하면서 잘 살아야만 후회가 없겠으나 누구도 육체의 삶으로는 평안하고 안녕할 수가 없으니 영혼의 소용이 없는 육신으로는 신기루의 행복을 좇기 때문이다.

만약 육신의 욕심과 요구가 끝이 있어 채워지는 것이면 부자들은 왜 황천길에서 후회하고 물 한 방울을 구걸하며 서러운 눈물을 뿌리겠는가? 세상은 끝이 있어도 욕심은 끝이 없는 것이다.

아무리 돈 많은 부자라도 인생동안에 얻을 것을 얻지 못하였기에 돈에 매인 인생살이가 후회되는 것이며 황천길에서 깨닫고 보니 한번뿐인 인생이 참으로 아쉬운 것이다.

생전에 영생을 얻지 못한 죽음에는 영생을 권하던 복음전파를 불신한 어리석음이 안타까운 것이니 재물로 참 평안과 행복을 얻을까 했던 자기 교만을 후회함인 것이다.

사람난 목적의 인생 성공은 자기 때를 행한 결국의 심판을 받아 자기 영혼이 천국 본향에 이르는 것이다. 불신자의 성공은 세상에 있으나 세상에 속한 성공은 썩어질 것이며 영혼의 영생에 아무 상관이 없고 그 성공 때문에 영혼의 성공을 잃은 것이다.

사람 난 목적을 이루는 성공은 세상살이 성공이 아니다. 영혼의 본향인 천국에 이르는 구원을 받음이 성공한 것이며 각자의 인생동안에 이룬 성공이고 옳은 선택의 결국인 것이다.

누구나 자기 영혼을 깨닫고 육체로 태어나 영생할 영혼을 받은 육신적 기쁨과 감사가 있어야 한다. 자기 영혼의 영생은 곧 육신도 영생의 예복을 덧입는 결국에 이르기 때문이다.

육신동안에 자기 영혼이 영생하는 구원을 받지 못하면 겉 사람만의 기쁨은 잠간일 뿐이며 영생의 끝없는 참 평안의 영복을 누리지 못하니 인생을 마친 후에 이것을 알고 후회하지만 자기 선택을 좇아 지옥문이 열리는 것이다.

영혼의 고향 길을 안내하는 하늘의 기쁜 소식을 전파하여도 듣지 않는 사람들이 많기 때문에 신은 안타까운 마음으로 부자와 거지 나사로의 결국을 깨닫게 하시려는 것이다.

그러므로 영혼의 처소인 육신의 욕심과 요구가 아니라 처소에 사는 영혼의 소망을 좇아야 하니 자기 영혼을 세우는 돌이킴으로 육체의 소욕이 영혼의 소욕에 덮여야 한다.

육신대로는 사단을 깨 닫지도 못하고 영혼이 망할 것이므로 온 세상의 역사책인 성경을 주신 것이며 많은 사람들로 성경을 시험하여 확실한 실상을 좇게 하시며 세상의 과학이 첨단일수록 성경은 더욱 실상의 역사로 나타나게 하신다.

육신으로는 한때 사단의 종을 살았기 때문에 사단의 기운이 잘 통하는 것이며 육신의 어두움은 영을 덮기 때문에 생명의 빛으로 밝혀지지 못하고 새 영혼의 주인을 행사하지 못하는 것이다.

그러나 누구에게도 억울한 심판이 없게 하시려고 사단의 대적에 대립한 완전한 복음을 온 세상에 전파하며 모든 사람이 듣고 양단간에 선택할 수가 있게 하신다.

지금 세상의 모든 공산권이 폐하는 것이며 방송전파와 책과 언어까지 합력하여 세계만방에 동일한 예수의 기쁜 소식이 첨단의 과학을 타는 날이 오고 과연 모든 것이 합력한 선을 이루는 것이다.

많은 사람들이 종말을 예언하다가 지쳤고 일만 스승사이에 의문의 싹이 나며 이제는 자기들이 직접 신이 되고 예수가 되며 어머니 신까지 만들어 내니 그야말로 말세 같은 느낌이 든다.

그동안에 세상교회들이 신의 큰 증거를 대지 못하므로 아름다운 열매를 맺지 못함을 볼 때에 더욱 말세 같지만 사람의 것으로는 신의 때를 예측하지 못한다.

사람들은 이미 이천년 전에 재림한 예수와는 아무관련이 없어 보이고 믿어야 할 이유도 알지를 못하기에 예수와 상관없이 살아가면서 인생길에서 다 써먹지도 못할 지식을 위한 재물과 세월을 허비하는 것이다.

사단이 부리는 형상의 돈을 좇아 사람마다 욕심 부려 더 많이 가르치려 하지만 결국은 사단의 송곳이 되어서 서로가 찔리며 고통의 열매로 비틀어지는 것이다.

옛 뱀인 사단은 붉은 여황이며 자기의 미혹한 세상에 악이 가득함을 기뻐하겠으나 악한 사단이 깨달아야 할 것은 자기 때만 있는 것이 아니라 신의 때도 있는 것이며 선을 좇는 발길에 밟힐 때가 있음이다.

사단이 미혹한 세상은 신의 계명에서 네 부모를 공경하며 네 이웃의 집을 범하지 말고 네 이웃을 사랑하라는 말씀에 크게 대적하는 것이며 절벽에 이르는 넓은 길을 맘대로 달리게 하는 것이다.

성경에는 부부간의 육정이 아닌 정욕의 쾌락을 좇아 이웃을 범하는 것과 아비나 어미의 하체를 범하는 등 근친상간의 일들과 아내를 들이는 일과 과부를 대하는 법까지 다 있다.

상전이나 종이나 세상살이의 재물관리와 분배와 구분이 있고 전쟁과 기근과 지진과 재난이 다 있으며 동일한 인생을 사는 것과 창세로부터의 온 인류가 이 세상 종말에 이르는 내력이 다 기록에 있다.

□지금 신께서 선 악간에 말이 없음은 사단의 대적에 공평한 인도의 대응인 것이지 나타내지 않으심이 신이 없다는 증거일 수가 없는 것이다.

우리 생각에는 범사에 신이 나타나시며 악한 사단을 잡아 벌하고 이단을 폐하며 모든 양심 없는 범인들과 민생을 등지고 자기 유익만 챙기는 정치나 사람의 생명에 해를 끼치는 모든 악한 자들을 다 처벌해야 할 것이다.

사람은 도저히 말릴 수가 없는 상태로 모든 방송에 범죄와 비리가 나오며 신의 능력으로 죄인들을 잡아다가 즉석에서 곤장을 치고 물고를 내면 보는 이들은 정말 맘이 후련할 것이다.

사람들의 범죄를 텔레비전에 보여주고 죄 값을 심판한다면 정말 좋겠지만 이 세상은 처음부터 선악간의 세상이기 때문에 세상사가 선악으로 나타나는 것이며 신은 공평하시니 당신의 때를 잠잠히 기다리시는 것이다.

이 세상은 선한 사람들만 행복하게 잘 살아야 하는 그런 영원한 세상이 아니라 영원한 나라에 들어가기에 합당한 자격을 얻는 곳이며 선악 간에서 오직 자기만의 의지로 선을 선택하는 곳이다.

자기 선택으로 선에 속한 지체에 이르고 영생을 위한 영혼의 영격을 이 세상 선악 간에서 갖추는 것이니 사람이 행하는 선악과의 선과 악은 좋고 나쁨을 넘어 알곡의 영혼으로 익어지는 도움인 것이다.

안 믿는 사람은 사람이 신의 자녀가 되고 영생하는 것과 천국과 지옥이 황당한 소리일 것이며 또 신은 무슨 권세로 사람을 천국과 지옥으로 보내는 지에 대한 의문을 가진다.

그러므로 의문을 제하는 증거가 필요한 것이니 이것을 자세히 알리는 복음전파가 필요하고 이를 담당한 복음의 아비들이 세움을 받아야 한다.

만약에 세상살이에서 신의 심판과 처벌이 공평이 없고 악에 속한 것이면 무조건 벌하고 죽여 없애는 것이라면 흉악범죄 뿐만 아니라 모든 범죄자는 즉결 심판을 받을 것이니 누가 신 앞에 의로 울 것이며 이 세상에 온전히 살아남을 자가 있겠는가?

인간의 행악을 따라 즉결심판으로 다스리는 것이면 죄악이 줄는지는 몰라도 하늘에 계시는 신의 뜻은 세상 죄 다스림이 아니라 천하보다 귀한 영혼을 한 영혼이라도 더 천국에 들이는 것이다.

신의 심판은 복음전파를 폐하는 심판이 아니라 믿느냐 안 믿느냐의 마지막 심판으로 사단과 그 무리와 천국의 자녀를 구별하시니 신에게 세상 죄는 예수의 피로 씻어진 것일 뿐이다.

모든 행위의 가치대로 육신을 심판하고 벌한다면 그야 말로 온 세상은 최고의 고통을 주는 지옥이 될 것이다. 약한 자를 울리는 강한 자와 모든 행악자들이 세상에서 소멸될 것이나 그 중에 나도 있을 것이니 누가 그 심판에서 벗어날 수가 있으며 신의 거룩함과 그 의에 이를 자는 아무도 없을 것이니 결국은 모든 육체가 멸한다.

이것을 미리서 아시는 신이 우리 대신에 예수를 내어준 대속으로 우리의 죄를 미리서 용서하신 것이며 대속을 불신하는 죄는 새로운 정죄로 용서치 않으시니 죄이면 다 같은 죄가 아님을 깨달아야 한다.

그러므로 예수십자가 후로의 사람들은 세상살이의 모든 세상 죄와 예수를 불신하는 죄는 구분을 해야 하며 사람이 직접 죽어서 피를 흘려야만 용서받을 수가 있었던 세상 죄는 예수의 피로 대신 용서를 받았으니 세상 법의 심판과 하늘법의 심판도 구분을 해야 한다.

신은 육체 안에 넣은 영혼을 위하여서 모든 육체를 보존하며 악한 사단이 미울 지라도 참으시는 것이다. 모든 육체가 멸하면 악한 사단은 기쁨을 금치 못하겠으나 모든 육체에는 하늘 종자로 영이 들었기 때문에 지키시는 것이다.

영을 인하여서 사단의 대적과 모든 훼방에서도 참으시고 사람이 믿고 자녀가 되기까지를 기다리시며 사람마다 자기 때를 따른 사망이 있으나 사단의 악에서는 구하시는 것이다.

선의 반대편인 악을 깨닫게 하는 진짜 선이 가짜 선과 나란히 되어야만 구분이 되듯이 사단이 속이는 부족한 복음도 신의 완전한 복음이 세움을 받아야만 그때 비로소 양단간에 분별할 수가 있다.

신의 심판이 이 세상 종말에 있음은 사단이 훼방하는 하늘 농사 중에서 천국에 합당한 수의 자녀를 온전히 얻으시려는 것이다. 지금 사단의 훼방대로 혼인과 잉태의 출산이 더욱 폐하며 부족한 복음 선교의 열매만 넘치면 다음 열매의 수가 참으로 미약할 것이니 성도의 혼인과 출산이 번성할 세월을 가지시는 것이다.

불신자들은 여전히 필요 이상의 지식을 사고 이혼하며 출산도 폐하고 오직 형상의 돈 벌기에 세월을 허비할 것이나 이제로부터의 예수교회는 혼인을 권하며 출산을 도와야 한다.

필요이상의 세상 지식보다는 타고난 재능을 좇아 땀 흘린 결실을 받으며 영혼이 잘 됨으로 임하는 축복으로 흡족하고 풍성한 인생을 따라 합력한 복음전파를 이루는 것이다.

아바아버지의 뜻이 하늘에서도 이룸같이 땅에서도 이루어서 흰 보좌의 마지막 심판을 공평하게 마치기까지 영원한 복음이 전파되며 성도의 집마다 성령의 출산과 성도의 출산이 넘쳐야 한다.

세상살이 범죄를 따라 즉시로 심판하시는 신을 보면서도 누가 믿지 않을 수가 있겠는가? 그러나 보고 믿는 것은 강제성이 있으며 온전한 자기 선택의 믿음일 수가 없다.

눈으로 보고 확인하여 믿는 것은 대적하는 사단 앞에서 공평한 행사가 아닌 것이며 믿는 자들도 비바람을 견딘 알곡으로 나타날 수가 없는 것이다.

사람은 누구든지 자기의 선택을 좇는 것이며 선하신 신을 좇는 것과 악한 사단을 좇는 것이나 세상교회나 예수교회를 선택함에도 오직 자기만의 선택이 있을 뿐이다.

신은 선의 반대편인 악을 깨닫게 하여 사람들 스스로가 양단간에 선택하게 하실 뿐 결코 억지로 오라 하지 않으며 교회를 선택함에도 전하는 자가 선 악간에 구분하여 알리는 것일 뿐 결코 억지로 자기 교회로만 오라 하지 않는다.

자기가 선 악간에 들어보고 자기 선택으로 결정한 교회를 다니겠으나 알아야 할 것은 예수 믿는 교회는 예수의 증거가 있어야 하고 복음의 아비가 있어야 하며 하늘 갓난이를 받는 목자가 아비로 더불어 짝을 이루어야 한다.

사단의 때에 악한 사람 선한 사람이 따로 구별된 것이 아니라 사람은 다 동일한 조건에서 행하지만 자기의 형편에 사단의 힘이 많이 미치는 상태면 그만큼의 악한 것이 많이 나타나는 것이다.

자기의 형편에 사단의 힘이 덜 미치는 삶이면 상대적으로 선한 삶으로 나타나지만 사람이 행하는 선은 신의 의에 이르지를 못하고 다만 사람의 눈에 선과 악일뿐이다.

어느 인생이든 다 자기의 잘못으로 고통 하는 것이니 사람이 미련하여 어그러진 일을 신께 원망하는 것이며 또는 순간의 선택이 잘 되어 얼마간 흐뭇하기도 하니 이것을 행복으로 오해하는 것이다.

사람에게 평안이 있으나 행복은 머물지 않고 행복은 사단이 미혹하는 신기루일 뿐이다. 예수 안에서는 평안이다. 천국도 평안이며 행복은 이 세상에 속한 것이며 떠도는 유혹일 뿐 예수십자가의 도외에는 영혼이 잘되게 하는 것이 없다.

□인생에서 육신의 삶이 풍족하고 즐거웠던 부자의 영혼이 거지나사로에게 물 한 방울을 구하나 거절당하는 것이니 과연 이 세상에서 무엇을 이루어야 할지를 알 수가 있으나 누구도 죽어보지 않은 것은 믿으려하지 않기 때문에 인생을 마친 결국이 부자와 같은 것이며 그때는 돌이키지 못할 아쉬움일 뿐이다.

서로 멀리 있는 천국과 지옥을 사람의 눈으로는 볼 수가 없을 것이나 육신의 세상이 폐하고 천국에 이른 성도는 신령한 몸을 받기 때문에 가능한 것이다.

자기 영혼을 챙기지 못한 사람은 재물을 쌓았어도 평안을 누리지 못한다. 부자가 날마다 연락하는 표면은 즐거워 보일지라도 그의 속은 욕심이 가득하고 우글거리는 악이 선을 덮기 때문에 베풀지 못하고 더러운 양심을 행하다가 지옥에 떨어진 것이다.

평소에 화장과 겉옷으로 행한 사람은 본래의 모습을 감춘 것과 같은 것이며 영혼을 덮은 걸 사람으로 화려할지라도 영혼이 영생을 얻지 못하면 지옥인 것이다.

이 땅에서 생명의 빛을 받지 못한 영혼은 하늘 시민권을 받지 못한 것이니 겉옷의 육체를 관통한 생명의 빛을 받아야 하고 생명의 빛은 예수광명이니 예수광명을 생명의 빛으로 사람들에게 비추는 복음전파를 받아 의문을 제한 믿음이어야 한다.

영혼의 본향 천국은 생명의 빛을 받아 깨어난 영혼이 영생의 구원을 받아서 가는 것이니 사람들의 빛이며 생명의 빛인 예수광명을 받아야 한다.

사람이 복음전파를 받을 때에 돌이켜 믿으면 마음 문이 열리며 생명의 빛이 영혼을 비추는 것이며 육신에 잠든 영이 깨어나서 복음의 아비들이 권하는 영생을 좇아 성령의 출산을 이룬다.

거짓광명의 부족한 복음이 아니라 영원한 복음으로 받는 완전한 복음전파라야 생명의 빛을 발하는 것이며 법적인 증거를 좇아 의문을 제하며 성도의 믿음을 행하는 것이다.

밭에 씨 뿌린 곡식이 열매 맺지 못하면 잡초만 무성하듯이 사람도 육신에 영혼을 씨 뿌린 것이니 영혼이 육신에서 깨어나지 못하면 육신의 욕심 부림만 무성할 뿐이다.

모든 영의 목자는 하늘 밭의 주인이며 밭의 농부이시니 농부의 농사지은 추수를 하는 것이며 추수 때는 알곡을 모아 하늘 곳간에 들이고 알맹이 없는 껍데기는 모아서 불사르는 것이다.

알곡은 밭에서 몸과 가지에 붙은 것이며 익을 때에 밭에서 옮겨지고 껍질을 벗긴 것이듯 사람의 영혼도 영생에 합당한 자격조건을 꽉 채워야만 육체를 벗고 알곡 같은 자녀로 아바아버지 앞에 기쁨이 되는 것이다.

모든 열매에 껍데기가 있은즉 알맹이도 있으니 영혼도 육체가 있은즉 영혼이 있으며 육체가 있은즉 신령한 몸도 받는다. 신령한 몸은 육체의 모양을 좇는 것이니 영혼을 담았던 육신의 소망과 기쁨이 여기에 있는 것이다.

(눅18:25,) 『약대가 바늘귀로 들어가는 것이 부자가 하나님의 나라에 들어가는 것보다 쉬우니라 하신대』

여기의 바늘귀는 이스라엘 성문 중의 아주 작은 문의 하나다. 바늘귀가 작은 것처럼 한 사람도 지나기가 어려울 만큼의 작은 문이며 좁은 문이 예수 안에 이르고 큰 문은 영멸에 이르는 성경말씀을 생각나게 한다.

약대가 바늘귀문으로 들어감이 부자가 천국에 들어가는 것보다 쉽다 하시니 이는 부자이기 때문에가 아니라 욕심 부리는 육신살이만 하고 자기 영혼의 영생을 얻지 못한 것을 말함이다.

악한 사단이 육신과 육신의 삶을 속이고 미혹함은 오직 사람의 영혼을 망치기 위함이다. 하늘의 신은 밭 없는 열매를 얻지 못하시니 영의 자녀는 육신사람이 있어야 한다.

육신사람의 선택에 영혼의 죽고 사는 것이 있기에 사단이 오직 육신살이만 권하며 속이는 것이니 육신을 망치면 밭도 종자도 다 망하기 때문이다.

그러므로 육신도 어디로부터 태어난 것인지를 알고 사람 난 목적을 분명히 깨달아서 내 영을 챙겨야 하고 영혼 없는 몸은 죽은 것임을 알아야 한다.

악한 사단은 세상 시작 전의 에덴동산에서도 그랬다. 첫 사람의 육체에 먹인 것으로 그들의 영이 죽었고 신의 처음나라까지도 넘겨받은 것이다.

첫 사람 아담의 영이 죽음은 사단이 에덴동산에서 행한 처음 살인인 것이며 에덴동산에서 나와 세상에서 사단의 권유로 행한 세상 처음의 정죄는 자기 동생을 죄 없이 죽인 가인의 범죄다.

사단에게 속은 사람들은 자기 생전에 육신으로 선택한 영생의 기쁨을 알지 못한다. 자기의 선택으로 영혼의 영생을 얻으면 자기 모양의 신령한 몸으로 영원할 것을 알지 못함이다.

육신사람은 사단 아래며 영적인 그를 감당하지 못한다. 사람은 사단의 미혹을 깨닫지 못하므로 사람들의 범죄만 심판하며 다스리는 법만 세워간다.

사단을 모르고 천하보다 귀한 자기 영혼을 방치하니 자기 멸망을 스스로 이루는 것이며 영벌도 스스로가 감당하는 것이다. 영혼 없는 육신만은 껍데기며 빈 집이고 종자 없는 빈 밭이다.

신은 전지전능하시니 돌 맹이로도 자녀는 만들 수가 있으나 뭐든지 만든 것은 친자녀가 아니다. 그러므로 만든 사람을 폐하고 예수의 피 흘린 출산으로 옮겨서 성령으로 낳는 것이다.

만든 사람은 스스로 영격을 갖추지 못한다. 예수 안으로 옮겨지며 만든 사람을 벗고 새로운 피조물로 나타나야만 새 마음이 구원과 베푸신 은혜를 감사하며 영혼의 영격을 갖추는 것이다.

사람의 영혼은 그 생명이 육신에 달렸다. 이는 육신 밭에 종자를 심은 것이며 육신 밭의 질이 좋고 나쁨에 따라 심긴 종자의 생명이 좌우되며 험한 가시밭과 단단히 굳은 밭이면 생명을 잃는다.

육신과 영혼은 밭과 씨라서 농사기간은 일체하나 추수를 위한 분리가 있으니 육신은 죽어서 흙이 되고 영혼은 소멸하지 않고 육신을 떠나 영계의 다스림 안에서 신의 마지막 심판에 이른다.

불신은 육신이 죽으면 끝이라 생각하니 영생에 대한 이해 부족이다. 피가 생명인 육체에서는 영생의 구원을 받는 것이고 진리가 생명인 신령한 몸으로는 천국을 사는 것이다.

옛 사람이건 새사람이건 죽은 육체는 흙이 되지만 천국의 예복인 신령한 몸은 생전의 모양과 형상대로 영생하는 것이며 평안 중에 항상 자기 선택의 기쁨을 누리는 것이다.

□신의 모양과 형상대로 만든 사람이 자기를 만든 신을 믿는 것은 바보짓이 아니다. 오히려 불신은 사람이 만든 형상과 동상이 사람을 몰라보며 로봇이 자기 창조자를 모름과 같은 것이다.

　천지를 창조하신 하늘의 신은 세상 지은 내력과 첫 사람 아담으로부터 번성하고 충만한 인류와 세상 끝과 천국까지를 성경으로 다 밝히고 있다.

　신의 천지창조는 전지전능의 말씀으로 있어라 해서 이룬 것이지 사람의 과학으로 이해할 천지창조가 아니며 세상지식의 과학과는 상관없이 천국과 지옥을 완성하는 것이다.

　신께서 창조한 세상은 오직 영생의 자녀를 얻는 것일 뿐 사단의 미혹과 속임대로 운수소관을 따라 행복하게 잘 살라는 영원한 세상이 아니다.

　이 세상은 성경의 예언대로 이루어지고 악한 사단의 선교에 연합한 무리가 성도의 진과 신의 사랑하시는 성을 두를 때에 하늘에서 불이 내려와 저들을 사르고 이 세상을 폐하는 것이다.

　옛 세상에서 사람들이 지면에 퍼지면서 한때 힘을 모아 벽돌과 역청으로 높은 대를 쌓으며 하늘 꼭대기까지 이르자고 할 때에 이를 내려다보시는 하늘의 신이 사람들의 어리석음을 인하여 언어를 분리하고 사방으로 흩으셨다.

　온 세상에 흩어진 인류가 이 세상 말세를 좇아 다시 힘을 합한 인류과학으로 하늘에 오르며 인공지능까지로 육신사람의 세상을 폐하는 마지막의 심판을 받는다.

　육신사람을 대적하는 사단의 미혹에 영영히 놓아두지 않으시니 신의 때를 좇아 천국시민의 수가 차면 세상을 폐하는 추수를 마치기 때문에 로봇의 인공지능에 육신사람이 매이는 세월을 길게 놓아두지 않으신다.

　인류의 역사를 이 세상 사람의 생각으로만 이해하고 판단 할 수는 없다. 성경이 정말 온 인류의 역사임이 진짜인지 가짜인지 그 진위를 알아보고 신의 말씀이 맞다 면 믿어야 하고 틀리다면 그때 안 믿으면 되는데 이것을 왜 알아봐야 하는가는 천하보다 귀한 내 영혼의 생사가 달렸기 때문이다.

천지만물의 신비와 그 조화가 다 우리 사람살기에 맞춰진 것임을 깨닫지 못함이 화근이다. 사단의 속임을 깨닫지 못하는 우리 사람들은 많은 거짓 신을 세워서 영생의 길을 수도 없는 고속도로처럼 내었고 자기 생각의 좋은 나라 하늘나라들을 맘대로 소유하는 것은 가장 큰 화근일 것이다.

사람이 손으로 만들어서 세운 우상을 섬김은 인류 초기로부터며 이는 사람을 만든 조물주와 피조물간의 끊임없는 마찰을 이루며 대립한 큰 역사다.

인류의 시작으로부터 인류의 마지막까지 가짜 신의 문제로 이어지는 까닭은 악한 사단의 미혹이며 첫 사람 아담으로부터 이 세상 끝까지의 온 인류를 속일 수가 있는 것이기 때문이다.

처음부터의 사단의 미혹이 아니면 만물 중에 우수한 사람이 손으로 만든 신을 믿고 많은 상상의 신을 만들지 않았을 것이다. 왜냐면 첫 사람 아담으로부터 살아계시는 신이심이 이어지기 때문이다.

처음부터 우상을 말리는 신이 있음에도 사람들이 우상을 세우는 것은 부러 대적함이며 사람 위에서 미혹하는 힘이 휘감기 때문에 사단아래인 사람은 미혹에 빠질 수밖에 없다.

사람이 우상 앞에 백일정성으로 구한 축복보다 사업수완이 났고 여인들이 백일정성 안 드려도 부부간에 몸이 건강하면 아들딸 잘 낳는 것이니 우상에게 구한 축복으로 잘 사는 것이면 이 세상에 가난이 있겠는가? 그러나 땀 흘린 대가는 분명한 것이니 이는 성경에서 살아계시는 신이 직접 명하시고 권하는 삶이기 때문이다.

□점복의 미신에서도 예수는 이미 있었고 그들이 오히려 예수이름으로 귀신을 쫓아내며 재앙을 막으려 했고 사람들도 자기들 스스로의 잘 못으로 어려움에 빠지면서도 하늘을 향하여 무심한 신이라 불러왔던 것이니 사람들이

스스로의 생활 속에서 신을 인정한 것이다.

무당의 굿판에서 종이 모자를 쓴 무녀가 돌아가신 영들을 불러내며 대나무를 타고 임한 망자를 소개 할 때에 외할머니가 네 엄마가 왔으니 와서 보라고 하셨다.

굿판마다. 불려가서 얼굴도 모르는 어머니를 만나지는 못했으나 어린 나에게 남겨진 하나는 항상 굿을 마칠 때면 무녀 아주머니가 부엌칼을 마당에다 던지고 가서 그 칼로 마당에 십자가를 긋는 것이다.

십자가를 그은 곳에 칼을 꽂아 세운 후에 바가지를 엎어서 그 칼에다가 씌우는 것인데 어릴 때는 그 뜻을 몰랐으나 칼을 던질 때에 엇쉐 하는 외침이 예수를 불렀다는 것이니 예수이름을 부르고 땅에 십자가를 그려서 던진 칼을 꽂고 귀신을 물리친 것이다.

본래는 무당 교에서 칼춤에 쓰는 칼을 던져서 두 칼이 십자가를 이루면 그 때 칼을 들어 땅에 십자가를 긋고 오방신장의 힘을 빌려 잡귀를 쫓는 것인데 당시의 시골 무녀아주머니들은 그 집의 부엌칼을 가져다가 던진 것이며 귀신은 예수이름으로 쫓아야 함을 알았던 것이다.

성경에서 귀신들도 예수는 신의 아들임을 믿고 떠는 것이니 이 내용을 아는 그들이 예수이름으로 귀신을 쫓았던 것이다. 동짓달에 팥죽을 쑤어 집집마다 벽에 붉은 죽을 뿌리며 잡귀가 들지 못하게 함도 그런 맥락일 것이다.

성경에 이스라엘 백성들이 인방에다 양의 피를 바르고 뿌려서 큰 재앙을 면한 내용이 있으며 성경은 세상 문을 열 때로부터의 온 세상적인 역사인 것이니 옛 적부터 신의 말씀이 널리 전해졌을 것이고 이는 다 세상 죄를 대속하는 예수의 피를 품은 내용인 것이다.

부모나 그 위 조상이나 혹은 친척이나 죽은 넋이 산 사람에게 들어가서 혹은 잘되게도 하고 못 되게도 하며 도와줘서 재물의 축복을 받았다고도 하나 그렇게 귀신이 자기 맘대로 활보하며 살아있는 자녀들을 도울 것이면 이 세상에 거지나사로 같은 자가 하나라도 있겠는가?

예수님 생전에는 귀신이 많았으며 그때는 사단이 임금인 흑암의 나라이니 악한 미혹도 있고 신을 드러내기 위한 역사도 있었으나 예수가 우리 대신 죽어준 후로는 귀신이 들지 못한다.

흑암의 나라를 폐하였고 새 영과 새 마음을 받았으니 옛 세상에서처럼 빈 집과 같은 육체뿐인 사람이 아니기 때문에 귀신이 들지 못하나 이제는 사단이 아들의 나라에 맞는 미혹을 하며 변화한 형편대로 속이는 방법이 바뀐 것이다.

예수십자가 전의 옛 사람은 진리의 말씀이 영을 대신하여 집을 지킨 것이니 그때는 말씀이 없으면 귀신이 들었다. 지금 새 영이 있는 새사람은 귀신이 아닌 악의 기운으로 정신질환이 생길 뿐이다.

옛 사람 때의 귀신은 예수이름으로 내어 쫓았고 새사람의 정신이 아픈 질환은 약을 먹어 치료를 하는 것이다. 옛 사람인지 새사람인지의 구분도 없이 사람의 질환을 귀신이라며 예수이름으로 쫓는 무리가 있으나 사단의 기쁨일 뿐이다.

세상에는 사람도 있고 귀신도 있으며 성경에도 있는 귀신이니 만약에 귀신 들은 것이라면 예수이름으로 나가라고 악을 쓸것이 아니라 새로운 피조물과 새 영이 있는 거듭남을 깨닫게 도와야 한다.

사람의 영혼은 마지막 심판을 위한 다스림에 있기 때문에 사람이 죽은 귀신으로 이 세상을 떠돌면서 산 사람의 생사화복을 주장하지 못하니 만약에 사람 죽은 귀신이 산 사람을 돕는 것이면 땀 흘려 먹을 일이 없을 것이다.

영계의 다스림이 없이 귀신들이 자기 뜻대로 행한다면 이 세상이 유지가 되겠으며 사람들이 다 제정신으로 살아가겠는가? 악한 사단이라도 신 앞에 지켜야할 선과 공평이 있는 것이다.

성경에도 영매 자를 통한 부름으로 죽은 자가 혼령으로 나타나는 것이 있으니 분명 죽은 자의 영이 영계에 있으며 무당이나 박수 같은 자들의 영매식은 거짓이 아니지만 그런 귀신이 불려 나와도 이 세상을 활보하는 일은 있을 수가 없다.

다만 선 악간에 영적인 대립에서 공적인 공평한 법 안에서 이루어지는 것이며 무당이나 박수가 미래를 고하지 못함은 세상의 미래와 모든 인생은 오직 신의 심판대를 향하기 때문이고 모든 사람이 동일하게 영생을 얻어야할 대상일 뿐 악한 사단의 소유일 수가 없기 때문이다.

그러므로 예수십자가의 도를 온 세상의 기쁜 소식이라 하며 신의 법과 증거적인 복음전파를 무시하고 거절할 때에 신의 영원한 나라에 들이지 않는다는 것이다.

육신사람의 세상을 폐하는 신의 마지막 심판에서 천국에 이르는 자와 지옥에 이르는 자로 두부류만 있기 때문에 영생의 구원을 받지 못하면 확실한 지옥인 것이다.

오직 이 심판을 위한 세상인 것이며 신께서 사람을 만든 뜻은 당신의 아들 예수 안으로 옮겨서 아들의 영과 한 영을 이룬 영생의 친자녀를 거두려는 것이다.

우리를 부르는 기쁜 소식의 도는 우리가 태어나기 이천년 전에 이미 이루어진 것이라 온 세상 역사인 성경과 영원한 복음을 주신 것이고 믿음은 자유니 각자가 천국과 지옥을 선택하는 것이다.

성경을 좇아 세상과 인생내력이 어찌된 것인지를 알아보고 믿던지 안 믿던지 자기 뜻을 정해야만 신의 공평한 심판이 되기 때문에 세상 끝까지 모두에게 복음전파를 이루신다.

신은 천국의 자녀를 거두고 사단은 이것을 훼방하는 것이니 여기의 대립에는 공평하게 법과 증거가 있는 것이며 신은 법적인 증거를 권하고 사단은 그냥 열심히 믿으면 다 천국이라며 법적인 증거를 숨기기 때문에 속은 믿음에는 증거가 없다.

노아의 자손 셈의 후예 중에서 에벨의 아들 벨렉이 나면서 그때 세상이 나뉘었으니 벨렉은 나눔이라는 뜻이고 그때로부터 지금에 이른 세상인 것이다.

세상이 하나 된 종말에는 사단이 잡히겠으나 그 전에 온 세상 모든 공산권이 무너지고 온 세상 모든 종교에 자유가 이르며 완전한 복음전파를 이룬 성도의 진마다 마지막 추수의 열매를 거둘 것이다.

□역사는 지난 일이라 듣고 배우지 않으면 알지 못하듯 온 세상 역사인 성경도 보고 듣지 않고는 모르기 때문에 들어본 후의 판단이어야 한다. 성경은 천지창조로부터 이 세상 말세까지를 기록한 것이고 육신세상을 폐하며 천국의 영생을 권한다.

성경을 일찍이 깨달은 앞선 나라들은 자기들의 때를 따라 먼저 믿은 것이며 우리나라는 정조대왕의 때에 이미 천주교가 들어왔다고 하나 당시는 외국귀신이라고 하여 배척하다가 약 일백년 전에 지금의 기독교가 들어와 오늘날을 이루어 예수이름이 알려진 것이다.

사람이 좋은 것을 얻으면 헌 것은 버리듯 그동안에 열심히 믿어왔던 신일지라도 교통하지 못하고 짝사랑이라면 놓아야 하고 이 땅에 자기 영을 보내시고 교통하는 신을 만날 때는 돌이켜야 한다.

예수교회의 성도들이 전하는 복음은 살아계시는 신을 소개하는 것이며 좋은 소식을 받아들이면 하늘 갓난이로 태어나는 성령의 출산을 위한 산통을 겪는 것이니 의문을 제하기까지다.

사람의 죄악은 미혹에 빠진 형편대로 나타나는 것이며 누구라도 그 런 형편에 처하면 죄를 짓는 것이니 모든 사람 안에는 죄의 법이 있고 죄의 법이 양심의 가책을 이기기 때문이다.

행한 죄를 들키지 않아서 세상 법의 죄인이 적은 것이며 세상 법이 관여하지 못할 죄도 많고 마음으로 행하는 악이 많다. 그러므로 죄 안 짓고 사는 사람은 없지만 다 구속되어 재판받는 것이 아니기에 선한 사람이 많은 것이다.

사람 안에는 다 욕심으로 잉태한 악이 있고 악을 권하는 죄의 법도 있어서 때를 따라 악이 발동한 범죄를 하는데 속에든 악이 밖으로 나가는 범죄를 잘 참는 사람도 있고 못 참는 사람도 있다.

참고 못 참는 것에 따라 세상 법의 죄인도 되고 아니기도 하나 신이 보실 때에는 선 악간에 차이가 없고 사람들의 기준과 근본을 모르는 인간적인 심판이라 세상의 심판자는 신 앞에는 의롭지 못한 것이다.

□에덴동산과 선악과나무아래서의 역사를 보면 세상에 성공과 패망의 범사가 여자로 일어나고 붉은 여황사단의 미혹도 여자를 타고 많이 나타나지만 이는 교회일이니 세상과 상관할 것이 없다.

[4]뱀이 여자에게 이르되 너희가 결코 죽지 아니하리라 [5]너희가 그것을 먹는 날에는 너희 눈이 밝아 하나님과 같이 되어 선악을 알 줄을 하나님이 아심이니라

지금 사단이 하는 이 말은 사실이다. 동산 중앙에 있는 나무의 실과는 배설물로 썩어지는 실과가 아니라 선과 악을 알고 선악 간에 행할 수가 있는 선악의 사람이 되게 하는 영적인 것이며 육신은 영혼의 처소이니 영이 범죄한 영으로 죽기 때문이다.

아담의 영이 선악과의 성분으로 죽는 것이 아니라 선악과를 먹으면 죽는다는 신의 법을 범한 삶으로 죽는 것이니 범죄 한 영으로 죽는 것이며 죄의 삶은 사망을 당한 것이고 그때 영이 죽은 죄는 피 흘림이 없은즉 사함이 없는 세상 죄가 아닌 신의 법을 불신한 에덴동산 죄다.

예수님은 세상 죄를 담당했는데 어찌 세상 죄와 상관없이 죽은 영이 새 영으로 임할 수가 있는 것인가? 세상 죄로는 육체가 죽고 에덴동산 죄로는 영이 죽기 때문에 두 사망은 함께 그리스도의 부활에 연합한 거듭남을 이룬 것이다.

즉 에덴동산 죄로 죽은 영은 그동안에 육신을 무덤으로 삼아 있었고 아담이 세상으로 쫓겨 나와서 세상 죄를 지으면서 살 때에도 죽은바가 된 영은 육체에 있다가 세상 죄의 삯으로 육체까지도 죽을 때에 영과 육이 함께 장사된 것이라 사망으로부터 거듭날 때도 함께 사는 것이다.

죄의 삯은 사망에서는 영이 죽은 죄와 육이 죽은 죄가 구별되지만 그리스도의 부활에 합한 거듭남에는 죽은 죄와 상관없이 모든 사망이 다시 사는 것이다.

그러므로 그리스도의 부활로는 아담이 범한 에덴동산 죄의 사망과 사람들이 범한 세상 죄의 사망이 구분 없이 일체 거듭나서 새 영이 있는 새 육신사람을 다시 사는 것이니 이를 새 밭의 새 씨와 같다는 것이다.

(창3:15-16)『내가 너로 여자와 원수가 되게 하고 너의 후손도 여자의 후손과 원수가 되게 하리니 여자의 후손은 네 머리를 상하게 할 것이요 너는 그의 발꿈치를 상하게 할 것이니라 하시고 또 여자에게 이르시되 내가 네게 잉태하는 고통을 크게 더하리니 네가 수고하고 자식을 낳을 것이며 너는 남편을 사모하고 남편은 너를 다스릴 것이니라 하시고.』

흑암의 나라에서 아들의 나라로 옛 밭에서 새 밭의 새사람이 되었지만 이 말씀은 여전히 폐하지 않고 이룰 것이다. 뱀은 사단이 들어간 뱀이며 곧 사단이고 뱀이 여자와 원수 됨의 여자는 구주예수를 낳은 여자다.

뱀의 후손은 어린양예수를 흉내 내는 사단의 짐승(사람)이며 거짓선지자와 그 무리다. 짐승으로부터 이들은 합하여 사단의 몸이고 사단은 몸의 머리다. 여자의 후손은 어린양예수며 예수의 몸은 제자와 성도들이다.

여자의 후손이 뱀의 머리를 상하게 함은 사단의 몸인 짐승이나 거짓선지자가 아닌 머리되는 사단을 상하게 함이며 사단을 잡아서 무저갱에 던진 것이고 뱀은 예수의 발꿈치를 상하게 하니 예수님 부활 승천 후로 남은 성도들이 큰 환란을 당하고 죽임을 당한다.

이제 예수를 낳은 마리아가 아닌 여자는 잉태하는 고통을 크게 함을 받았고 남편을 사모하며 남편의 다스림을 받는 것이니 에덴동산에서 남편의 다스림이 없이 사단의 꾐에 빠져 남편을 죄지은 패자로 만들었기 때문이다.

(창3:17-21.)「아담에게 이르시되 네가 네 아내의 말을 듣고 내가 너더러 먹지 말라 한 나무 실과를 먹었은즉 땅은 너로 인하여 저주를 받고 너는 종신토록 수고하여야 그 소산을 먹으리라 땅이 네게 가시덤불과 엉겅퀴를 낼 것이라 너의 먹을 것은 밭의 채소인즉 네가 얼굴에 땀이 흘러야 식물을 먹고 필경은 흙으로 돌아 가리니 그 속에서 네가 취함을 입었음이라 너는 흙이니 흙으로 돌아갈 것이니라 하시니라 아담이 그 아내를 하와라 이름하였으니 그는 모든 산 자의 어미가 됨이더라 여호와 하나님이 아담과 그 아내를 위하여 가죽옷을 지어 입히시니라」

아내의 말대로 범죄 한 아담으로 인해 땅이 저주를 받았으니 이는 아담이 이 땅의 흙으로 지음을 받은 대표이기 때문이며 한번 저주받은 땅은 새 땅의 천국일 수가 없다.

사단의 미혹에 빠진 아담의 혈통은 일체 죄인으로 죽는 것이며 땀 흘려야 먹으니 그로부터의 인류가 땀 흘린 대가로 살다가 흙에서 온 그대로 흙으로 돌아가니 저주받은 땅과 세상 죄인이 돌아간 땅은 결국에 지옥인 것이다.

아담과 하와가 입은 가죽옷은 사람의 피부다. 생령이던 몸이 피부로 가려진 것이니 똑같은 것은 아니지만 심해의 배럴아이피쉬처럼 몸속이 보이는 육체에 피부 옷을 입히신 것이다.

하와는 남편의 뼈와 살이며 모든 산자의 어머니다. 아담의 뼈와 살이 곧 여자며 이 여자에게서 난 사람은 일체 하와의 남편인 아담의 후손이고 여자에게서 난자가 아니면 이는 사람이 아니다.

그러므로 자기들은 아담의 씨가 아니고 또 흙으로 만들어진 것이 아니라 무엇이 진화한 것이라 함은 이는 사람임을 포기한 것이니 신은 만든 형상을 사람이라 칭하셨기 때문이다.

□육신은 살아 서도 잘 보존해야 하나 죽어서도 근본대로 회복이 되어야 하니 왔던 곳 흙으로 가서 흙이 되어야 한다. 육신이 근본으로 돌아가지 못하고 불타서 사라지는 것은 참으로 화형을 당한 것이다.

사람의 육신은 천국에 있는 신령한 몸을 받는 표와도 같으며 육신의 모양대로의 신령한 몸을 받는 것이니 육체가 있은즉 신령한 몸을 받기 때문에 성도는 육신을 흙으로 되돌려 보내야 한다.

죽은 사람을 불에 태우는 것은 용이 있는 집에서 하던 것이다. 죽은 사람의 살과 뼈와 물이 흙으로 돌아가야 근본으로 회복하고 온전히 장사된 것이다. 육체를 불사름은 신의 뜻과 창세전의 예정에 대적함이고 용으로 나타나는 옛 뱀의 비밀을 깨닫지 못한 것이다.

용은 곧 사단이며 옛 뱀이고 옛 뱀은 에덴동산에서 아담의 여자를 미혹한 것이니 악한 사단이 영물이므로 뱀의 몸을 빌려 사용한 것이다. 용의 집마다 죽은 자를 화형 하는 것이며 육체가 있은즉 받아야할 신령한 몸을 폐하는 것이다.

망자를 불태워 화형으로 없애버림은 죽은 육체가 자기 본향에 이르지 못함이며 흙에서 왔으니 흙으로 돌아가라는 신의 말씀에 대적함이다.

죽은 사람을 흙으로 보내지 않는 화형은 사단이 종신토록 흙을 먹을 자기 땅을 위한 것이니 사단은 영적인 뱀이라 죽은 것은 먹지 않음에 비밀이 있다.

용의 실상은 사단이다. 에덴동산에서 뱀을 이용한 사단이 뱀의 지체를 높이어 용으로 쓰는 것이고 그 용을 타고 영적인 운행의 미혹을 하는 것이니 사단이 곧 용이고 용은 사단을 이르는 말이며 성경은 옛 뱀이라 한다.

사람이 용꿈을 꾸면 운수 대통하여 큰 재물이 들어온다 하여 용꿈을 기다리는 사람도 있으나 용꿈의 재물은 그 끝이 화를 부르니 사단의 미혹을 도왔을 뿐이다.

용을 좇는 종교인은 사단에게 이르는 믿음이며 역시 속아서 미혹에 빠진 것이고 세상을 속이는 사단의 선행은 인생을 낚아서 망치려는 것이니 사람의 영혼을 하늘 본향으로 가지 못하게 막는 것이고 사람을 다른 생명으로 이끌어 흙에서 온 근본까지도 폐한다.

이 세상은 영원한 세상이 아니니 저 동산에 편히 쉬는 그 무덤으로 꽉 찬들 나쁠 것이 무엇이며 사람이 지킨다고 악한 사단이 질 좋고 아름다운 세상으로 놓아두겠는가?

듣기 좋은 말로 자연을 지켜서 후손에게 질 좋은 세상을 남기자고 하지만 결국은 사단이 신을 대적함이니 신이 흙으로 만든 사람을 그 흙으로 되돌아가지 못하게 훼방하는 것일 뿐 흙에서 나온 사람이 죽어서 본향인 흙에 묻히는 것은 절대 자연 훼손이 아니라 그 반대다.

자연훼손은 오히려 시신을 불태워 단지에 재로 담아 묻고 강산에 불탄 재로 뿌리는 것이다. 용과 붉은 여황을 따르는 세상종교가 사람을 불태워 재를 만들지만 예수를 믿는 예수교회는 육체가 있은즉 신령한 몸을 받기 위하여 본향인 흙으로 보내는 것이다.

묘지에 관한 것은 성경에도 있지만 흙을 파낸 하나의 굴을 만들고 그곳에 선조들로부터 후손들이 합하여 묻히면서 각인의 계보를 좇아 한곳 흙으로 돌아간다면 세상이 염려하는 법에 매이지 않고도 모든 육체가 흙으로 돌아갈 것이니 납골당을 건축하고 골분단지를 묻는 것이 오히려 더욱 자연훼손이다.

토굴로 된 성경의 묘실은 대를 이어 장사되며 생전의 가족이 한 방에서 잠을 자듯이 한 묘실에서 영면함은 서로가 흩어지고 불타는 화형으로 재가 되어 어두운 단지에 분리되기보다는 좋고도 좋은 것이다.

더욱이 예수교회의 성도를 불태워서는 안 된다. 교회의 동산을 구하여 성도의 가정마다 자기들의 묘실로 굴을 파게하고 매장하여 육신의 근본을 좇아 육체가 있은즉 신령한 몸을 받을 수가 있어야 한다.

□옛 세상에서 언어와 삶의 지경을 흩어서 나뉜 것이 이 세상 종말이 되면서 다시 하나 된 세상을 이루어가며 언어가 하나가 되어가고 글씨의 표현이 말로 되면서 쉽고 빠르게 전달하는 것이며 합심하여 하늘에 기지를 세우니 이는 곧 하늘까지 대를 쌓는 것이고 시날 평지에서 흩어짐을 회복하고 나라마다 하늘을 소유하며 결국은 종말을 맞이하는 것이다.

날이 갈수록 온 세상의 모든 인종이 하나 되고 모든 동식물이 하나 되며 유동성무동성의 만물이 뒤섞여서 하나 된 세상을 이루는 것이니 하나 되는 세상은 국제결혼만 생각할 것이 아니라 흩어진 시날 평지의 회복을 깨달아야 한다.

교회를 다녀도 사단을 밟는 자들만이 승리하여 영생에 이를 것이며 현재적인 이단으로 믿는 세상교회들이 다시 온전한 복음을 받아 돌이켜야 하는 말세가 이르는 것이다.

세상은 하나 되지만 가정은 흩어지고 문명은 첨단을 가나 인격은 형상의 돈격일 뿐이다. 사단의 미혹을 따라 동물이 사람의 반열에 오르고 각종의 전자제품과 홈쇼핑까지도 혼자의 세상을 이룬다.

사단은 더욱 욕심의 탐욕과 불신과 거짓으로 이룬 세상을 안내하며 사랑을 묶고 시간을 뺏어 오직 자기만 있고 자기만 알고 자기만 사랑하게 하여 이웃을 사랑하라는 신의 말씀을 폐하려는 훼방을 하는 것이다.

그러므로 모든 생명은 동일한 것인데 다른 생명을 먹는 입으로 동물사랑을 외치니 어찌 사람이 사단의 미혹을 받지 않고 자기 정신으로 행하는 일이겠는가?

생명은 코로 기식하는 생명이 있고 뿌리로 흡수하는 생명이 있으나 이는 다 생명이니 꽃이나 실과나 풀이라도 다 생명인 것이며 노아의 홍수 후로 모든 동물은 일체 사람의 육신을 위한 식물로 주셨으니 이는 영이 없는 짐승보다 영이 있는 사람이 더욱 중하고 귀하기 때문에 강건하게 보전하시려는 것이다.

아무리 악한 사단의 대적과 훼방일지라도 신께서 모든 사람의 마음속에 새긴 법과 동일하게 주신 선한 양심은 없앨 수가 없기에 온갖 훼방으로 온 세상을 흔들 지라도 악으로만 기울지 않고 선악간의 세상이 유지되는 것이다.

세상의 밤이 그렇듯이 사단이 미혹하는 어두움에 속한 것은 다 혼을 빼고 달콤한 유혹으로 미혹하여 육신의 패망이 영혼의 영멸을 당하게 하는 것이다.

첫 사람 아담에게 욕심을 넣은 악한 사단이 온 세상을 은밀하게 속이고 불법으로 행하니 악한 사단의 미혹과 거짓에서 벗어나 광명에 속한 복음을 깨닫고 우리가 왜 신을 믿어야 하는지의 그 이유를 꼭 알아야 한다.

천 하 보 다 귀 한 내 영 혼

부록

(벧후1:9,) 『이런 것이 없는 자는 소경이라 원시치 못하고 그의 옛 죄를 깨끗케 하심을 잊었느니라』

예수님이 옛 세상의 죄를 담당할 때는 되찾은 새로운 세상이 아직은 없기 때문에 되찾을 세상의 정죄를 미리서 짊어질 수가 없는 것이니 모든 죄 사함은 지은 죄를 제물에게 넘겨서 용서받는 것이기 때문이다.

앞으로 지을 죄를 미리서 넘기는 죄 사함의 안수는 없는 것이며 피로 씻을 세상 죄를 단번에 씻은 보혈 후로는 다시 피로 씻고 용서할 세상 죄가 구주 예수님 앞에는 영원히 없다.

(시65:3,) 『죄악이 나를 이기었사오니 우리의 죄과를 주께서 사하시리이다』

모든 사람은 죄 사함에서 죄악이 나를 이겨야 하고 이겼어야 한다. 자기 죄를 모르고 자기 죄로 영멸의 사망에 이른 까닭을 모르는 사람은 죄 사함이 필요가 없기 때문이다.

자기 죄를 깨닫고 자기 죄로 죽어 마땅한 법적인 형편을 옳게 알아야만 죄 사함을 받을 때에 구주를 감사하는 것이며 죄의 종으로부터 해방되고 자유한 기쁨 누리는 것이다.

그러나 복음은 옛 죄를 깨닫게 함이니 옛 사람 안에서의 죄인인 것과 옛 사람 안에서의 용서를 받는 것이며 옛 사람 안에서 자기 죄를 어린양제물의 머리에 안수하여 넘기는 것이니 세상 죄를 어린양예수의 머리에 안수하여 넘기는 우리의 대표자 세례요한의 손에 합하는 것이다.

나를 이긴 죄악은 욕심이 잉태하여 나오는 죄며 세상에서 내가 행한 세상 죄다. 사람마다 자기가 세상에서 행한 죄로 죄인이 되어 죄의 삯은 사망으로 죽는 것이다.

그러므로 옛 죄와 대표 안수를 모르면 지금 이 세상에서 범하는 죄로 죄인이 되어서 예수십자가의 도를 대적하는 것이며 때늦은 피의 씻음을 받으려는 것이다.

사람마다 자기가 세상에서 지은 세상 죄로 죄인이지만 예수십자가 후로의 새사람은 일체 옛 사람 안에서의 죄인이었고 옛 사람 안에서 함께 예수십자가에 연합된 것이다.

그리스도가 부활하심으로 거듭나서 산 소망이 있는 새사람부터는 누구도 자기 죄를 피로 씻지 못하며 십자가의 피든 예수십자가의 피든 죄를 씻는 피는 이 세상에 없고 이미 이천년 전의 예수십자가의 피가 세상 죄를 씻는 마지막의 피였다.

예수부활로부터의 새사람은 아담에서 이 세상 끝까지의 온 인류가 동일하고 새사람은 예수가 죽어준 사람이라 죽을죄와는 영원히 상관이 없고 새사람이 행하는 죽은 죄로는 예수가 죽어준 대속을 참으로 감사함일 뿐 새 용서를 받을 것이 아니다.

죽은 행실의 죽은 죄는 어린양으로 대신 죽어준 그 은혜를 깨닫는 재료인 것이며 자기를 바로 알게 하는 것이니 우리가 옛 사람 안에서 이런 죄인이었음을 분명히 해야 하는 것이다.

새사람은 생명의 성령의 법으로 죄에서 해방되어 참 자유할지라도 죄에서의 해방과 자유는 오직 피로 씻을 죄에서인 이것을 분명히 알아야 하며 예수 안에서 배도하는 새로운 정죄는 절대로 받지 말아야 한다.

그때 옛 사람 안에서의 죄악이 나를 이겨서 꼼짝없이 피 흘리고 죽어야 하는 영멸에서 소망까지도 끊어져버린 죄인이 되었고 세례요한의 안수를 깨달아 예수십자가에 연합된 사망을 법과 증거 적으로 확실히 하고 예수 안에서의 장사된 것과 예수의 부활에 합한 거듭남을 분명히 해야 한다.

사람들이 이 세상에서도 자기 죄로 죄인임을 깨달아 예수의 피로 씻기를 원하는 자들이 많지만 예수의 피로 자기 죄를 씻어야 할 필요를 느끼지 못하는 사람도 많으며 복음전파에서 이렇게 자기 죄를 모르는 자에게는 피의 증거를 권하기가 어렵다.

그러므로 복음전파에서 사람은 다 죄인인 것을 깨닫게 하지만 지금의 죄를 예수의 피로 씻으라는 전도가 아닌 것이니 옛 죄를 전하고 옛 사람 안에서의 죄 사함을 전할 때에는 아담으로부터 예수십자가까지의 세상 죄를 알려야 한다.

성도와 자녀는 창세전의 예정에서부터 예수 안에서의 자녀인 것이니 사람이 예수로부터 나서 예수 안에 들고 예수의 영으로 한 영을 이룬 영생의 친자녀가 되기까지를 소상히 전해야 하며 그 마음의 의문을 소멸하기까지 증거를 주어야 한다.

흙으로 만든 첫 사람 아담을 나눠서 여자를 만들 음은 훗날 예수십자가에서 예수의 피 흘린 출산을 말하는 것이니 아담을 피 흘린 것은 표상의 일이고 예수의 피 흘림은 실상의 일이다.

아담은 남편이고 이브는 아내며 남편은 머리고 아내는 몸이니 아내는 머리인 남편을 돕는 배필이며 남편은 자기를 돕는 아내를 사랑하는 것이다.

그러므로 표상의 실상인 예수 안에서도 예수는 신랑이며 성도는 신부고 신부는 머리이신 신랑을 섬기는 것이니 어그러짐이 없이 복음에 합당한 섬김이면 신랑은 신부를 사랑하는 것이다.

세상에 태어나서 남자여자 하나 되며 열심히 돈 벌고 잘 살라는 인생이 아닌 것이며 세상살이만의 남녀가 아닌 것이다. 예수의 피 흘린 출산으로 거듭나서 영혼의 영생을 받아 예수와 하나 되어 천국을 살게 하는 인생인 것이다.

예수십자가의 도를 성령으로 아는 것과 기록된 복음에서 죄 사함의 통로를 거치는 것을 깨달아서 자기 믿음만 행하지 말고 증거를 받는 법적인 믿음을 행할 수가 있어야 한다.

옛 사람 안에서 세례요한의 손에 나의 손을 합하는 안수도 없이 새사람으로 지금 지은 죄만 십자가의 피로 씻으려는 것은 결코 예수교회의 믿음이 아니다.

온 인류는 예수십자가에서 죄인이 죽은 사망으로 장사 되어서 예수부활에 합한 거듭남으로 다시 사는 새사람까지를 이루어 기쁜 소식을 가진 자로서 영원한 속죄를 이루고 거기까지로 영원히 피의 씻음을 마쳐야 한다.

이제 더 이상의 죄 사함은 없다. 예수가 죽어준 구원후로 되찾은 아들의 나라에서는 피로 씻어가는 죄 사함은 믿음이 아니라 오히려 보혈을 걷어차는 큰 대적일 뿐이다.

실상의 성막인 하늘 참 성소의 제단에 드린 어린양예수의 피도 옛 세상 끝에서 짊어진 옛 죄를 씻는 것으로 임무를 마치는 것이니 예수십자가 후로의 새로운 정죄와는 상관이 없어야 한다.

예수십자가의 피로 제사 드린 죄 사함 후로는 피도 제물도 없으며 죄 씻고 용서받는 일도 없는 새로운 세상이고 새로운 세상을 새사람으로 다시 사는 것이다.

이제 예수십자가까지로 죄인의 출산은 끊기고 피로 씻을 세상 죄가 없는 새사람으로 출산되는 것이니 이 비밀을 깨달아야 하고 성도의 복음전파에서 이것을 분명히 해야 한다.

짐승의 피든 예수의 피든 사람이 피로 죄를 씻을 일은 다시는 없다. 새사람이 물과 성령으로 나서 천국에 가는 자녀가 되는 성령의 출산은 모르고 죄만 씻는 것은 사단의 방석일 뿐이다.

새사람부터는 죄와 상관없이 오직 성령이 난 영의 자녀 되는 일에 열심이어야 하고 섬김이나 헌금이나 헌신과 구제 등의 교회일은 하늘 갓난이로부터 장성하여 열심히 하는 것이다.

하늘 아기의 때도 없이 육신적으로 열심히 믿는 것은 형상의 돈을 받는 거짓광명의 거짓 신을 자기 뜻대로 열심히 믿는 것일 뿐 예수 안에서의 믿음이 아니다.

하늘 갓난이로부터의 신령한 젖을 받는 성령 학이 없는 믿음은 좁은 문을 거쳐서 협착한 길을 지나지 않고 처음부터 큰 문으로 들어가 넓은 길을 행할 뿐이다.

세상교회가 구원받아야 천국 간다고 하니 물과 피로 짝을 이룬 예수십자가의 도를 듣지도 못하고 그저 죄 씻는 구원만 받으려는 것이다. 천국은 사람이 물과 성령으로 나서 가는 것이고 죄 씻고 거듭난 구원은 되찾은 아들의 나라를 보는 것이다.

욕심이 잉태한 죄로부터 자기를 은밀한 곳에 숨길 수가 없는 아버지 앞에서 죄악이 나를 이겨버린 죄인의 자백으로 받는 구원은 흑암의 나라에서 아들의 나라로 옮긴 구원이며 아들의 나라에서 새사람이 받는 구원은 천국에서 영생하는 구원이다.

그동안의 부족한 복음 선교는 이 세상에서 지은 죄로 죄인의 고백을 하며 현재의 죄에서 돌이키는 회개를 하면서 십자가의 피로 씻는 죄 사함이라 영원한 속죄가 없이 씻어가면서 영생의 구원을 등진 것이다.

이 세상에서 지은 죄를 십자가의 피로 씻기 때문에 예수가 죽어준 은혜가 퇴색한 것이고 하늘 제단의 보혈과 피로 씻을 세상 죄를 단번으로 영속한 대속이 숨겨지고 비밀이 되었다.

누구도 옛 사람이 없는 새사람만으로는 자기의 죄를 씻는 죄 사함을 이루지 못하니 지금 십자가의 피로 씻어가는 자들은 옛 사람과 새사람의 구분이 없이 믿는 것임을 분명히 알아야 한다.

(요일5:6-10,) 『[6] 이는 물과 피로 임하신 자니 곧 예수 그리스도시라 물로만 아니요 물과 피로 임하셨고 [7] 증거하는 이는 성령이시니 성령은 진리니라 [8] 증거하는 이가 셋이니 성령과 물과 피라 또한 이 셋이 합하여 하나이니라 [9] 만일 우리가 사람들의 증거를 받을진대 하나님의 증거는

더욱 크도다 하나님의 증거는 이것이니 그 아들에 관하여 증거하신 것이니라 [10] 하나님의 아들을 믿는 자는 자기 안에 증거가 있고 하나님을 믿지 아니하는 자는 하나님을 거짓말하는 자로 만드나니 이는 하나님께서 그 아들에 관하여 증거하신 증거를 믿지 아니하였음이라」

하늘 성소의 제사까지로 피의 씻음을 마쳐야 하고 예수님이 세상 끝에서 오신 것과 물과 피로 오신 까닭을 온전히 알아야 하며 물과 피의 증거를 받아 물과 성령으로 나야만 성도다.

말씀이 증거 하심대로 하늘에 계시는 아버지의 아들을 믿는 자는 자기 안에 아들의 증거가 있고 아버지를 믿지 아니하는 자는 아들에 관한 증거를 받지 않고 오히려 아들에 관한 증거를 큰 증거로 삼은 아버지를 거짓말 하는 자로 만드는 것이다.

지금까지의 세상교회의 선교는 세상 끝에서 오시고 물과 피로 임하신 결국을 전하지 않는다. 믿는 자들이 성령의 증거로 밝힌 물의 증거와 피의 증거를 깨달아 얻으면 황권이 무너지기 때문이다. 아무리 개혁한 종교라도 다 황권에 속한 것이다.

(히9:25-26,) 「[25] 대제사장이 해마다 다른 것의 피로써 성소에 들어가는 것 같이 자주 자기를 드리려고 아니하실지니 [26] 그리하면 그가 세상을 창조할 때부터 자주 고난을 받았어야 할 것이로되 이제 자기를 단번에 제사로 드려 죄를 없게 하시려고 세상 끝에 나타나셨느니라」

예수님이 어린양 제물의 자격으로 세상 끝에 오심은 땅에서 그림자 성막의 제사처럼 해마다와 자주 자기를 제물로 드리지 않고 오직 하늘 성소의 참 제단에 한번 드리는 대속으로 피의 씻음을 영원히 폐하려는 것이다.

(레16:29-34,)『[29] 너희는 영원히 이 규례를 지킬지니라 칠월 곧 그 달 십일에 너희는 스스로 괴롭게 하고 아무 일도 하지 말되 본토인이든지 너희 중에 우거하는 객이든지 그리하라 [30] 이 날에 너희를 위하여 속죄하여 너희로 정결케 하리니 너희 모든 죄에서 너희가 여호와 앞에 정결하리라 [31] 이는 너희에게 큰 안식일인즉 너희는 스스로 괴롭게 할지니 영원히 지킬 규례라 [32] 그 기름 부음을 받고 위임되어 그 아비를 대신하여 제사장의 직분을 행하는 제사장은 속죄하되 세마포 옷 곧 성의를 입고 [33] 지성소를 위하여 속죄하며 회막과 단을 위하여 속죄하고 또 제사장들과 백성의 회중을 위하여 속죄할지니 [34] 이는 너희의 영원히 지킬 규례라 이스라엘 자손의 모든 죄를 위하여 일 년 일 차 속죄할 것이니라 아론이 여호와께서 모세에게 명하신 대로 행하니라』

일 년 일차의 대속은 예수십자가의 도를 품기 때문에 제사 전의 아사셀염소가 있어 사막으로 보냄을 받고 이를 좇아 예수님도 광야에 나아가 붉은 여황의 시험을 받은 것이다.

그러므로 일 년 일차의 대속과 아사셀염소를 온전히 알고 세상을 일 년으로 적용하여 칠월 십일까지의 세상과 그 후로 남은 세상을 이해하면 영원한 속죄가 분명한 것이다.

이스라엘 일 년 중의 칠월 십일은 흑암의 나라 사천년과 같고 칠월 십일부터 남은 일 년이 차기까지는 되찾은 이 세상 삼천년과 같은 것이다.

이제는 세상 끝이 일천년쯤 남은 세월 중에서 일방적인 사단의 때를 마치고 아바아버지의 때도 가져야 하니 다음 열매의 추수 군을 세우시는 것이다.

믿는 자들이 보혈의 능력을 힘입어서 영원한 속죄를 이루며 하나 된 몸으로 주 아버지의 뜻이 이 땅에서도 이루어지는 복음전파에 합력하는 것이니 부르심을 받은 자마다 부지런히 연락하고 연합해야 한다.